Nils Neuber (Hrsg.)

Informelles Lernen im Sport

Nils Neuber (Hrsg.)

Informelles Lernen im Sport

Beiträge zur allgemeinen
Bildungsdebatte

VS VERLAG

Bibliografische Information der Deutschen Nationalbibliothek
Die Deutsche Nationalbibliothek verzeichnet diese Publikation in der
Deutschen Nationalbibliografie; detaillierte bibliografische Daten sind im Internet über
<http://dnb.d-nb.de> abrufbar.

1. Auflage 2010

Lektorat: Stefanie Laux

VS Verlag für Sozialwissenschaften ist eine Marke von Springer Fachmedien.
Springer Fachmedien ist Teil der Fachverlagsgruppe Springer Science+Business Media.
www.vs-verlag.de

Umschlaggestaltung: KünkelLopka Medienentwicklung, Heidelberg
Titelfoto: Nils Eden, Medienlabor IfS Münster
Druck und buchbinderische Verarbeitung: Ten Brink, Meppel
Gedruckt auf säurefreiem und chlorfrei gebleichtem Papier
Printed in the Netherlands

ISBN 978-3-531-17009-1

Inhalt

III Empirische Studien

Vorwort

In der gegenwärtigen Bildungsdebatte setzt sich zunehmend die Erkenntnis durch, dass das Lernen von Kindern und Jugendlichen nicht allein auf staatliche Institutionen, wie Kindertagesstätten und Schulen, begrenzt ist. Vielmehr rücken neben formalen Bildungsmodalitäten zunehmend non-formale und informelle Lernprozesse in den Fokus. Mittlerweile liegen auch im deutschsprachigen Raum erste Studien zum *informellen Kompetenzerwerb* in außerschulischen Feldern vor. Nicht zuletzt das Jugendalter erscheint vor dem Hintergrund modernisierter Gesellschaften prädestiniert für informelle Lernprozesse in der Gleichaltrigengruppe. Das Feld von *Bewegung, Spiel und Sport* wird in entsprechenden Untersuchungen bislang allerdings weitgehend ausgeklammert. Das ist umso erstaunlicher, als der Sport zu den häufigsten und wichtigsten Freizeitaktivitäten Heranwachsender zählt. So verfügen beispielsweise über 80 Prozent aller Jugendlichen über Sportvereinserfahrungen. Der Sport bietet Heranwachsenden nicht nur Möglichkeiten einer sinnvollen Freizeitgestaltung, sondern ganz offensichtlich auch erfolgversprechende Lern- und Bildungspotenziale.

Mit dem vorliegenden Band werden erstmals Beiträge aus unterschiedlichen Wissenschaftsdisziplinen zum informellen Lernen im Sport zusammengetragen. Neben Ansätzen der allgemeinen Jugendforschung sowie der politischen und sozialräumlichen Bildung werden sportwissenschaftliche Arbeiten zu den *Möglichkeiten und Grenzen informellen Lernens durch Bewegung, Spiel und Sport* vorgestellt. Bildungspotenziale des schulischen und außerschulischen Sports kommen dabei ebenso zur Sprache wie die Identitätsentwicklung von Kindern und Jugendlichen oder der Kompetenzerwerb im freiwilligen Engagement. Darüber hinaus werden sieben empirische *Studien zum informellen Lernen im Sport* berichtet. Die Beiträge gehen zum größten Teil auf ein interdisziplinäres Expertenhearing zurück, das die Deutsche Sportjugend, die Sportjugend Nordrhein-Westfalen und die Westfälische Wilhelms-Universität Münster im März 2009 in Münster veranstaltet haben. Der ‚Blick über den eigenen Tellerrand' erwies sich dabei für alle Beteiligten als ungemein spannend und befruchtend.

In diesem Sinne hoffe ich, dass auch der vorliegende Sammelband die eine oder andere neue Perspektive erschließen kann. Mein Dank gilt neben den Kolleginnen und Kollegen, die ihre Ideen und Überzeugungen in die Diskussion und in ihre Beiträge eingebracht haben, den Mitarbeiterinnen und Mitarbeitern der beiden Sportjugendverbände, die das Hearing ermöglicht haben. Besonders hervorheben möchte ich Dr. Bettina Suthues und Peter Lautenbach, die sich sehr für die Idee des fächerübergreifenden Austauschs eingesetzt haben. Die Impulse des Hearings haben sie für die Deutsche Sportjugend genutzt, um den Orientierungsrahmen „Bildung" sowie den Forschungsverbund „Bildungspotenziale der Kinder- und Jugendarbeit im Sport" auf den Weg zu bringen. Für die wie immer tadellose Organisation der Veranstaltung vor Ort bedanke ich mich bei Ute Meures, Silke Nielsen und Frederike Rohrmann. Das Manuskript des vorliegenden Bandes wurde von Frederike Rohrmann und Henrike Schürmann zusammengestellt und formatiert – auch bei ihnen bedanke ich mich herzlich.

Münster, im April 2010   *Nils Neuber*

Informelles Lernen im Sport – ein vernachlässigtes Feld der Bildungsdebatte

Nils Neuber

1 Einleitung

In Zeiten der Bildungsreform versuchen alle Beteiligten die Vorzüge ihres Zugangs zum Bildungsthema herauszustellen. In der Nach-PISA-Ära kommen dabei zunächst die so genannten *Kernfächer der Schule* zum Zug, deren Bildungsrelevanz im Fächerkanon außer Frage steht. ‚Nebenfächer‘, wie Kunst, Musik oder Sport, scheinen dagegen weniger bildungsbedeutsam zu sein. Neben der Schule beanspruchen auch außerschulische Institutionen bildungspolitische Aufmerksamkeit: *Bildung ist mehr als Schule* – so lautet der Titel einer Streitschrift, die das Bundesjugendkuratorium 2002 im Auftrag des Bundesministeriums für Familie, Senioren, Frauen und Jugend veröffentlicht hat. Zahlreiche Träger der Kinder- und Jugendhilfe nehmen dieses Credo für ihre Arbeit in Anspruch. Spätestens wenn es um die Vergabe öffentlicher Mittel geht, spielen Bewegungs-, Spiel- und Sportangebote jedoch auch hier zumeist nur eine untergeordnete Rolle. Die *Bildungsbedeutung des Sports*, die in der sportpädagogischen Szene weitgehend unstrittig ist, wird außerhalb dieses Feldes kaum wahrgenommen.

Dabei ist die *Bewegungs- und Sportdistanz* der Bildungstheorie zunächst wenig verwunderlich: „Landläufig und unvoreingenommen denkt man bei Bildung sehr wahrscheinlich an ein mit Ernst betriebenes geistiges Geschehen, vielleicht auch an literarische Beflissenheit, an trockene, isolierte Studierzimmer fernab vom Weltgetriebe. Ganz im Gegenteil assoziiert man bei Sport weniger Gelehrsamkeit und Belesenheit als vielmehr Lebendigkeit, Kraft, Frische, Bewegung, Heiterkeit, Massenveranstaltung u.ä. Kurzum: Bildung und Sport scheinen sich zuwiderzulaufen“ (Meinberg, 1996, S. 50). Womöglich führt dieser ‚unvoreingenommene Blick‘ auch dazu, dass dem Medium Sport in vielen empirischen Untersuchungen keine *Bildungsrelevanz* zugesprochen wird. So wundern sich beispielsweise die Autoren einer repräsentativen Jugendbefragung, dass Heranwachsende „Lernen, sich bilden“ nicht zu ihren liebsten Freizeitbeschäftigungen zählen, fragen in diesem Kontext aber nur nach „Lesen, um etwas zu lernen“, „Theater, Oper gehen“ oder „Museen, Ausstellungen besuchen“ (Zinnecker,

Behnken, Maschke & Stecher, 2002, S. 68). „Sich Bewegen, aktiv Sportreiben"
zählt bei ihnen nicht zu den bildungsrelevanten Aktivitäten.

Da erstaunt es umso mehr, wenn der zwölfte Kinder- und Jugendbericht der
Bundesregierung das *Bildungspotenzial von Bewegung, Spiel und Sport* explizit
herausstellt: „Dem Sport wird insgesamt eine maßgebliche Bildungswirksamkeit
zugesprochen, die zunächst die unmittelbar körperbezogenen Kompetenzen
(Körpererfahrung, -ästhetik, -ausdruck), aber auch nicht unmittelbar sportbezogene Kompetenzen im sozialen, politischen und kognitiven Bereich einschließt
(Teamfähigkeit, Selbstvertrauen, Selbstorganisation, Verantwortungsfähigkeit)"
(BMFSFJ, 2005, S. 376). Offensichtlich wird dem Sport hier doch mehr zugetraut, als es auf den ersten Blick scheint. Es stellt sich allerdings die Frage, welches *Bildungsverständnis* diesen Überlegungen zugrunde liegt. Der vorliegende
Beitrag skizziert zunächst die außerschulische Bildungsdebatte und stellt ihr die
sportpädagogische Bildungsdebatte gegenüber. Dabei zeigt sich, dass dem Sport
bislang in beiden Feldern kaum *informelle Bildungspotenziale* zugeschrieben
werden. Gleichwohl bieten Bewegung, Spiel und Sport in unterschiedlichen
Settings erfolgversprechende Rahmenbedingungen für informelles Lernen, die
anschließend umrissen werden, bevor ein Ausblick auf die Beiträge des vorliegenden Bandes die Ausführungen beschließt.

2   Allgemeine Bildungsdebatte

Die Bildungsdiskussion wird derzeit von zwei Themen beherrscht: In der *schulischen Bildungsdebatte* dominiert als Folge nationaler und internationaler Schul-
leistungsuntersuchungen, wie PISA, TIMSS und IGLU, die Frage nach dem
‚Output' bzw. ‚Outcome' des deutschen Schulsystems. Einigkeit besteht darüber,
„dass Bildung im Hinblick auf die Zukunftsausrichtung und Zukunftschancen
von Kindern und Jugendlichen eine zentrale Stellung innehat" (Harring, Rohlfs
& Palentien, 2007, S. 7). Der *Bildungserfolg* wird als entscheidende Ressource
für Beschäftigung und Einkommen einerseits sowie soziale Integration andererseits verstanden. Uneinigkeit herrscht dagegen in der Frage, wie die Ergebnisse
des Bildungssystems verbessert werden können. Die staatliche Bildungspolitik
setzt dabei nach einer Phase der *Dezentralisierung* (Profilierung von Schule,
Professionalisierung von Lehrkräften, schuleigene Lehrpläne u.a.) zunehmend
wieder auf *Rezentralisierungsstrategien* (Standardisierung, Schulinspektion,
zentrale Abschlussprüfungen u.a.) (vgl. Hornberg & Bos, 2007). In der schulpä-
dagogischen und fachdidaktischen Szene wird jedoch intensiv darüber diskutiert,
inwieweit diese Neuerungen tatsächlich zu den gewünschten Erfolgen führen.

Das zweite bildungspolitische Thema setzt bei der Feststellung an, dass Bildung keineswegs ausschließlich an die Institution Schule gebunden ist. Die *au-ßerschulische Bildungsdebatte* geht davon aus, dass Bildung im Kindes- und Jugendalter heutzutage „nur angemessen erfasst werden [kann], wenn die Vielfalt der Bildungsorte und Lernwelten, deren Zusammenspiel, deren wechselseitige Interferenz und Interdependenz, aber auch deren wechselseitige Abschottungen wahrgenommen werden" (BMFSFJ, 2005, S. 104). Dementsprechend seien neben der Schule auch die Bildungspotenziale anderer Lernorte und -arrangements zu berücksichtigen, wie z.b. Familien, Gleichaltrigengruppen, Vereine, Verbände, Medien oder kommerzielle Anbieter. Dies kann insofern als *Paradigmenwechsel in der Bildungsdiskussion* verstanden werden, als „die bisherige auf Kinder und Jugendliche bezogene (…) Bildungsforschung vornehmlich von der Schulforschung geprägt war" (Harring, Rohlfs & Palentien, 2007, S. 8). Bildungsuntersuchungen befassten sich bis dato etwa mit curricularen Konzepten, unterrichtlichen Lernarrangements oder schulischen Selektionsmechanismen. *Außerschulische Felder*, wie Familie oder Peergroup, wurden dagegen eher als Voraussetzungen schulischer Bildungsleistungen verstanden, denn als faktisch bildungsrelevante Settings.

Schulische und außerschulische Bildungsdebatten haben bislang nur wenige Berührungspunkte. Gleichwohl kommen ihre Vertreter nicht umhin, sich zukünftig stärker miteinander zu befassen. Durch die Schaffung kommunaler *Bildungslandschaften* sollen die Bildungsangebote 'vor Ort' transparenter gemacht und stärker miteinander vernetzt werden. Weniger die Bildungsinstitutionen als vielmehr die konkreten *Bildungswege von Kindern und Jugendlichen* stehen dabei im Vordergrund (vgl. Bleckmann & Durdel, 2009). Dazu sollen nicht nur die Eltern als zentrale Bildungsinstanz der ersten Lebensjahre verstärkt in eine *Bildungspartnerschaft* einbezogen werden, sondern alle für die Erziehung und Bildung von Kindern und Jugendlichen zuständigen Institutionen sollen auf der Grundlage struktureller Vernetzung eng zusammenarbeiten. Die Schule und in besonderem Maße die *Ganztagsschule* nimmt in diesen Bildungslandschaften allein schon mit Blick auf die zeitliche Verweildauer der Heranwachsenden eine zentrale, vermittelnde Position ein. Sie kann ihrer Mittlerrolle jedoch nur gerecht werden, wenn sie sich für die Bildungsverständnisse anderer Bildungsinstanzen öffnet. Vor diesem Hintergrund wird im Folgenden die außerschulische Bildungsdebatte näher umrissen.

Ausgangspunkt der außerschulischen Diskussion ist die Analyse veränderter *Bedingungen des Aufwachsens in der Moderne*. Die Entgrenzung moderner Lebenswelten in der 'Multioptionsgesellschaft', die Auflösung traditioneller Bindungen und die Entwicklung neuer Gesellungsformen, der Wandel der Generationsverhältnisse zwischen Autonomieversprechen und Abhängigkeit, die Ent-

strukturierung des Schulalltags, die Auflösung traditioneller Qualifikationsver-
sprechen u.v.m. tragen nicht selten zur Verunsicherung Heranwachsender bei
(vgl. Neuber, 2007, S. 91-94). Als neuartiges Phänomen kann man „das *Problem
des Heimischwerdens* identifizieren – Formel für die Schwierigkeit, sich in der
Komplexität und Kontingenz der modernen Welt zurechtzufinden und in den
Ambivalenzen entgrenzter Welt einen ‚gesicherten‘ Ort zu finden und Identität
aufzubauen" (Lange, 1996, S. 43). Umso mehr ist pädagogisches Handeln gefordert, auf diese gewandelte Ausgangslage zu reagieren. Wie in der schulischen
Bildungsdebatte auch wird an dieser Stelle der *Bildungsbegriff* bemüht – im
Gegensatz zur Schule wird im außerschulischen Feld jedoch stärker auf die *Au-
tonomie des Subjekts* gesetzt (vgl. Böhnisch & Münchmeier, 1993).

Inn Abgrenzung zum formalisierten Verständnis schulischer Bildungsprozesse wird *Bildung in der außerschulischen Debatte* weiter gefasst. So formulieren
die Leipziger Thesen des Bundesjugendkuratoriums: „Bildung ist der umfassende Prozess der Entwicklung und Entfaltung derjenigen Fähigkeiten, die Menschen in die Lage versetzen, zu lernen, Leistungspotenziale zu entwickeln, zu
handeln, Probleme zu lösen und Beziehungen zu gestalten. Junge Menschen in
diesem Sinne zu bilden, ist nicht allein Aufgabe der Schule. […] Angebote und
Dienste der Kinder- und Jugendhilfe bieten einen *spezifischen* Erfahrungs-, Er-
lebnis- und Erkenntnisraum und dienen der allgemeinen Förderung junger Menschen" (Bundesjugendkuratorium, 2002; Hervorhebung N.N.).

Dieses Grundverständnis lässt deutliche Parallelen zum *Bildungsverständnis
des Kinder- und Jugendhilfegesetzes* (KJHG) erkennen, das die Arbeit der öffentlichen und freien Träger der außerschulischen Kinder- und Jugendarbeit
regelt. Ihre Arbeitsweise entwickelte sich „vornehmlich in den 1970er Jahren in
Abgrenzung zu hierarchischen Eltern-Kind-Beziehungen, Leistungsbewertungen
der Schule und der Arbeit, strengen Norm- und Wertvorstellungen und fehlenden
Mitspracherechten" (Pauli, 2005, S. 3). *Angebote der Jugendhilfe* sind dementsprechend tendenziell durch Freiwilligkeit und Selbstbestimmung, Pluralität und
Spontaneität gekennzeichnet. Die *Angebote der Schule* können dagegen eher mit
Begriffen, wie Verpflichtung und Fremdbestimmung, Standardisierung und Kon-
tinuität charakterisiert werden (vgl. Neuber, 2008).

Um die verschiedenen Ausprägungen des Lernens abzugrenzen, werden
drei Kategorien unterschieden, denen jeweils unterschiedliche *Bildungsmodalitäten* zugrunde liegen (vgl. Tab. 1). In der internationalen Diskussion hat sich eine
Differenzierung „in formales, non-formales und informelles Lernen" durchgesetzt (Rauschenbach, Düx & Sass, 2006, S. 7). Formales Lernen findet danach
hauptsächlich in schulischen Kontexten statt und wird definiert als „Lernen, das
üblicherweise in einer Bildungs- oder Ausbildungseinrichtung stattfindet, (in
Bezug auf Lernziele, Lernzeit oder Lernförderung) strukturiert ist und zur Zerti-

fizierung führt. *Formales Lernen* ist aus der Sicht des Lernenden zielgerichtet" (Overwien, 2006, S 46). Die Bildungseinrichtungen sind charakterisiert durch eine stark hierarchische Institutionalisierung, sie weisen „einen hohen Grad der Normierung des Bildungsangebots und der Leistungsmessung" auf (Leu, 2005, S. 361). Dieses Lernen wird zumeist in Unterrichtsprozessen realisiert.

Tabelle 1:   Modalitäten des Lernens (modifiziert nach Pauli, 2005).

Formales Lernen	Non-formales Lernen	Informelles Lernen
Zielgerichtet, strukturiert, verpflichtend	Weitgehend zielgerichtet, organisiert, freiwillig	Ungeplant, unorganisiert, freiwillig
Erziehung und Unterricht	Kurse, Übungsstunden, offene Angebote	Innere oder äußere Impulse
Kindergarten, Schule, Hochschule	Jugendzentrum, Sportverein, Volkshochschule	Familie, Peergroup, Medien
Zertifikate	Zumeist keine Zertifikate	Keine Zertifikate

Non-formales Lernen findet üblicherweise nicht in staatlichen Bildungseinrichtungen statt und führt im Gegensatz zum formalen Lernen in der Regel auch nicht zu einer Zertifizierung, wie z.B. dem Abitur. Dennoch „ist es systematisch (in Bezug auf Lernziele, Lerndauer und Lernmittel)" (Overwien, 2006, S. 46). Auch dieser Lernprozess erscheint dem Lernenden zielgerichtet. Gegenüber dem formalen Lernen basiert das non-formale Lernen jedoch auf der Freiwilligkeit der Lernenden. Kennzeichnend ist darüber hinaus ein hoher Grad an Individualisierung. Der Kinder- und Jugendhilfe wird dabei mit ihren Angeboten, Maßnahmen und Einrichtungen eine besondere Bedeutung zugesprochen (vgl. Leu, 2005, S. 361).

Ein qualitativ wie quantitativ bedeutsamer Anteil der Bildung vollzieht sich schließlich auf der Ebene des *informellen Lernens*. Laut Faure-Kommission der UNESCO umfasst es ca. 70% aller menschlichen Lernprozesse (Overwien, 2006, S. 37). Als informelles Lernen gelten „alle (bewussten und unbewussten) Formen des praktizierten Lernens außerhalb formalisierter Bildungsinstitutionen und Lernveranstaltungen" (BMBF, 2004, S. 29). Informelles Lernen ist also ein Lernen in der Lebenspraxis. Allerdings sind die Verläufe des informellen Lernens schwer greifbar, da sie selten geplant, vielmehr „vielfältig und bunt, häufig aber auch unstrukturiert, unsystematisch, zufällig und unübersichtlich" ablaufen (Düx, 2006, S. 237) und sich damit von formalen und non-formalen Lernprozessen deutlich unterscheiden. Gleichwohl wird dem informellen Lernen ein hohes Potenzial zugeschrieben, eben jene Kompetenzen zu vermitteln, die Heranwachsende benötigen, um sich in modernen Gesellschaften zurechtzufinden und eine eigene Identität aufzubauen (vgl. Düx & Rauschenbach, i.d.B.).

Die analytisch getrennten *Lernmodalitäten* lassen sich im Lebensalltag allerdings oft nur schwer auseinander halten. Nicht nur die Art und Weise des Lernens, auch die Orte des Lernens verlieren zunehmend an Eindeutigkeit. In komplexen Gesellschaften findet „eine Entgrenzung der Bildungsorte und -modalitäten statt. Die Grenzen zwischen einzelnen Lebensbereichen verwischen, Übergänge werden fließend; so gilt z.B. die strikte Trennung zwischen Arbeit und Freizeit, zwischen allgemeiner und beruflicher Weiterbildung, zwischen Berufswelt und Privatsphäre in vielen Bereichen längst nicht mehr in der früher üblichen Form" (BMBF, 2004, S. 33). Während formale und non-formale Lernprozesse noch relativ eindeutig den schulischen und außerschulischen Bildungssystemen zuzuordnen sind, findet informelles Lernen letztlich in allen Bereichen statt. *Lernorte*, wie Familie, Kindertagesstätte, Schule, Gleichaltrigengruppe, Jugendarbeit, Nachhilfe, Jobs, Medien u.a.m., bieten mehr oder weniger günstige Rahmenbedingungen für informelle Lernprozesse.

Um das *Zusammenspiel von Lernmodalitäten und Lernorten* besser darstellen zu können, werden im 12. Kinder- und Jugendbericht beide Aspekte verknüpft – dabei beziehen sich die Autoren explizit auf den Bildungsbegriff (vgl. Abb. 1). Auf horizontaler Ebene wird ein fließender Übergang hinsichtlich des Grades der Strukturierung zwischen formalen und non-formalen Bildungssettings beschrieben. Auf der vertikalen Ebene wird in Bezug auf die Bildungsmodalitäten ein Kontinuum zwischen formellen und informellen Bildungsprozessen angenommen. Auf der Grundlage dieser Darstellung „lässt sich eine Typologie von Bildungsmodalitäten entwickeln, wobei sich zwischen den beiden Polen ‚formelle vs. informelle Bildungsprozesse' in der einen sowie ‚formale vs. non-formale Bildungsarrangements' in der anderen Richtung Möglichkeiten der Zuordnung mit fließenden Übergängen eröffnen" (BMFSFJ, 2005, S. 129). Ein Nachteil dieser Darstellung ist, dass informelle Settings damit nicht abgebildet werden. Für den vorliegenden Sammelband verdeutlicht die Systematik jedoch den Fokus der Beiträge, der in der unteren Hälfte der Abbildung angesiedelt ist. Der Schwerpunkt liegt dabei auf sportlichen Handlungsfeldern.

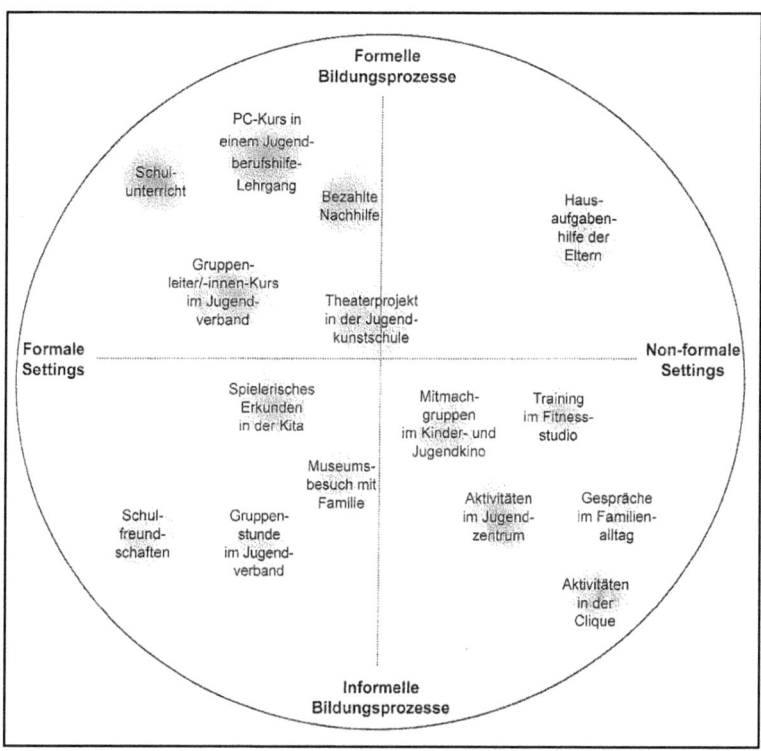

Abbildung 1:   Zusammenspiel von Bildungsmodalitäten und Bildungsorten
             (BMFSF, 2005, S. 130).

3   Sportpädagogische Bildungsdebatte

Die Bildungsbedeutung des Sports ist in Sportwissenschaft und Sportpädagogik
weitgehend unbestritten. Ausgehend von Klassikern, wie Rousseau, Pestalozzi
und GutsMuths sowie den Ideen der reformpädagogischen Leibeserziehung zu
Beginn des 20. Jahrhunderts, erlebt der Bildungsgedanke in der *Theorie der
Leibeserziehung* einen ersten Höhepunkt (vgl. Grupe & Krüger, 2007). Auf der
Grundlage einer anthropologischen Begründung des Fachs „kann die Didaktik
und Methodik der schulischen Leibeserziehung in den 1950er und 60er Jahren
auf einen gesicherten Erkenntnisstand zurückgreifen, der über längere Zeit keiner
grundsätzlichen Nachfrage ausgesetzt wird" (Prohl, 2006, S. 70). Erst mit der so

genannten *Realistischen Wendung* Anfang der 1970er Jahre gerät die sportpädagogische Bildungseuphorie ins Stocken. Kritisiert werden u.a. das idealistische
Verständnis der Bildungsidee sowie die Weltfremdheit der Leibeserziehung,
während sich im außerschulischen Feld längst der Begriff des Sports durchgesetzt hat (vgl. Meinberg, 1996, S. 70-72). An die Stelle der Leibeserziehung tritt
die *Curriculumtheorie*, die mit Hilfe von Unterrichtstechnologien ein größtmög-
liches Maß an Planbarkeit und Kontrolle des Sportunterrichts herstellen soll.

Gleichwohl regt sich die Bildungsidee nach einer Phase des Pragmatismus
Mitte der 1990er Jahre erneut. Angesichts rasanter gesellschaftlicher Veränderungen stehen Erziehung und Erziehungswissenschaft vor neuen Herausforderungen. *Epochaltypische Schlüsselprobleme* moderner Gesellschaften erfordern
‚Schlüsselqualifikationen', mit deren Hilfe Heranwachsende ihren Lebensalltag
bewältigen können (Klafki, 1994). Die Bildungskommission NRW (1995) fordert, dass *Wissensvermittlung und Persönlichkeitsentwicklung* wieder stärker
zueinander in Beziehung gesetzt werden müssen. Nach der realistischen Wendung „scheint jetzt eine *pädagogische Wendung* zu beginnen" (Beckers, 1997, S.
17). Diese Entwicklung macht auch vor dem Sport nicht Halt. Unter Rückbezug
auf Humboldtsche Ideen soll sich Bildung in „der tätigen Auseinandersetzung
mit der konkreten Lebenswelt" ereignen (Beckers, 1997, S. 19) – also auch im
Sport. Nur durch diese *Hinwendung zu den ‚äußeren Dingen'* könne das Individuum seine Beziehung zur Welt begreifen und entsprechend Stellung beziehen.
In dieser ästhetischen Auslegung wird „der radikal subjektive Charakter von
Bildung deutlich, denn es geht um *subjektive Erfahrungen*, die subjektiv zu ver-
arbeiten sind" (Beckers, 1997, S. 20).

Die sportpädagogische Bildungsdebatte wird von Anfang an fast ausschließlich schulbezogen geführt. Im Sinne einer Erziehung *zum* Sport und *durch* Sport
werden innersportliche und außersportliche Begründungen als zentrale Begrün-
dungsmuster für den Sportunterricht herangezogen, deren pädagogischer Impetus
über die Jahre ungebrochen scheint (vgl. Scherler, 1997). Auch explizit bildungstheoretische Begründungen orientieren sich im Kern an diesen beiden Argumentationslinien: *Materiale Bildungskonzepte* stellen dabei „das objektiv Allgemeine, d.h. das kulturelle Erbe und die gesellschaftlichen Erwartungen, in den Vordergrund" (Prohl, 2006, S. 97). *Formale Bildungskonzepte* betonen dagegen die
Subjektseite der Erziehung und zielen auf die „Entwicklung der Kräfte, Fähigkeiten und Dispositionen des Individuums" (Prohl, 2006, S. 97). Auf der didakti-
schen Ebene führen diese Konzepte zu pragmatisch-qualifikatorischen bzw.
kritisch-emanzipatorischen Umsetzungsstrategien. Konzepte zur Verschränkung
materialer und formaler Bildungstheorien, etwa in Bezug auf das zentrale Thema
des *Bewegungslernens*, bleiben dagegen selten (vgl. Schmidt-Millard, 2007).

Dabei ergibt sich die doppelte *Aufgabe des Schulsports* erst in der Zusammenschau erziehungswissenschaftlicher und bildungstheoretischer Perspektiven (vgl. Beckers, 2001): Ausgehend von den objektiven Rahmenbedingungen und konkreten Anforderungen einer Gesellschaft zielt *Erziehung* auf die Strukturierung des Denkens, Fühlens und Handelns. Bezogen auf das Feld des Sports bedeutet das die Vermittlung von Fähigkeiten und Fertigkeiten, Einstellungen und Kenntnissen, die man zum Sporttreiben in dieser Gesellschaft braucht. *Bildung* geht dagegen von den individuellen Möglichkeiten und Wünschen, Vorlieben und Abneigungen des Einzelnen aus und zielt auf die Lebensgestaltung des Subjekts. Wiederum auf den Sport bezogen heißt das, das Individuum kommt in die Lage, sich in der Vielfalt sportlicher Angebote zurecht zu finden, einen eigenen Standpunkt zu begründen und Bewegung, Spiel und Sport *sinnvoll* in seinen Lebensalltag zu integrieren (vgl. Abb. 2). Beide Aspekte pädagogischen Handelns sind nur in wechselseitiger Verschränkung zu denken: „Während Erziehung auf die ‚Sache' gerichtet ist und dabei ‚Muster geformten Verhaltens' vermittelt, zielt Bildung auf die ‚Person' und deren Fähigkeit zur Selbstgestaltung, die den selbstbestimmten Umgang mit diesen Mustern einschließt" (Beckers, 2001, S. 34).

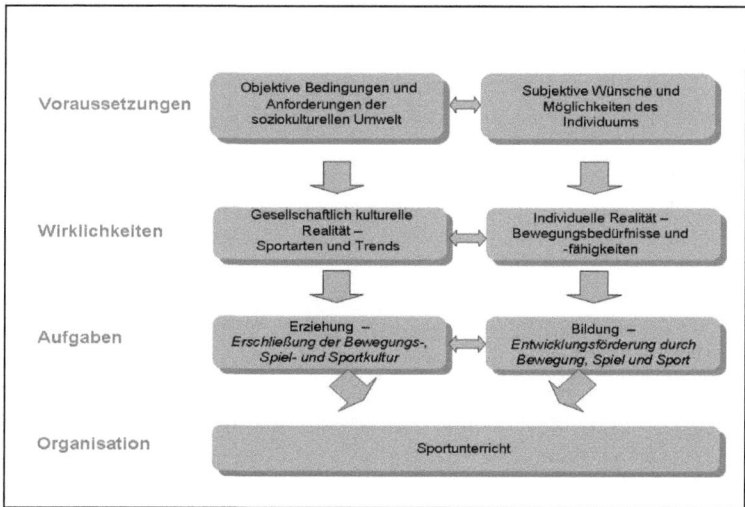

Abbildung 2:   Pädagogisches Handeln im Schulsport (modifiziert nach Beckers, 2001).

Beginnend mit der Lehrplanreform in Nordrhein-Westfalen 1999 hat diese Idee eines *Doppelauftrags für den Schulsport* die Mehrzahl bundesdeutscher Curricula erfasst. Damit wurde „der Bildungsanspruch eines ‚Erziehenden Sportunterrichts' (…) explizit formuliert und (…) ministeriell gleichsam ‚verordnet'" (Prohl, 2008, S. 40). Das Ziel des Sportunterrichts liegt in diesem Sinne nicht mehr nur in der *Erschließung der Bewegungs-, Spiel- und Sportkultur* im Sinne einer ‚Handlungsfähigkeit' in außerschulischen Feldern, sondern der Sportunterricht zielt zugleich und ausdrücklich auf eine *Entwicklungsförderung durch Bewegung, Spiel und Sport,* verstanden als umfassende Persönlichkeitsentwicklung. Damit – so der nordrhein-westfälische Richtlinientext – „trägt der Schulsport auf seine Weise und mit seinen Mitteln zur Erreichung des allgemeinen Ziels von Schule bei, nämlich personale Identität in sozialer Verantwortung zu fördern…" (MSWWF NRW, 1999, S. 40). Der Bildungsanspruch des Schulsports äußert sich darüber hinaus in den Prinzipien eines erziehenden Sportunterrichts. So zielt etwa das *Prinzip der Mehrperspektivität* im Sinne klassischer Bildungsideen auf die ‚Erweiterung der Perspektive' und das Wecken eines ‚vielseitigen Interesses'.

Unabhängig von der konkreten Ausgestaltung wird sportpädagogisches Handeln bis dato fast ausschließlich als *intentionaler Prozess* verstanden, in dessen Verlauf ein ‚Erzieher' systematisch im Sinne von ‚Unterricht' auf das Verhalten eines ‚Zöglings' einwirkt. Bildungsprozesse ereignen sich nach dieser Lesart nicht zufällig, sondern sie werden pädagogisch inszeniert und verantwortet. Interessanterweise wird diese schulpädagogische Argumentation im *außerschulischen Feld* aufgegriffen. So konzipieren Baur und Braun (2000) das ‚Pädagogische einer Jugendarbeit im Sport' als Erziehung *zum* und *durch* Sport, welche lediglich durch eine außersportliche Jugendarbeit ergänzt wird. Die viel beachtete Untersuchung von Brettschneider und Kleine (2002) zum Jugendsport im Verein geht ganz selbstverständlich von der zweifachen Erziehungsaufgabe des Sports aus. Auch entsprechende Überblicksdarstellungen zum *Kinder- und Jugendsport* greifen auf die Idee einer Erziehung *zum* und *durch* Sport zurück (Brandl-Bredenbeck, Brettschneider, Gerlach & Hofmann, 2006). Offensichtlich wird die Figur eines intentionalen, erziehenden Sportunterrichts auf den außerschulischen Sport übertragen, ohne die spezifischen Besonderheiten des Vereinssports zu berücksichtigen.

Auffällig ist zudem, dass sich die Untersuchungen kaum auf bildungstheoretische Überlegungen berufen – obwohl die Sportjugendverbände aller Bundesländer explizit von *Jugendbildung* sprechen. Dabei gibt es auch in der Sportpädagogik andere Begründungsansätze. Schmidt-Millard (1991, S. 147) kommt in seiner pädagogischen Analyse des Sportvereins zu dem Schluss, dass von Erziehung hier „zunächst nur im funktionalen Sinne die Rede sein [kann], d.h. die leitenden Wertvorstellungen dieses Ausschnitts der Lebenswelt werden aufgegriffen oder modifiziert und wirken so indirekt beim Aufbau des Selbst- und Weltverständnisses mit". Das bedeute keineswegs, dass der Verein pädagogisch unbedeutend sei, denn der dadurch entstehende *Freiraum* biete „Gelegenheit für die Eröffnung eigener Handlungsentwürfe in einem sozialen Umfeld und ist so auch ein Spiel-Raum für Selbstentwürfe. Hierin liegt seine eigentliche Bildungsbedeutung" (Schmidt-Millard, 1991, S. 147). Der Sportverein – so kann pointiert zugespitzt werden – wirkt pädagogisch, gerade weil er vordergründig *keine* pädagogischen Ziele verfolgt. Diese Argumentation ist allerdings in der sportpädagogischen Diskussion bislang nicht aufgegriffen worden.

4   Bewegung, Spiel und Sport als Medium informellen Lernens

Fasst man die bisherigen Ausführungen zusammen, kann das informelle Lernen im Sport in zweifacher Hinsicht als vernachlässigtes Feld angesehen werden. Einerseits werden in der *außerschulischen Bildungsdebatte* unterschiedliche Bildungsmodalitäten in vielfältigen Bildungs- bzw. Lernorten diskutiert. Dabei wird dem informellen Lernen im Kindes- und Jugendalter zunehmende Bedeutung zugeschrieben. Das Medium ‚Bewegung, Spiel und Sport' wird in diesem Zusammenhang bislang jedoch weitgehend ausgeblendet. Dieselbe Bewegungsblindheit kann im Übrigen auch für weite Teile der allgemeinen schulischen Bildungsdiskussion festgestellt werden. Andererseits wird das informelle Lernen in der *sportpädagogischen Bildungsdebatte* weitgehend ausgeklammert. Zwar steht die Bildungsrelevanz des Sports hier außer Frage, Bildungsprozesse werden jedoch fast ausschließlich intentional gedacht, d.h. sie folgen dem formalen Bildungsverständnis der Schule, ohne die Besonderheiten außerschulischer Felder zu berücksichtigen. Nur wenige sportpädagogische Arbeiten beziehen explizit die außerschulische Bildungsdebatte mit ein (vgl. Heim, 2008; Breuer & Golenia, 2009; Neuber, 2009).

Dabei bietet der Sport durchaus erfolgversprechende Voraussetzungen sowohl für Bildungsprozesse im Allgemeinen als auch für informelle Bildungsprozesse im Besonderen. Ohne an dieser Stelle auf grundlegende sportpädagogische Arbeiten eingehen zu können (z.B. Meinberg, 1996; Prohl, 2006; Grupe & Krüger, 2007), kann zunächst festgehalten werden, dass Bewegung, Spiel und Sport zeitabhängige Bestandteile einer Kultur darstellen, die durch die jeweils geltenden Werte und Normen einer Gesellschaft bestimmt werden. Die dabei dominanten Bewegungsmuster sind Ausdruck kultureller Werte, ein „Spiegel der Gesellschaft" (Beckers, 1993, S. 13-14). Vor allem der Leistungssport ist vor diesem Hintergrund als *ambivalentes Erfahrungsfeld* anzusehen, in dem über die Anerkennung individueller Leistung einerseits Bestätigung erlebt werden kann. Andererseits können über das Erleben von Misserfolg und Ausgrenzung massive Missachtungserfahrungen gemacht werden, die umso prägender sind, als sie unmittelbar ‚am eigenen Leib' erfahren werden (vgl. Gebken & Neuber, 2009).

Gleichwohl bietet die körperlich-leibliche Gebundenheit von Erfahrungen Möglichkeiten formellen, non-formalen und informellen Lernens, die das Feld von *Bewegung, Spiel und Sport* deutlich von anderen Feldern unterscheidet. Ohne Anspruch auf Vollständigkeit gehören dazu die folgenden Aspekte:

- Der Sport zählt zu den häufigsten und wichtigsten Aktivitäten im Leben von Kindern und Jugendlichen. Der Sportunterricht ist das beliebteste Fach in der Schule, mit Bindungsraten von bis zu 60% erreicht der Sportverein mehr Heranwachsende als jede andere Jugendorganisation und rund 90% aller Jugendlichen bewegen sich selbstorganisiert (vgl. Schmidt, Hartmann-Tews & Brettschneider, 2006). Sporttreiben kann damit ohne Bedenken als ‚jugendspezifische Altersnorm' bezeichnet werden (Zinnecker, 1991). Vor allem die große Beliebtheit führt bei Heranwachsenden zu einem hohen Maß an *Identifikation*, was vor allem das Gelingen non-formaler und informeller Lernprozesse günstig beeinflusst.

- Die Freiwilligkeit und prinzipielle Offenheit des Sports erleichtert nicht nur den Zugang zu sportlichen Aktivitäten, sondern bietet auch gute Möglichkeiten für variable Aufgabenstellungen. Insbesondere im Rahmen formeller Lernarrangements können unterschiedliche Fähigkeiten und Interessen von Heranwachsenden über methodische *Differenzierungen* angesprochen werden. Die vermeintliche Unvereinbarkeit von Gleichheit und Differenz, die einem gemeinsamen Unterricht von Sportmotivierten und Sportunmotivierten vordergründig entgegensteht, kann so im Sinne einer ‚Pädagogik der Teilhabe' überwunden werden (vgl. Laging, 2006, S. 111-129).

- Die für Lernprozesse unausweichlichen *Rückmeldungen* erfolgen im Sport direkter als in vielen anderen Handlungsfeldern, weil Kinder und Jugendliche die Wirksamkeit ihres Handelns unmittelbar ‚am eigenen Leib' erfahren. Die elementare Bedeutung von Selbstwirksamkeitserfahrungen ist vor allem für den Bereich der frühkindlichen Bewegungserziehung gut belegt. Selbstwirksamkeitsüberzeugungen haben „einen stark motivierenden Effekt: Situationen, die kontrollierbar erscheinen, werden erneut aufgesucht, die eigene Kompetenzerwartung steigert das eigene Selbstwertgefühl" (Zimmer, 1999, S. 67). Unmittelbare Rückmeldungen sind für alle Formen des Lernens hochbedeutsam, nicht zuletzt für informelle Lernprozesse ohne professionelle pädagogische Begleitung.

- Die Schwierigkeit des Verstellens von Bewegungen und die Unmittelbarkeit körperlichen Erlebens und Erfahrens sichern ein hohes Maß an *Authentizität* in Lernprozessen. Das eigene Können und das Können der anderen sind in den meisten Bewegungssituationen offensichtlich – wie auch das eigene und fremde Nicht-Können. Zugleich sind körperliche Aktivitäten immer mit emotionalen Prozessen verbunden. Das Sporttreiben erweist sich damit als vergleichsweise basale, ‚echte' Tätigkeit, in der Heranwachsende sich selbst und andere unmittelbar erleben können, was wiederum als günstige Voraussetzung für jede Form von Lernprozessen gilt.

- Die meisten Sportaktivitäten werden in der *Interaktion* mit anderen durchgeführt, was auf der Basis körperlicher Auseinandersetzung besondere Möglichkeiten der Kooperations- und Konkurrenzerfahrung bietet. Indem Heranwachsende miteinander Sporttreiben „gehen sie eine – von Fall zu Fall und Aufgabe zu Aufgabe verschiedene – Bewegungsbeziehung ein" (Funke-Wieneke, 1997, S. 34). Zugleich gehören Sportaktivitäten zu den häufigsten Gründen im Kindes- und Jugendalter, sich zu treffen; der Sportverein gilt als ‚Knotenpunkt' sozialer Netzwerke im Jugendalter. Häufige Gleichaltrigenkontakte gehören nicht zuletzt zu den zentralen Voraussetzungen informeller Lernprozesse im Jugendalter.

- Über die Präsentation des eigenen Körpers eröffnet das Feld von Bewegung, Spiel und Sport Möglichkeiten für *ästhetische Erfahrungen*, die auch jenseits sprachlich-diskursiver Auseinandersetzung liegen können. Fritsch (1989) versteht ästhetisches Verhalten ausgehend von den sinnengetragenen Prozessen der Wahrnehmung („Aisthesis") und Gestaltung („Poiesis") als eigenständige Art der Verarbeitung von Welterfahrung. Heranwachsende können das, was sie erlebt haben, was ihnen wichtig z.B. durch Bewegung zum Ausdruck bringen. Im Gegensatz zur diskursiven, begrifflichen Auseinandersetzung bietet ästhetisch-symbolisches Handeln die Möglichkeit, „Unsagbares" zu artikulieren.

Insgesamt bietet der Sport damit ein Feld, das für unterschiedlichste pädagogische Prozesse interessant ist. Neben formalen und non-formalen Bildungsarrangements, die die besonderen Bedingungen von Bewegung, Spiel und Sport mehr oder weniger zielgerichtet aufgreifen, erscheinen insbesondere die Bedingungen für *informelles Lernen* günstig. Neben der hohen Attraktivität und der damit einhergehend Identifikation zeichnen sich Bewegungs- und Sportaktivitäten durch direkte Rückmeldungen, authentische Erfahrungen und ästhetische Ausdrucksmöglichkeiten aus. Ein weiterer zentraler Ansatzpunkt liegt in der *Interaktion mit Gleichaltrigen*. Im Rahmen der Peergroup „ist ein Austausch von Sichtweisen und Gefühlen unter Personen gleichen Rangs und mit vergleichbarem Erfahrungshorizont möglich, weil keine überlegene Person in kulturell festgelegtes Wissen und Können einführt" (Hurrelmann, 2002, S. 241). Insofern sind *Gleichaltrigengruppen* geradezu prädestiniert für informelles Lernen. Der Sport bietet Heranwachsenden unterschiedliche Settings, die sie in dieser Hinsicht nutzen können.

5   Settings informellen Lernens im Sport

Die Rahmenbedingungen eines ‚Lernortes' sind ausschlaggebend für das Gelingen informeller Lernprozesse. Zur Charakterisierung der Rahmenbedingungen hat sich der Begriff des sozialen *Settings* etabliert, der sich u.a. durch die Faktoren Ort, Zeit, Aktivität, Teilnehmer und Rolle charakterisieren lässt (vgl. Bronfenbrenner, 1981, S. 95-115). Insbesondere das Rollenverständnis hat maßgeblichen Einfluss darauf, mit welchen Erwartungen Mädchen und Jungen an ein Setting herangehen – und welches *Bildungspotenzial* es ihnen bietet. Das ist auch im Sport nicht anders. Ist das Setting eher formal besetzt, fallen Heranwachsende leicht in eine Schülerrolle – für den Sportunterricht hat Bräutigam (1998) das anschaulich mit dem Bild des ‚abgebrühten Schulsportprofis' verdeutlicht. Ist ein Setting dagegen eher informell charakterisiert, werden Engagement und Selbstverantwortung tendenziell zunehmen (vgl. Neuber, 2007).

Insofern implizieren die Settings unterschiedliche Realisierungsmöglichkeiten für die Befriedigung von Bedürfnissen einerseits und für informelle Lernprozesse anderseits. Ein Vergleich *sportbezogener Settings* findet in dieser Hinsicht bislang jedoch kaum statt. Zudem zeichnet sich hinsichtlich der Forschungsbemühungen generell ein Ungleichgewicht ab: Während der Vereinssport vergleichsweise gut abgebildet wird, fallen die Studien zum Schulsport bescheidener aus. Noch geringer sind die Forschungsaktivitäten in Bezug auf das Sporttreiben außerhalb von Schule und Verein (vgl. Schmidt, Hartmann-Tews & Brettschneider, 2006). Trotz dieser Defizite wird im Folgenden versucht, grundlegende Charakteristika der drei zentralen Settings *Schule*, *Sportverein* und *Selbstorganisiertes Sporttreiben* zu skizzieren, um auf dieser Basis die Potenziale informellen Lernens einschätzen zu können.

5.1   Schule

Die Schule stellt für Heranwachsende einen ambivalenten Erfahrungsraum dar. Auf der einen Seite bietet sie verlässliche Rahmenbedingungen für die Entfaltung von Gleichaltrigenkontakten. Eindeutige zeitliche und organisatorische

Strukturen führen dazu, dass die Schule von Jugendlichen „als sozialer Kontakt- und Erfahrungsraum geschätzt" wird (Miethling, 2000, S. 4). Auf der anderen Seite betont Schule im ‚offiziellen Teil' vor allem ihre *Qualifikations- und Selektionsfunktion*. Im Rahmen strukturierter Unterrichtsprozesse wird sie für Schülerinnen und Schüler zu einem Ort, an dem sie Erfolg und Misserfolg, Selbstwirksamkeit und Versagen, Zugehörigkeit und Ausgrenzung teilweise in massiver Form erleben. Im Hinblick auf das Unterrichtsfach ‚Sport' spricht Prohl (2006, S. 99-102) von einer *doppelten Paradoxie*: Einerseits unterliege es dem strukturellen Widerspruch jeder institutionellen Erziehung, die zwischen den Anforderungen der Gesellschaft und den Ansprüchen des Individuums vermitteln müsse. Andererseits werde das subjektiv als sinnvoll erlebte Sporttreiben der Freizeit im Sportunterricht zu einer schulischen Pflichtveranstaltung mit zweifelhaftem Charakter. Im außerunterrichtlichen Schulsport sowie im Ganztag bieten sich allerdings günstigere Rahmenbedingungen (vgl. Derecik, i.d.B.; Neuber & Wienkamp, i.d.B.).

Deskriptive Untersuchungen zum Schulsport kommen übereinstimmend zu dem Ergebnis, dass der Sportunterricht von Schülerinnen und Schülern vergleichsweise positiv bewertet wird (vgl. DSB, 2006). Allerdings trifft diese Einschätzung nicht auf alle Heranwachsenden gleichermaßen zu. So bietet der Sportunterricht Jungen tendenziell mehr Möglichkeiten der Entfaltung als Mädchen (Hartmann-Tews & Luetkens, 2006); außerdem haben ‚sportstarke' Schüler eine leichteren Zugang als ‚sportschwache' (Opper, 1996). *Qualitative Analysen* verstärken den ambivalenten Eindruck. So kommen Miethling und Krieger (2004) in einer Untersuchung kritischer Ereignisse im Schulsport auf sieben Themenbereiche, die von Schülerinnen und Schülern mehrheitlich negativ eingeschätzt werden. Sie beklagen etwa das häufige Erleben von Ungerechtigkeit, mangelnde Mitbestimmungsmöglichkeiten oder das Erfahren ‚doppelter Verletzbarkeit'. Der Freiheitsgrad des Sportunterrichts dürfte damit in der Wahrnehmung Heranwachender eher gering ausfallen, außerunterrichtliche Angebote bieten allerdings größere Handlungsspielräume.

5.2 Sportverein

Im Gegensatz zur Schule ist der Sportverein für viele Kinder und Jugendliche ein eindeutigeres Betätigungsfeld. In erster Linie ist er für sie ein Ort, „an dem ihren sportlichen Interessen Rechnung getragen, ihre sportlichen Ambitionen unterstützt und ihre *sportlichen Leistungen* systematisch verbessert werden" (Brettschneider, 2003, S. 28). Zugleich ist er für sie ein Ort für *soziale Kontakte und Geselligkeit*. Vor allem Jugendliche erleben den Sportverein darüber hinaus auch als einen Ort, der bürgerschaftliches Engagement und Teilhabe ermöglicht (vgl. Braun & Hansen, i.d.B.). In jedem Fall ist der Sport im Verein aus der Sicht von Mädchen und Jungen eine *Freizeitbeschäftigung*, die Spaß macht. Insofern liegt der Freiheitsgrad vereinssportlichen Engagements eindeutig über dem der Schule. Gleichwohl bietet er zahlreiche Möglichkeiten des Kompetenzerwerbs (vgl. Neuber, Breuer, Golenia, Derecik & Wienkamp, 2010).

Die Befunde zum *Sportengagement im Verein* fallen zunächst ausgesprochen positiv aus: Je nach Studie werden Bindungsraten von bis zu 60% erreicht (vgl. Schmidt, Hartmann-Tews & Brettschneider, 2006). Vor dem Hintergrund der Tatsache, dass andere Anbieter kaum die 5%-Marke überschreiten, kann der Sportverein damit als „die unangefochtene Nr. 1 der außerschulischen Jugendarbeit" angesehen werden (Schmidt, Fischer & Süßenbach, 2003, S. 106). Allerdings greift die *Integrationskraft der Vereine* nicht bei allen Heranwachsenden gleichermaßen: Mädchen und sozial Benachteiligte sind deutlich seltener Mitglied in einem Sportverein als Jungen und Heranwachsende aus der Mittelschicht (vgl. Kurz & Tietjens, 2000). Zudem konnten postulierte *Entwicklungszusammenhänge* im Längsschnitt weder im Hinblick auf die motorische Leistungsfähigkeit, noch auf allgemeine Kompetenzen belegt werden (vgl. Brettschneider & Kleine, 2002). Neuere Untersuchungen zeichnen allerdings ein optimistischeres Bild (z.B. Brandl-Bredenbeck, i.d.B; Golenia & Neuber, i.d.B.; Sygusch & Herrmann, i.d.B.).

5.3 Selbstorganisiertes Sporttreiben

Im Vergleich zu den Settings ‚Schule' und ‚Verein' bietet der selbstorganisierte Sport Kindern und Jugendlichen die größten Freiheitsgrade. Ohne institutionelle Bindungen „sind lediglich räumliche und zeitliche Handlungsmöglichkeiten und gegebenenfalls kurzzeitige Übereinkünfte zwischen den Akteuren" nötig (Wopp, 2002, S. 176). Das geringe Maß an Verbindlichkeit ermöglicht selbstbestimmte, spontane Aktionen, beschränkt mitunter aber auch Intensität und Dauer des Sportengagements. Immerhin 42% der Jugendlichen bewegen sich nach eigenen Angaben ausschließlich selbstorganisiert. Dazu kommen 53%, die sich sowohl im Verein als auch außerhalb des Vereins bewegen (Brettschneider & Kleine, 2002, S. 111). Zu den wesentlichen Motiven für selbstorganisierten Sport gehören der Wunsch nach alternativen Sportaktivitäten, der Sport in der Gruppe ohne Kontrolle von Erwachsenen sowie die autonome und flexible Gestaltung des sportlichen Engagements (Brettschneider & Kleine, 2002, S. 120-125).

Ein weiteres Motiv wird im ‚Sich-Präsentieren' und ‚Gesehen-Werden' auf öffentlichen Straßen und Plätzen gesehen (Wopp, 2002, S. 182). Insbesondere im

Hinblick auf die Inszenierung jugendlicher Körper in der Öffentlichkeit – etwa beim Streetbasketball – liegt eine eindeutige Dominanz männlicher Jugendlicher vor, die den öffentlichen Raum für den „Aufbau eines männlichen Selbstkonzepts" nutzen (Kolb, 1997, S. 205). Eine gleichberechtigte Partizipation von Mädchen ist nur in wenigen Bereichen zu verzeichnen, so etwa beim Inlineskaten. Zur Frage, ob selbstorganisiertes Sporttreiben über die Befriedigung aktueller Freizeitbedürfnisse hinaus auch entwicklungsförderliche Konsequenzen hat, liegen bislang nur wenige Befunde vor (vgl. Bindel, i.d.B.).

Ein Vergleich der drei Settings ergibt zunächst einen unterschiedlichen *Grad der Strukturierung*, der unmittelbar mit den drei bekannten Lernmodalitäten korreliert (vgl. Tab. 1): Während die Schule zumindest im unterrichtlichen Bereich eindeutig einer formalen Grundstruktur folgt, ist der Sportverein nonformal und der Selbstorganisierte Sport informell geprägt. Vor dem Hintergrund einer jugendtheoretischen Analyse setzt die Schule damit eher auf Anleitung und Kontrolle durch erwachsene Lehrkräfte und weniger auf die Autonomie der Heranwachsenden, wohingegen das Selbstorganisierte Sporttreiben ganz der Autonomie der Kinder und Jugendlichen verpflichtet ist. Dem Sportverein kommt zwischen diesen beiden Polen eine gewisse Mittlerrolle zu (vgl. Neuber, 2007, S. 158-159). Die *Chancen für informelle Lernprozesse* scheinen damit auf den ersten Blick eindeutig verteilt: Während die Schule keine bis wenig Gelegenheiten bietet, liegt das Potenzial des Sportvereins im mittleren Bereich und der Selbstorganisierte Sport hält die besten Bedingungen bereit.

Auf den zweiten Blick greift diese Analyse allerdings zu kurz. Zwar bedarf informelles Lernen gerade nicht der expliziten pädagogischen Inszenierung. Zugleich können bestimmte *Rahmenbedingen* aber durchaus als förderlich angesehen werden. Marsick, Volpe und Watkins (1999, S. 91) formulieren beispielsweise fünf Prinzipien, durch die informelles Lernen unterstützt werden kann: Zeit und Raum für Lernen schaffen, das Umfeld auf (Lern-)Gelegenheit überprüfen, die Aufmerksamkeit auf Lernprozesse lenken, die Reflexionsfähigkeit stärken sowie ein Klima von Zusammenarbeit und Vertrauen schaffen. Derartige Bedingungen können pädagogisch vorbereitet werden; Overwien (2004) spricht in diesem Zusammenhang von *Informeller Bildung*. Darüber hinaus bieten alle Settings des Sporttreibens Gelegenheiten, Gleichaltrige zu treffen. Der Schule und vor allem dem Sportverein werden in dieser Hinsicht besondere Bedeutung beigemessen (vgl. Brettschneider & Kleine, 2002, S. 362-477). Insofern sind – unabhängig vom Grad der Strukturierung – in allen Settings ‚Nischen' für informelle Lernprozesse anzunehmen. Diese Nischen auszuloten und zu beschreiben, ist das zentrale Ziel des vorliegenden Bandes.

Tabelle 2: Settings informellen Lernens im Sport.

Schule	Sportverein	Selbstorganisierter Sport
Formale Grundstruktur	Non-formale Grundstruktur	Informelle Grundstruktur
Geringer Grad an Autonomie	Mittlerer Grad an Autonomie	Hoher Grad an Autonomie
Hoher Grad an Lenkung und Kontrolle	Mittlerer Grad an Lenkung und Kontrolle	Geringer Grad an Lenkung und Kontrolle
Mittleres Potenzial für informelle Lernprozesse	Hohes Potenzial für informelle Lernprozesse	Hohes Potenzial für informelle Lernprozesse

6   Ausblick auf den Band

Der Band gliedert sich in drei Teile. Zunächst werden *Perspektiven der allgemeinen Jugendforschung* auf das Thema des informellen Lernens vorgestellt (Teil I). *Bernd Overwien* umreißt historische und bildungspolitische Hintergründe des Begriffs, bevor er auf Definitionen eingeht und einen exemplarischen Überblick über internationale und deutsche Studien zum informellen Lernen gibt. Mit Blick auf die Ganztagsschule, aber auch auf die berufliche Weiterbildung plädiert er für eine stärkere Vernetzung verschiedener Arten des Lernens. *Wiebken Düx* und *Thomas Rauschenbach* befassen sich im Folgenden mit Dimensionen informellen Lernens im Jugendalter, wobei sie sich für eine klare Unterscheidung von Lerninhalten, Lernorten und Lernmodalitäten aussprechen. Mit Hilfe dieser Systematik untersuchen sie vier ,Lernsoziotope': Computer und Internet, Familie, Gleichaltrigengruppe sowie zivilgesellschaftliches Engagement. *Ulrich Deinet* geht schließlich von der sozialräumlichen Orientierung Heranwachsender aus, um (öffentliche) Orte und Räume informeller Bildung zu beschreiben. Ausgehend vom Konzept der ,Raumaneignung' formuliert er pädagogische Möglichkeiten zur Förderung informeller Bildung.

Im zweiten Schritt werden *Perspektiven der sportwissenschaftlichen Jugendforschung* entwickelt (Teil II). Ausgehend vom Bildungsverständnis des 12. Kinder- und Jugendberichts der Bundesregierung entwickelt *Rüdiger Heim* einen Bildungsbegriff für den außerschulischen Sport. Das Zusammenspiel von Bildungsorten und Bildungsmodalitäten erweitert er dabei um die Dimension expliziter vs. impliziter Bildungsprozesse. *Hans Peter Brandl-Bredenbeck* kritisiert die ‚körperlose' Bildungsdiskussion und zeigt Zusammenhänge von Bewegung, Bildung und Identitätsentwicklung im Kindes- und Jugendalter auf. Auf der Grundlage aktueller empirischer Befunde belegt er eine höhere Plausibilität der ‚Sozialisationshypothese' im Vergleich zur ‚Selektionshypothese'. *Sebastian Braun* stellt schließlich Reflexionen zum Zusammenhang von Bildung, Zivilgesellschaft und organisiertem Sport an. Seine Analysen auf der Makro-, Meso- und Mikroebene des Sportvereins führt ihn zu der Forderung einer engagementpolitischen Konzeption für den organisierten Sport.

Im dritten Teil des Bandes werden insgesamt sieben *empirische Studien* zum informellen Lernen im Sport in den Feldern ‚Schule', ‚Sportverein' und ‚Selbstorganisiertes Sporttreiben' vorgestellt (Teil III). Einleitend schildert *Ahmet Derecik* eine Studie zum informellen Lernen in der Ganztagsschule. Am Beispiel von Bewegungsaktivitäten an Tischtennisplatten rekonstruiert er verschiedene Formen der Raumaneignung von Kindern und Jugendlichen. *Nils Neuber* und *Florian Wienkamp* berichten im Folgenden über eine Untersuchung zur Partizipation von Sporthelferinnen und Sporthelfern in der Schule. Die Vernetzung von formalen und informellen Lerngelegenheiten führt offensichtlich zu einem spezifischen, sportbezogenen Handlungsfeld des Demokratielernens – in der Schule. *Marion Golenia* und *Nils Neuber* umreißen im nächsten Beitrag Problemfeld, Design und Ergebnisse einer Studie zum informellen Lernen im Sportverein. Die Befunde sprechen für einen umfassenden informellen Kompetenzerwerb Jugendlicher, der sich in fünf typischen Handlungssituationen beschreiben lässt.

Stefan Hansen stellt eine Untersuchung zum informellen Lernen erwachsener Funktionsträger in Vereinen vor. Ausgehend von der Unterscheidung formellen, selbstgesteuerten und inzidentellen Lernens entwickelt er eine empirisch begründete Typologie zum Lernen durch bürgerschaftliches Engagement. Einen vergleichbaren Ansatz wählen *Sebastian Braun* und *Stefan Hansen* für ihre Evaluationsstudie zum Kompetenzerwerb im Rahmen der Gruppenhelfer-Ausbildung im Sportjugendverband. Die Ergebnisse der Untersuchung verweisen auf einen weiterführenden informellen Kompetenzerwerb im Anschluss an die Ausbildung. Auch *Ralf Sygusch* und *Christian Herrmann* befassen sich mit Lernprozessen im Sportverein. Im Gegensatz zu den anderen Studien gehen sie aber mit dem Konzept der ‚Psychosozialen Ressourcen im Sport' von einem formellen Ansatz aus, den sie umfassend evaluieren. *Tim Bindel* schildert schließlich eine ethnografische Studie zum informellen Lernen im selbstorganisierten Sport. Am Beispiel einer Streetbasketball- und einer Fußballgruppe zeigt er Lernmodalitäten in autonom agierenden Gruppen auf, die keinerlei pädagogischer Einflussnahme ausgesetzt sind. Insgesamt wird damit ein breites Spektrum informeller Lerngelegenheiten im Sport umrissen – in der Hoffnung, damit ein bisher vernachlässigtes Feld der Bildungsdebatte in einem ersten Schritt zu konkretisieren.

Literatur

Baur, J. & Braun, S. (2000). Über das Pädagogische einer Jugendarbeit im Sport. *Deutsche Jugend*, 48 (9), 378-386.

Beckers, E. (1993). *Bewegungskultur – Kultur und Bewegung*. In E. Beckers & H.G. Schulz (Hrsg.), Sport – Bewegung – Kultur (S. 10-38). Bielefeld: Mane Huchler.

Beckers, E. (1997). Über das Bildungspotential des Sportunterrichts. In E. Balz & P. Neumann (Hrsg.), *Wie pädagogisch soll der Schulsport sein?* (S. 15-32). Schorndorf: Hofmann.

Beckers, E. (2001). Renaissance des Bildungsbegriffs in der Sportpädagogik? – Orientierungssuche zwischen Widerstand und Aushöhlung. In R. Prohl (Hrsg.), *Bildung und Bewegung* (Schriften der Deutschen Vereinigung für Sportwissenschaft, 120, S. 29-42). Hamburg: Czwalina.

Bildungskommission NRW (Hrsg.). (1995). *Zukunft der Bildung – Schule der Zukunft* (Denkschrift der Kommission beim Ministerpräsidenten des Landes Nordrhein-Westfalen). Neuwied, Kriftel, Berlin: Luchterhand.

Bleckmann, P. & Durdel, A. (2009). *Lokale Bildungslandschaften – Perspektiven für Ganztagsschulen und Kommunen.* Wiesbaden: VS.

Böhnisch, L. & Münchmeier, R. (1993). *Pädagogik des Jugendraums – Zur Begründung und Praxis einer sozialräumlichen Jugendpädagogik* (2. Aufl.). Weinheim, München: Juventa.

Brandl-Bredenbeck, H. P., Brettschneider, W.-D., Gerlach, E. & Hofmann, J. (2006), Kinder- und Jugendsport. In H. Haag & B. Strauß (Hrsg.), *Themenfelder der Sportwissenschaft* (S. 113-129). Schorndorf: Hofmann.

Bräutigam, M. (1998). Schüler im Sportunterricht – Ein Zwischenbericht. In W.-D. Miethling (Hrsg.), *Sportunterricht aus Schülersicht. Alltag, Alltagsbewusstsein und Handlungsorientierungen von Schülerinnen und Schülern im Sportunterricht* (Schriften der Deutschen Vereinigung für Sportunterricht, 95, S. 61-70). Hamburg: Czwalina.

Brettschneider, W.-D. (2003). Zukunftsfähige Jugendarbeit im Sportverein – Chancen und Grenzen. In N. Neuber (Red.), *Jugendarbeit im Sport – Ein Handbuch für die Vereinspraxis* (S. 27-40). Duisburg: Sportjugend NRW.

Brettschneider, D. & Kleine, T. (Hrsg.). (2002). *Jugendarbeit im Sportverein – Anspruch und Wirklichkeit.* Schorndorf: Hofmann.

Breuer, M. & Golenia, M. (2009). Informelles Lernen im Sportverein. In H. P. Brandl-Bredenbeck & M. Stefani (Hrsg.), *Schulen in Bewegung – Schulsport in Bewegung* (S. 94-99). Hamburg: Czwalina.

Bronfenbrenner, U. (1981). *Die Ökologie der menschlichen Entwicklung – Natürliche und geplante Experimente.* Frankfurt/M.: Fischer.

Bundesjugendkuratorium (Hrsg.). (2002). *Bildung ist mehr als Schule – Leipziger Thesen zur aktuellen bildungspolitischen Debatte.* Zugriff erfolgte am 18.9.2002 unter http://www. bmfsfj.de/dokumente/Artikel/ix_88329.htm

Bundesministerium für Bildung und Forschung (BMBF) (Hrsg.). (2004). *Konzeptionelle Grundlagen für einen Nationalen Bildungsbericht – Non-formale und informelle Bildung im Kindes- und Jugendalter.* Berlin: Selbstverlag.

Bundesministerium für Familie, Senioren, Frauen und Jugend (BMFSFJ). (Hrsg.). (2005). *Zwölfter Kinder- und Jugendbericht – Bericht über die Lebenssituation junger Menschen und die Leistungen der Kinder- und Jugendhilfe in Deutschland.* Berlin: BMFSFJ.

Dohmen, G. (2001). *Das informelle Lernen – Die internationale Erschließung einer bisher vernachlässigten Grundform menschlichen Lernens für das lebenslange Lernen aller.* Bonn: BMBF.

Deutscher Sportbund (DSB). (Hrsg.). (2006). *DSB-SPRINT-Studie – Eine Untersuchung zur Situation des Schulsports in Deutschland.* Aachen: Meyer & Meyer.

Düx, W. (2006). „Aber so richtig für das Leben lernt man eher bei der freiwilligen Arbeit". Zum Kompetenzgewinn Jugendlicher im freiwilligen Engagement. In T. Rauschenbach et al. (Hrsg.), *Informelles Lernen im Jugendalter – Vernachlässigte Dimensionen der Bildungsdebatte* (S. 205-240). Weinheim, München: Juventa.

Fritsch, U. (1989). Ästhetische Erziehung: Der Körper als Ausdrucksorgan. *Sportpädagogik,* 14 (5), 11-16.

Funke-Wieneke, J. (1997). Soziales Lernen. *Sportpädagogik,* 23 (2), 28-39.

Gebken, U. & Neuber, N. (Hrsg.). (2009). *Anerkennung als sportpädagogischer Begriff* (Jahrbuch Bewegungs- und Sportpädagogik in Theorie und Forschung, 8). Hohengehren: Schneider.

Grupe, O. & Krüger, M. (2007). *Einführung in die Sportpädagogik* (3., neu bearbeitete Aufl.). Schorndorf: Hofmann.

Harring, M., Rohlfs, C. & Palentien, C. (2007). Perspektiven der Bildung – eine Einleitung in die Thematik. In M. Harring, C. Rohlfs & C. Palentien (Hrsg.), *Perspektiven der Bildung – Kinder und Jugendliche in formellen, nicht-formellen und informellen Bildungsprozessen* (S. 7-14). Wiesebaden: VS.

Hartmann-Tews, I. & Luetkens, S.A. (2006). Jugendliche Sportpartizipation und somatische Kulturen aus Geschlechterperspektive. In W. Schmidt, I. Hartmann-Tews & W.-D. Brettschneider (Hrsg.), *Erster Deutscher Kinder- und Jugendsportbericht* (2. Aufl.; S. 297-317). Schorndorf: Hofmann.

Heim, R. (2008). Bewegung, Spiel und Sport im Kontext von Bildung. In W. Schmidt (Hrsg.), *Zweiter Deutscher Kinder- und Jugendsportbericht, Schwerpunkt: Kindheit* (S. 21-42). Schorndorf: Hofmann.

Hornberg, S. & Bos, W. (2007). Schule als Ort der Bildung – Schule im internationalen Vergleich: Der Beitrag von internationalen Schulleistungsstudien am Beispiel von PIRLS/IGLU. In In M. Harring, C. Rohlfs & C. Palentien (Hrsg.), *Perspektiven der Bildung – Kinder und Jugendliche in formellen, nicht-formellen und informellen Bildungsprozessen* (S. 155-184). Wiesebaden: VS.

Klafki, W. (1994). Schlüsselprobleme als inhaltlicher Kern internationaler Erziehung. In N. Seibert & H. J. Serve (Hrsg.), *Bildung und Erziehung an der Schwelle zum dritten Jahrtausend* (S. 136-161). München: PimS.

Kolb, M. (1997). Streetball als jugendkulturelle Bewegungsform. In J. Baur (Hrsg.), *Jugendsport – Sportengagements und Sportkarrieren* (S. 199-213). Aachen: Meyer & Meyer.

Kurz, D. & Tietjens, M. (2000). Das Sport- und Vereinsengagement der Jugendlichen – Ergebnisse einer repräsentativen Studie in Brandenburg und Nordrhein-Westfalen. *Sportwissenschaft*, 30, 384-407.

Laging, R. (2006). *Methodisches Handeln im Sportunterricht – Grundzüge einer bewegungspädagogischen Unterrichtslehre.* Seelze: Friedrich

Leu, H. R. (2005). Zur Konzipierung non-formaler und informeller Bildung in einem Nationalen Bildungsbericht. In T. Fitzner, T. Schlag & M. W. Lallinger (Hrsg.), *Ganztagsschule – Ganztagsbildung* (S. 360-376). Bad Boll: Evangelische Akademie.

Marsick, V.J., Volpe, M. & Watkins, K.E. (1999). Theory and practice of informal learning in the knowledge era. In V.J. Marsick & M. Volpe (Eds.), *Informal Learning on the Job. Advances in Developing Human Resources* (S. 80-95). Baton Rouge: Academy of Human Resources Development.

Meinberg, E. (1996). *Hauptprobleme der Sportpädagogik – Eine Einführung* (3., unveränderte Aufl.). Darmstadt: Wissenschaftliche Buchgesellschaft.

Miethling, W.-D. (2000). Schülerinnen und Schüler im Unterrichtsalltag. *Sportpädagogik*, 24 (6), 2-7.

Miethling, W.-D. & Krieger, C. (2004). *Schüler im Sportunterricht.* Schorndorf: Hofmann.

Ministerium für Schule und Weiterbildung, Wissenschaft und Forschung des Landes Nordrhein-Westfalen (MSWWF NRW) (Hrsg.). (1999). *Sekundarstufe II – Gymnasium/Gesamtschule. Richtlinien und Lehrpläne.* Düsseldorf.

Neuber, N. (2007). *Entwicklungsförderung im Jugendalter – Theoretische Grundlagen und empirische Befunde aus sportpädagogischer Perspektive* (Wissenschaftliche Schriftenreihe des Deutschen Olympischen Sportbundes, 35). Schorndorf: Hofmann.

Neuber , N. (2008). Ganztagsschule – Bewegungs-, Spiel- und Sportangebote in Kooperation von schulischen und außerschulischen Partnern. In H. Lange & S. Sinning (Hrsg.), *Handbuch Sportdidaktik* (S. 260-275). Balingen: Spitta.

Neuber, N. (2009). Informelles Lernen – ein sportpädagogisches Thema? In H. P. Brandl-Bredenbeck & M. Stefani (Hrsg.), *Schulen in Bewegung – Schulsport in Bewegung* (Schriften der Deutschen Vereinigung für Sportwissenschaft, 190, S. 77-82). Hamburg: Czwalina.

Neuber, N., Breuer, M., Derecik, A., Golenia, M. & Wienkamp, F. (2010). *Kompetenzerwerb im Sportverein – Eine empirische Studie zum informellen Lernen im Jugendalter.* Wiesbaden: VS.

Opper, E. (1996). Wie sehen gute und schlechte Schüler den Schulsport? *Sportunterricht*, 45, 340-348.

Overwien, B. (2004). Internationale Sichtweisen auf „informelles Lernen" am Übergang zum 21. Jahrhundert. In H.-U. Otto & T. Coelen (Hrsg.), *Grundbegriffe der Ganz-*

tagsbildung – Beiträge zu einem neuen Bildungsverständnis in der Wissensgesellschaft (S. 14-20). Wiesbaden: VS.

Overwien, B. (2006). Informelles Lernen – Zum Stand der internationalen Diskussion. In T. Rauschenbach et al. (Hrsg.), *Informelles Lernen im Jugendalter – Vernachlässigte Dimensionen der Bildungsdebatte* (S. 35-62). Weinheim, München: Juventa.

Pauli, B. (2005). Kooperation Schule und Jugendarbeit – Neue Bildungsvielfalt durch ganztägige Bildungs- und Betreuungsangebote. *Die Ganztagsschule* (Heft 2/3). Zugriff erfolgte am 14.11.2005 unter http://www.ganztagsschulverband.de/Download/Kooperation.pdf

Prohl, R. (2006). *Grundriss der Sportpädagogik* (2., stark überarbeite Aufl.). Wiebelsheim: Limpert.

Prohl, R. (2008). Erziehung mit dem Ziel der Bildung: Der Doppelauftrag des Sportunterrichts. In H. Lange & S. Sinning (Hrsg.), *Handbuch Sportdidaktik* (S. 40-53). Balingen: Spitta.

Rauschenbach, T., Düx, W. & Sass, E. (Hrsg.). (2006). *Informelles Lernen im Jugendalter – Vernachlässigte Dimensionen der Bildungsdebatte*. Weinheim, München: Juventa.

Scherler, K. (1997). Die Instrumentalisierungsdebatte in der Sportpädagogik. Sportpädagogik, 21 (2), 5-11.

Schmidt, W., Fischer, U. & Süßenbach, J. (2003). Traditionelle Sportarten im Verein. In N. Neuber (Red.), *Jugendarbeit im Sport – Ein Handbuch für die Vereinspraxis* (S. 104-116). Duisburg: Sportjugend NRW.

Schmidt, W., Hartmann-Tews, I. & Brettschneider, W.-D. (Hrsg.). (2006). *Erster Deutscher Kinder- und Jugendsportbericht* (2. Aufl.). Schorndorf: Hofmann.

Schmidt-Millard, T. (1991). Der Sportverein – Versuch einer pädagogischen Ortsbestimmung. *Brennpunkte der Sportwissenschaft*, 5 (2), 134-151.

Schmidt-Millard, T. (2007). Lernen als Neuordnung der Horizonte – Bildungstheoretische Anmerkungen zum Lernbegriff in der Sportdidaktik. In V. Scheid (Hrsg.), *Sport und Bewegung vermitteln* (Schriften der Deutschen Vereinigung für Sportwissenschaft, 165, S. 39-52). Hamburg: Czwalina.

Wopp, C. (2002). Selbstorganisiertes Sporttreiben. In J. Dieckert & C. Wopp (Hrsg.), *Handbuch Freizeitsport* (S. 175-184). Schorndorf: Hofmann.

Zimmer, R. (1999). *Handbuch der Psychomotorik – Theorie und Praxis der psychomotorischen Förderung von Kindern*. Freiburg: Herder.

Zinnecker, J. (1991). Jugend als Bildungsmoratorium. Zur Theorie des Wandels der Jugendphase in west- und osteuropäischen Gesellschaften. In W. Melzer, W. Heitmeyer, L. Liegle & J. Zinnecker (Hrsg.), *Osteuropäische Jugend im Wandel* (S. 9-25). Weinheim, München: Juventa.

Zinnecker, J., Behnken, I., Maschke, S. & Stecher, L. (2002). *Null zoff & voll busy – Die erste Jugendgeneration des neuen Jahrhunderts*. Opladen: Leske + Budrich.

I Perspektiven der allgemeinen Jugendforschung

Zur Bedeutung informellen Lernens

Bernd Overwien

1 Bildungspolitischer Hintergrund

Das deutsche Bildungssystem muss sich mehr und mehr an internationalen Standards messen lassen. So werden in der OECD-Studie „Bildung auf einen Blick" und dann auch im Nationalen Bildungsbericht Reformbedarfe im deutschen Bildungsbereich aufgezeigt, die sich in der administrativen Umgestaltung entscheidender Steuerungs- und Gestaltungsinstrumente abbilden und – damit verbunden – auch in dem Bestreben schulische Strukturen zu verändern. Mehr Eigenverantwortung der Schule, die zunehmende Bedeutung von Bildungsstandards, der Ausbau lebenslangen Lernens, ein Aufbau von flächendeckender Bildungsberatung und auch die Entwicklung von Anerkennungsverfahren informellen Lernens gehören zu den Maßnahmen, die in der Diskussion, teils auch schon in der Umsetzung sind (vgl. Autorengruppe Bildungsberichterstattung, 2008; OECD, 2008).

Die Europäische Union gehört zu den treibenden Kräften eines beschleunigten Wandels, der auch über die Einführung von Qualifikationsrahmen, die Akkreditierung von Bildungsgängen, Qualitätssicherungssysteme und auch über die Entwicklung von Instrumenten der Erfassung und Validierung informell erworbener Kompetenzen in die Wege geleitet werden soll. Die Einführung eines Europäischen Qualifikationsrahmens und des damit verbundenen Deutschen Qualifikationsrahmens (DQR) wird das Verhältnis von allgemeiner, beruflicher und hochschulischer Bildung und Weiterbildung neu bestimmen (European Commission, 2008, Arbeitsgruppe DQR, 2009). Der DQR, der ab dem Frühjahr 2009 in der Erprobung ist und 2010 verabschiedet werden soll, bezieht sich bis auf den Primar- und Elementarbereich auf alle Bildungsbereiche des Bildungssystems. Der verbreiteten Selektion und Ausgrenzung von Geringqualifizierten, Langzeitarbeitslosen und sozial benachteiligten Jugendlichen und Erwachsenen könnte durch eine entsprechende bildungspolitische Ausrichtung des DQR's entgegen gewirkt werden. Er könnte dazu beitragen, die in Arbeit und Beruf, aber auch in Freizeit und Ehrenamt erworbenen Qualifikationen und Kompetenzen auf Bildungs- und Ausbildungswege sowie zum Teil auch auf Hochschulstudiengänge anzuerkennen und anzurechnen. Die Möglichkeit hierzu ist seit Jahren in Modellprojekten nachgewiesen und wird in den Bildungssystemen mehrerer europäischer Länder bereits erfolgreich praktiziert (vgl. Ness, 2009, S. 49-50).

Eine Anerkennung informell erworbener Kompetenzen ist in diesem Zusammenhang eine wichtige Herausforderung in einem zu erweiternden Anerkennungs- und Bewertungssystem. Subjektorientierte Kompetenzanalyseverfahren, gesteigerte Begleitung und Beratung sind dafür wichtige Voraussetzungen. Die Erfassung von formal, non-formal und informell erworbenen Kompetenzen stellt dabei für Deutschland eine äußerst anspruchsvolle Herausforderung an die Bildungspraxis und Bildungsforschung dar, da informell und non-formal erworbene Kompetenzen in einigen Pilot- und Modellprojekten zwar erfasst und bewertet wurden, aber von einem bundesweit greifenden Analyse-, Bewertungs- und Zertifizierungssystem, wie dies u.a. in England und Frankreich besteht, bislang nur in Ansätzen gesprochen werden kann.

Auch der Ausbau der Ganztagsbildung geht auf Defizitanalysen des deutschen Bildungssystems zurück und soll, unter Berücksichtigung sozialräumlicher Bezüge, mehr Spielraum für besseren schulischen Unterricht, für die Kooperation verschiedener Professionen, etwa Lehrpersonen und Sozialarbeitern, aber auch zwischen schulischen und außerschulischen Trägern bieten. Es besteht die Hoffnung, auch im Sinne eines ‚Netzwerks Bildung', Verbindung zwischen formellen und informellen Lernformen institutionell zu verankern. Ganztagsbildung, die konkret auch eine Zusammenarbeit zwischen Schule und Jugendarbeit beinhalt, wird zunehmend im Kontext kommunaler Bildungslandschaften gesehen (vgl. Coelen & Otto, 2008, S. 19-22). Jugendvereine und Verbände, die durch ihren Aktivitäten umfangreiche Potentiale informeller Bildung zu bieten haben, sehen sich einerseits in einer Situation der Einschränkung nicht schulisch belegter Zeiten von Kindern und Jugendlichen, andererseits bietet eine Kooperation auf „Augenhöhe" mit schulischen Partnern auch die Möglichkeit der Anbindung und Entwicklung dieser Potentiale (vgl. Rieckmann & Bracker, 2008, S. 457-458). Auch der Freizeitbegriff wird in der Gestaltung von Ganztagsbildung neue Konnotationen erfahren müssen, wenn es nicht lediglich um eine Erweiterung traditioneller Schule gehen soll. Wenn mehr als zuvor die Individualität der Lernenden und die Situiertheit von Lernen beachtet wird und bestehende Netzwerke außerschulischer Sozial-, Kultur- oder Sportarbeit in angemessener Weise in Verbindung mit Ganztagsbildung treten, wird sich im besten Falle der bisherige Dualismus von Schule und Freizeit teilweise auflösen (vgl. Opaschowski & Pries, 2008, S. 429-430). Dies wird aber nur dann geschehen, wenn es nicht nur zu einer Addition von Angeboten kommt, sondern integrierte Formen der Arbeit gefunden werden, wie sie hier und da bereits Praxis sind (vgl. Laging, 2008, S. 260).

Bereits in den 1980er Jahren zeigte sich in deutschen Unternehmen, dass neue Arbeitskonzepte eine umfassendere Kompetenzentwicklung und damit auch ein verstärktes Lernen in der Arbeit erfordern. In Deutschland wurden die damit verbundenen Lernprozesse zunächst eher als Erfahrungslernen charakterisiert. Der Begriff des informellen Lernens als Lernart im betrieblichen Kontext kam aus der internationalen Diskussion und gewinnt in den letzten Jahren innerhalb der deutschen erziehungswissenschaftlichen Debatte an Bedeutung (vgl. Dehnbostel, Molzberger & Overwien, 2003, S. 30-33). Die damit verbunden Prozesse sind Teil eines in sich differenzierten pädagogischen Verständnisses von Lernen geworden (vgl. Göhlich, Wulf & Zirfas, 2007). Neben dem formal organisierten Lernen in Schulen und Universitäten geraten auch über den betrieblichen Kontext hinaus Lernfelder in den Blick, die bis vor kurzem wenig wahrgenommen wurden (Brodowski, Devers-Kanoglu, Overwien, Rohs, Salinger & Walser, 2009). Auch angesichts des ökonomischen und technischen Strukturwandels findet neben dem Lernen am Arbeitsplatz der Kompetenzerwerb in sozialen Bewegungen, im Bereich neuer Medien, im Rahmen von Museen und Science Centern oder darüber hinaus im Freizeitbereich oder in der Verbindung von schulischem und informellem Lernen zunehmend Beachtung (BMFSFJ, 2005).

Dieser Beitrag soll einen Überblick über Definitionen und Forschungsaktivitäten zum informellen Lernen geben. Angesichts immer komplexer werdender beruflicher Anforderungen und sich ähnlich verändernder Problemlagen im Alltag, stellt sich verstärkt die Frage, welches Lernen wie darauf vorbereiten kann und in welcher Weise Strukturen formaler Bildung verändert werden müssen. Mehr als bisher greifen Lernen und Arbeit ineinander, soweit, dass Kirchhöfer die Frage aufwirft, ob nicht Lernen als ständiger Teil von Arbeit direkt Wert schöpfend sei (Kirchhöfer, 2001, S. 20). Mit dem informellen Lernen in der Arbeitswelt, im Gemeindekontext, dem freiwilligen Engagement oder der Familie kommt ein Teil der Gesamtheit menschlichen Lernens in den Blick, die Livingstone (2002) mit einem Eisberg vergleicht, von dem nur ein Drittel sichtbar ist und dessen andere Teile erst noch entdeckt werden müssen.

2 Zur Diskussionsgeschichte informellen Lernens

Bereits zu Beginn des 20. Jahrhunderts wird informelles Lernen in den USA als wichtige Lernform hervorgehoben, der vermutliche Urheber des Begriffes ist

John Dewey, der „informal education"[1] als Grundlage für formale Bildung sieht. Er weist in diesem Zusammenhang auf die Zunahme von Komplexität hin, die zu einem verstärkten Bedarf an formaler Bildung führe, deren Basis aber informelle Lernweisen seien (Dewey, 1997, S. 9). In der us-amerikanischen Erwachsenbildung begegnet uns der Begriff des informellen Lernens in den fünfziger Jahren erneut, wobei lange Zeit teils von „informal education", teils von „informal learning" die Rede ist (Knowles, 1951). Anfang der siebziger Jahre betont die Faure-Kommission der UNESCO die besondere Bedeutung informellen Lernens. Es handele sich um ein Erfahrungslernen in allen biographischen Phasen und in jeweils sehr verschiedenen Lebensbereichen. Unter Verweis auf bereits damals sichtbare grundsätzliche Veränderungen der Arbeitswelt wird gefordert, dieses Lernen in Bildungsanstrengungen einzubeziehen (Faure, 1972). Auf die Faure-Kommission soll auch die Aussage zurückgehen, nach der informelles Lernen siebzig Prozent allen menschlichen Lernens ausmache (vgl. Rohs, 2009).

Zu Beginn der achtziger Jahre ist das informelle Lernen ein eingeführter Begriff bei Bildungsexperten internationaler Organisationen. Weitere Studien und Beiträge nehmen später Bezug auf die dort geführten Debatten um eine Verbesserung der Bildungssituation der Armen in „Entwicklungsländern" (Birks, Fluitmann,, Oudin & Sinclair, 1994). Über verschiedene Untersuchungen zum informellen Lernen in Afrika und Lateinamerika gelangt der Begriff in die us-amerikanische Debatte zurück (Lave, 1982).

Die englischsprachige Forschung zum informellen Lernen wird in Deutschland lange Zeit kaum zur Kenntnis genommen. Über informelles Lernen bzw. informelle Bildung wird allerdings in Randbereichen der Erziehungswissenschaft, so etwa in der entwicklungspolitischen Bildungszusammenarbeit vergleichsweise früh diskutiert (vgl. Schöfthaler, 1981). Es verging eine Reihe von Jahren, bis die damit verbunden Phänomene und Potenziale in der deutschen erziehungswissenschaftlichen Diskussion richtig zur Kenntnis genommen wurden. Inzwischen ist die Frage, was informelles Lernen ist und wie man es anerkennen kann, zu einem wesentlichen Thema auch der EU-Bildungspolitik geworden. Notwendige neue und flexible Lernweisen angesichts der „Wissensgesellschaft" rücken dieses Lernen nun auch in den Mittelpunkt deutscher Diskussionen (vgl. Overwien, 2005).

---

[1] „Education" kann je nach Kontext mit Bildung und/oder Erziehung übersetzt werden. In der Literatur geschieht dies teilweise erstaunlich beliebig. Für „informal education" wird hier die Übersetzung informelle Bildung verwendet, in Abgrenzung zum informellen Lernen.

3 Definitionen von informellem Lernen

Lange wurden innerhalb der englischsprachigen Diskussion mögliche Unterschiede zwischen informellem Lernen und informeller Bildung ignoriert und beide Begriffe eher synonym verwendet. David Livingstone liefert 2006 eine reflektierte und differenzierte Einführung in das begriffliche Feld von informellem Lernen und von informeller Bildung. Dabei greift er auf umfangreiche Forschungserfahrungen aus Kanada zurück. Informelles Lernen kann danach in vielfältigen Lernumgebungen stattfinden. Informelle Bildung findet immer dann statt, wenn von professionellem Personal Lernsituationen gestaltet werden, ohne dass Bezug auf ein Curriculum genommen wird. Das hier stattfindende Lernen, so Livingstone, lasse sich kaum vom selbst gesteuerten informellen Lernen unterscheiden (Livingstone, 2006, S. 205). Im Unterschied zum informellen Lernen ist informelle Bildung („informal education") dann gegeben, wenn Lehrende oder Mentoren Verantwortung dafür übernehmen, dieses Lernen zu gestalten. Es geht um die Begleitung beim Erwerb von Fertigkeiten im Arbeitsprozess, wie auch um ein begleitetes Lernen etwa im Rahmen von Gemeindeentwicklung (Livingstone, 2001).

Viele der unterschiedlichen Sichtweisen informellen Lernens setzen in erster Linie an der Organisationsform dieses Lernens an und erreichen damit zwar nützliche Erkenntnisse über eine „neue" Sammelkategorie, der des informellen Lernens, sind in ihrer Definitionstiefe aber zunächst eher begrenzt. Informell ist danach jenes Lernen, das seinen Platz außerhalb formaler Institutionen oder nonformal organisierter Prozesse hat und auch nicht von dieser Seite finanziert wird (Watkins & Marsick, 1990, S. 12-13) Marsick und Watkins gehen in ihren Überlegungen zur Gestalt des informellen Lernens davon aus, dass dies nicht routinemäßig, sondern eher Problem geleitet in ungewöhnlichen oder Konfliktträchtigen Situationen stattfinde. Teile davon seien unbewusst. Dieses inzidentelle und das informelle Lernen unterscheiden sich danach voneinander im Grad der Absicht. Selbstgesteuertes informelles Lernen sei in erster Linie intentional, beiläufiges Lernen ein nicht geplanter Vorgang. Lernen aus Fehlern ist in diesem Rahmen inzidentelles Lernen (Watkins & Marsick, 1990 S. 215). Eingebettet in die Persönlichkeitsentwicklung wird während der Arbeit „tacit knowledge" erworben (Watkins & Marsick, 1990, S. 23). Ein hoher Grad an Autonomie und Empowerment begünstige informelles Lernen.

Betonte sie früher auch emanzipatorische Aspekte informellen Lernens, schaut die Forschergruppe um Marsick und Watkins später eher auf die Gestaltung der Rahmenbedingungen. Informelles und inzidentelles Lernen ist danach durch folgende Faktoren gekennzeichnet (Marsick & Volpe, 1999, S. 90-91):

- integriert in die Arbeit und tägliche Routine
- durch inneren und äußeren Anstoß ausgelöst
- kein sehr bewusster Prozess
- oft zufällig veranlasst und beeinflusst
- es beinhaltet einen induktiven Prozess von Reflexion und Aktion
- es ist mit dem Lernen anderer verbunden

Informelles Lernen kann durch verschiedene Maßnahmen unterstützt werden:

- Zeit und Raum für Lernen schaffen
- Umfeld auf (Lern-)Gelegenheit überprüfen
- Aufmerksamkeit auf Lernprozesse lenken
- Reflexionsfähigkeit stärken
- Klima von Zusammenarbeit und Vertrauen schaffen

Livingstone findet einen pragmatischen und mehr am Konzept des selbstgesteuerten Lernens orientierten Zugang. Er definiert informelles Lernen sehr differenziert. Informelles Lernen ist danach:

> "...jede mit dem Streben nach Erkenntnissen, Wissen oder Fähigkeiten verbundene Aktivität außerhalb der Lehrangebote von Einrichtungen, die Bildungsmaßnahmen, Lehrgänge oder Workshops organisieren. (...) Die grundlegenden Merkmale des informellen Lernens (Ziele, Inhalt, Mittel und Prozesse des Wissenserwerbs, Dauer, Ergebnisbewertung, Anwendungsmöglichkeiten) werden von den Lernenden jeweils einzeln oder gruppenweise festgelegt. Informelles Lernen erfolgt selbständig, und zwar individuell oder kollektiv, ohne dass Kriterien vorgegeben werden oder ausdrücklich befugte Lehrkräfte dabei mitwirken. Informelles Lernen unterscheidet sich von Alltagswahrnehmungen und allgemeiner Sozialisierung insofern, dass die Lernenden selbst ihre Aktivitäten bewusst als signifikanten Wissenserwerb einstufen. Wesensmerkmal des informellen Lernens ist die selbständige Aneignung neuer signifikanter Erkenntnisse oder Fähigkeiten, die lange genug Bestand haben, um im Nachhinein noch als solche erkannt zu werden" (Livingstone, 1999, S. 68-69).

Etwas zu kurz kommt hier das implizite Lernen[2], das zu Lernprozessen führt, deren Verlauf und Ergebnis für den Lernenden nicht bewusst und reflektiert ablaufen. Beispiele hierfür sind die Lernprozesse, die zum Schwimmen oder zum Fahrradfahren befähigen, soweit dies nicht in strukturierten Programmen geschieht. Aber auch die Expertise des Schachmeisters und des erfahrenen Arztes

---

[2] Auf die unterschiedlichen Hintergründe der Begriffe des inzidentellen und impliziten Lernens soll hier nicht eingegangen werden. Es handelt sich in beiden Fällen um ein beiläufiges, eher unbewusstes Lernen.

oder Automechanikers erfolgt weitgehend über implizite Lernprozesse. Lernen ist dabei ein eher unbewusster Prozess; es wird in der Situation unmittelbar erfahren, ohne dass Regeln und Gesetzmäßigkeiten erkannt oder gar zur Basis von strukturierten Lernprozessen gemacht würden. Die Entstehung des „tacit knowledge" (Polany, 1967), des Wissens und Könnens, das wir zwar haben, nicht aber beschreiben können, ist zu guten Teilen auf implizites Lernen zurückzuführen. Eine in Deutschland verbreitete Definition informellen Lernens kommt aus der Erwachsenenbildung. Formales Lernen ist danach institutionell geprägtes, planmäßig strukturiertes Lernen mit anerkannten Zertifikaten. Nichtformales Lernen oder nonformales Lernen in Kursen etc. hat dagegen seinen Platz außerhalb dieser Sphäre. Informelles Lernen findet ungeregelt im Lebenszusammenhang statt. Zusätzlich gibt es inzidentelles oder implizites Lernen, ein unbewusstes Gelegenheitslernen, das Nebenprodukt anderer Tätigkeiten ist (Dohmen, 2001, S. 18-19).

Dehnbostel betrachtet das informelle Lernen prozesshaft im Kontext des betrieblichen Erfahrungslernens. Dort ist es eine wichtige Lernart im Gesamt der betrieblichen Lern- und Wissensarten. Danach ist betriebliches Lernen grundsätzlich in organisiertes und informelles Lernen zu unterscheiden. Das organisierte bzw. formale Lernen ist auf die Vermittlung festgelegter Lerninhalte und Lernziele gerichtet. Es zielt von vornherein auf ein vorgegebenes Lernergebnis, während beim informellen Lernen gelernt wird, ohne dass dies pädagogisch angestrebt wird. Das informelle Lernen ist wiederum in zwei Lernarten unterteilt: das Erfahrungslernen bzw. reflexive Lernen und das implizite Lernen. Zur groben Unterscheidung der – ohnehin nur analytisch zu trennenden – Begriffe lässt sich anführen, dass Erfahrungslernen über die reflektierende Verarbeitung von Erfahrungen erfolgt, während implizites Lernen eher unreflektiert und unbewusst stattfindet. Beim Erfahrungslernen werden Erfahrungen in Reflexionen eingebunden und führen zur Erkenntnis. Dies setzt allerdings voraus, dass die Handlungen nicht repetitiv erfolgen, sondern in Probleme, Herausforderungen und Ungewissheiten eingebunden sind und entsprechend auf den Handelnden einwirken. In dynamischen Arbeitsprozessen und Umwelten ist dies zumeist der Fall (Dehnbostel, Molzberger & Overwien, 2003).

Im Rahmen der EU-Debatte um lebenslanges Lernen setzt sich bezogen auf Lernen nun offenbar die dreiteilige Begrifflichkeit formal, nonformal und informell durch, wie im Folgenden zu sehen ist. Organisationsformen werden hier durch den Grad an Intentionalität aus der Perspektive der Lernenden ergänzt. Ein Papier der Europäischen Kommission mit dem programmatischen Titel „Einen europäischen Raum des lebenslangen Lernens schaffen" benennt auf der Grundlage dieser Definition konkrete Schritte zu einer Einbeziehung informellen Lernens in eine Gesamtstrategie, mit der „...Aufforderung an Bildungs- und Berufsbildungseinrichtungen, sich systematisch der Bewertung und Anerkennung von nicht-formalem und informellem Lernen zu widmen" (EU-Kommission, 2001, S. 16-21). Informelles (und nicht-formales) Lernen wird als Teil eines komplementären Verhältnisses verschiedener Formen des Lernens gesehen, also keinesfalls dem formalen Lernen gegenüber gestellt (EU-Kommission, 2001, S. 9, S. 32-33).

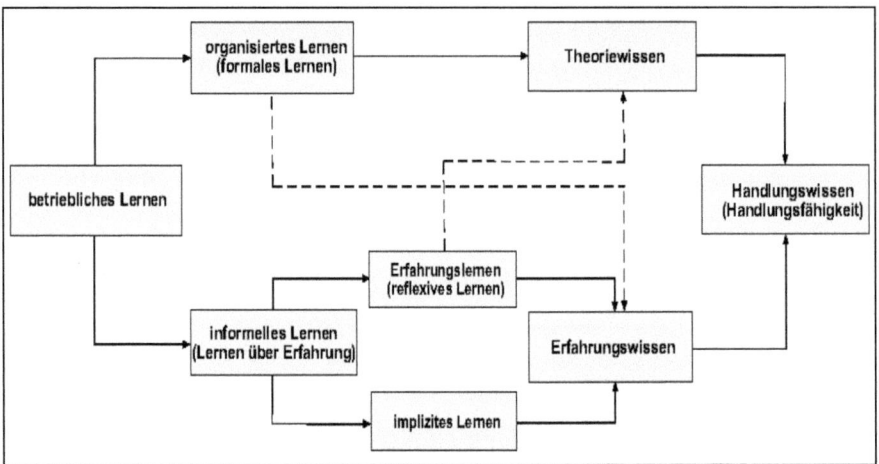

Abbildung 1:   Betriebliche Lern- und Wissensarten (Dehnbostel, Molzberger & Overwien, 2003).

3.1 Formales Lernen

Lernen, das üblicherweise in einer Bildungs- oder Ausbildungseinrichtung stattfindet, (in Bezug auf Lernziele, Lernzeit oder Lernförderung) strukturiert ist und zur Zertifizierung führt. Formales Lernen ist aus der Sicht des Lernenden zielgerichtet.

3.2 Nicht- formales Lernen

Lernen, das nicht in Bildungs- oder Berufsbildungseinrichtungen stattfindet und üblicherweise nicht zur Zertifizierung führt. Gleichwohl ist es systematisch (in

Bezug auf Lernziele, Lerndauer und Lernmittel). Aus Sicht der Lernenden ist es zielgerichtet.

3.3 Informelles Lernen

Lernen, das im Alltag, am Arbeitsplatz, im Familienkreis oder in der Freizeit stattfindet. Es ist (in Bezug auf Lernziele, Lernzeit oder Lernförderung) nicht strukturiert und führt üblicherweise nicht zur Zertifizierung. Informelles Lernen kann zielgerichtet sein, ist jedoch in den meisten Fällen nichtintentional (oder inzidentell/beiläufig). Die Europäische Kommission hat inzwischen auch Grundsätze der Validierung nicht-formalen und informellen Lernens vorgelegt (EU-Kommission, 2004).

4 Exemplarischer Überblick über internationale Untersuchungen

Eine der ersten Studien zu informellen Lernen, die international bekannter wurde, ist die Untersuchung von Watkins und Marsick (1990), die im Rahmen einer Sekundärauswertung die Ergebnisse sehr heterogener Studien zur Managerausbildung in Schweden, „community education" in Nepal oder zur Lernbiographie von Studierenden in den USA zusammenführen. Wichtig ist diese Arbeit vor allem bezogen auf definitorische Aspekte.

In Großbritannien sind in den neunziger Jahren eine Reihe von Untersuchungen zum informellen Lernen in der Arbeit entstanden. So gehen Gear et al. der Frage nach, wie, warum und mit welchen Mitteln Angehörige mittlerer Berufe informell lernen (Gear, Mc Intosh & Squires, 1994). Dale und Bell untersuchen arbeitsplatzbezogenes Lernen in kleinen und mittleren Betrieben und legen Ergebnisse zu den Wechselwirkungen formalerer Weiterbildung mit informellem Lernen vor (Bell & Dale, 1999). Die bisher umfangreichsten Untersuchungsergebnisse zum informellen Lernen stammen aus Kanada. Das Forschungsnetzwerk „Neue Ansätze für Lebensbegleitendes Lernen" (NALL) arbeitet aus unterschiedlichen Perspektiven am Thema und führt auch eine erste nationale Studie zum informellen Lernen durch. In einem Land, in dem allerdings die berufliche Bildung wenig formal organisiert ist, gibt es umfangreiche Bemühungen, über informelles Lernen arbeitsbezogene Kompetenzen zu erwerben (Livingstone, 1999, S. 86). Die Arbeiten des Netzwerkes NALL werden bis 2008 unter dem übergreifenden Titel "The Changing Nature of Work and Lifelong Learning in the New Economy: National and Case Study Perspectives" (WALL) fortgeführt. Zwölf spezifischere Untersuchungen über informelles Lernen in verschiedenen

Kontexten wurden auf der Grundlage einer zentralen Studie über Arbeit und lebenslanges Lernen im Rahmen sich verändernder ökonomischer Strukturen durchgeführt. Ergebnisse sollen demnächst vorgelegt werden.[3]

Weitere Untersuchungen beziehen sich auf das informelle Lernen in Gemeinden und sozialen Bewegungen. So untersuchen Field und Spence in Nordirland, inwieweit informelles Lernen für solche Menschen besonders relevant ist, die von formaler Bildung ausgeschlossen sind und gehen dabei der Rolle sozialer Beziehungen für dieses Lernen nach (Field & Spence, 2000). Ähnliches, durch Netzwerke unterstütztes Lernen sieht Harrison (2003) in australischen Landgemeinden. Lernbeziehungen führen hier auch zu mehr sozialer Partizipation. Dekeyser (2003) berichtet über informelle, soziale und kollektive Lernprozesse in sozialen Bewegungen Flanderns und betont die zivilgesellschaftlich relevanten Lernprozesse. Elsdon (1995) untersucht in Großbritannien das Lernen im Engagement in lokalen Freiwilligenorganisationen und betont die Bedeutung des Kompetenzerwerbes in Sportvereinen für politische Partizipation. McGivney (1999) untersucht Lernstrukturen und Lernwege im gemeindlichen Kontext Großbritanniens. Sie geht hemmenden und fördernden Momenten des informellen Lernens nach, betrachtet dabei besonders die Möglichkeiten und Grenzen erwerbloser Menschen und entwickelt Unterstützungsstrategien für das Lernen in der Gemeinde. Foley (1999) geht in Australien der Frage nach, wie in sozialen Bewegungen und sozialer Aktion gelernt wird. Er befragt Mitglieder einer Initiative zur Rettung des Regenwaldes oder Frauen, die in einem Nachbarschaftszentrum aktiv sind. Analysefähigkeit politischer Strukturen, konkrete Handlungsfähigkeit zur Durchsetzung von Interessen oder auch die Steigerung des Selbstwertgefühls durch die Arbeit in Gruppen sind einige der Ergebnisse der Studie.

5   Überblick über Untersuchungen zum informellen Lernen in Deutschland

Im deutschen Kontext gab es lange vergleichsweise wenige Studien, die explizit den Begriff des informellen Lernens verwenden. Dies hat sich in den letzten Jahren geändert. Zu Beginn war insbesondere das Deutsche Jugendinstitut in diesem Feld aktiv. Das DJI führt schon 1994 eine Untersuchung zum Thema „Informelle Bildung in Jugendalter" durch (Tully, 1994). Der Autor entwickelt, als Grundlage einer dann folgenden Analyse medialer und Kursangebote, ein eigenes Konzept von „Computerkompetenz". Unter Bezug auf einen eher lernorganisatorischen Begriff des informellen Lernens stehen die Freizeitinteressen

---

[3] Website: http://www.wallnetwork.ca/

und die damit verbundenen informellen Lernfelder von Schülern im Mittelpunkt einer weiteren Arbeit des DJI (Lipski, 2004).

Kirchhöfer (2000) thematisiert informelles Lernen in alltäglichen Lebensführungen mit direktem Bezug zur beruflichen Kompetenzentwicklung. Über protokollierte Tagesläufe werden Prozesse des informellen Lernens im Alltag identifiziert. Aus den Protokollanalysen entstehen Lernertypisierungen und Erkenntnisse über Lernsituationen und Lernstrategien. Ebenfalls im ostdeutschen Kontext nach der „Wende" untersucht Stieler-Lorenz (2002) den Erwerb arbeits- und berufsbezogener Kompetenzen, wobei auch Bezüge zum Lernen im sozialen und politischen Umfeld Berücksichtigung finden. Schiersmann und Strauß (2003) untersuchen Lernerfahrungen in informellen und formalen Lernkontexten innerhalb lebenslangen Lernens und verbinden ihre Fragestellung mit Einstellungen der repräsentativ und standardisiert Befragten zur Weiterbildung. Die Ergebnisse der Studie verweisen auf die wesentliche Bedeutung „informeller Lernkontexte" für eine große Gruppe von Menschen im Erwerbsalter.

Dehnbostel, Molzberger und Overwien (2003) legen Ergebnisse einer Untersuchung zum informellen Lernen in Klein- und Mittelbetrieben der Informationstechnologie-Branche vor. Im Rahmen eines quantitativen Teils wurden dabei 110 Betriebe befragt, ein qualitativer Teil führt zu einer „dichten Beschreibung" des betrieblichen informellen Lernens. Im Mittelpunkt der informellen Lernaktivitäten der formal relativ qualifizierten Befragten stehen kommunikative Prozesse, wie etwa der kontinuierliche Austausch über aktuelle Arbeitsaufgaben und -probleme mit Kollegen.

Das Spektrum arbeitsbezogener Studien hat sich inzwischen verbreitert. So liegen jetzt zwei weitere Studien vor, die innerhalb von Tätigkeitsfeldern der Informationstechnologie der Frage nachgehen, welche Ausprägungen Lernen in der Arbeit hier hat und wie man es fördern kann (Molzberger & Rohs, 2009). Eine Studie an der Universität Bielefeld untersucht Jugend- und Jugendhilfeonlineangebote unter dem Gesichtspunkt der informellen Bildungspotenziale (Otto & Kutscher, 2004). In Berlin und Brandenburg wird in einem ganz anderen Feld untersucht, in welcher Weise und in welchem Umfang Biohöfe im Rahmen unterschiedlicher Aktivitäten informelle Bildungsangebote zur Verfügung stellen. Dabei stellt sich heraus, dass zwar Marketingaspekte erwartungsgemäß eine Rolle spielen, die Themen aber über den direkten Bezug zu den verkauften Produkten weit hinausgehen (Boeckmann, 2009). Auf ganz andere Weise bearbeitet eine weitere Studie das Lernen in der Arbeit. Heise setzt sich u.a. anhand von Daten des Berichtssystems Weiterbildung mit der Frage auseinander, in welcher Weise im Vergleich Ingenieure, Ärzte und Lehrpersonen informell arbeitsbezogen lernen. Entgegen verbreiteten Vorurteilen über das Weiterbildungsverhalten von Lehrkräften kann sie hier erhebliche Aktivitäten identifizieren (Heise, 2007).

Das Berichtssystem Weiterbildung erhebt seit einigen Jahren auch informelle Weiterbildungsaktivitäten. Wie die folgende Abbildung zeigt, ist man hier bestrebt, die entsprechenden Lernweisen kleinteilig abzubilden.

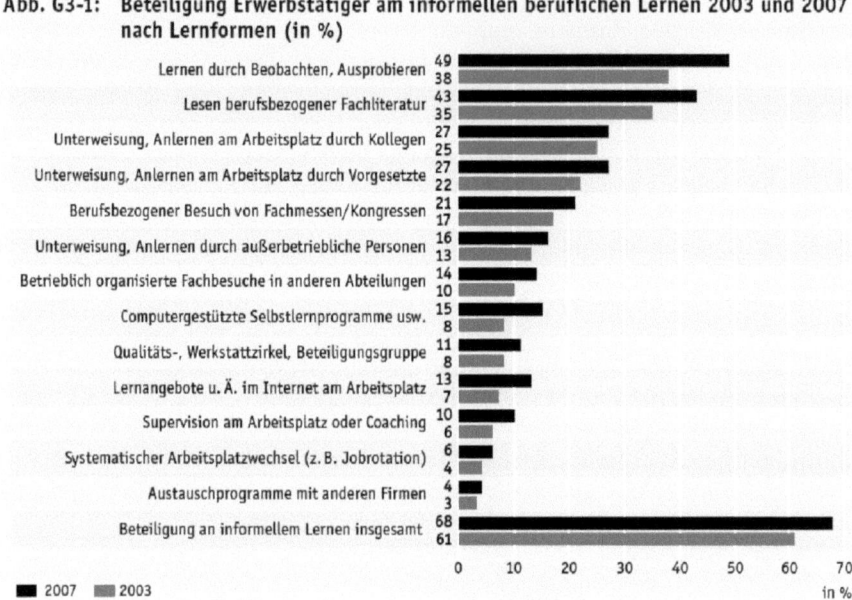

Abb. G3-1:   Beteiligung Erwerbstätiger am informellen beruflichen Lernen 2003 und 2007 nach Lernformen (in %)

Quelle: TNS Infratest Sozialforschung, Berichtssystem Weiterbildung (BSW)

Abbildung 2:   Informelles Lernen in der Arbeit, Kategorien des Berichtssystems Weiterbildung (Autorengruppe Bildungsberichterstattung, 2008, S. 146).

Die Forschungsaktivitäten gehen aber auch weit über das Lernen in der Arbeit hinaus. So bezieht Stecher (2005) die Daten einer 2003 durchgeführten Studie „Lernen und Bildung" auf das informelle Lernen bei Kindern und Jugendlichen. U. a. unter Bezug auf Bourdieu geht er der Frage nach, inwieweit informelles Lernen mit der Reproduktion sozialer Ungleichheit zu tun hat. Ein anderes Beispiel zeigt die inzwischen erreichte Breite der Forschung zum informellen Lernen in Deutschland. So thematisiert Schmidt-Wenzel (2008) das Lernen innerhalb der Elternschaft. Eltern sind durch ihre Kinder immer wieder herausgefordert lernend auf deren Entwicklung einzugehen. Die damit verbunden Prozesse sind Gegenstand der Studie. Auch das Lernen im Ehrenamt ist Inhalt einiger

Studien. So führt das DJI bis 2008 zusammen mit der Universität Dortmund eine Studie über das informelle Lernen von Jugendlichen im Ehrenamt durch. Im Kern der Untersuchung wird der Frage nachgegangen, was Jugendliche im freiwilligen Engagement lernen. Es geht um ein Lernen beispielsweise bei der freiwilligen Feuerwehr oder im Technischen Hilfswerk, im Rahmen der Evangelischen Jugend oder bei den Pfadfindern, bei der Gewerkschaftsjugend oder der DLRG. Ein breiter quantitativ-repräsentativer Teil der Untersuchung (1500 ehemals Engagierte) wird durch einen qualitativen Interviewteil (ca. 90 Interviews) ergänzt. Dabei geht es jeweils um Voraussetzungen und Selektionsmechanismen, um das soziale und kulturelle Kapital (Bourdieu) der Herkunftsfamilien und um die spezifischen Rahmenbedingungen der Jugendarbeit. Untersucht wird die Bedeutung des Engagements bezogen auf den Kompetenzerwerb auch im Vergleich zu anderen Lernorten, die Rolle der Verantwortungsübernahme für die Identitätsentwicklung und auch die nachhaltige Wirkung des Kompetenzerwerbes durch informelles Lernen. Die Forschergruppe kann nachweisen, dass wichtige personale, kulturelle, soziale und auch instrumentelle Kompetenzen erworben werden. Deutlich wird auch, dass im Vergleich zum schulischen Lernen hier ein anderes, wichtiges alternatives Lernfeld vorliegt, in dem informelles Lernen innerhalb der Organisationen eine herausragende Rolle spielt. Individuelles und kollektives Lernen kommen hier produktiv zusammen. Gerade auch demokratierelevante Kompetenzen werden durch Verantwortungsübernahme oder die Arbeit in der Gruppe erworben. Den Lernprozessen kann eine nachhaltige Wirkung bescheinigt werden (vgl. Düx, Prein, Sass. & Tully, 2008).

6 Ausblick

Die hier kurz zusammengefassten Debatten und Untersuchungen zum informellen Lernen lassen eine Reihe von Fragen offen. So sind neben weiterer definitorischer Arbeit besonders die Interdependenzen verschiedener Lernarten zu untersuchen. Nicht zufällig liegt zunächst ein Schwerpunkt der Diskussion auf arbeitsbezogenem Lernen. Gleichzeitig muss es aber auch um die große Zahl der Menschen gehen, die eher nicht in den Arbeitsmarkt integriert sind. Es sind also Bildungs- und Weiterbildungskonzepte zu entwickeln, die informelles Lernen berücksichtigen, bereits informell erworbene Kompetenzen anerkennen und gesellschaftliche Integration begleiten.

Dabei sind soziale Lerngrenzen zu beachten, aber auch eigene Strategien der Menschen, diese Grenzen zu überschreiten. Bourdieu hat mit seinen Arbeiten zum Habitus und zum kulturellen und sozialen Kapital auf die Grenzen der sozial ausgleichenden Funktion von Schule hingewiesen, was letztendlich wohl auch für formalisierte Weiterbildung gelten wird. Trotz aller Schwierigkeiten und Begrenzungen bei der Umsetzung des Anspruches auf sozialen Ausgleich, darf dieser keinesfalls aufgegeben werden. Pädagogische Konzepte zur Verbindung unterschiedlicher Lernformen müssen dazu nicht neu erfunden, sondern kreativ angepasst werden.

Die Einführung des DQR wird, je nach seiner dann abschließenden Ausgestaltung, neue Möglichkeiten der Anerkennung und auch Zertifizierung informellen Lernens eröffnen. Die Ausweitung der Ganztagsbildung in Kooperation mit außerschulischen Trägern wird neue Möglichkeiten der Gestaltung von Lernprozessen eröffnen und auch informelle Bildung an formale Bildung heranführen, was ja auch Wirkungen hinsichtlich methodischer Fragen in diesem Bereich hinein haben sollte.

Literatur

Arbeitsgruppe Deutscher Qualifikationsrahmen (2009). *Diskussionsvorschlag eines Deutschen Qualifikationsrahmens für lebenslanges Lernen.* Zugriff am 10.12.2009 unter www.gew-berlin.de/documents/berufsschultag/DQR_Diskussionsvorschlag.pdf

Autorengruppe Bildungsberichterstattung (2008). *Bildung in Deutschland 2008.* Bielefeld: Bertelsmann.

Bell, J., & Dale, M. (1999). *Informal Learning in the Workplace. Department for Education and Employment Research Report No. 134.* London: Department for Education and Employment.

Birks, J. S., Fluitmann, F., Oudin, X. & Sinclair, C. (1994). *Skills Acquisition in Micro - Enterprises: Evidence from West Africa.* Paris: OECD Development Centre.

Bundesministerium für Familie, Senioren, Frauen und Jugend (BMFSFJ) (Hrsg.). (2005). *Zwölfter Kinder und Jugendbericht. Bericht über die Lebenssituation junger Menschen und die Leistungen der Kinder- und Jugendhilfe in Deutschland. – Zwölfter Kinder- und Jugendbericht – Bildung, Betreuung und Erziehung vor und neben der Schule.* Berlin und Bonn: Referat Öffentlichkeitsarbeit.

Boeckmann, T. (2009). Potenziale von Bio-Höfen als informelle Wissensvermittler im ländlichen Raum. In M. Brodowski, U. Devers-Kanoglu, B. Overwien, M. Rohs, S. Salinger & M. Walser (Hrsg.), *Informelles Lernen und Bildung für eine nachhaltige Entwicklung. Beiträge aus Theorie und Praxis* (S. 209-216). Leverkusen-Opladen: Barbara Budrich.

Brodowski, M., Devers-Kanoglu, U., Overwien, B., Rohs, M., Salinger, S. & Walser, M. (Hrsg.). (2009). *Informelles Lernen und Bildung für eine nachhaltige Entwicklung. Beiträge aus Theorie und Praxis.* Leverkusen-Opladen: Barbara Budrich.

Büchner, P. & Wahl, K. (2005). Die Familie als informeller Bildungsort. *Zeitschrift für Erziehungswissenschaft,* 3, 356-373.

Coelen, T. & Otto, H.-U. (2008). *Zur Grundlegung eines neuen Bildungsverständnisses.* Wiesbaden: VS.

Coelen, T. & Otto, H.-U. (Hrsg.). (2008). *Grundbegriffe Ganztagsbildung. Das Handbuch.* Wiesbaden: VS.

Cseh, M, Watkins, K. E. & Marsick, V. J. (1999). Re-conceptualizing Marsick and Watkins´ Modell of Informal and Incidental Learning in the Workplace. In K. P. Kuchinke, *Academy of Human Resource Conference Proceedings* (S. 349-356*).* Arlington: VA.

Dehnbostel, P., Molzberger, G. & Overwien, B. (2003). *Informelles Lernen in modernen Arbeitsprozesse: dargestellt am Beispiel von Klein- und Mittelbetrieben der IT-Branche.* Berlin: BBJ.

Dekeyser, L. (2003). *Learning Social Capital by Incident in Social Movements and Voluntary Associations. Paper for European Research Conference: Wider Benefits of Learning: Understanding and Monitoring the Consequences of Adult Learning.* Lissabon: Ediçoes Universitárias Lusófonas

Dewey, J. (1997). *Democracy and Education.* New York: Macmillan.

Dohmen, G. (2001). *Das informelle Lernen. Die internationale Erschließung einer bisher vernachlässigten Grundform menschlichen Lernens für das lebenslange Lernen aller.* Berlin und Bonn: Referat Öffentlichkeitsarbeit.

Düx, W., Prein, G., Sass, E. & Tully, C. (2008). *Kompetenzerwerb im freiwilligen Engagement. Eine empirische Studie zum informellen Lernen im Jugendalter.* Wiesbaden: VS.

Elsdon, K. T. (1995). *Voluntary Organisations: Citizenship, Learning and Change.* Leister: NIACE.

Europäische Kommission (2004). *Gemeinsame Europäische Grundsätze für die Validierung des nicht formalen und des informellen Lernens. Endgültiger Vorschlag der Arbeitsgruppe „H" des Objectives-Prozesses.* Brüssel: Europäische Kommission

Europäische Kommission Generaldirektion XXII - Allgemeine berufliche Bildung und Jugend, Generaldirektion V - Beschäftigung, Arbeitsbeziehungen und Soziale Angelegenheiten (1996). *Weißbuch zur Allgemeinen und Beruflichen Bildung. Lehren und Lernen auf dem Weg zur Kognitiven Gesellschaft.* Brüssel: Selbstverlag.

Europäische Kommission, Generaldirektion Bildung und Kultur, Generaldirektion Beschäftigung und Soziales: Mitteilung der Kommission (2001). *Einen europäischen Raum des Lebenslangen Lernens schaffen* Luxembourg: Europäische Kommission.

European Commission (2008). *The European Qualifications Framework for Lifelong Learning (EQF).* Luxembourg: Europäische Kommission.

Faure, E, Herrera, F, Kaddoura, A.-R., Lopes, H., Petrovsky, A.V., Rahnema, M., Ward, F.C.(1972). *Learning to Be: The World of Education Today and Tomorrow.* Paris: UNESCO.

Field, F. & Spence, L. (2000). Informal Learning and Social Capital. In F. Coffield, *The Nesessity of Informal Learning* (S. 32-42). Bristol: University of Bristol.

Foley, G. (1999). *Learning in Social Action: A Contribution to Understanding Informal Education.* London: Zed Books.

Gear, J., Mc Intosh, A., Squires, G. (1994). *Informal Learning in the Professions.* Hull: University of Hull.

Göhlich, M., Wulf, C. & Zirfas, J. (Hrsg.). (2007). *Pädagogische Theorien des Lernens.* Weinheim: Beltz.

Harrison, L. (2003). A Case for the Underestimated, Informal Side of Lifelong Learning. *Australien Journal of Adult Education,*1, (43), 23-42.

Heise, M. (2007). Informelle Weiterbildung von Lehrpersonen. *Zeitschrift für Erziehungswisssenschaft,* 4, 513-531.

Kirchhöfer, D. (2000). *Informelles Lernen in alltäglichen Lebensführungen. Chance für berufliche Kompetenzentwicklung.* Zugriff am 24.09.2009 unter http://www.abwf.de/content/main/publik/report/2000/Report-66.pdf .

Kirchhöfer, D. (2001). Perspektiven für das Lernen im sozialen Umfeld. In ABWF e.V./Quem (Hrsg.), *Kompetenzentwicklung 2001* (S. 95-145). Münster: Waxmann.

Knowles, M. S. (1951). *Informal Adult Education. A Guide for Administrators, Leaders and Teachers.* New York: Association Press.

Laging, R. (2008). Bewegung und Sport. In T. Coelen & H.-U. Otto, *Grundbegriffe Ganztagsbildung. Das Handbuch* (S. 253-262). Wiesbaden: VS.

Lave, J. (1982). A Comparative Approach to Educational Forms and Learning Processes. In *Anthropology and education,* 2, (13), 181-187.

Lipski, J. (2004). Für das Leben lernen: Was, wie und wo? Umrisse einer neuen Lernkultur. In B. Hungerland & B. Overwien (Hrsg.), *Kompetenzentwicklung im Wandel. Auf dem Weg zu einer informellen Lernkultur?*(S. 236-251). Wiesbaden: VS.

Livingstone, D. (2001). *Adults' Informal Learning: Definitions, findings, Gaps and Future Research.* Toronto: NALL.

Livingstone, D. (2006). Informal Learning: Conceptual Distinctions and Preliminary Findings. In Z. Bekermann, N.C. Burbules & D. Silberman-Keller (Hrsg.), *Learning in Places. The Informal Education Reader* (S. 203-227). New York: Peter Lang.

Livingstone, D. W. (1999). Informelles Lernen in der Wissensgesellschaft. In Arbeitsgemeinschaft Qualifikations-Entwicklungs-Management (QUEM), *Kompetenz für Europa - Wandel durch Lernen - Lernen im Wandel. Referate auf dem internationalen Fachkongress Berlin* (S. 65-92). Berlin: Waxmann.

Marsick, V. J., Volpe, M. & Watkins, K. E. (1999). Theory and Practice of Informal Learning in the Knowledge Era. In V. J. Marsick & M. Volpe, *Informal Learning on the Job. Advances in Developing Human Resources* (S. 80-95). San Francisco: Baton Rouge.

Marsick, V. J. & Watkins, K. E. (2001). Informal and Incidental Learning. *New Directions for Adult and Continuing Education,* 89. 25-34.

McGivney, V. (1999). *Informal Learning in the Community.* Leister: NIACE

Molzberger, G. & Rohs, M. (2009). Informelles Lernen in der beruflich-betrieblichen Weiterbildung – flüchtig oder nachhaltig? In M. Brodowski, U. Devers-Kanoglu, B. Overwien, M. Rohs, S. Salinger, & M. Walser (Hrsg.), *Informelles Lernen und Bildung für eine nachhaltige Entwicklung Beiträge aus Theorie und Praxis* (S. 235-244). Leverkusen-Opladen: Barbara Budrich.

Ness, H. (2009). Bedingungen für Vergleichsstandards einer Validierung informellen Lernens in Bildung und Beruf. In M. Brodowski, U. Devers-Kanoglu, B. Overwien, M. Rohs, S. Salinger, & M. Walser (Hrsg.), *Informelles Lernen und Bildung für eine nachhaltige Entwicklung. Beiträge aus Theorie und Praxis* (S.201-208). Leverkusen-Opladen: Barbara Budrich.

OECD (2008). *Bildung auf einen Blick.* Zugriff am 30.01.2009 unter http://www.oecd.org/dataoecd/23/46/41284038.pdf.

Opaschowski, H. W. & Pries, M. (2008). Freizeit, Freie Zeit, Muße und Geselligkeit. In T. Coelen & H.-U. Otto (Hrsg.), *Grundbegriffe Ganztagsbildung. Das Handbuch* (S. 422-431). Wiesbaden: VS.

Otto, H.-U. & Kutscher, N. (Hrsg.). (2004). *Informelle Bildung Online: Perspektiven für Bildung, Jugendarbeit und Medienpädagogik.* Weinheim: Beltz.

Overwien, B. (2002). Informelles Lernen und Erfahrungslernen in der internationalen Diskussion: Begriffsbestimmungen, Debatten und Forschungsansätze. In M. Rohs (Hrsg.), *Arbeitsprozessintegriertes Lernen : neue Ansätze für die berufliche Bildung* (S. 13-36). Münster: Waxmann.

Overwien, B. (2005). Stichwort: Informelles Lernen. *Zeitschrift für Erziehungswissenschaft*, 3, 339-355.

Overwien, B. (2008). Informelles Lernen. In T. Coelen & H.-U. Otto (Hrsg.), *Grundbegriffe Ganztagsbildung. Das Handbuch* (S. 128-136). Wiesbaden: VS.

Overwien, B. (2006). Informelles Lernen in der internationalen Diskussion. In T. Rauschenbach, W. Düx & E. Sass (Hrsg.), *Informelles Lernen im Jugendalter - eine vernachlässigte Dimension in der Bildungsdebatte* (S. 35-62). Weinheim: Beltz.

Polany, M. (1967). *The Tacit Dimension.* New York: Peter Smith Publications.

Rieckmann, W. & Bracker, R. (2008). Jugendvereins- und -verbandsarbeit. In T. Coelen & H.-U. Otto (Hrsg.), *Grundbegriffe Ganztagsbildung. Das Handbuch* (S. 457-466). Wiesbaden: VS.

Rohs, M. (2009). Quantitäten informellen Lernens. In M. Brodowski, U. Devers-Kanoglu, B. Overwien, M. Rohs, S. Salinger, & M. Walser (Hrsg.), *Informelles Lernen und Bildung für eine nachhaltige Entwicklung. Beiträge aus Theorie und Praxis* (S. 33-41). Leverkusen-Opladen: Barbara Budrich.

Schiersmann, C.& Strauß, H.C. (2004). Informelles Lernen – der Königsweg zum lebenslangen Lernen? In W. Wittwer & S. Kirchhof (Hrsg.), *Informelles Lernen und Weiterbildung. Neue Wege der Kompetenzentwicklung* (S. 145-167). Neuwied: Luchterhand.

Schmidt-Wenzel, A. (2008). Wie Eltern lernen. Eine empirisch qualitative Studie zur innerfamilialen Lernkultur. Leverkusen-Opladen: Barbara Budrich.

Schöfthaler, T. (1981). Informelle Bildung. *Zeitschrift für Pädagogik.* 16. Beiheft, 97-115.

Stecher, L. (2005). Informelles Lernen bei Kindern und Jugendlichen und die Reproduktion sozialer Ungleichheit. *Zeitschrift für Erziehungswissenschaft*, 3, 374-393.

Stieler-Lorenz, B. (2002). Informelles Lernen nach der Wende in den neuen Bundesländern. In M. Rohs (Hrsg.), *Arbeitsprozess-integriertes Lernen: Neue Ansätze für die berufliche Bildung* (S. 127-142). Münster: Waxmann.

Tully, C. (1994). *Lernen in der Informationsgesellschaft. Informelle Bildung durch Computer und Medien.* Opladen: Westdeutscher Verlag.

Watkins, K. & Marsick, V. (1990). *Informal and Incidental Learning in the Workplace.* London: Routledge.

Informelles Lernen im Jugendalter

Wiebken Düx & Thomas Rauschenbach

1   Einleitung

In Öffentlichkeit, Politik und Wissenschaft besteht weitgehende Einigkeit darüber, dass die menschliche Lern- und Bildungsfähigkeit eine entscheidende Ressource für die zukünftige Gestaltung einer globalisierten Welt sowie die Möglichkeit der individuellen Entfaltung und einer selbstbestimmten Lebensführung des Einzelnen ist. Für die Anforderungen an eine umfassende Bildung und Befähigung junger Menschen für eine eigenständige und zugleich sozial verantwortliche Lebensführung im 21. Jahrhundert scheinen – wie sich spätestens seit der Debatte um die Ergebnisse der PISA-Studien gezeigt hat – die gegenwärtigen Leistungsmöglichkeiten des formalen Bildungssystems allein nicht zu genügen. Die Summe der Bildungserwartungen an junge Menschen wächst, ohne dass die formalen Bildungsinstanzen diesem Wachstum vom Umfang und der Geschwindigkeit her auch nur annähernd gerecht werden können.

Auch wenn Bildung und Lernen von Politik und Öffentlichkeit immer noch vorrangig der Schule zugeordnet werden, wächst dennoch die Einsicht in die Bildungspotenziale vor, neben und nach der Schule. So werden verstärkt außerschulische, häufig als „informell" bezeichnete Lernprozesse, -möglichkeiten und -orte als „die andere Seite der Bildung" (vgl. Otto & Rauschenbach, 2004) in den Blick genommen und ihre Potenziale als wichtige individuelle und gesellschaftliche Ressource erkannt (vgl. Rauschenbach, 2009). Informelles Lernen umfasst dabei in einem weiten Verständnis das, was jenseits der Schule und außerhalb hoch standardisierter Bildungsprozesse an Kompetenzerwerb und Bildung geschieht.[1]

So weist etwa der 12. Kinder- und Jugendbericht auf die große Bedeutung informeller Lernprozesse und lebensweltlicher Lernorte für eine umfassende Bildung hin, die sowohl den gesellschaftlichen Anforderungen als auch der indi-

---

[1] Auch wenn hier fast durchgängig von informellem *Lernen* die Rede ist, so soll dies nicht als eine systematische Abgrenzung zum Begriff der informellen *Bildung* verstanden werden. Beides wird in der gegenwärtigen Diskussion vielfach unterschiedslos verwendet, auch wenn dies kategorial nicht immer befriedigend sein mag.

viduellen Entfaltung der Persönlichkeit gerecht wird. Bildung wird dabei als aktiver Prozess der Aneignung von Welt und Entfaltung der eigenen Persönlichkeit, der eigenen Potenziale und Kräfte in Auseinandersetzung mit inneren und äußeren Anregungen verstanden. Dieses auf die gesamte Person und Persönlichkeit bezogene umfassende Konzept von Bildung geht weit über schulische Lehrpläne und die Vermittlung kognitiven Wissens hinaus. Bildung wird darin als ein Prozess der Individuierung in vier unterschiedlichen Weltbezügen, der subjektiven, der stofflichen, der sozialen und der kulturellen Welt bestimmt (vgl. BMFSFJ, 2006).

Damit stellt sich zwangsläufig die Frage nach der Förderung der Fähigkeiten, Kenntnisse und Kompetenzen, die in der Regel von der Schule nicht abgedeckt werden, dennoch aber eine wesentliche Komponente eines eigenständigen und sozial verantwortlichen Lebens sind. Allein durch Schule, allein durch Unterricht, allein durch das schulische Fächerangebot, kurz: allein durch den schulisch-fachlichen Kompetenzhorizont, wie er etwa durch die PISA-Studien der letzten Jahre gesteckt worden ist – Literalität, Naturwissenschaft, Mathematik, Sprachen –, würde die vorfindbare Vielfalt an menschlicher Kreativität und Schaffenskraft sicherlich nicht hervorgebracht. Ohne diese anderen Lernwelten des täglichen Lebens würden viele individuelle, lebenswichtige Fähigkeiten und berufsrelevante Kompetenzen sich nicht entfalten können. Ohne die anderen Orte der Bildung, wie Familie, Kindertageseinrichtungen, Gleichaltrigengruppe oder Kinder- und Jugendarbeit, die keine unmittelbare Affinität zur Schule aufweisen bzw. bei der die schulischen Möglichkeiten der Förderung rasch an ihre Grenzen stoßen, würde vieles nicht entstehen.

Die Bildungsprozesse in den Institutionen des formalen Bildungssystems bauen in zentraler Weise auf vorgängigen und begleitenden informellen Lern- und Bildungsprozessen auf und sind, um erfolgreich zu sein, auf diese angewiesen (vgl. Rauschenbach, Mack, Leu, Lingenauber, Schilling, Schneider & Züchner, 2004). Formale Bildung (in der Schule), non-formale Bildung (etwa in Weiterbildungskursen der Jugendarbeit) sowie informelle Bildung (etwa in der Familie oder der Gleichaltrigengruppe) stehen in einem komplexen Verweisungszusammenhang und machen erst in ihrer Summe das aus, was Heranwachsende für ihre Lebensführung, ihre Selbständigkeitsentwicklung, ihre Identitätsfindung sowie den Erwerb von Basiskompetenzen und sozialen Schlüsselqualifikationen benötigen, um kulturell teilhabefähig und sozial anschlussfähig zu sein (vgl. Büchner & Krah, 2006).[2]

---

[2] Zur Frage der Begrifflichkeit „formales, non-formales und informelles Lernen" und „formale, nonformale und informelle Bildung" vgl. Overwien, i. d. B.. Zum Bildungsbegriff vgl. Dohmen, 2001; Rauschenbach & Otto, 2004; Rauschenbach et al., 2004; BMFSFJ, 2006.

Nimmt man informelle Lernprozesse Jugendlicher als Forschungsgegenstand in den Blick, so fällt auf, dass es trotz zahlreicher Debatten über dieses Thema nur wenig empirische Forschung gibt (vgl. Grunert, 2006). Trotz zunehmender Forschungsaktivitäten in außerschulischen Handlungsfeldern Jugendlicher[3] überwiegen nach wie vor die Studien im Kontext des Erwerbs von Qualifikationen und Kompetenzen in Schule und beruflicher Bildung. Informelle Settings im sozialen Nahraum, in der Familie, im Beruf, in der Weiterbildung, in der Nachbarschaft oder den Peergroups sind offener und unübersichtlicher als die Settings des formalen Bildungssystems wie Schule, Hochschule und berufliche Ausbildung. Daten über Voraussetzungen, Bedingungen und Prozesse von Bildung in diesen Settings werden verstreut und oft eher zufällig erhoben und stellen sich als diffus, unüberschaubar und heterogen dar, auch wenn die nationalen Bildungsberichte hier einige Bereiche, wie etwa Computer- und Internetnutzung, Jugendarbeit oder freiwilliges Engagement, einbezogen haben (vgl. Rauschenbach et al., 2004; Konsortium Bildungsberichterstattung, 2006; Autorengruppe Bildungsberichterstattung, 2008).

2   Dimensionen informellen Lernens - Orte, Modalitäten, Inhalte

Beim Begriff des informellen Lernens schwingt oft ein ebenso beiläufiger wie vielschichtiger Bedeutungshorizont mit, der seine Attraktivität weniger aus seiner eigenen Bestimmung heraus, als vielmehr aus der Abgrenzung zum formalisierten Lernen und den damit korrespondierenden Lernorten gewinnt, allen voran dem schulischen Lernen (vgl. Rauschenbach, Düx & Sass, 2006). Jenseits der schulischen Curricula oder anderer formalisierter Bildungsangebote wird mithilfe dieses Begriffes vielfach alles und jedes umschrieben, was nicht der formalen Bildung zugerechnet werden kann, von beiläufigen bis zu selbst regulierten, von unbewussten, impliziten bis zu geplanten Lernprozessen, von Formen des sozialen Lernens bis zur politischen Bildung. „Als informelles Lernen gelten alle (bewussten und unbewussten) Formen des praktizierten Lernens außerhalb formalisierter Bildungsinstitutionen und Lehrveranstaltungen" (Rauschenbach et al., 2004).

Durch diese ungeklärte Vielfalt ist das informelle Lernen zu einem Begriff für alles geworden, worüber man in Sachen Lernen nicht so genau Bescheid weiß – gewissermaßen für die unbeachtete, kontingente Seite der Bildung –, für das, was außerhalb des offiziellen Wahrnehmungshorizontes liegt, bisweilen

---

[3] Vgl. Fischer, 2001; Bruner & Dannenbeck, 2002; Lehmann, 2005; Müller, Schmidt & Schulz, 2005; Fauser, Fischer & Münchmeier, 2006; Reinders 2005; Thomas, Chang & Abt, 2007; Fehrlen & Koss, 2009.

auch für alles, was nicht Schule ist und was keine formal geregelte, überprüfte Bildung zum Ziel hat, was keinem Lehrplan, keiner Prüfungsordnung, keiner Leistungszertifizierung unterliegt und in Lernumgebungen stattfindet, die nicht vorrangig durch formalisierte Lernweisen geprägt sind.

Menschen lernen immer und überall. Informelles Lernen umfasst alle Ebenen alltäglicher Erfahrungen und möglicher Lernprozesse. Gegenüber den hochgradig formalisierten Bildungssystemen, in denen primär kognitives Wissen in spezifischen, zumeist standardisierten Aneignungsmustern eingeübt und praktiziert wird, findet sich an den unterschiedlichen informellen Lernorten eine große Bandbreite äußerst heterogener Lerninhalte, die auf höchst unterschiedliche Weise angeeignet werden. Diese Vielfalt und Nicht-Fassbarkeit der unterschiedlichen Lerninhalte und -modalitäten erschwert es, Dimensionen des Lernens zu beschreiben und zu differenzieren. Es gibt bisher kaum Instrumente, informelle Lernprozesse und -ergebnisse zu erfassen. Zudem existiert kein Konsens darüber, was Lernen alles umfasst, wo Lernen beginnt und wo es aufhört.[4]

Während sich kulturelle und instrumentelle Kompetenzen, wie etwa Sach- und Fachwissen oder handwerklich-technische Fähigkeiten, noch relativ präzise überprüfen und messen lassen, erweist sich dies für soziale oder personale Kompetenzen, wie etwa Teamfähigkeit, Toleranz, Empathie oder Durchhaltevermögen, als weitaus schwieriger. Außerdem entziehen sich die lebensweltlichen Bereiche, die gegebenenfalls zur Ausbildung solcher Eigenschaften und Fähigkeiten wesentlich beitragen, wie z.B. Familie, Freundschaftsbeziehungen oder die Mitarbeit in gemeinnützigen Organisationen, stärker einer empirischen Erforschung als das formale Bildungs- und Ausbildungssystem. Offenkundig sind Ergebnisse informeller Lernprozesse nicht so leicht nachweisbar, objektivierbar, prüfbar und vergleichbar wie die Lernsettings und ihre Ergebnisse in Schule und Berufsausbildung (vgl. Schröder, 2006; Düx, Prein, Sass, & Tully, 2008).

Wenn man den Sachverhalten, die mit dem informellen Lernen gleichgesetzt oder aber zumindest mit ihm in Verbindung gebracht werden, näher kommen will, muss man den Begriff zunächst einmal dekonstruieren, d.h. ihn in seine unterschiedlichen Bestandteile zerlegen, um ihn so von seiner „Catch-all"-Funktion zu entlasten. In Anbetracht dessen bietet es sich an, zumindest drei im Begriff des informellen Lernens ineinander verwobene Dimensionen deutlicher

---

[4] „Verschiedene Disziplinen bieten sehr unterschiedliche Definitionen von ‚Lernen' an, die sich nicht zu einer kohärenten Gesamtdefinition synthetisieren lassen. (...) hat doch jede Disziplin bei der Verwendung dieses Begriffs einen anderen Referenzbereich im Blick, der von physiologischen über psychologische bis hin zu sozialen, kulturellen und ökonomischen Aspekten reicht. (...) jede Disziplin selektiert mit Hilfe des Begriffs ‚Lernen' andere Phänomenbereiche, die dann als Lernen konzipiert werden" (Schmidt, 2003, S. 12). Nach Erkenntnissen der jüngeren lernpsychologischen und neurobiologischen Forschung ist Lernen ein aktiver, konstruktiver und kontinuierlicher Aneignungs- und Veränderungsprozess des Individuums (vgl. Edelmann, 2000; Singer, 2002; Spitzer, 2002).

zu unterscheiden, die bei der Diskussion immer wieder vermengt werden und so zusätzlich für Verwirrung sorgen: Bildungsorte, Bildungsinhalte und Bildungsmodalitäten.

(1) Auf der einen Seite geht es beim informellen Lernen um die Frage nach den *anderen Bildungsorten*, also um jene Lern- und Bildungssettings, die in den Beschreibungen des Bildungssystems üblicherweise nicht auftauchen, in denen aber unübersehbar gelernt wird, die zum Teil sogar einen gesetzlichen Bildungsauftrag haben, wie dies beispielsweise bei der Jugendarbeit der Fall ist, die aber dennoch aus dem Wahrnehmungshorizont der offiziellen Bildungspolitik weitgehend ausgeblendet werden. Terminologisch bietet sich in dieser sozialräumlichen Dimension an – je nach Grad der Standardisierung und eines expliziten Bildungsauftrags – zwischen non-formalen Bildungsorten und informellen Lernwelten zu unterscheiden (vgl. BMFSFJ, 2006), wenn man etwa zum einen an den Kindergarten als einem non-formalen Bildungsort und zum anderen an die Familie als einer informellen Lernwelt denkt.

(2) Auf der anderen Seite geht es beim informellen Lernen oft auch um die Frage nach den *anderen Modalitäten* des Lernens, also um unterschiedliche Wege der Kompetenzaneignung jenseits herkömmlicher, standardisierter Lehr-Lernprozesse, um die Fragen, ob es sich um explizite oder implizite Formen des Lernens handelt, ob das Lernen intendiert oder nicht intendiert ist, ob es direkt oder indirekt abläuft, ob es zufällig oder geplant zustande kommt, ob es von außen angestoßen oder intrinsisch motiviert ist. In ihren beiden Polen kommen die unterschiedlichen Modalitäten des Lernens dadurch zum Ausdruck, dass am einen Ende das curricular gestaltete, standardisierte Lernen steht, während sich am anderen Ende das Lernen im handelnden Vollzug, also durch konkretes Handeln unter Realbedingungen vollzieht („learning by doing"). Insofern kann in dieser Dimension zwischen formellen und informellen Lern- und Bildungsprozessen unterschieden werden.

(3) Und schließlich geht es beim informellen Lernen – und diese Dimension wird häufig außer Acht gelassen – auch um die Frage nach den *anderen Inhalten* von Lernen und Bildung, also um jene Themenbereiche, die in den offiziellen Plänen des Bildungswesens kaum vorkommen bzw. an die Ränder, in die Präambeln oder auf die hinteren Seiten verbannt werden. Sofern jedoch mit dieser Dimension überhaupt andere Inhalte in Verbindung gebracht werden, handelt es sich meist um „weiche" Themen, bei denen es vor allem um soziale oder personale Kompetenzen geht, also etwa um „politische Bildung", „Verantwortungsübernahme" oder „Selbstständigkeit".

Allerdings führt dieser thematische Zuschnitt zu einer vorschnellen Engführung der damit verbundenen inhaltlichen Horizonte. Produktiver wäre es stattdessen, wenn man bei einem Blick auf die Inhalte den Horizont erst einmal in dem Sinne weitet, dass es beim informellen Lernen vor allem um nicht-schulische Inhalte geht, um Inhalte, die zumindest nicht in den Kernfächern vorkommen, die nicht unbedingt in Lehrplänen stehen, für die es nicht eigens ein Unterrichtsfach gibt. Dennoch können diese inhaltlichen Horizonte aber erhebliche Teile der Kenntnisse und Fähigkeiten umfassen, die das Kompetenzprofil Erwachsener konturieren und die auch in ganzen Branchen und Wirtschaftszweigen benötigt werden, denkt man beispielsweise an die Sozial-, Erziehungs- und Gesundheitsberufe auf der einen oder die IT-Branche auf der anderen Seite. Wenig strittig dürfte es daher sein, dass auch im Arbeitsleben wichtige Kompetenzen zur Verfügung stehen müssen, ohne dass sie expliziter Gegenstand standardisierter und regulierter Bildungssettings sind, ohne dass sie im öffentlichen Bildungssystem regelhaft generiert werden (vgl. Rauschenbach, 2009a).

Insgesamt wird somit deutlich, dass bereits diese einfache Unterteilung des informellen Lernens nach *Orten, Modalitäten* und *Inhalten* eine ganze Menge an Folgeüberlegungen nach sich zieht, dass somit ganz unterschiedliche Dimensionen angesprochen werden, die die Komplexität der Gesamtlage zwar steigern, jedoch keineswegs zwingend miteinander zusammenhängen und deshalb empirisch auch gesondert betrachtet werden müssen. Als weiterführend könnte es sich daher erweisen, beim informellen Lernen drei Fragen genauer zu unterscheiden:

- *„Wo wird gelernt?"* als die Frage nach den Orten;
- *„Wie wird gelernt?"* als die Frage nach den Modalitäten;
- *„Was wird gelernt?"* als die Frage nach den Inhalten.

Bislang werden diese drei Dimensionen oft bis zur Unkenntlichkeit miteinander vermengt. Ihre je eigene Relevanz soll nachfolgend genauer aufgezeigt werden.

3   Lernsoziotope – eine kleine Topografie informellen Lernens

Insbesondere im Kindes- und Jugendalter hat das informelle Lernen eine wichtige Bedeutung für das Aufwachsen junger Menschen (vgl. Grunert, 2006; Rauschenbach, 2009a). Am sinnfälligsten wird diese Bedeutung in den allerersten Lebensjahren, in denen das formalisierte, curriculare Lernen überhaupt keine Rolle spielt, obgleich die Lernpotenziale und -leistungen in diesem Alter, wie die Entwicklungspsychologie und die Neurowissenschaften betonen, mit Abstand am größten sind. Allein dieser Umstand sollte mit Blick auf die oft unterschätzte Bedeutung des informellen Lernens mehr als nachdenklich stimmen (vgl. Ahnert, 2010; Leu & Behr, 2010).

Ein Blick auf Befunde der Kindheits- und Jugendforschung zeigt, dass gegenwärtig die außerunterrichtlichen Lebenswelten von Kindern und Jugendlichen in unterschiedlichem Maße als Bildungs- und Lernorte charakterisiert werden können. Vereine, Jugendarbeit, freiwilliges Engagement, Gleichaltrigengruppen, Familie, Medien, Museen, Hobbies und Nebenjobs: Sie alle stellen Gelegenheitsstrukturen für Heranwachsende dar, die die Ausbildung unterschiedlicher Kompetenzen in spezifischer Weise fördern können (vgl. Grunert, 2006).

Im Folgenden werden anhand von vier Beispielen der Differenzierungsbedarf und die Relevanz des informellen Lernens im Lichte der vorgeschlagenen Unterscheidungen aufgezeigt. Neue Medien/Computer/Internet (1), Familie (2), Engagement in Vereinen (3) und die Gleichaltrigengruppe (4) sind für Heranwachsende zentrale Lernorte bzw. Gelegenheiten informeller Bildung, wobei sich hier durchaus auch non-formale und formale Lerngelegenheiten und Potenziale durchmischen können, wie sich das etwa beim Computer-Lernen in Freizeit und Schule oder beim Lernen im Engagement im alltäglichen Handeln und in eigens dafür geschaffenen Schulungen zeigt.

3.1 Beispiel Computer und Internet

Als ein erstes Fallbeispiel bietet sich der Themenbereich Computer und Internetnutzung an. Im letzten Jahrzehnt sind technische Entwicklungen, wie Handy und Internet, innerhalb kürzester Zeit selbstverständlicher Bestandteil des jugendlichen Alltags geworden. Die heranwachsende Generation ist untrennbar mit den vergleichsweise neuen Medien Computer, Handy und Internet verbunden. Jugendkultur findet heute in großen Teilen im Netz statt; mittlerweile ist der Computer für die 12- bis 19-Jährigen das beliebteste Medium (vgl. Medienpädagogischer Forschungsverbund Südwest, 2008). Laut einer Studie des Bundesverbands Informationswirtschaft, Telekommunikation und neue Medien (BITKOM) verfügen 99 Prozent aller 15- bis 17-Jährigen über einen Internetzugang im Elternhaus. Von den 11- bis 14-Jährigen nutzen 93 Prozent einen vorhandenen Internetzugang (vgl. BITKOM, 2009). Damit hat sich das Internet innerhalb kürzester Zeit zum derzeit wichtigsten jugendrelevanten Medium entwickelt (vgl. Schorb, Keilhauer, Würfel & Kießling, 2008).

Legt man dieser Thematik die eingeführte Unterscheidung von Orten, Inhalten und Modalitäten zugrunde, wird daran sehr gut das ungeklärte Ineinander mehrerer Dimensionen sichtbar:

(1) *Lerninhalte:* So geht es bei dem Thema Computer- und Internetnutzung offenkundig um einen Inhalt, der bislang nicht zu den Kernfächern der Schule zählt, sich aber dennoch unstrittig zu einer basalen Kulturtechnik des heutigen Alltags und zu einer Kernkompetenz des Arbeitslebens entwickelt hat und somit

längst zu einer modernen Grundbildung gehört (vgl. Tully, 2004). In der kompetenten Nutzung von Medien werden Dispositionen angelegt, die Einfluss auf
Bildungsprozesse und Bildungsbiografien haben. Darüber hinaus ist die Fähigkeit, Medien zu nutzen, in einer medial geprägten Welt von hoher Relevanz.[5]
Insoweit ist das Beispiel Computer ein bedeutsamer Beleg dafür, dass es beim
„informellen Lernen" keineswegs nur um „weiche" Kompetenzdimensionen
personaler oder sozialer Art geht, sondern dass dabei auch ganz andere, elementare Facetten moderner Bildung und instrumenteller Kompetenzen ins Blickfeld
gelangen, die ansonsten eher zu kurz kommen.[6]

(2) *Lernort:* Am Beispiel des Computers wird zugleich gut sichtbar, dass
keineswegs die Schule der zentrale Lernort ist, an dem die Herausbildung dieser
Kompetenz gefördert und entwickelt wird, sondern sehr viel eher Lernwelten wie
Familie, Freunde und Gleichaltrige, oder etwas allgemeiner: der Alltag (vgl.
Konsortium Bildungsberichterstattung, 2006; Tully, 2004; 2007). Dies ist ein
zusätzlicher Hinweis darauf, dass selbst ganz elementare, zukunftssichernde
Kompetenzen der praktischen Bildung auch außerhalb und jenseits der öffentlich
regulierten Bildungsorte erlernt werden. „Insbesondere das Internet nimmt der
Schule ihre monopolartige Stellung, jungen Menschen Zugänge zum Weltwissen
zu verschaffen, in radikaler Weise. Es bietet schnellere Zugänge als Bibliotheken
und ermöglicht auch Laien, sich in kurzer Zeit mit fremden Themen und Fragen
kompetent auseinanderzusetzen" (Rauschenbach et al., 2004, S. 33).[7]

(3) *Lernmodalitäten:* Und schließlich lässt sich am Beispiel des Erwerbs der
Fähigkeiten einer kompetenten Computernutzung gut nachvollziehen, dass keineswegs nur der curricular gestaltete Computerunterricht oder der außerschulische Computerkurs eine wichtige Modalität des Lernens sind, sondern dass hier
vielfach auch das ungeplante, flüchtige, das implizite und das selbstgesteuerte
Lernen, gewissermaßen das zufällige Nebenher-lernen bzw. die Alltagsbildung
von enormer Bedeutung sein können. Computerkenntnisse jedenfalls entstehen

---

[5] Vor diesem Hintergrund wurde im Bildungsbericht 2006 als Beispiel für die Bedeutung des informellen Lernens auf der Basis der Daten der ersten PISA-Studie der Indikator „Computernutzung in
und außerhalb der Schule" eingeführt (vgl. Konsortium Bildungsberichterstattung 2006, S. 60-62).
[6] Vergleichbare Effekte ließen sich auch mit Blick auf andere wichtige Lebensbereiche zeigen, etwa
bei Themen wie Geld und Finanzen, Gesundheit und Medizin oder Gesetz und Recht. In all diesen
Fällen handelt es sich um elementare Themen der Lebensführung erwachsener Menschen in Beruf
und Familie im 21. Jahrhundert, die jedoch keineswegs zum selbstverständlichen Grundbestand eines
formalisierten Bildungskanons gehören (vgl. Richter, 2001).
[7] Kritisch hierzu äußert sich Brenner (2010), der aktuelle Diskurse in Forschung und Publizistik
aufgreift, die sich mit den eher negativen Wirkungen der neuen Medien auf Jugendliche befassen.
Die Hauptthesen lauten, dass die neuen Medien die gesellschaftliche Ungleichheit reproduzieren,
dass sie bei Jugendlichen diskursfeindliche theatralisierende Auftritte bewirken, dass sie zur Konstruktion prekärer Identitäten verleiten und zu Verantwortungslosigkeit, gesellschaftlichen Aufmerk-
samkeitsstörungen und einer Virtualisierung von Lebensräumen führen.

zu großen Teilen auf den verschlungenen Pfaden des ungeregelten, anlassorientierten Lernens im Vollzug und nicht in den vorgeformten Bahnen schulischen Unterrichts.

Nach Tully (2007) fordern die Medien Computer und Internet in besonderem Maße zu situativer wie individualisierter informeller Wissensaneignung heraus. Demnach experimentieren Jugendliche eigenwillig und spielerisch mit Computer und Internet, entfalten dabei neue Nutzungsformen und integrieren die neuen Kommunikations- und Informationsmuster ganz selbstverständlich in ihren Alltag. Technik erweist sich somit für Heranwachsende als gestaltbar, ihre Nutzung baut auf informellem, erfahrungsorientiertem Lernen auf. Nicht das schulische „Vorratslernen", sondern das weitaus stärker anwendungsorientierte Lernen bei Bedarf ist hierbei vielfach die bedeutsamste Modalität des Lernens. Dieser Weg muss nicht unbedingt zielführender sein, aber er charakterisiert eine typische Modalität alltäglicher informeller Bildung.

Allerdings hat die ungleiche Verfügbarkeit sozialer, kultureller und ökonomischer Ressourcen Auswirkungen auf die Mediennutzung Heranwachsender. Bisher besteht noch keine Verständigung darüber, wie sichergestellt werden kann, dass *allen* Menschen ausreichende Gelegenheiten zum Erwerb von Medienkompetenz eröffnet werden. Es ist sicherlich kein Zufall, dass nicht zuletzt aufgrund dieser ungleichen Möglichkeitshorizonte eine Debatte um „digital divide" entstanden ist (vgl. Kutscher, 2007). Doch auch wenn die technischen Mittel vorhanden sind, zeigen sich hinsichtlich der Nutzungs- und Beteiligungsweisen weitreichende Differenzen, die vor allem auf die im informellen Sozialisations- und Aneignungskontext verfügbaren bzw. erworbenen Bildungsmöglichkeiten, Wissensbestände und habituellen Ausprägungen wie Interessen und Nutzungsziele zurückzuführen sind (vgl. Kutscher & Otto, 2006).

In allen drei Dimensionen liefert somit das Beispiel Computer hochplausible Belege dafür, dass eine Ausblendung der anderen Orte, Modalitäten und Inhalte der Bildung zu einer folgenreichen Verkürzung der faktischen Lernprozesse junger Menschen führen würde.

3.2 Beispiel Familie

(1) *Lernort:* Im Kontext von Bildung und Lernen nimmt die Familie eine zentrale, häufig unterschätzte Stellung ein (vgl. Rauschenbach et al., 2004; Büchner & Krah, 2006; Rauschenbach, 2009a). Sie ist bis weit in die Schulzeit hinein der wichtigste Ort der informellen Bildung junger Menschen. Ihr kommt als – biografisch gesehen – erstem und wesentlichem Ort des Bildungserwerbs eine Schlüsselrolle für die Bildungsbiografie und den Bildungserfolg zu. Die Familie

behält eine wichtige Bedeutung für die Bildung auch noch im Schul- und Jugendalter und beeinflusst sowohl die Lebensführung als auch weitere bildungsrelevante Aneignungsprozesse umfassend (vgl. BMFSFJ, 2006), wenn auch zum Teil abgeschwächt durch das familiäre Umfeld, durch Gleichaltrigengruppen, Angebote von Jugendorganisationen und Schule.

Familiäre Einflüsse auf die Entwicklungs-, Lern- und Bildungsprozesse von Heranwachsenden sind wissenschaftlich gut belegt (vgl. Deutsches PISA-Konsortium, 2001; Rauschenbach et al., 2004; Büchner & Krah, 2006). Die große Bedeutung der Familie für Bildungs- und Aneignungsprozesse Heranwachsender ergibt sich auch im Schulalter aus ihrer alltäglichen Präsenz, ihrer lebenslangen Bedeutung sowie ihrer kanalisierenden Funktion im Hinblick auf die Eröffnung von Zugängen zu weiteren Lebens- und Bildungswelten (vgl. BMFSFJ, 2006; Grunert, 2006).

(2) *Lerninhalte:* In der Familie werden grundlegende Kompetenzen für den Umgang mit dem Selbst sowie der kulturellen, materiell-dinglichen und sozialen Welt erworben. Hier eignen sich Heranwachsende informell wichtige Kompetenzen, wie Sprache und Wissen, an. Denkmuster, Kommunikations- und Verhaltensformen, Werte, Handlungs- und Deutungsmuster entwickeln sich im Rahmen und unter dem Einfluss von Familie. In der familiären Lebenswelt erwerben junge Menschen lebenspraktische Kenntnisse und Fähigkeiten, Leistungshaltungen und Bildungsaspirationen ebenso wie reproduktive, regenerative und generative Orientierungen. Die im sozialen Kontext der Familie gewonnenen Einstellungen und Haltungen sowie Fähigkeiten und Kenntnisse Heranwachsender tragen nicht nur maßgeblich zu ihrer personalen, sozialen und kognitiven Entwicklung bei, sondern zeigen sich auch in ihrem Blick auf die Welt, ihrer Art des Herangehens an die Bewältigung von Lebensaufgaben und der Lösung von Problemen sowie in der Wahrnehmung von Optionen und Handlungsperspektiven (vgl. BMFSFJ, 2006).

Zentrale Bedeutung erhalten Lern- und Bildungsprozesse im familiären Interaktions- und Handlungskontext für die Entwicklung kultureller Orientierungen und Bewertungsmuster, symbolischer Praxen sowie für soziale Verortungen, die sich in der Ausbildung eines einzigartigen und dennoch kollektiv bzw. milieuspezifisch geprägten Habitus niederschlagen (vgl. Bourdieu, 1983).

Neben Kompetenzen der alltäglichen Lebensführung sowie Haltungen und Einstellungen erwerben Kinder in der Familie informell auch Kompetenzen und Motivationen, die für den Erfolg im formalen Bildungssystem ausschlaggebend sind. Nach Büchner und Krah (2006), die die komplexen Formen des Erwerbs von kulturellem und sozialem Kapital durch familiäre Interaktionen in Mehrgenerationenfamilien empirisch untersucht haben, werden Bildungsmotivation und -entwicklung der Kinder direkt von ihrer Familie beeinflusst. Dieser Einfluss wirkt sich auch auf die Bildungsprozesse außerhalb der Familie, also z.B. die Wahl der Schulform, die schulische Laufbahn oder den Schulerfolg aus. Demnach sind erfolgreiche Bildungsbiografien in der Regel auf ergänzende familiale Unterstützungspotenziale angewiesen (vgl. BMFSFJ, 2006).

(3) *Lernmodalitäten:* Spezifisch für Bildungsprozesse in der Familie sind zwei Besonderheiten: Zum einen, dass sie wenig strukturiert, geplant und vorbereitet zum Ausdruck kommen; Lernen in der Familie ist erfahrungsbasiert, lebensweltnah, situativ. Und zum anderen ist für Bildungsprozesse im Kontext der Familie typisch, dass diese unmittelbar mit den Dimensionen der Erziehung und der Betreuung zusammenhängen. Die Verbindung dieser drei Dimensionen ist ein Grund dafür, dass familiale Bildung in besonderer Weise durch die beiden Maximen „alles ist möglich", aber „nichts ist sicher" gekennzeichnet ist, d.h. dass sie eine große Potenzialität beinhaltet, zugleich aber äußerst fragil ist (vgl. BMFSFJ, 2006; Rauschenbach, 2009a).

Schon in den frühesten Jahren hat allein die Art, wie Eltern mit ihren Kindern umgehen und auf sie eingehen, einen Einfluss auf ihre Lernmöglichkeiten und Bildungserfahrungen. In den alltäglichen familialen Interaktionen und über die Zugänge, die die Familie zu anderen Erfahrungswelten und Bildungsräumen bietet, erwerben Heranwachsende grundlegende Einstellungen und Haltungen sowie Fähigkeiten und Kenntnisse (vgl. Grunert, 2006). Auch wenn sich Kinder und Jugendliche im biografischen Verlauf weitere Sozialwelten und Bildungsorte erschließen, erfolgt die Auseinandersetzung mit den hier angebotenen Orientierungsmustern im Prozess des Aufwachsens in enger Wechselwirkung mit familialen Aneignungsprozessen.

Lebensbedingungen und Sozialstruktur einer Familie beeinflussen Bildungsprozesse und Bildungsbiografien von Kindern und Jugendlichen in hohem Maße (vgl. Rauschenbach et al., 2004; Büchner & Krah, 2006). Die Chancen für entwicklungsförderliche und bildungsrelevante Aneignungsprozesse von Kindern und Jugendlichen differieren zum einen je nach sozioemotionaler Qualität der familiären Beziehungen, zum anderen entsprechend den ökonomischen, sozialen und kulturellen Ressourcen der Familie. Insbesondere das Bildungsniveau der Eltern hat entscheidenden Einfluss darauf, wie sich die schulischen Bildungschancen der Kinder und deren Teilhabe an außerschulischen Bildungs- und Lerngelegenheiten gestalten. Nach den Ergebnissen der PISA-Studie bildet das soziale und kulturelle Kapital, das Kindern in ihren Familien vermittelt wird, die grundlegende Basis für den schulischen Erfolg (vgl. Deutsches PISA-Konsortium, 2001). Fehlen bildungsbezogene familiäre Anregungs- und Förderpotenziale und werden sie nicht in außerfamilialen Lern- und Lebenszusammenhängen substituiert, ergeben sich für Heranwachsende Nachteile im Hinblick auf ihre kulturelle und soziale Teilhabe (vgl. Büchner & Krah, 2006).

3.3 Beispiel Gleichaltrigengruppe

(1) *Lernort:* Die Gleichaltrigengruppe[8] ist heute neben der Familie die wichtigste Bezugsgruppe für Kinder und Jugendliche. Sie bildet ein bedeutsames Erfahrungsfeld im Übergang von der Herkunftsfamilie in ein eigenständiges Netz sozialer Beziehungen. Ihr Einfluss auf junge Menschen wird von der Forschung als sehr hoch eingeschätzt (vgl. Schröder, 2003; Grunert, 2006). Die Begriffe „Clique", „Peergroup" oder „Gleichaltrigengruppe" beschreiben ein weites Feld unterschiedlicher Sozialbeziehungen Heranwachsender. Nörber (2003) bestimmt Peergroup als den Zusammenschluss von Personen, die sich gegenseitig beeinflussen und einen ähnlichen sozialen Status und ein annähernd gleiches Alter haben. Demnach verweist der Begriff Peergroup auf Personen, die einander gleichgestellt sind bzw. der gleichen Gruppe angehören. Zur Gruppe der Peers gehören in der Regel Freunde und Bekannte sowie weitere Personen, zu denen eine engere persönliche Beziehung besteht (vgl. Schröder, 2006).

Gleichaltrigengruppen sind Orte freiwilliger jugendlicher Gesellung. Sie sind bestimmt durch ähnliche Lebenssituationen und gemeinsam geteilte Erfahrungen sowie durch gemeinsam durchgeführte Aktivitäten. Die Peergroup als informeller Lernort ist eng mit anderen gesellschaftlichen Lernorten wie etwa Schule, Sportverein oder Jugendverband verknüpft, zumal sich die Gruppen der Gleichaltrigen an diesen anderen Lernorten finden (vgl. Zinnecker et al., 2002).

(2) *Lerninhalte:* Mit zunehmendem Alter wird die Peergroup für den Lebensalltag Heranwachsender wichtiger. Sie regt Lernprozesse an und hat eine bedeutende Funktion bei der Entdeckung und Herausbildung eigener inhaltlicher Interessen (vgl. Furtner-Kallmünzer, 2002; Rauschenbach et al., 2004). Jugendliche entwickeln und erweitern hier Kompetenzen der Persönlichkeitsbildung und biografischen Orientierung, sozialer Beziehungen sowie der Freizeitgestaltung. Ähnlich wie die Familie bietet die Gleichaltrigengruppe vielfältige unterschiedliche Lern- und Erfahrungsmöglichkeiten und nimmt daher für Bildungs- und Orientierungsprozesse Heranwachsender eine bedeutende Rolle ein.

Bezogen auf die Persönlichkeitsentwicklung können sich Jugendliche hier mit altersgemäßen Entwicklungsaufgaben auseinandersetzen: Etwa dem Umgang mit dem eigenen Körper, der Entwicklung von Ich-Identität, der Herausbildung einer eigenen Geschlechtsrolle und dem Aufbau gleich- und gegengeschlechtlicher Beziehungen, mit Selbständigkeits- und Selbstorganisationsbestrebungen, beruflichen Orientierungen, mit Zukunftsplanung sowie mit gesellschaftlicher Integration und Teilhabe (vgl. Havighurst, 1964; Oerter & Montada, 1987; Rau-

---

[8] Der Begriff „Gleichaltrigengruppe" wird hier weitgehend synonym mit dem Begriff „Peergroup" verwendet, der ein „Gleichsein" zum Ausdruck bringt, das sich nicht nur auf das Alter bezieht, wie es der deutsche Ausdruck nahelegt (vgl. Schröder, 2006).

schenbach et al., 2004; BMFSFJ, 2006). Nach Ausubel (2003) bietet die Gruppe ein neues Bezugssystem für Jugendliche, das die Ablösung von den Eltern und den kindlichen Beziehungsmustern unterstützt.

Haltungen, Vorstellungen, Perspektiven, Werte und Ziele sowie Denk- und Handlungsmuster werden im Austausch mit anderen Heranwachsenden erworben oder erweitert. Die Gruppe bietet eine Fülle von Lerngelegenheiten etwa in Bezug auf Medienkompetenzen und Events, beim Umgang mit den Angeboten der Kulturindustrie und Mode oder bei der gegenseitigen Unterstützung schulbezogener Lernprozesse (vgl. Rauschenbach et al., 2004). Auch Orientierungen in Form von Geschmack, bestimmter Musik und gleichem Lebensstil werden in der Peergroup entwickelt und verstärkt (vgl. Schröder, 2006).

In empirischen Studien liegen einige deutliche Befunde für den Einfluss von Peer-Beziehungen auf den Kompetenzerwerb im Jugendalter vor. Die Peergroup bietet vielfältige Unterstützungsmöglichkeiten emotionaler, sozialer und personaler Art, etwa bei der Entwicklung persönlicher Beziehungen, Bindungen und Freundschaften. Hier werden soziale Kompetenzen der Konfliktbewältigung und Aushandlung erworben, Fähigkeiten der sozialen Teilhabe eingeübt sowie Strategien zur Selbstbehauptung entwickelt, die auch für das soziale Leben im Erwachsenenalter wichtig sind (vgl. Grunert, 2006; BMFSFJ, 2006). Das soziale und kulturelle Kapital, das in Gleichaltrigengruppen gewonnen wird, spielt für die sozialen und beruflichen Chancen der Jugendlichen eine wichtige Rolle (vgl. Rauschenbach et al., 2004).

(3) *Lernmodalitäten:* Blickt man darauf, wie in Gleichaltrigengruppen gelernt wird, so lassen sich etwa folgende Stichworte nennen: Gleichberechtigt, freiwillig, nebenher, implizit und ungeplant. Gelernt wird von und mit Gleichaltrigen: Über die Freizeitgestaltung, durch gemeinsame Aktivitäten, in der alltäglichen Interaktion und Kommunikation, durch gegenseitigen Erfahrungsaustausch, durch Konfrontation, Auseinandersetzung und Aushandeln. Die Meinungen von Gleichaltrigen zählen für Jugendliche phasenweise weit mehr als die Meinung der Erwachsenen.[9] So können Jugendliche im Schutz der Gruppe in eine Auseinandersetzung mit den Werthaltungen ihrer Herkunftsfamilie treten und mit

---

[9] Aufgrund der vielfach positiven Wirkungen von Peer-Kontakten wird versucht, diese auch für pädagogische Arrangements in der Jugendarbeit, aber auch an Schulen, zielgerichtet zu nutzen, wie z.B. in Schülermentoren- oder Streitschlichter-Programmen. Dieser als „Peer-Education" bezeichnete pädagogische Ansatz baut auf der engen Beziehung, dem unmittelbaren Kommunikationsgefüge zwischen Gleichaltrigen auf und bedeutet den Aufbau eines Angebots gegenseitiger Unterstützung und Hilfe – aber auch Beeinflussung und Anpassung – durch Gleichaltrige (vgl. Nörber, 2003). Insofern entspricht dieser Ansatz nicht dem Verständnis von informellem Lernen, das sich dadurch auszeichnet, dass es kein gezieltes, pädagogisch aufbereitetes Bildungsprogramm darstellt. Peer-Education lässt sich somit eher im Bereich des non-formalen Lernens verorten.

anderen Haltungen experimentieren (vgl. Schröder, 2003). In der Konfrontation mit anderen Jugendlichen werden die eigenen Denk- und Handlungsmuster überprüft, in Frage gestellt, modifiziert, erweitert oder bestätigt. Dieser Prozess der Entwicklung persönlicher Interessen, Werteinstellungen, Vorlieben und einer subjektiven Reflexivität geschieht in den Gruppen in der Regel unbewusst und beiläufig, bewirkt aber nach Rauschenbach et al. (2004) ein hohes Maß an Verunsicherung sowie gleichzeitig Selbstvergewisserung.

In Gleichaltrigengruppen eröffnen sich Kindern und Jugendlichen Handlungsspielräume und Aneignungsmöglichkeiten im Kontext von zumeist egalitären sozialen Beziehungen. Die gruppendynamischen Prozesse sind in erster Linie Beziehungsprozesse, die Lernprozesse befördern, aber auch behindern können (vgl. Rauschenbach et al., 2004; Schröder, 2006). Die bisherige Forschung betont in erster Linie die entwicklungsfördernde Kraft der Auseinandersetzungen unter gleichaltrigen und gleichrangigen Partnern. Aufgrund ihrer Freiwilligkeit und „Gleichheit" erfordern diese ein hohes Maß an Kooperations-, Verhandlungs- und Kritikfähigkeit (vgl. Grunert, 2006). Eine solche Beziehungsform „auf Augenhöhe" bietet demnach einen anderen Rahmen für Lernprozesse als dies in asymmetrischen Beziehungen wie Familie oder Schule der Fall ist.

Einige wissenschaftliche Untersuchungen weisen auf negative Wirkungen der Gleichaltrigengruppen auf ihre Mitglieder hin wie etwa Anpassungsdruck an negative bzw. deviante und dissoziale Verhaltensweisen, explizit lernfeindliche Haltungen, Gruppendruck in Bezug auf Konsum und Stil (vgl. Rauschenbach et al., 2004; Schröder, 2006). Das heißt: Von jugendlichen Gleichaltrigengruppen gehen keineswegs nur emanzipatorische und entwicklungsfördernde Impulse aus, sondern es reproduzieren sich dort häufig auch hierarchische und autoritäre Strukturen und Orientierungen der Herkunftsfamilien (vgl. Schröder, 2003; Fend, 2003).[10]

Insgesamt zeigt sich, dass die Gleichaltrigengruppe informelle Lernmöglichkeiten für den Erwerb von Kompetenzen, Orientierungen und Haltungen bietet, die für die aktuelle und zukünftige Lebensführung wichtig sind, im Rahmen von Schule so aber kaum oder nur zufällig und marginal erworben werden können. In Abhängigkeit von der sozialen Herkunft eröffnen sich sowohl in der Familie als auch in der Gleichaltrigengruppe allerdings jeweils sehr unterschiedliche Bildungsanregungen, Bildungsmöglichkeiten und Bildungswirklichkeiten für junge Menschen.

---

[10] Differenzierte Analysen darüber, wie sich unterschiedliche Wertorientierungen, Interessen und Aktivitäten in Peergroups auf den Kompetenzerwerb oder auch die Lernbereitschaft von Heranwachsenden auswirken, liegen bisher jedoch kaum vor (vgl. Grunert, 2006).

3.4 Beispiel zivilgesellschaftliches Engagement

Als letztes Beispiel soll hier der Themenbereich ‚Verantwortungsübernahme' durch zivilgesellschaftliches Engagement herausgegriffen werden. Wie die Befunde einer aktuellen Studie zum Kompetenzerwerb im freiwilligen Engagement empirisch belegen, werden die Bereitschaft und Fähigkeit zur Übernahme gesellschaftlicher Verantwortung am ehesten durch das eigene aktive soziale Engagement erworben (vgl. Düx et al., 2008).

(1) *Lernort:* Wenn man in diesem Zusammenhang danach fragt, *wo* diese Formen des aktiv-tätigen Engagements typischerweise realisiert werden können, dann erlangt im Kindes- und Jugendalter der Bereich der Kinder- und Jugendarbeit eine unübersehbare Bedeutung. Eine nicht zu vernachlässigende Zahl von jungen Menschen engagiert sich dort aktiv, übernimmt hierbei Verantwortung für andere und erwirbt so Basiselemente einer sozialen Kompetenz (vgl. Gensicke, Picot & Geiss 2006; BMFSFJ, 2006; Düx et al., 2008).

Durch ihre starke Selbstreferenzialität, den curricular gesteuerten Lehr-Lern-Zusammenhang sowie den dominanten Unterrichtsbezug der Schule werden Kinder und Jugendliche demgegenüber in diesem Setting weitgehend von sozialer und gesellschaftlicher Verantwortungsübernahme ferngehalten. Zumindest hat die Schule in Deutschland bis heute keinen systematischen Ort – abgesehen von individuellen, partiellen oder lokalen Bemühungen[11] –, in den diese Dimension eingebunden ist. Und da sich für die jungen Menschen – durch die insgesamt in den letzten 100 Jahren länger gewordenen Ausbildungszeiten – der Beginn der Erwerbstätigkeit, die ökonomische Selbständigkeit und die Gründung einer Familie eher nach hinten verschoben haben, Jugendliche mithin auch finanziell länger von ihren Eltern abhängig bleiben, werden sie dadurch von der Erfahrung von Eigenverantwortung und Verantwortungsübernahme in sozialen Kontexten jenseits ihrer eigenen schulischen Qualifikation weitgehend ausgeschlossen.

---

[11] Im Rahmen von Schule finden aktuell auch eine Reihe neuer Entwicklungen statt, die andere Lernorte, -inhalte und -modalitäten als im klassischen Bildungssystem einbeziehen. So ist „Service Learning" ein in Deutschland relativ neuer, aus Nordamerika stammender Ansatz der Verbindung von Schule, Engagement und informellem Lernen. Service Learning bezeichnet einen – meist in Projektform organisierten – Dienst in und für die Gemeinde, der gezielt mit Lerninhalten und Lernprozessen in der Schule (oder auch Hochschule) verknüpft ist (vgl. Sliwka, Petry & Kalb, 2004). In der Verknüpfung der Projektarbeit mit dem schulischen Lehrplan werden besondere Qualitäten gesehen. Dabei ist allerdings zu fragen, ob das Konzept des Service-Learning wirklich freiwilliges Engagement und Schule verbinden kann, da durch die schulische Einbindung gerade das für die Motivation sehr wichtige Moment der Freiwilligkeit in Frage gestellt wird. Ein vergleichsweise erfolgreiches Modell im Schulsport stellt das Sporthelfer-Konzept dar (vgl. Neuber & Wienkamp, i.d.B.).

(2) *Lerninhalte:* Im Unterschied dazu spielen Verantwortungsbereitschaft und Verantwortungsübernahme, Beteiligung und Mitwirkung für Jugendliche eine bedeutende Rolle in den Organisationen der Kinder- und Jugendarbeit (vgl. Düx et al., 2008). Hier können Heranwachsende durch die Übernahme von Verantwortung für sich und andere die wichtige Erfahrung „konkreter Nützlichkeit" (vgl. Hentig, 2007) sowie gesellschaftlicher Relevanz ihres Tuns machen. Formen der Beteiligung, der Selbstorganisation und der Verantwortungsübernahme sind seit jeher wesentliche und selbstverständliche Bestandteile von Konzepten der Kinder- und Jugendarbeit. Sie bietet ihren Adressaten unterschiedliche Möglichkeiten der aktiven und aktivierenden Teilnahme, Mitgestaltung und Teilhabe. Seit jeher ist sie das klassische Einstiegsfeld für jugendliches Engagement und gesellschaftliche Verantwortungsübernahme.

Der Studie von Düx et al. (2008) zum Kompetenzerwerb im freiwilligen Engagement zufolge können im Rahmen jugendlichen Engagements in Jugendorganisationen ohne Zwang oder Leistungsdruck vielfältige soziale, personale, kulturelle und instrumentelle Kompetenzen erworben sowie Formen demokratischer Beteiligung eingeübt und gestärkt werden. Demnach bietet Verantwortungsübernahme im Rahmen freiwilligen Engagements jungen Menschen eine Möglichkeit, über den Rahmen von Familie, Freundeskreis und Schule hinausgehende Erfahrungen zu machen, die für die Entwicklung ihres Selbstkonzepts, ihre moralische Entwicklung sowie ihre gesellschaftliche Verortung von grundlegender Bedeutung sind (vgl. auch Hofer, 1999; Buhl & Kuhn, 2005).

Das Verantwortungspotenzial im Rahmen freiwilligen Engagements hat zwei Seiten, eine, die sich vorzugsweise auf das Gemeinwesen, den sozialen Kontext und die Gesellschaft bezieht und eine, die sich zuallererst auf die Person selbst und ihre Befähigung zu einer eigenverantwortlichen Lebensführung bezieht. Somit wird mit Verantwortungsübernahme und gesellschaftlichem Engagement ebenfalls ein wesentliches sowohl persönlichkeitsbezogenes als auch gesellschaftliches Bildungsziel angesprochen, das auf dem Weg in das Erwachsenenalter realisiert werden sollte und mit Blick auf die Demokratiefähigkeit, die gesellschaftliche Teilhabe und den sozialen Zusammenhalt einer Gesellschaft von elementarer Bedeutung ist (vgl. Konsortium Bildungsberichterstattung, 2006; Düx, 2006).[12]

Jugendliche können in der Kinder- und Jugendarbeit alternative, ergänzende, aber auch andernorts nicht zu vermittelnde Lernerfahrungen machen. Be-

---

[12] Die inhaltliche Relevanz dieser Kompetenzdimension zeigt sich auch daran, dass zu dieser Thematik etwa die international vergleichende „Civic-Education-Study" (vgl. Torney-Purta, Lehmann, Oswald, Schulz, 2001; Oesterreich, 2002; Oser & Biedermann, 2003) oder das bundesweite BLK-Projekt „Demokratie leben & lernen" durchgeführt worden sind (vgl. Edelstein & Fauser, 2001; Beutel & Fauser, 2007).

stimmte Kenntnisse und Fähigkeiten wie etwa Gremienkompetenz, das Organisieren großer Veranstaltungen, die Übernahme von Leitungsaufgaben, aber auch
die pädagogische Arbeit mit Kindern und Jugendlichen, lassen sich im Jugendalter an anderen Orten sonst kaum erwerben. Nach den Befunden der
Engagementstudie (Düx et al., 2008) scheint es keinen anderen Bereich in der
jugendlichen Lebenswelt zu geben, der ein derart weites und vielfältiges Spektrum an Verantwortungsbereichen sowie an Möglichkeiten der Teilhabe, Mitwirkung und Mitgestaltung bietet wie die Kinder- und Jugendarbeit. Von der cli-
quenzentrierten Freizeitgestaltung bis hin zur Gremienarbeit mit Personalver-
antwortung ergibt sich ein Kontinuum von Partizipationsmöglichkeiten und Ve-
rantwortungsfeldern für junge Menschen.

(3) *Lernmodalitäten:* Zugleich ist in diesem Zusammenhang neben der Frage des Ortes und der Inhalte auch die Frage nach den Modalitäten von Belang,
die Frage, *wie* Verantwortungsübernahme und weitere Kompetenzen erlernt
werden. Nach Düx et al. (2008) ermöglichen und unterstützen die Rahmenbedingungen der Kinder- und Jugendarbeit vielfältige Lern- und Bildungsprozesse.
Diese förderlichen Rahmenbedingungen und Gelegenheitsstrukturen, die die
Kinder- und Jugendarbeit bietet, unterscheiden sich von anderen Lernorten, insbesondere der Schule. Vor allem die Merkmale Freiwilligkeit, Gemeinschaft in
der Peergroup, Frei- und Experimentierräume sowie das Lernen durch Ausprobieren und Handeln unter Realbedingungen scheinen Aneignungsprozesse,
Kompetenzentwicklung und Verantwortungsübernahme Heranwachsender zu
fördern. Einige Elemente dieser Lernmodalitäten lassen sich benennen:

1. *Freiwilligkeit:* Der größte Unterschied zum verpflichtenden Lernen in der
    Schule liegt den Befunden der Engagementstudie folgend (Düx et al., 2008)
    in der Freiwilligkeit des Mitmachens und Lernens in der Kinder- und Ju-
    gendarbeit. Für die Lernmotivation der Kinder und Jugendlichen spielen
    Mitbestimmungsmöglichkeiten, eigenes Interesse und Praxisbezug eine we-
    sentliche Rolle. Entsprechend scheinen die hier stattfindenden Lernprozesse
    dem Bedürfnis junger Menschen nach Selbstbestimmung und Autonomie
    entgegenzukommen (vgl. Deci & Ryan, 1993).
2. *Lernen in der Gleichaltrigengruppe:* Auch die in den Organisationen der
    Kinder- und Jugendarbeit übliche Gruppenarbeit scheint Lernprozesse zu
    befördern. Die Interviews der Engagementstudie stützen die Annahme, dass
    die Gleichaltrigengruppe in vielen Fällen eine wichtige Rolle für die Lern-
    motivation sowie für die Bereitschaft, Aufgaben und Verantwortung zu
    übernehmen, spielt.
3. *Frei- und Gestaltungsspielräume:* Die von den Jugendlichen beschriebenen
    Räume und Anregungen zum Ausprobieren und Experimentieren, aber auch

zum Mitbestimmen und Selbst-Organisieren bieten vielfältige Gelegenheiten für Lernprozesse. Hier können Handlungs- und Gestaltungsspielräume aktiv und kreativ erweitert sowie eigene Interessen und Kompetenzen entwickelt und ausgebaut werden.

4. *Learning by doing:* In der Engagementstudie zeigt sich, dass in der Kinder- und Jugendarbeit, anders als in der Schule, überwiegend durch Handeln in Ernst- und Echtsituationen gelernt wird, ganz im Sinne von „learning by doing" (vgl. Dewey, 1993). Im Unterschied zu schulischen Lernsituationen, in denen Lernen vor allem in „Als-ob-Formen" geschieht, d.h. mit Blick auf mögliche spätere Anwendungsfälle fast ausschließlich im Rahmen des Übens, sind Lernprozesse Jugendlicher in der Jugendarbeit häufig dadurch gekennzeichnet, dass in ihnen Lernen (als Übung) und Handeln (als Ernstfall) inhaltlich und zeitlich enger verknüpft sind oder sogar zusammenfallen, sodass Bildungsprozesse weitaus stärker unter Ernstfallbedingungen ablaufen.

Die Kombination von hoher Motivation durch frei gewählte Verantwortungsbereiche und einem gemeinsamen Handeln in der Gleichaltrigengruppe, verbunden mit den Herausforderungen durch die übernommene Verantwortung sowie der Unterstützung durch Erwachsene, bietet spezifische lern- und entwicklungsförderliche Bedingungen, die die Settings des Engagements zu besonderen Lernfeldern und „Ermöglichungsräumen" für Heranwachsende machen. In Freiwilligkeit, Vielfalt und Selbstbestimmtheit liegen die Chancen und Stärken dieses außerschulischen Lernfeldes.

Bilanziert man die Befunde der Engagement-Studie (Düx et al., 2008), so lassen sich die Jugendorganisationen als eine Lernwelt eigener Art für junge Menschen beschreiben, die durch die Verknüpfung gesellschaftlicher Verantwortungsübernahme mit individuellen Lernprozessen besondere Chancen und Freiräume für die Entwicklung vielfältiger Kenntnisse und Fähigkeiten eröffnet, die für eine eigenständige und sozial verantwortliche Lebensführung sowie die Beteiligung an demokratischen Verfahren unabdingbar sind, in schulischen Settings jedoch kaum vorkommen.

Doch auch für die informellen Lernprozesse und die Verantwortungsübernahme im freiwilligen Engagement gilt, dass keineswegs alle Heranwachsenden davon profitieren. Wie die Engagementstudie (Düx et al., 2008) und auch der zweite Freiwilligensurvey nachweisen (vgl. Gensicke, Picot & Geiss, 2006), ist gesellschaftliches Engagement als Ort kultureller und sozialer Ressourcen nicht für alle Jugendlichen gleichermaßen leicht zugänglich. Der Zugang zum Engagement sowie die Art des Engagements stehen in engem Zusammenhang mit den sozialen Ressourcen und den kulturellen Interessen im Elternhaus. Die Daten beider Erhebungen belegen, dass sich überwiegend sozial gut integrierte Jugendliche mit höherer Schulbildung engagieren. Die Verfügbarkeit sozialen und kulturellen Kapitals stellt sowohl eine Voraussetzung als auch ein Ergebnis freiwilligen Engagements dar. Jugendliche aus sozial unterprivilegierten, partizipations- und bildungsfernen Bevölkerungsgruppen sind hier unterrepräsentiert. Somit stellen Lernprozesse im freiwilligen Engagement keine Kompensation sozialer Ungleichheit dar, sondern verstärken diese tendenziell noch.

Insgesamt zeigt sich auch am Beispiel der Verantwortungsübernahme durch freiwilliges Engagement in gemeinwohlorientierten Organisationen zweierlei: Zum einen, dass das informelle Lernen diesseits und jenseits der Schule eine wichtige Gelegenheitsstruktur für diese Formen des Kompetenzerwerbs sein kann; zum anderen, dass dabei die drei genannten Dimensionen oft unbeachtet ineinander fließen und unscharf werden, obgleich man auch hier Orte („Organisationen des freiwilligen Engagements"), Modalitäten („Lernen durch Handeln in Realsituationen") und Inhalte („gesellschaftliches Engagement und Verantwortungsübernahme") deutlicher voneinander trennen müsste. Diese Unterscheidung wird bislang in den Diskussionen und in den Forschungsbemühungen rund um das informelle Lernen noch wenig beachtet.

4   Bilanz

Will man individuell und gesellschaftlich wichtige Lern- und Bildungsprozesse erfassen, will man erfolgreiche und nicht-erfolgreiche Prozesse der Kompetenzaneignung beschreiben und unterscheidbar machen, muss man auch Dimensionen des informellen Lernens einbeziehen. Dies haben die hier vorgestellten Beispiele noch einmal deutlich gemacht. Dabei legen die beschriebenen Entwicklungen den Schluss nahe, dass informelles Lernen in der engen Verknüpfung mit der sozialen Herkunft und den ökonomischen, sozialen und kulturellen Ressourcen im Elternhaus weit mehr über die Zukunftschancen der jungen Menschen entscheidet, als dies bislang allgemein bewusst ist (vgl. Bourdieu, 1983). Zumindest fällt auf, dass alle empirischen Befunde zeigen, dass außerschulische Bildungsaktivitäten in der Regel die ohnehin bildungsbeflissenen, von Hause aus vielfältig geförderten Kinder und Jugendlichen zusätzlich unterstützen und stabilisieren (vgl. Gensicke, Picot & Geiss 2006; Büchner, 2006; Schröder, 2006; Kutscher, 2007; Düx et al., 2008), auch wenn diese anderen Orte und Aktivitäten oft mit dem Anspruch der Kompensation schulischer Bildungsbenachteiligung auftreten. Mehr noch: Die ungleich verteilten Potenziale des informellen Lernens an unterschiedlichen Lernorten werden zur eigentlichen Weichenstellung in der Bildungsbiografie junger Menschen, sie werden zu einer sehr viel einflussreicheren sozialen Selektionsinstanz mit Blick auf die Bildung als bislang angenommen.

Die Befunde der PISA-Studien haben deutlich gemacht, dass vieles, was der Schule zugerechnet wird – Positives wie Negatives, Erfolge wie Niederlagen –, keineswegs ausschließlich oder auch nur überwiegend auf diese zurückzuführen ist, sondern dass Qualität und Ausmaß des sozialen und kulturellen Kapitals, das Kinder aus ihren Familien mitbringen, die entscheidenden Voraussetzungen für den schulischen Lernerfolg darstellen (vgl. Deutsches PISA-Konsortium 2001). Damit weist PISA auf einen Umstand hin, der zwar lautstark beklagt, in seinen bildungspolitischen Konsequenzen bislang jedoch wenig erörtert worden ist: Dass die soziale Herkunft den stärksten Einfluss auf die gemessenen Kompetenzen der Heranwachsenden hat.

Ihre Wirkung entfalten informelle Lernprozesse insbesondere deshalb, weil sie unbeachtet und unkontrolliert, unformatiert und unlimitiert, fernab von allen öffentlichen Bildungsdebatten zur Geltung kommen, indem sie den sozial, ökonomisch und kulturell Privilegierten vielfältige Möglichkeiten der Kompetenzerweiterung eröffnen, während die jungen Menschen aus sozial benachteiligten und prekären Lebensverhältnissen zunehmend von den Möglichkeiten der gesellschaftlichen Entwicklung durch Formen der informellen Bildung abgekoppelt werden. Während ein Teil der jungen Menschen seine Kompetenzen und Potenziale auf diese Weise entfalten und optimieren kann, wird der andere Teil in dieser Hinsicht in den lebensweltlichen alltäglichen Kontexten kaum oder gar nicht gefördert. So lernen die einen Dinge, die wie selbstverständlich in ihren Alltag eingebaut sind, und kommen mit zahlreichen Lernsettings und Bildungspotenzialen in Berührung, die in keinem Lehrplan stehen und zu denen niemand verpflichtet ist, wohingegen bei den anderen diese lebensweltgebundenen Bildungsimpulse fehlen, sodass außerschulische Lernprozesse kaum angeregt oder unterstützt werden (vgl. Rauschenbach, 2009a).

Insgesamt gesehen besteht beim Kompetenzerwerb durch informelle Lernprozesse – insbesondere deshalb, weil sie nicht zwingend, nicht standardisiert sind – mehr als bei allen Spielarten der formalisierten Bildung die Gefahr, dass durch sie soziale Ungleichheit nicht nur reproduziert, sondern soziale Differenz zuallererst erzeugt, gewissermaßen koproduziert wird. Nicht die formale Bildung, sondern ganz überwiegend die bislang nur wenig beachteten informellen Lernprozesse scheinen die Kluft zwischen den Privilegierten und den sozial Benachteiligten, d.h. zwischen den Bildungsgewinnern und den Bildungsverlierern, zu erzeugen. Und in der Konsequenz bedeutet das, dass nicht so sehr die formale, schulische Bildung aus sich heraus und für sich genommen die wachsenden sozialen Unterschiede erklärbar macht, sondern sehr viel stärker die sie umgebenden, ungleich verteilten und ungleich wirkenden, meist verborgen bleibenden Potenziale informeller Lern- und Bildungsprozesse insbesondere in der Familie, aber auch an anderen außerschulischen Lernorten.

In der Wiederverschränkung von Lern- und Lebenswelten, in der Zusammenführung von Lernen und verantwortlichem Handeln, dem Lernen mit Ernst- und Echtcharakter – wie etwa im freiwilligen Engagement in der Jugendarbeit oder im selbst organisierten Miteinander von Gleichaltrigen – liegen Potenziale für Bildungsprozesse, die auch für formale Bildungsinstitutionen von Interesse sind, von diesen aber kaum selbst erbracht werden können. Wenn in einer demokratischen Gesellschaft das Ziel des Aufwachsens eigenverantwortliche und gemeinschaftsfähige sowie informierte, kompetente Bürgerinnen und Bürger sind, die sich aktiv an der „Gestaltung der gemeinschaftlichen Lebensgrundlagen" beteiligen (Fend, 2003, S. 388), dann kann Bildung in Zukunft nicht mehr die alleinige Aufgabe einzelner Institutionen sein, sondern es müssen andere, erweiterte Gelegenheiten, Orte, Inhalte, Modalitäten und Potenziale des Lernens verstärkt eingebunden und genutzt werden. Bildung wird somit mehr denn je zu einer grundlegenden Gemeinschaftsaufgabe, indem möglichst allen jungen Menschen unabhängig von ihrer sozialen Herkunft Gelegenheiten, Räume und Chancen eröffnet werden müssen, sich die Welt in allen ihren Facetten und Dimensionen anzueignen, ihre Anlagen und Potenziale umfassend zu entfalten und an der Gesellschaft und ihren Entwicklungen teilzuhaben.

Literatur

Ahnert, L. (2010). *Wieviel Mutter braucht ein Kind? Bindung-Bildung-Betreuung: öffentlich und privat.* Heidelberg: Spektrum.

Ausubel, D. (2003). Die Funktion der Gruppe gleichaltriger Jugendlicher. In M. Nörber (Hrsg.), *Peer Education. Bildung und Erziehung von Gleichaltrigen durch Gleichaltrige* (S.116-119). Weinheim, Basel, Berlin: Juventa.

Autorengruppe Bildungsberichterstattung (Hrsg.). (2008). *Bildung in Deutschland 2008. Ein indikatorengestützter Bericht zu Übergängen im Anschluss an den Sekundarbereich I.* Bielefeld: Bertelsmann.

Beutel, W. & Fauser, P. (Hrsg.). (2007). *Demokratiepädagogik: Lernen für die Zivilgesellschaft.* Schwalbach/Ts.: Wochenschau.

BITKOM – Bundesverband Informationswirtschaft, Telekommunikation und neue Medien e.V. (2009). *Kinder und Jugendliche im Internet.* Präsentation zur Pressekonferenz am 07.07.2009. Berlin: Selbstverlag.

Bourdieu, P. (1983). Ökonomisches Kapital, kulturelles Kapital, soziales Kapital. In R. Kreckel (Hrsg.), *Soziale Ungleichheiten* (Soziale Welt, Sonderband, S. 183-220). Göttingen: Schwartz.

Brenner, G. (2010). Jugend und Medien. Aktuelle Befunde und konzeptionelle Ausrichtung der Jugendarbeit. *deutsche jugend*, 58 (3), 103-112.

Bruner, F. C. & Dannenbeck, C. (2002). *Freiwilliges Engagement bei Jugendlichen. Eine qualitative Studie zu Erfahrungen, Motivlagen und Unterstützungsbedarf verbandsmäßig organisierter Jugendlicher in ausgewählten Jugendverbänden und Jugendgemeinschaften des Kreisjugendrings München-Stadt*. München: Selbstverlag.

Büchner, P. & Krah, K. (2006). Der Lernort Familie und die Bildungsbedeutsamkeit der Familie im Kindes- und Jugendalter. In T. Rauschenbach, W. Düx & E. Sass (Hrsg.), *Informelles Lernen im Jugendalter. Vernachlässigte Dimensionen der Bildungsdebatte* (S. 123-154). Weinheim, München: Juventa.

Buhl, M. & Kuhn, H.-P. (2005). Erweiterte Handlungsräume im Jugendalter: Identitätsentwicklung im Bereich gesellschaftlichen Engagements. In B. Schuster, H.-P. Kuhn & H. Uhlendorf (Hrsg.), *Entwicklung in sozialen Beziehungen. Heranwachsende in ihrer Auseinandersetzung mit Familie, Freunden und Gesellschaft* (S. 217-237). Stuttgart: Lucius.

Bundesministerium für Familie, Senioren, Frauen und Jugend [BMFSFJ] (Hrsg.). (2006). *Zwölfter Kinder- und Jugendbericht. Bericht über die Lebenssituation junger Menschen und die Leistungen der Kinder- und Jugendhilfe in Deutschland. Bildung, Betreuung und Erziehung vor und neben der Schule*. Berlin: BMFSFJ.

Deutsches PISA-Konsortium (Hrsg.). (2001). *PISA 2000 – Basiskompetenzen von Schülerinnen und Schülern im internationalen Vergleich*. Opladen: Leske + Budrich.

Dohmen, G. (2001). *Das Informelle Lernen. Die internationale Erschließung einer bisher vernachlässigten Grundform menschlichen Lernens für das lebenslange Lernen aller*. Bonn: BMBF.

Düx, W. (2006). „Aber so richtig für das Leben lernt man eher bei der freiwilligen Arbeit". Zum Kompetenzgewinn Jugendlicher im freiwilligen Engagement. In T. Rauschenbach, W. Düx & E. Sass, (Hrsg.), *Informelles Lernen im Jugendalter. Vernachlässigte Dimensionen der Bildungsdebatte* (S.205-240). Weinheim, München: Juventa.

Düx, W., Prein, G., Sass, E. & Tully, C. J. (2008). *Kompetenzerwerb im freiwilligen Engagement. Eine empirische Studie zum informellen Lernen im Jugendalter*. Wiesbaden: VS.

Edelmann, W. (2000). *Lernpsychologie*. Kempten: Beltz.

Edelstein, W. & Fauser, P. (2001). *Demokratie lernen und leben. Gutachten für ein Modellversuchsprogramm der BLK. Bund-Länder-Kommission für Bildungsplanung und Forschungsförderung*. Materialen zur Bildungsplanung und zur Forschungsförderung, Heft 96. Bonn: BLK.

Fauser, K., Fischer, A. & Münchmeier, R. (2006). *Jugendliche als Akteure im Verband. Ergebnisse einer empirischen Untersuchung der Evangelischen Jugend*, Band 1. Opladen/Farmington Hills: Barbara Budrich.

Fehrlen, B. & Koss, T. (2009). *Bildung im Alltag der Offenen Kinder- und Jugendarbeit. Empirische Studien*. Tübingen: tb-V.

Fend, H. (2003). *Entwicklungspsychologie des Jugendalters*. Opladen: Leske + Budrich.

Fischer, C. (2001). „*Das gehört jetzt irgendwie zu mir". Mobilisierung von Jugendlichen aus den neuen Bundesländern zum Engagement in einem Umweltverband. Eine explorative Studie am Beispiel der BUNDjugend*. (Dissertation, TU Chemnitz). Chemnitz: TU.

Furtner-Kallmünzer, M., Hössl, A., Janke, D., Kellermann, D. & Lipski, J. (2002). *In der Freizeit für das Leben lernen. Eine Studie zu den Interessen von Schulkindern.* München: DJi.

Gensicke, T., Picot, S. & Geiss, S. (2006). *Freiwilliges Engagement in Deutschland 1999–2004. Ergebnisse der repräsentativen Trenderhebung zu Ehrenamt, Freiwilligenarbeit und bürgerschaftlichem Engagement.* Wiesbaden: VS.

Grunert, C. (2006). Bildung und Lernen – ein Thema der Kindheits- und Jugendforschung. In T. Rauschenbach, W. Düx & E. Sass (Hrsg.), *Informelles Lernen im Jugendalter. Vernachlässigte Dimensionen der Bildungsdebatte* (S. 15-34). Weinheim, München: Juventa.

Havighurst, R. (1964). *Developmental tasks and education.* New York: Longman.

Hentig, H. Von (2007). *Bewährung: Von der nützlichen Erfahrung, nützlich zu sein.* Weinheim: Juventa.

Hofer, M. (1999). Community service and social cognitive development in German adolescents. In M. Yates & J. Youniss (Hrsg.), *Roots of civic identity. International Perspectives on Community Service and Activism in Youth* (S.114-134). Cambridge: Cambridge University Press.

Konsortium Bildungsberichterstattung (Hrsg.). (2006). *Bildung in Deutschland. Ein indikatorengestützter Bericht mit einer Analyse zu Bildung und Migration.* Bielefeld: Bertelsmann.

Kutscher, N. (2007). Digitale Ungleichheit und Bildungsbenachteiligung bei Kindern. In Deutsches Kinderhilfswerk (Hrsg.), *Kinderreport Deutschland 2007* (S.97-112). Freiburg i.Br.: Herder.

Kutscher, N. & Otto, H.-U. (2006). Ermöglichung durch kontingente Angebote. Bildungszugänge und Internetnutzung. In C. J. Tully (Hrsg.), *Lernen in flexibilisierten Welten. Wie sich das Leben der Jugend verändert.* Weinheim, München: Juventa.

Lehmann, T. (2005). Jugendverbände, Kompetenzentwicklung und biografische Nachhaltigkeit. Eine neue Perspektive auf Jugendverbandsarbeit. *Jugendpolitik,* 2, 16-19.

Leu, H. R. & Behr, A. von (Hrsg.). (2010). *Forschung und Praxis der Frühpädagogik. Profiwissen für die Arbeit mit Kindern von 0-3 Jahren.* München: Reinhardt.

Medienpädagogischer Forschungsverbund Südwest (Hrsg.). *JIM-Studie 2008. Jugend, Information, (Multi-)Media. Basisuntersuchung zum Medienumgang 12- bis 19-Jähriger.* Stuttgart: mpfs.

Müller, B., Schmidt, S. & Schulz, M. (2005). *Wahrnehmen können. Jugendarbeit und informelle Bildung.* Freiburg i. Br.: Beltz.

Nörber, M. (Hrsg.). (2003). *Peer Education. Bildung und Erziehung von Gleichaltrigen durch Gleichaltrige.* Weinheim, Basel, Berlin: Juventa.

Oerter, R. & Montada L. (Hrsg.). (1987). *Entwicklungspsychologie.* Weinheim, Basel, Berlin: Juventa.

Oesterreich, D. (2002). *Politische Bildung von 14-Jährigen in Deutschland. Studien aus dem Projekt Civic Education.* Opladen: Leske + Budrich.

Oser, F. & Biedermann, H. (2003). (Hrsg.). *Jugend ohne Politik. Ergebnisse der IEA-Studie zu politischem Wissen, Demokratieverständnis und gesellschaftlichem Engagement von Jugendlichen in der Schweiz im Vergleich mit 27 anderen Ländern.* Zürich & Chur: Rügger.

Otto, H.-U. & Rauschenbach, T. (Hrsg.). (2004). *Die andere Seite der Bildung. Zum Verhältnis von formellen und informellen Bildungsprozessen.* Wiesbaden: VS.

Rauschenbach, T. (2009a). *Zukunftschance Bildung. Familie, Jugendhilfe und Schule in neuer Allianz.* Weinheim, München: Juventa.

Rauschenbach, T. (2009b). Informelles Lernen. Möglichkeiten und Grenzen der Indikatorisierung. In R. Tippelt (Hrsg.), *Steuerung durch Indikatoren. Methodologische und theoretische Reflektionen zur deutschen und internationalen Bildungsberichterstattung* (S. 35-53). Opladen, Farmington Hills: Barbara Budrich.

Rauschenbach, T., Mack, W., Leu, H. R., Lingenauber S., Schilling, M., Schneider, K., Züchner, I. (2004). *Konzeptionelle Grundlagen für einen Nationalen Bildungsbericht – Non-formale und informelle Bildung im Kindes- und Jugendalter.* Berlin: BMBF.

Rauschenbach, T. & Otto, H.-U. (2004). Die neue Bildungsdebatte. Chance oder Risiko für die Kinder und Jugendhilfe. In H.-U. Otto & T. Rauschenbach (Hrsg.), *Die andere Seite der Bildung. Zum Verhältnis von formellen und informellen Bildungsprozessen* (S. 9-29). Wiesbaden: VS.

Rauschenbach, T., Düx, W., Sass, E. (Hrsg.). (2006). *Informelles Lernen im Jugendalter. Vernachlässigte Dimensionen der Bildungsdebatte.* Weinheim, München: Juventa.

Reinders, H. (2005): *Jugend. Werte. Zukunft. Wertvorstellungen, Zukunftsperspektiven und soziales Engagement im Jugendalter.* Hrsg. von der Landesstiftung Baden-Württemberg. Stuttgart: Selbstverlag.

Richter, I. (2001). *Die sieben Todsünden der Bildungspolitik.* Weinheim: Beltz.

Schmidt, S. J. (2003). Was wir vom Lernen zu wissen glauben. In Arbeitsgemeinschaft betriebliche Weiterbildung e.V., Projekt Qualifikations-Entwicklungs-Management (Hrsg.), *Was kann ich wissen? Theorie und Geschichte von Lernkultur und Kompetenzentwicklung* (Schriften zur beruflichen Weiterbildung, 82, S. 12-25). Berlin: Selbstverlag.

Schorb, B., Keilhauer, J., Würfel, M. & Kießling, M. (2008). *Medienkonvergenz Monitoring Report 2008. Jugendliche in konvergierenden Medienwelten.* Leipzig: SLM.

Schröder, A. (2003). Die Gleichaltrigengruppe als emotionales und kulturelles Phänomen. In M. Nörber (Hrsg.), *Peer Education. Bildung und Erziehung von Gleichaltrigen durch Gleichaltrige* (S. 94-113). Weinheim, Basel, Berlin: Juventa.

Schröder, A. (2006). Cliquen und Peers als Lernort im Jugendalter. In T. Rauschenbach, W. Düx, E. Sass (Hrsg.), *Informelles Lernen im Jugendalter. Vernachlässigte Dimensionen der Bildungsdebatte* (S. 173-202). Weinheim, München: Juventa.

Singer, W. (2002). *Der Beobachter im Gehirn. Essays zur Hirnforschung.* Frankfurt: suhrkamp.

Spitzer, M. (2002). *Lernen. Gehirnforschung und die Schule des Lebens.* Heidelberg, Berlin: Spektrum.

Sliwka, A., Petry, C. Kalb, P. E. (Hrsg.). (2004). *Durch Verantwortung lernen. Service Learning: Etwas für andere tun.* Weinheim, Basel: Juventa.

Thomas, A., Chang, C., Abt, H. (2007). *Erlebnisse, die verändern. Langzeitwirkungen der Teilnahme an internationalen Jugendbegegnungen.* Göttingen: Vandenhoeck & Ruprecht.

Torney-Purta, J., Lehmann, R., Oswald, H., Schulz, W. (2001). *Citizenship and Education in twenty-eight countries. Civic Knowledgement and engagement at age fourteen.* Amsterdam: IEA Secretariat.

Tully, C. J. (Hrsg.). (2004). *Verändertes Lernen in modernen technisierten Welten. Organisierter und informeller Kompetenzerwerb Jugendlicher.* Wiesbaden: VS.

Tully, C. J. (2007). Veränderungen des Lernens in modernen digitalen Welten. Lernen in der Informationsgesellschaft. In J. Uhlig, M. Brodowski & R. Herwig (Hrsg.), *Mein Wissen - unser Wissen!?* (S. 149-177). Berlin: LIT.

Zinnecker, J., Behnken, I., Maschke, S. & Stecher, L. (2002). *null Zoff & voll busy. Die erste Jugendgeneration des neuen Jahrhunderts.* Opladen: Leske + Budrich.

Informelle Bildung als Raumaneignung

Ulrich Deinet

1 Einleitung

Bildung ist mehr als formelle Bildung, sie ist ebenfalls nicht-formelle Bildung, worunter jede Form organisierter Bildung und Erziehung zu verstehen ist, die generell freiwilliger Natur ist und Angebotscharakter hat. Und nicht zuletzt ist Bildung informelle Bildung. Darunter werden „ungeplante und nicht-intendierte Bildungsprozesse verstanden, die sich im Alltag von Familie, Nachbarschaft, Arbeit und Freizeit ergeben, aber auch fehlen können. Sie sind zugleich unverzichtbare Voraussetzung und ‚Grundton', auf dem formelle und nicht-formelle Bildungsprozesse aufbauen" (Bundesjugendkuratorium, 2001). Kinder und Jugendliche lernen und bilden sich also nicht nur in Institutionen wie der Schule, sondern insbesondere auch in ihren jeweiligen Lebenswelten, Nahräumen, Dörfern, Stadtteilen, vor allem auch im öffentlichen Raum. Diese Bereiche sind die Orte der informellen Bildung, welche die intentionalen Bildungsprozesse wesentlich mitprägen. Die Entwicklung sozialer Kompetenz in wechselnden Gruppen oder im Umgang mit fremden Menschen in neuen Situationen, die Erweiterung des Handlungsraumes und damit des Verhaltensrepertoires prägen auch die Fähigkeit für den Erwerb von Sprachkenntnissen und Bildungsabschlüssen.

Der erste Teil des Beitrags skizziert die sozialräumliche Orientierung von Kindern und Jugendlichen vor dem Hintergrund sozialökologischer Modelle, um damit eine Grundlage zu schaffen für ein Verständnis informeller Bildung als Raumaneignung. Deshalb wird aufbauend auf den sozialökologischen Modellen der Aneignungsbegriff in Anlehnung an die kritische Psychologie eingeführt und operationalisiert. Auf der Grundlage dieser theoretischen Bausteine werden im zweiten Kapitel Orte und Räume der informellen Bildung diskutiert. Zunächst geht es um die Bedeutung und das Verständnis des öffentlichen Raums als Bühne der informellen Bildung. Durch die vorgestellten Typisierungen des öffentlichen Raums entsteht ein breites Bild sehr unterschiedlicher Orte und Räume der informellen Bildung im öffentlichen Raum. Damit ist schon ein Raumverständnis angelegt, das über die Bedeutung des Raums als Container hinausgeht und etwa auch virtuelle Räume in den Blick nimmt. Aufbauend auf der Raumsoziologie von Martina Löw (2001) wird ein erweitertes Raumverständnis vorgestellt, auf dessen Grundlage Raumaneignung heute als ‚Spacing', Bewegung, Veränderung und Verknüpfung von Inseln verstanden werden kann.

Das dritte Kapitel beschäftigt sich mit pädagogischen Möglichkeiten zur Förderung der informellen Bildung als Raumaneignung: Hier geht es insbesondere um die Revitalisierung des öffentlichen Raums. Dazu wird ein Projekt aus der Mobilen Jugendarbeit vorgestellt. Ein weiterer Aspekt ist die Förderung der Erweiterung des Handlungsraumes von Jugendlichen über ihre zum Teil eingegrenzten Sozialräume hinaus. Abschließend geht es im vierten Teil um die Frage, wie Orte und Räume informeller Bildung und Raumaneignung auch in die Diskussion um die Bildungslandschaften integriert werden können. Auf der Grundlage des breiten Bildungsbegriffs und der Bedeutung informeller Bildung als Raumaneignung im öffentlichen Raum, aber auch in Institutionen, kann es in der Konzipierung von Bildungslandschaften nicht nur um formelle Bildung und die Institutionen der Vermittlung von Bildung gehen. Damit würden wichtige Bildungsbereiche von Kindern und Jugendlichen aus dem Blick geraten, die allerdings schwerer fassbar und planbar sind als die institutionellen Formen. Da informelle Bildung nicht gestaltet und geplant werden kann, muss es darum gehen, Rahmenbedingungen und Strukturen zu schaffen, die informelle Bildungsprozesse von Kindern und Jugendlichen möglich machen, anregen und fördern. Dazu gehören neben pädagogischen Maßnahmen auch Ansätze der Stadtentwicklung, der Raumplanung und der Schaffung von Spielplätzen und Spielräumen für Kinder und Jugendliche.

2   Die sozialräumliche Orientierung von Kindern und Jugendlichen

Während formelle Bildungsprozesse meistens Institutionen wie der Schule zugeordnet werden und im Rahmen dieser stattfinden, stellt sich bei informellen Bildungsprozessen die Frage, an welchen unterschiedlichen Orten und Räume sich diese vollziehen. Diese Bildungsprozesse zeichnen sich dadurch aus, dass sie vom Subjekt ausgehen und in den lebensweltlichen Bezügen von Kindern und Jugendlichen beheimatet sind. Versteht man informelle Bildung auch als Raumaneignung, so geht es um die Frage nach den Sozialräumen, in denen Kinder und Jugendliche leben. Antworten können im sozialräumlichen Diskurs der Sozialen Arbeit gefunden werden.

Der Sozialraum-Diskurs wird sehr stark durch planerische und administrative Aspekte geprägt. In der Diskussion um Sozialräume bzw. eine sozialräumliche Orientierung fehlt oft der Blick der Akteure, etwa der von Kindern und Jugendlichen, die Sozialräume und Stadtteile als Aneignungsräume sehen und spezifische Nutzungen suchen. Es geht also darum, die subjektive Sichtweise des

Sozialraums stärker in den Blick zu nehmen. Dabei plädiere ich für ein erweitertes Verständnis des Sozialraumbegriffes, wie er etwa von Kurt Bader verwendet wird.

„Der hier verwendete Begriff des Sozialraums bedeutet die erschlossenen und genutzten sozialen bedeutsamen Handlungszusammenhänge, verweist aber gleichzeitig auf bisher unerschlossene und wenige bzw. nicht genutzte Handlungsmöglichkeiten – Möglichkeitsräume. Sozialraum ist hier ausdrücklich als Subjektbegriff verwendet und setzt sich entschieden von einem Begriff des Sozialraums ab, der in den letzten Jahren verstärkt in der Sozialverwaltung als quantitative Raumzuweisung verwendet wird" (Bader, 2002, S. 55).

In Abgrenzung zu einem eher administrativen Begriff des Sozialraums als Planungsraum wird im Folgenden eine stärker subjektorientierte Sichtweise von Sozialräumen als Lebenswelten entwickelt. Die weiter unten skizzierten sozialökologischen Modelle bilden eine Verbindung zwischen der Betrachtung von Sozialräumen und der Entwicklung von Kindern und Jugendlichen.

2.1 Sozialökologische Modelle

Um den Zusammenhang von informellen Bildungsprozessen als Raumaneignung besser herstellen zu können, sind theoretische Bausteine erforderlich, so wie sie in den sozial-ökologischen Modellen zu finden sind. Die sozialökologischen Modelle von Baacke (1984) und Zeiher (1983) sind geeignet, einen Zusammenhang herzustellen zwischen der Entwicklung von Kindern und Jugendlichen und den Räumen, in denen sie leben und heranwachsen. Beide Ansätze beschreiben die sozialräumliche Entwicklung von Kindern und Jugendlichen bzw. die Struktur subjektiver Lebenswelten in Form verschiedener Modelle.

Baacke geht es darum, „den Handlungs- und Erfahrungszusammenhang Heranwachsender – zunächst ohne weitere theoretische Prätentionen – zu ordnen nach vier expandierenden Zonen, die der Heranwachsende in bestimmter Reihenfolge betritt und die ihn ihrem räumlich-sozialisatorischen Potential aussetzen" zu betrachten (Baacke, 1980, S. 499). In Anlehnung an Bronfenbrenner beschreibt Baacke vier sozialökologische Zonen, die im Laufe der Entwicklung von Kindern und Jugendlichen Bedeutungen erhalten. Vom ökologischen Zentrum über den ökologischen Nahraumausschnitt bis hin zur ökologischen Peripherie beinhalten diese Raumzonen unterschiedliche Erfahrungselemente, die sich Kinder und Jugendliche im Laufe ihrer Entwicklung erschließen. Dem ökologischen Sozialisationsmodell liegt die Grundannahme des sich im Laufe der Entwicklung vergrößernden Handlungsraumes zugrunde.

Das Zonenmodell darf nicht zu statisch verstanden werden, d.h. die einzelnen Zonen werden nicht in einem bestimmten Alter betreten, sondern es geht um ein dynamisches Modell, das verschiedene Bereiche der Lebenswelt von Kindern und Jugendlichen systematisch erfasst. Die einzelnen Zonen bieten verschiedene Erfahrungs- und Erlebnismöglichkeiten und stellen unterschiedliche Anforderungen an das Kind oder den Jugendlichen (vgl. dazu auch Krisch, 2009).

Die Vorstellung einer Struktur des kindlichen und jugendlichen Lebensraumes als Zonenmodell von konzentrischen Kreisen, die nach und nach erobert werden, kann nach Überlegungen von Zeiher so nicht aufrecht erhalten werden. Wohl bestätigte auch Zeiher die Bedeutung des „ökologischen Nahraums". Für die Erweiterung des Handlungsraumes über diesen Nahraum hinaus entwarf Zeiher eine Theorie, die die Struktur des großstädtischen Lebensraumes von Kindern und Jugendlichen mit einem Inselmodell beschreibt: „Der Lebensraum ist nicht ein Segment der realen räumlichen Welt, sondern besteht aus einzelnen separaten Stücken, die wie Inseln verstreut in einem größer gewordenen Gesamtraum liegen, der als ganzer unbekannt oder zumindest bedeutungslos ist" (Zeiher, 1983, S. 187). Die Wohninsel ist das ökologische Zentrum, von dem aus die anderen Inseln, wie der Kindergarten, die Schule, das Kinderzimmer eines Freundes in einem anderen Stadtteil etc. aufgesucht werden. Die Entfernungen zwischen den Inseln werden mit dem Auto oder anderen Verkehrsmitteln zurückgelegt. Dabei verschwindet der Raum zwischen den Inseln und wird von den Kindern nicht wahrgenommen: „Im Extrem versinkt der ‚Zwischenraum' sogar, nämlich in Großstädten mit U-Bahnen, wo er zur Röhre wird, durch die man befördert wird, um anschließend auf einer anderen Insel wieder aufzutauchen" (Rolff, 1985, S. 152). Die Erweiterung des Handlungsraumes vollzieht sich demnach nicht mehr in konzentrischen Kreisen, sondern entsprechend der Inselstruktur. „Die Aneignung der Rauminseln geschieht nicht in einer räumlichen Ordnung, etwa als allmähliches Erweitern des Nahraums, sondern unabhängig von der realen Lage der Inseln im Gesamtraum und unabhängig von ihrer Entfernung" (Zeiher, 1983, S. 187).

Das Inselmodell ist auch sehr gut geeignet, subjektive Lebenswelten im ländlichen Raum darzustellen, besonders den Zusammenhang zwischen Wohnort, dem Ort der Schule und anderen Rauminseln in einem über den Nahraum weit hinausgehenden Gebiet. Um die Raumqualitäten einzelner Orte, Zonen oder Inseln besser beschreiben zu können, sind weitere theoretische Bausteine erforderlich wie der dynamische Raumbegriff der Raumsoziologie oder der Aneignungsbegriff (s.u.).

Der Ertrag der sozialökologischen Modelle besteht vor allen Dingen darin, eine Verbindung zwischen subjektivem Raumerleben von Kindern und Jugendlichen und ihrer realen Umwelt in Form von Stadtteilen, Stadtbezirken etc. herzustellen:

> „Das Ziel der sozialräumlichen Verfahren ist es demnach, Verständnis dafür zu entwickeln, wie die Lebenswelten Jugendlicher in engem Bezug zu ihrem konkreten Stadtteil oder ihrer Region, zu ihren Treffpunkten, Orten und Institutionen stehen und welche Sinnzusammenhänge, Freiräume oder auch Barrieren Jugendliche in ihren Gesellungsräumen erkennen. Der Fokus des Erkenntnisinteresses richtet sich auf die Deutungen, Interpretationen, Handlungen und Tätigkeiten von Heranwachsenden im Prozess ihrer Aneignung von Räumen" (Krisch, 2009b).

2.2 Räume sind keine „Container" – der dynamische Raumbegriff der Raumsoziologie

Ausgehend von ihrem dynamischen Modell der Konstruktion von Räumen durch Individuen beschäftigt sich Martina Löw ausführlich mit der historischen Entwicklung von Räumen und deren Konstitution. Für Kinder früherer Generationen bestätigte sich diese Vorstellung vom Raum dadurch, dass die Umgebung als homogener immer größer werdender Raum erfahren wurde. Das beschriebene Zonenmodell von Baacke (Baacke, 1984) entspricht diesem homogenen Raumbegriff. Schon mit dem Inselmodell von Helga Zeiher (Zeiher, 1983) wurde eine andere Raumkonstitution beschrieben: die verinselte Lebenswelt, auf die sich Löw in ihrer Argumentation deutlich bezieht:

> „Heute wandelt sich die räumliche Sozialisation folgendermaßen: Es entsteht eine verinselte Vergesellschaftung, die Raum als einzelne funktionsgebundene Inseln erfahrbar macht, die über schnelle Bewegungen (Auto fahren, öffentliche Verkehrsmittel) verbunden sind und durch Syntheseleistungen zu Räumen verknüpft werden. Die Konstitution des kindlichen Raums geschah idealtypisch in konzentrischen immer größer werdenden Kreisen. Diese Allianz existiert nun nicht länger, da sich neben die Verinselungserfahrungen auch Kommunikationsformen ändern" (Löw, 2001, S. 265).

Löw beschreibt, dass Kinder und Jugendliche heute keine homogene Raumvorstellung, so wie frühere Generationen, entwickeln können, sondern auch auf Grund des Einflusses der Medien Raum als inkonsistent erfahren:

> „Diese neue Sozialisationserfahrung bestätigt nicht mehr die Vorstellung im Raum zu leben. Raum wird nun auch als diskontinuierlich konstituierbar und bewegt erfahren. An einem Ort können sich verschiedene Räume herausbilden. Dadurch entsteht, so meine These, neben der kulturell tradierten Vorstellung, im Raum zu leben, d.h.

von einem einheitlichen homogenen Raum umgeben zu sein, auch eine Vorstellung vom Raum, die einem fließenden Netzwerk vergleichbar ist (Löw, 2001, S. 266).

Die Tatsache, dass Kinder und Jugendliche keinen homogenen Raum erleben, führt Löw insbesondere auch auf den Einfluss der modernen Medien zurück:

„Was jedoch die Kinder und Jugendlichen betrifft, die mit Cyberspace-Technologien aufwachsen, so ist meine Schlussfolgerung, dass in virtuellen Räumen systematisch wiederholt wird, was bereits in der verinselten Raumaneignung vorgegeben wird: Die Bezugnahme auf einen nicht einheitlichen Raum. Die kulturell tradierte Vorstellung, im Raum zu leben, die durch das euklidische Denken, wie es in Schulen vermittelt wird, gestützt wird, wird insofern irritiert, als die Räume des Cyberspace erstens nicht mehr als materielle erlebt werden und zweitens die Kontinuität des Raums in Frage stellen" (Löw, 2001, S. 100).

Das Nebeneinander von gegenständlichen und virtuellen Räumen in den Lebenswelten von Kindern und Jugendlichen kann in einer vereinfachten Darstellung in Anlehnung an das Inselmodell von Helga Zeiher am Beispiel eines männlichen Jugendlichen im ländlichen Raum wie folgt aussehen:

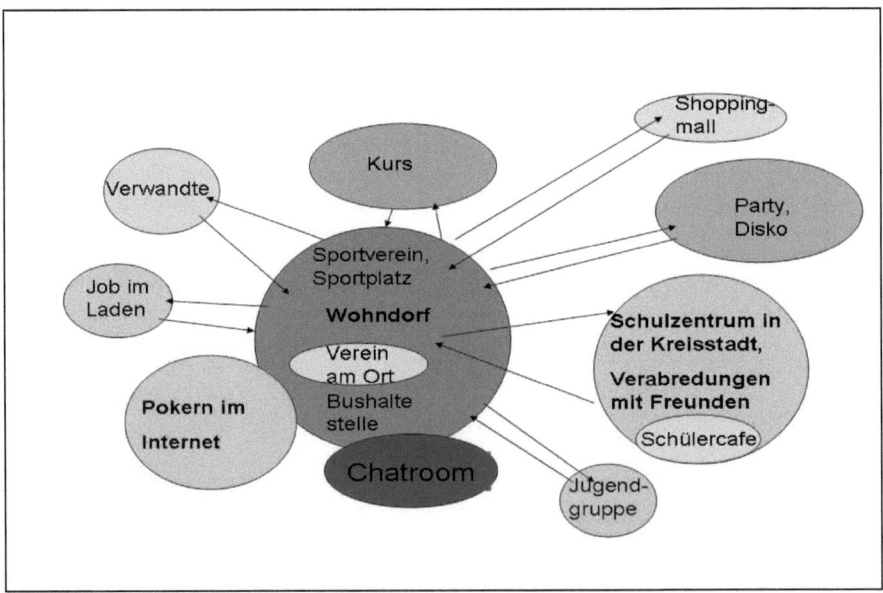

Abb. 1: Deinet in Anlehnung an Zeiher (1983).

Für pädagogische Institutionen, aber auch den Sport stellen sich ausgehend von der Beschreibung einer solchen subjektiven Lebenswelt Fragen nach möglichen Anknüpfungspunkten für pädagogische Interventionen und Angebote in den Lebenswelten der Jugendlichen, die weiter unten noch aufgegriffen werden.

2.3 Das Aneignungskonzept

Das Aneignungskonzept der kritischen Psychologie ist ebenfalls dazu geeignet, die Entwicklung von Kindern und Jugendlichen als sozialräumliche Aneignung ihrer Lebenswelt zu begreifen. Die Ursprünge des Aneignungskonzeptes gehen auf die so genannte kulturhistorische Schule der sowjetischen Psychologie zurück, die vor allem mit dem Namen Leontjew verbunden ist. Die grundlegende Auffassung dieses Ansatzes besteht darin, die Entwicklung des Menschen als tätige Auseinandersetzung mit seiner Umwelt und als Aneignung der gegenständlichen und symbolischen Kultur zu verstehen. Die Umwelt präsentiert sich dem Menschen in wesentlichen Teilen als eine Welt, die bereits durch menschliche Tätigkeit geschaffen bzw. verändert wurde. In der materialistischen Aneignungstheorie von Leontjew (1973) wird der Begriff der „Gegenstandsbedeutung" in den Mittelpunkt gestellt. Genauso, wie im Prozess der Vergegenständlichung Personen und Gegenstände durch das Ergebnis produktiver Arbeit miteinander verbunden sind, geht es im umgekehrten Prozess der Aneignung für das Kind oder den Jugendlichen darum, einen Gegenstand aus seiner „Gewordenheit" zu begreifen und sich die in den Gegenständen verkörperten menschlichen Eigenschaften und Fähigkeiten anzueignen.

Im Gegensatz zu klassischen entwicklungspsychologischen Ansätzen entwickelt Leontjew damit ein Konzept, das die Entwicklung des Menschen nicht als innerpsychischen Prozess begreift, der mehr oder weniger von ‚außen' beeinflusst verläuft, sondern Entwicklung als tätige Auseinandersetzung mit der Umwelt begreift. Als tätigkeitstheoretischer Ansatz wurde das Aneignungskonzept insbesondere von Klaus Holzkamp (1983) weiterentwickelt und auf heutige gesellschaftliche Bedingungen übertragen. In der Individualentwicklung geht es unter diesem Aspekt u.a. um zwei Dimensionen, die biographisch nie abschließbar sind: Die Fähigkeiten der „Bedeutungsverallgemeinerung" und der „Unmittelbarkeitsüberschreitung" (vgl. Braun, 1994, S. 108). Der Begriff der Bedeutungsverallgemeinerung meint

> „zunächst die subjektive Erkenntnis, positive emotionale Bewertung und alltagspraktische Umsetzung der Tatsache, dass die gegenständliche Welt nicht zufällig so ist, wie sie ist, sondern dass in sie eingehen die Erfahrungen und Erkenntnisse einer

tendenziell verallgemeinernden und optimierenden Gebrauchsfähigkeit der Gegenstände (vom Besteck über die Möbel und Werkzeuge bis hin zu den Verkehrsmitteln und Massenmedien)" (Braun, 1994, S. 109).

Der Leontjew'sche Begriff der Gegenstandsbedeutung (als Vergegenständlichung gesellschaftlicher Erfahrung, die im Aneignungsprozess erschlossen werden muss) wird von Holzkamp bis auf die gesellschaftliche Ebene komplexer sozialer Beziehungen abstrahiert, die in der individuellen Entwicklung ebenfalls von einfachen (gegenständlichen) Formen bis zu hochkomplexen Zusammenhängen verallgemeinert werden müssen.

Die Aneignung ihrer jeweiligen Lebenswelt als schöpferischer Prozess der eigentätigen Auseinandersetzung mit der gegenständlichen und symbolischen Kultur der Gestaltung und Veränderung von Räumen und Situationen – sozusagen die Bildung des Subjektes im Raum – wird wesentlich beeinflusst, gefördert oder eingeschränkt durch die sozial-strukturellen Bedingungen von Dörfern, Wohnquartieren, Stadtteilen, Regionen. Zwischen dem tätigkeitstheoretischen Aneignungskonzept und dem aktuellen Bildungsdiskurs ergibt sich ein direkter Zusammenhang. Schlüsselkompetenzen wie Handlungskompetenz, Risikoabschätzung, Neugier und Offenheit als Dimensionen personaler Kompetenz und als zentrale Schlüsselqualifikationen auch für schulisches Lernen werden von Kindern und Jugendlichen insbesondere in den Bereichen informeller Bildung, in den Orten und Räumen der Lebenswelten erworben. Die Chancen, solche Kompetenz zu entwickeln, werden wesentlich geprägt durch die Struktur der jeweiligen Lebenswelten und die Fähigkeiten des Individuums, sich seine Lebenswelt anzueignen.

2.4 Bewegung, Veränderung, Verknüpfung von Räumen – Raumaneignung heute

Wie Martina Löw beschreibt, lernen Kinder und Jugendliche heute mit unterschiedlichen Raumvorstellungen umzugehen. Versuchen wir nun, die skizzierten neuen Raumvorstellungen für das Aneignungskonzept der Kinder- und Jugendarbeit nutzbar zu machen: Meine These lautet, dass der Aneignungsbegriff insofern aktualisiert werden kann, als er nach wie vor die tätige Auseinandersetzung des Individuums mit seiner Umwelt meint und bezogen auf die heutigen Raumveränderungen der Begriff dafür sein kann, wie Kinder und Jugendliche eigentätig Räume schaffen (Spacing) und die (verinselten) Räume ihrer Lebenswelt verbinden. Insofern passt der Begriff der Aneignung sehr gut zu der von Löw besonders herausgehobenen Bedeutung der Bewegung und der prozesshaften Konstituierung von Raum im Handlungsverlauf. Diese ‚Tätigkeit' ist aber heute nicht mehr (nur) als gegenständlicher Aneignungsprozess in dem klassischen Sinne von Leontjew zu verwenden. Die von Kindern und Jugendlichen heute zu leistende Verbindung unterschiedlicher (auch virtueller und symbolischer) Räume kann im Aneignungsbegriff als aktive prozesshafte Form eingebunden werden. Aneignung der Lebenswelt heute bedeutet, Räume zu schaffen (Spacing) und sich nicht nur vorhandene gegenständlich anzueignen.

Raumaneignung steht für die tätige Auseinandersetzung des Individuums mit seiner Umwelt und kann – bezogen auf die aktuelle Diskussion um Raumveränderungen - der Begriff dafür sein, wie Kinder und Jugendliche eigentätig Räume schaffen und die (verinselten) Räume ihrer Lebenswelt verbinden. Insofern verbindet sich auch der Begriff der Aneignung mit der von Löw besonders herausgehobenen Bedeutung der Bewegung und der prozesshaften Konstituierung von Raum im Handlungsverlauf.

‚Tätigkeit' ist heute nicht mehr (nur) als gegenständlicher Aneignungsprozess im klassischen Sinne zu verwenden. Tätige Auseinandersetzung ist vielmehr auch die von Kindern und Jugendlichen heute zu leistende Verbindung unterschiedlicher (auch virtueller und symbolischer) Räume.

Zusammenfassend kann man den Aneignungsbegriff wie folgt operationalisieren: Aneignung für Kinder und Jugendliche ist

- eigentätige Auseinandersetzung mit der Umwelt,
- (kreative) Gestaltung von Räumen mit Symbolen etc.,
- Inszenierung, Verortung im öffentlichen Raum (Nischen, Ecken, Bühnen) und in Institutionen,
- Erweiterung des Handlungsraumes (neue Möglichkeiten in neuen Räumen),
- Veränderung vorgegebener Situationen und Arrangements,
- Erweiterung motorischer, gegenständlicher, kreativer und medialer Kompetenz,
- Erprobung des erweiterten Verhaltensrepertoires und neuer Fähigkeiten in neuen Situationen und
- Entwicklung situationsübergreifender Kompetenzen im Sinne einer „Unmittelbarkeitsüberschreitung" und „Bedeutungsverallgemeinerung".

In der Konsequenz bedeutet Raumaneignung für Kinder und Jugendliche also nicht nur die Erschließung schon vorhandener und vorstrukturierter Räume, sondern im Sinne von Martina Löw auch die Schaffung eigener Räume als Platzierungspraxis (Spacing). Gerade der öffentliche Raum hat in Hinblick auf die hier dargestellten Prozesse eine wichtige Funktion als ‚Bühne' für Aneignungsprozesse außerhalb von Institutionen. Krisch (2009) fasst jugendliche Raumaneignung in Anlehnung an Simmel auch als einen Prozess der Wechselwirkung zwischen subjektiver Erschließung der Welt und den gesellschaftlich vorgegebenen Strukturen, der mit qualitativen Methoden erschlossen werden kann:

> „Um Aneignungsprozesse als Wechselwirkung zu beschreiben, braucht es qualitati
> ve Verfahren. Diese müssen die Wechselwirkung zwischen gesellschaftlich Gewor
> denem und individueller Aneignungsfähigkeit zu beschreiben versuchen. Das Auf
> einandertreffen von z.T. divergenten Raumbestimmtheiten – da die Aneignungsfor
> men von Heranwachsenden, dort gesellschaftliche Funktionszuschreibungen, Rege
> lungen und Gebote - lassen sich schwer quantitativ in Erfahrung bringen oder abfra
> gen. Sie müssen verstanden werden – als die Botschaften, die in den Räumen sind
> und den Deutungen und Interpretationen von Jugendlichen im Prozess ihrer Aneig
> nung" (Krisch, 2009, S. 194).

Sozialräumliche Methoden, wie die Stadtteilbegehung mit Kindern und Jugendlichen, die strukturierte Stadtteilbegehung, die Nadelmethode, das mobile Nadelprojekt, die subjektive Landkarte, die Autofotografie, das Zeitbudget, das Cliquenraster u.a. (vgl. Deinet, 2009; Krisch, 2009) werden von Fachkräften der
Jugendarbeit als qualitative Forschungsmethoden in vereinfachter Form angewandt und sind angelehnt an Verfahren wie die Befragung oder die teilnehmenden Beobachtung. Sie bilden gleichzeitig aber auch Aktionsformen der Jugendarbeit mit den Jugendlichen und sind damit selbst Teil einer sozialräumlichen
Jugendarbeit so wie sie Krisch als Methodik der Jugendarbeit beschreibt.

3   Orte und Räume der informellen Bildung

3.1 Der öffentliche Raum als Bühne der informellen Bildung

Mit Oliver Frey (2004, S. 170) können drei Typen von öffentlichen Räumen
unterschieden werden: „öffentliche Freiräume" (Grünflächen, Parks, Spielplätze,
der Straßenraum…), „öffentlich zugängliche verhäuslichte Räume" (Kaufhäuser,
Shopping-malls, Bahnhöfe…) und „institutionalisierte öffentliche Räume (Sportanlagen, Vereine, Musikschulen, Schulräume, Kirchenräume…)". Diese Differenzierung ist insofern hilfreich, als sie unterschiedliche Bereiche des öffentlichen Raums beschreibt und die umgangssprachliche Assoziation als Grünfläche,
Park etc. überwindet. Insbesondere für Kinder und Jugendliche spielen öffentlich
zugängliche verhäuslichte Räume, wie Kaufhäuser, Shoppingmalls etc. eine
große Rolle. Ebenso aber auch die institutionalisierten öffentlichen Räume, wie
Sportanlagen, Vereine, Musikschulen etc. Letzterer Typ weist auf eine Qualität
öffentlicher Räume hin, die durch eine bestimmte Nutzungsform entsteht.

Öffentliche Räume erhalten ihre spezifische Qualität durch die Art der Nutzung, Aneignung, Umdeutung und Definition durch Menschen. Dies bedeutet, dass auch institutionalisierte öffentliche Räume (z.B. Schulen) aus Sicht der Kinder und Jugendlichen eine spezifische Aneignungsqualität besitzen (können). Eine sehr differenzierte Beschreibung öffentlicher Stadträume nimmt Schubert (2000, S. 60) vor (vgl. Tabelle 1). Seine Typisierung geht weit über die von Frey hinaus und schließt z.B. auch virtuelle Stadtöffentlichkeit oder mobile Transiträume (Buslinien etc.) mit ein. Mit dem Begriff „Pattern" ist hier auch ein Hinweis auf die jeweilige Raumdefinition und Raumqualität verbunden, die sich aus den jeweiligen Benutzergruppen jeweils unterschiedlich erschließt. Damit legt Schubert ein multiples Verständnis der Bereiche des öffentlichen Raumes vor, das auch eine wichtige Grundlage für deren Interpretation sein kann. Zusammen mit dem weiter unten ausgeführten Aneignungskonzept können sehr unterschiedliche Qualitäten öffentlicher Orte und Räume aus Sicht verschiedener Zielgruppen beschrieben werden. Dies schafft eine große Bandbreite sehr unterschiedlicher Nutzungsweisen und Erfahrungen des öffentlichen Raumes.

Tabelle 1:   „Typologie gelebter öffentlicher Stadträume" (Schubert, 2000, S. 60).

Nr.	Setting	Pattern	Beispiele
1	Verteilungspolitische Bereitstellung von Räumen für Öffentlichkeit	Öffentliche Infrastruktur	Freizeitheim, Bürgerhaus, Bibliothek, Museum, Theater, Schwimmbad, Sportplatz, Spielplatz, Stadtteilpark, naturnahe Erholungsbereiche
2	Religiöse und ethische Orte	Auffallende oder formal abweichende Bauwerke	Kirche, Mahnmal, Friedhof
3	Lokale Räume des Wohnumfeldes	Nahbereich der Wohnstandorte	Hausnahe Spielplätze, Bänke, Sitzgruppen, kleine Plätze, kleine grüne Verweilzonen
4	Halböffentliche Übergangsbereiche	Verbindung privat/ öffentlich	Balkone, Terrassen, Wintergärten, Eingangsbereiche, Zufahrten, Werbeplakate

5	Reservierte Ver-kehrsflächen	Fahrwege	Ringstraße, Hauptstraße, Wohngebietsstraße, Bahntrassen, Radwege
6	Ränder von Verkehrswegen	Straßenrand, Kommunikationsinseln	Bürgersteig, Fußwege, Arkaden, Promenaden, Alleebäume, Straßengraben, wegenahe Grünstreifen; Bahndämme, Bahnhöfe, Airport, ÖPNV-Haltestellen; Telefonzellen, Tankstellen, Straßenkioske, Imbissstände, Stadtinformationssäulen
7	Mobile Verkehrsräume	Serielle Sitzordnung	Innenräume von öffentlichen Verkehrsmitteln: Eisenbahn, Stadtbahn, U-Bahn, Bus; Fahrstuhl/Lift, Rolltreppen
8	Umfeld von Konsumorten	Markt, Erlebnis, Dienstleistung	Konsumorientierte Erlebnisorte: Markthallen, Einkaufszentren, Freiluftmärkte, Passagen, Sportarenen, Volksfestplätze; Dienstleistungsorte: Restaurants, Straßencafés, Bars/Clubs, Warteräume
9	Öffentlich zugängliche Orte für private Tätigkeiten	Orte der Außerhäuslichen Eigenarbeit	Waschsalons, Autowaschstraßen, Recyclinghöfe, Treffpunkte von Autobastlern
10	Lokale Mittelpunkte	Zentrum, Aktivitätsknoten	Innenstadt, zentrale Plätze, zentrale Promenaden
11	Informelle Mittelpunkte von sozialen Beziehungsnetzen	Forum, Runder Tisch	Vereine, Bürgerinitiativen, Versammlungen; Vereinsräume, Treffpunkte öffentlicher Kreise
12	Virtuelle Stadtöffentlichkeit	Internet	Lokale Chatrooms, Stadtinformationssystem"

Eine weitere Typisierung des öffentlichen Raums unter den Aspekten der Stadt-entwicklung legen die Autoren der Studie „Jugendliche in öffentlichen Räumen der Stadt" (Herlyn, von Seggern, Heinzelmann, & Karow, 2003) vor: „Typen öffentlicher Stadträume sind danach:

- Raumtyp 1: Räume im Wohnumfeld (…), hausnahe Spielplätze, kleinere Grünräume, Straßenräume u.a. mehr…etc.
- Raumtyp 2: Grünbestimmte Freiräume: Größere Parkanlagen, weiträumige verbindende Grünräume (oft an Flüssen oder Gewässern gelegen) bieten Gelegenheit für raumgreifende Aktivitäten Jugendlicher. (…)
- Raumtyp 3: Infrastruktureinrichtungen für Jugendliche (…), z. B. Jugend-zentren mit dazugehörigen Freiräumen, die speziell für die Zielgruppe von Jugendlichen vorgesehen sind,…
- Raumtyp 4: (Fußgänger)straßen (…)
- Raumtyp 5: Zentrale Stadtplätze (…)
- Raumtyp 6: Brachen. Orte, die auf Zeit einer offiziellen gesellschaftlichen Nutzung entzogen sind und deshalb prinzipiell die kontrollärmsten öffentli-chen Stadträume darstellen. (…)" (Herlyn, et al., 2003, S. 21-25).

Die hier zitierten Autoren legen mit ihren Studien und Begriffen eine breite Grundlage für ein Verständnis der Bereiche des öffentlichen Raumes vor, das auch eine interessante Grundlage für deren Interpretation sein kann. Zusammen mit dem weiter oben ausgeführten Aneignungskonzept können so sehr unter-schiedliche Qualitäten öffentlicher Orte und Räume aus Sicht verschiedener Zielgruppen beschrieben werden. Dies schafft eine große Bandbreite für die Interpretation sehr unterschiedlicher Nutzungsweisen und Erfahrungen des öf-fentlichen Raumes. Ein Beispiel für die Wahrnehmung sehr unterschiedlicher Raumqualitäten bietet die Beschreibung religiöser oder ethischer Orte, wie Kir-che, Mahnmal, Friedhof, die Jugendliche manchmal als geheime Rückzugsorte sehr positiv erleben oder auch als Angsträume meiden. Nimmt man die Nut-zungsweisen von Erwachsenen, älteren Menschen etc. hinzu, so schafft dies die Grundlage für ein Raumverständnis, das sehr weit gefächert ist und von der grundlegenden Definition von Martina Löw (2001) ausgeht, dass an einem Ort sehr unterschiedliche Räume entstehen können.

3.2 Informelle Bildung auf der Hinterbühne von Institutionen

Mit dem Konzept der informellen Bildung als Raumaneignung werden Prozesse sichtbar, die sowohl in Institutionen als auch im öffentlichen Raum von Bedeutung sind. In Institutionen sind dies oft Prozesse, die nebenbei oder sozusagen auf der Hinterbühne verlaufen, also etwa auch im Rahmen des Vereinssports oder anderer offizieller Veranstaltungen. Mit dem Wissen um solche Bildungsprozesse und deren Bedeutungen kann sich auch der Vereinssport stärker als Raum für informelle Bildung verstehen bzw. solche Prozesse analysieren und durch entsprechende Bedingungen fördern.

Mit einem aneignungsorientierten Blick auf die Lebenswelten kann auch Schule als Teil des öffentlichen Raums gesehen werden, der sich den Kindern und Jugendlichen durch Aneignungsprozesse erschließt. Aus dieser Perspektive geht die Bedeutung der Schule weit über die formelle Bildung und den Unterricht hinaus. Schulen sind z.B. auch Treffpunkte von Cliquen, Austragungsort von Konflikten, Orte, an denen Freizeitaktivitäten „geplant" werden etc., d.h. sie sind auch Orte des informellen Lernens und der Raumaneignung.

Der mit dem Aneignungskonzept geschärfte Blick auf vom Subjekt ausgehende Bildungsprozesse lässt sich aber auch in den Bereichen der Schule nachweisen, die eher der formellen Bildung zuzurechnen sind bzw. stark auf den Bereich des Unterrichts bezogen sind, wie etwa die Schulsozialarbeit. So macht die Untersuchung von Petra Bauer (Bauer, 2008) deutlich, wie Jugendliche Angebote der Schulsozialarbeit umdefinieren und sich deren Räume aneignen, so dass die Angebote der Schulsozialarbeit neben ihrer offiziellen Funktion auch eine andere Bedeutung für die Bildung von Jugendlichen erhalten:

> „Schulsozialarbeit im Rahmen der Schulstation erhält für diese Jugendlichen einen hohen Stellenwert, in dem sie das Angebot der Schulstation nicht dem funktionalen Bereich der Schule zuordnen, sondern als neutralen Ort wahrnehmen. Sie sehen sich damit an diesem Ort auch nicht in ihrer Schüler/innen-Rolle, sondern weitergefasst in ihrem Schüler/innensein angesprochen. Die Schulsozialarbeit schafft im Rahmen der Schulstationen einen Freiraum, der von der alltäglich erfahrenen moralischen Degradierung, wie sie z.B. im Unterricht erfolgt, entlastet und damit auch die Grundlage für neue Handlungsmöglichkeiten schafft" (Bauer, 2008, S. 428).

Auch wenn Prozesse der Raumaneignung als subjektive Bildungsprozesse im Bereich der informellen Bildung prinzipiell nicht planbar und steuerbar sind, können pädagogische Institutionen dennoch Rahmenbedingungen schaffen, in denen solche Bildungsprozesse ermöglicht werden. Sie können informelle Bildung durch geeignete Rahmenbedingungen fördern, sie können selbst ‚Räume' schaffen, in denen sich etwa Jugendliche in einer Art und Weise einbringen können, dass informelle Bildungsprozesse z.B. in Cliquen und Gruppen möglich werden können. Die Institutionen und Einrichtungen der Kinder- und Jugendarbeit, z.B. Jugendtreffs, aber auch Vereine und andere außerschulische Institutionen sind im Gegensatz zur Schule mit ihrem formellen Bildungsauftrag viel eher in der Lage, Settings zu schaffen, die subjektive Bildungsprozesse fördern und herausfordern. Sie müssen sich dabei allerdings den skizzierten veränderten sozialräumlichen Bedingungen des Aufwachsens anpassen und ihre Angebote an den typischen jugendlichen Raumaneignungsformen, wie der Verknüpfung von Räumen, orientieren.

4 Pädagogische Möglichkeiten zur Förderung informeller Bildung als Raumaneignung

4.1 Verknüpfung von Räumen

Kinder und Jugendliche, die in der Mediengesellschaft bzw. einer verinselten Lebenswelt aufwachsen, entwickeln nicht nur gleichzeitig unterschiedliche Raumvorstellungen, sondern auch die Fähigkeit, in unterschiedlichen Räumen gleichzeitig zu agieren. Sie stellen Verbindungen zwischen unterschiedlichen Räumen her, etwa dem konkreten geografischen Ort, an dem sie sich gerade befinden (dem durch Aneignung eine Sinnbedeutung gegebenen wurde, sodass ein sozialer Raum entsteht) und den entfernteren Orten und sozialen Räumen, mit denen sie jederzeit kommunizieren können (über Handy oder PC) sowie virtuellen Räumen im Internet (chatrooms), die z.T. auch als soziale Räume verstanden werden können. Aufgrund dieser Gleichzeitigkeit unterschiedlicher Raumbezüge kommt Martina Löw zum Schluss, „dass die Konstitution von Räumen durch Verknüpfung hergestellt werden muss" (Löw, 2001, S. 131). Insbesondere Kinder und Jugendliche konstituieren Räume „in der Zusammenschau einzelner Inseln" (Löw, 2001, S. 131).

Die Verknüpfung von Räumen ist eine Bildungsfunktion, die z.B. die Kinder- und Jugendarbeit, aber auch der Sport sehr nachhaltig unterstützen könnte: Zum einen geht es um die Verknüpfung konkreter geografischer Orte. Die dazu notwendige Mobilität ist zwar vielfach vorhanden, bei zahlreichen Jugendlichen aber auch sehr eingeschränkt, wenn man an spezifische Zielgruppen in gespaltenen Städten und ‚abgehängten' Stadtvierteln denkt. Konkrete Raumverknüpfungen herzustellen gehört zum klassischen Repertoire der Kinder- und Jugendarbeit und des Sports, wenn man an die vielen Projekte, Fahrten, Wettkämpfe, Turniere, etc. denkt, die immer Raumerweiterung und damit die Verknüpfung von Räumen zum (manchmal heimlichen) Thema haben. Jugendliche, die auf Grund sozialstruktureller Bedingungen sehr stark auf ihren Nahraum beschränkt und eingegrenzt sind, können so mit Hilfe der Jugendarbeit oder des Sports neue Inseln erschließen und Verknüpfungen herstellen.

4.2 Revitalisierung des öffentlichen Raums

Pädagogische Institutionen, wie die Kinder- und Jugendarbeit, aber auch Sportvereine handeln nicht nur im Rahmen ihrer institutionellen Grenzen, sondern auch im öffentlichen Raum. Durch ihre Aktivitäten und Angebote können sie jugendliche Aneignungsformen im öffentlichen Raum unterstützen und dadurch einen Beitrag für die Revitalisierung des öffentlichen Raums als Aneignungs- und Bildungsraum für Jugendliche leisten. So kann die Kinder- und Jugendarbeit durch Schaffung unterschiedlicher Gelegenheiten und Räume für verschiedene Gruppierungen im öffentlichen Raum Treffmöglichkeiten schaffen und Verknüpfungsmöglichkeiten zwischen verschiedenen Szenen und Cliquen herstellen.

Das folgende Beispiel zeigt, wie Mobile Jugendarbeit mit Jugendlichen im öffentlichen Raum Treffmöglichkeiten gestaltet und dabei Aneignungs- und Bildungsmöglichkeiten auf sehr unterschiedlichen Ebenen ermöglicht. Hierbei geht es insbesondere um die Beteiligung der Jugendlichen bei der Suche nach geeigneten Plätzen für die Errichtung von überdachten Treffs im öffentlichen Raum, deren konkrete Gestaltung sowie die Nutzung durch unterschiedliche Gruppierungen.

In der Evaluation wurde u.a. die Beteiligung der Jugendlichen sowie die Chancen und Probleme der Intervention der Fachkräfte untersucht, die zwischen Verwaltungen, Politik, Ordnungsämtern, Polizei, Anwohnern und den betroffenen Jugendlichen agieren müssen. In den untersuchten Projekten konnten Aneignungs- und Bildungsmöglichkeiten auf unterschiedlichen Ebenen beschrieben werden:

In den eher an der praktischen Umsetzung orientierten Projekten fanden Aneignungsprozesse durch Arbeiten am Ort der Treffs und die Auseinandersetzung um praktische und gestalterische Details statt. Hierbei standen motorische, gegenständliche und gestalterische Aneignungsformen im Vordergrund.

In den vorrangig planungsorientierten Projekten fanden Aneignungsprozesse in Zusammenhang mit der Auswahl der möglichen Standorte für Treffs statt. Über einen intensiven Diskurs, Visualisierungen und Präsentation der eigenen Ideen konkretisierten die Jugendlichen ihre Vorstellungen von einem eigenen Jugendtreff und konnten so die Entscheidungen der Öffentlichkeit beeinflussen und nachvollziehen.

Die Aneignungsprozesse sind auf sprachlichen, kognitiven Ebenen nachzuvollziehen, besonders im Bereich der Erweiterung sozialer und kultureller Kompetenzen bis hin zum Bereich der politischen Bildung, in dem Jugendliche Erfahrungen im politischen Bereich ihrer Kommune (etwa in politischen Gremien) machten und sich damit Kompetenzen aneignen. In einzelnen Projektstandorten zeigten die Jugendlichen verstärktes politisches Interesse, angeregt durch das

Projekt und verfolgten in der Presse die öffentliche Auseinandersetzung um ihre Treffs. Durch das skizzierte Projekt konnten Bildungsprozesse auf unterschiedlichen Ebenen im öffentlichen Raum initiiert und unterstützt werden. (vgl. Deinet, et al., 2009)

4.3 Sozialräumliche Aneignung fördern, um der Einschließung von Kindern und Jugendlichen in ihren Sozialräumen entgegen zu wirken

Unter den hier skizzierter Dimensionen des Aneignungsprozesses hat eine zu formale Definition des Begriffs Sozialraum fatale Wirkungen, denn die sozialgeografische Definition von Stadtteilen etwa im Programm „Soziale Stadt" kann den Effekt einer „Einschließung" nach sich ziehen (Kessl & Reutlinger, 2003). Die für ihre Entwicklung so wichtige Erweiterung des Handlungsraumes ist nicht nur für Kinder aus sozial belasteten Stadtteilen oftmals schwierig. So berichten Praktikerinnen und Praktiker immer wieder davon, dass Kinder und Jugendliche aus sozial belasteten Stadtteilen diese nur schwer verlassen können, wenig Erfahrung im Umgang mit fremden Situationen haben und deshalb in der Erweiterung ihres Verhaltensrepertoires eingeschränkt sind.

Umso notwendiger sind Projekte und Aktionen, die Kinder und Jugendliche in neue Situationen und Räume bringen, um sie sicherer im Umgang mit fremden Menschen und neuen Situationen zu machen. Erlebnispädagogische Projekte bieten dazu ein geeignetes Medium. Die Erweiterung des Handlungsraumes als Entwicklungsaufgabe darf nicht durch die Konzentration sozialadministrativer Projekte auf bestimmte Stadtteile behindert werden. Deshalb ist die Kooperation und Vernetzung von Schulen und Einrichtungen der Jugendhilfe auch außerhalb ihrer Stadtteile von Bedeutung, um die beschriebene Intention der Raumerweiterung bei Kindern und Jugendlichen anzuregen.

Die Förderung sozialräumlicher Aneignung bezieht sich aber nicht nur auf die Möglichkeiten der Freizeitpädagogik, Jugendarbeit und Erlebnispädagogik im engeren Sinne ihrer eigenen Räume und Angebote, sondern auch auf die Chance einer sozialräumlich-, aneignungs- und bildungsorientierten Arbeit mit Kindern und Jugendlichen, die sich für die Revitalisierung öffentlicher Räume und die Schaffung jugendkultureller Räume einsetzt. Eine solche Mandatsfunktion kann die Kinder- und Jugendarbeit aber nur dann übernehmen, wenn sie sich nicht nur an Besucher/innen und Mitgliedern orientiert, sondern an den Kindern und Jugendlichen eines Sozialraums insgesamt. Mit Hilfe qualitativer Methoden entwickelt sie dazu einen ‚sozialräumlichen Blick', d.h. Kompetenzen und Kenntnisse über jugendkulturelle Ausdrucksformen, ihre Orte und Räume etc. Mit einer solchen Kompetenz können sich die Mitarbeiter/innen der Jugendarbeit für die Nutzbarmachung, Rückgewinnung und Schaffung jugendkultureller Räume stark machen.

Im Vergleich zu Schule und anderen Institutionen bieten gerade erlebnispädagogische Projekte Orte, an denen eine Raumbildung (Spacing) möglich ist. Die in diesen Projekten intendierte Gestaltungsmöglichkeit von Räumen, die Nutzung als Aneignungsraum fördert die informelle Bildung von Kindern und Jugendlichen, ihre Kompetenzen zur Raumbildung, zur Veränderung und Gestaltung von Räumen. Solche Bildungssettings können aber nicht pädagogisch völlig durchstrukturiert werden, sonst hätten sie nicht mehr den Charakter der informellen Bildung. Jugendkulturelle Vielfalt, aber auch medial orientierte Angebote, körperbetonte, auf Wagnis und Risiko bezogene Projekte bieten bewusst und gezielt Räume, welche Erfahrungen möglich machen, die in dieser Weise in anderen Lebensbereichen nur schwer zugänglich sind.

5   Orte der Raumaneignung und informeller Bildung als Bestandteile der neuen Bildungslandschaften

Die Erweiterung des Bildungsbegriffs, insbesondere auf informelle und nicht - formelle Bildung geht einher mit einer Verengung der Bildungsprozesse auf Institutionen, Einrichtungen und formelle Orte, etwa in der Diskussion um Bildungslandschaften. Der öffentliche Raum als wichtiger Bildungsbereich für Kinder und Jugendliche gerät hier kaum in den Blick, ist aber Schauplatz der vom Subjekt ausgehenden Aneignungsprozesse und muss deshalb stärker betrachtet werden.

Christian Reutlinger kritisiert in der Diskussion um Bildungslandschaften den Landschaftsbegriff:

> „Mit Landschaft wird auf der einen Seite Harmonie, Schönheit und Ganzheit verbunden, auf der anderen Seite eine territoriale Abgeschlossenheit bzw. Einheit. Der bildungspolitisch verwendete Landschaftsbegriff scheint sich in diese ‚unkritisch-harmonische Tradition' einzuordnen" (Reutlinger, 2009, S. 133).

Interessant sind Reutlingers raumtheoretische Einwände gegen die Bildungslandschaftsdiskussion. Ein zentraler Begriff ist hier der Bildungsort. Die Kinder und Jugendlichen bewegen sich zwischen Orten, die in erster Linie geografisch verstanden werden. Hier werden sie in zeitlichen Abfolgen beschult, beraten, betreut oder erzogen. Im Konzept der Bildungslandschaften sollen die Orte systematisch zusammengeführt werden. In dieser Diskussion wird nicht mehr sichtbar, dass es nicht nur territorial unterschiedliche Bildungsorte gibt, sondern dass diese in einem hierarchischen Sinne auch unterschiedlich positioniert sein können. So steht die Schule als Bildungsort immer noch im Zentrum, während die außerschulischen Bildungsorte auf eine Zulieferfunktion reduziert werden. Durch die Verkürzung des Bildungsorts auf einen territorial definierten Raum baut die Diskussion auf einem banalen Raumverständnis auf. Räume werden als Behälter oder Container verstanden, die mehr oder weniger geschlossen sind. Notwendig ist dagegen ein Verständnis von Räumen als ,ständig (re)produzierte Gewebe sozialer Praktiken', d.h. ein Verständnis von der sozialen Konstruiertheit von Raum. Mit dem Aneignungskonzept können Bildungsprozesse nicht nur im Bereich der öffentlichen Räume erfasst werden, sondern auch Bildungsprozesse, die sehr stark subjektorientiert sind und sozialräumliche Bezüge haben.

Auf der Grundlage eines dynamischen Raumbegriffes müssen Bildungslandschaften deshalb weiter gefasst werden und können sich nicht nur auf die Vernetzung von Bildungsinstitutionen beziehen. Die Einbeziehung weiterer Bildungsorte, insbesondere im öffentlichen Raum und die Orte der informellen Bildung machen eine interdisziplinäre Sichtweise erforderlich, in der z.B. die Stadtplanung viel stärker ins Spiel kommt. Die Planung von Spielräumen, Spielplätzen, öffentlichen Räumen bis hin zur Umnutzung und Zwischennutzung von Räumen kann die Grundlage für die Entwicklung einer Bildungslandschaft sein, die vielgestaltig ist, vielfältige Settings unterscheidet und die Förderung formeller, nonformaler und informeller Bildungsprozesse zum Ziel hat.

Literatur

Baacke, D. (1980). Der sozialökologische Ansatz zur Beschreibung und Erklärung des Verhaltens Jugendlicher. *Deutsche Jugend*, 11, 493-505.

Bader, K. (2002). *Alltägliche Lebensführung und Handlungsfähigkeit. Ein Beitrag zur Weiterentwicklung gemeinwesenorientierten Handeln* (hrsg. von der Stiftung Mitarbeit, Alltagsträume, Lebensführung im Gemeinwesen. Beiträge zur Demokratieentwicklung von unten, 18, S. 11-60). Bonn: Stiftung Mitarbeit.

Bundesministerium für Familie, Senioren, Frauen und Jugend (BMFSFJ). (Hrsg.). (2005). *Zwölfter Kinder und Jugendbericht: Bildung, Betreuung und Erziehung vor und neben der Schule*. Berlin: BMFSFJ.

Bauer, P. (2008). Die Aneignungsperspektive in der Wirkungsforschung zur Schulsozialarbeit. *Zeitschrift für Pädagogik*, 6 (4), 419 - 441.

Böhnisch, L. (2002). Räume, Zeiten, Beziehungen und der Ort der Jugendarbeit. *Deutsche Jugend*, 50 (2), 71.

Braun, K.-H. (1994). Schule und Sozialarbeit in der Modernisierungskrise. *Neue Praxis*, 2, 107-118.

Bundesjugendkuratorium (Hrsg.).(2001). *Zukunftsfähigkeit sichern! Für ein neues Verhältnis von Bildung und Jugendhilfe*. Berlin: Bundesjugendkuratorium.

Deinet, U. (Hrsg.). (2005). *Sozialräumliche Jugendarbeit. Grundlagen, Methoden, Praxiskonzepte* (2., völlig überarbeitete Auflage). Wiesbaden: VS.

Deinet, U. (Hrsg.). (2009). *Methodenbuch Sozialraum*. Wiesbaden: VS.

Deinet, U., Icking, M., Leifheit, E. & Dummann, J. (2010). Jugendarbeit zeigt Profil in der Kooperation mit Schule. In U. Deinet (Hrsg.), *Soziale Arbeit und Sozialer Raum* (Bd. 2). Opladen: Barbara Budrich.

Deinet, U., Okroy, H., Dodt, G. & Wüsthof, A. (Hrsg.). (2009). *Betreten erlaubt! - Projekte gegen die Verdrängung Jugendlicher aus dem öffentlichen Raum, soziale Arbeit und sozialer Raum*. Opladen, Farmington Hills: Barbara Budrich.

Deutscher Städtetag (Hrsg.). (2007). *Aachener Erklärung des Deutschen Städtetags anlässlich des Kongresses „Bildung in der Stadt"* Zugriff am 23.11.2007. unter http://www.staedtetag.de/imperia/md/content/ veranstalt/2007/58.pdf.

Frey, O. (2004). Urbane öffentliche Räume als Aneignungsräume. Lernorte eines konkreten Urbanismus? In U. Deinet & C. Reutlinger (Hrsg.), *'Aneignung' als Bildungskonzept der Sozialpädagogik. Beiträge zur Pädagogik des Kindes- und Jugendalters in Zeiten entgrenzter Lernorte* (S. 219-234). Wiesbaden: VS.

Herlyn, U., von Seggern, H., Heinzelmann, C. & Karow, D. (2003). *Jugendliche in öffentlichen Räumen der Stadt*. Opladen: Wüstenrot Stiftung.

Holzkamp, K. (1973). *Sinnliche Erkenntnis*. Frankfurt a.M.: Athenäum.

Kessl, F. & Reutlinger, C. (2003). *Sozialraum. Eine Einführung*. Wiesbaden: VS.

Krisch, R. (2009). *Sozialräumliche Methodik der Jugendarbeit. Aktivierende Zugänge und praxisleitende Verfahren*. Weinheim, München: Juventa.

Krisch, R. *Sozialraumanalyse als Methodik der Jugendarbeit*. Zugriff am 9.10.2009 unter http://www.sozialraum.de/sozialraumanalyse-als-methodik-der-jugendarbeit.php.

Leontjew, A.N. (1973). *Problem der Entwicklung des Psychischen*. Frankfurt a.M.: Athenäum.

Löw, M. (2001). *Raumsoziologie*. Frankfurt a.M.: Suhrkamp.

Schubert, H. (2000). *Städtischer Raum und Verhalten. Zu einer integrierten Theorie des öffentlichen Raumes*. Opladen: Leske + Budrich.

Reutlinger, C. (2009). Bildungslandschaften - raumtheoretisch betrachtet. In J. Böhme (Hrsg.), *Schularchitektur im interdisziplinären Diskurs. Territorialisierungskrise und Gestaltungsperspektiven des schulischen Bildungsraums* (S. 119-140). Wiesbaden: VS.

Reutlinger, C. (2002). *Unsichtbare Bewältigungskarten von Jugendlichen in gespaltenen Städten. Sozialpädagogik des Jugendraums aus sozialgeografischer Perspektive*. Opladen: Barbara Budrich.

Rolff, H.-G. & Zimmermann, P. (1985). *Kindheit im Wandel. Eine Einführung in die Sozialisation im Kindesalter*. Weinheim, Basel: Beltz.

Wagner, U. (Hrsg.). (2008). *Medienhandeln in Hauptschulmilieus – mediale Interaktion und Produktion als Bildungsressource*. München: Kopaed.

Zeiher, H. (1983). Die vielen Räume der Kinder. Zum Wandel räumlicher Lebensbedingungen seit 1945. In U. Preuss-Lausitz (Hrsg.), P. Büchner, M. Fischer-Kowalski, D. Genien, M. E. Karsten, C. Kulke, U. Rabe-Kleberg, H.-G. Rolff, B. Thunemeyer,

Y. Schütze, P. Seidl, H. Zeiher & P. Zimmermann. *Kriegskinder, Konsumkinder, Krisenkinder* (S. 176-196). Weinheim, Basel: Beltz.

II Perspektiven der sportwissenschaftlichen Jugendforschung

Bildung im außerschulischen Sport

Rüdiger Heim

1 Einleitung – Konjunkturen und Unschärfen

Bereits zu Beginn des neuen Jahrtausends hat Beckers (2001), ebenso langjähriger wie standfester Protagonist der Bildungsidee, eine Renaissance des Bildungsbegriffs in der (deutschen) Sportpädagogik beobachtet. Zugleich betont er jedoch seine Skepsis gegenüber diesen Tendenzen, weil er „weder Klarheit noch Einverständnis" (2001, S. 29) im Hinblick auf das zu Grunde liegende Bildungskonzept zu erkennen vermag. Die Wiederentdeckung des Bildungsbegriffs in der schulsportpädagogischen Diskussion, so Beckers vor allem mit Blick auf den Ansatz der körperlich-sportlichen Grundlagenbildung (Hummel, 1997), bewege sich auf einer rein rhetorischen Ebene und propagiere vielmehr eine inhaltliche Aushöhlung des Bildungsgedankens, weil sie den Sportunterricht auf die Vermittlung von Wissens- und Könnensbeständen im sportlichen Handlungsfeld reduziere und dabei den emanzipatorischen Gehalt von Bildung ignoriere (Beckers, 2001, S. 40).

Knapp zehn Jahre nach dieser Einschätzung kann man gewiss einen weiteren Bedeutungsgewinn des Bildungsbegriffs diagnostizieren. Spätestens im Zuge der internationalen Schulleistungsstudien, die sich vor allem mit dem Stichwort PISA verbinden (zuerst Baumert, Klieme, Neubrand, Prenzel, Schiefele, Schneider, Stanat, Tillmann & Weiß, 2001), ist Bildung in aller Munde. Sowohl in bildungspolitischen Debatten wie auch in der erziehungswissenschaftlichen Diskussion lässt sich geradezu von einer Konjunktur des Bildungsbegriffs sprechen. Bleibt man in diesem ökonomisch geprägten Bild, dürfen allerdings die damit einhergehenden Inflationsgefahren nicht übersehen werden: So hat sich im Kielwasser der Diskussionen um PISA-Ergebnisse und schulische Bildungsstandards eine Dominanz des funktional-pragmatischen Bildungskonzepts durchgesetzt (vgl. zur folgenden Argumentation Messner, 2003). Eine Konzeption, die sich in der Messung basaler Fähigkeiten, wie der Lesekompetenz, mathematischen und naturwissenschaftlichen Kompetenzen konkretisiert, und die mittlerweile im Rahmen der Entwicklung nationaler Bildungsstandards auch für andere Schulfächer (z. B. Fremdsprachen) vorangetrieben wird. Unstrittig ist, dass diese Kompetenzen für ein befriedigendes Leben in modernen Gesellschaften unabdingbar sind. Oder dass sie, in der Sprache der Bildungstheorie formuliert, unerlässliche

Kulturwerkzeuge darstellen, ohne deren Beherrschung das Ziel, sich zur modernen Welt und zu sich selbst ins rechte Verhältnis zu setzen, also Weltaneignung und Weltorientierung zu stiften, wohl kaum erreicht werden kann. Aber ein solch funktionales Bildungsverständnis darf nicht mit Bildung insgesamt verwechselt werden. Allein die Konzentration auf die Fähigkeiten, also eine formale Auslegung des Bildungsgedankens, unterschlägt seine materiale Komponente, also das kulturell relevante Wissen. Zudem blendet es eine Reihe von Aspekten, wie etwa körperlich-sinnliche, ästhetische, soziale und politische sowie kritisch-reflexive Momente aus, die bislang als essentiell für moderne Bildung galten.

Das Thema Bildung hat also in Bildungspolitik, Erziehungswissenschaft und Sportpädagogik nicht nur neue Aufmerksamkeiten, sondern auch veränderte inhaltliche Akzentuierungen erfahren. Bislang sind dabei vor allem formale Bildungskontexte in den Blick geraten: Neben der Schule ist seit etlichen Jahren insbesondere der Kindergarten ins Visier von vielfältigen Reformbemühungen und Diskussionen gerückt, die im Tenor den Bildungsauftrag gegenüber der Betreuungsfunktion hervorheben. Lernprozesse außerhalb von formal organisierten Bildungsinstitutionen wurden demgegenüber erst mit einer deutlichen Verzögerung in einen Zusammenhang mit dem Bildungskonzept gebracht (etwa Rauschenbach, Leu, Lingenauber, Mack, Schilling, Schneider & Züchner, 2004) und spielen bislang eine wesentlich weniger prominente Rolle in der bildungspolitischen Debatte. Gleichwohl darf man auch diesen Prozessen, die in den letzten Jahren häufig unter dem Stichwort des ‚informellen Lernens' verhandelt werden, einen bemerkenswerten Bedeutungsgewinn attestieren. So hat Overwien (2005, siehe auch in diesem Band) darauf aufmerksam gemacht, dass der Begriff des informellen Lernens in Deutschland bis vor wenigen Jahren – im Gegensatz zum englischsprachigen Ausland – kaum Verbreitung gefunden hatte. Mittlerweile hat sich die Diskussion um diesen Begriff auch im deutschsprachigen Raum intensiviert, dabei allerdings die inhaltlichen Unschärfen ebenso deutlich hervortreten lassen.

2   Grundlagen des Bildungsverständnisses

Im Rahmen des 12. Kinder- und Jugendberichts hat eine Sachverständigenkommission unter Vorsitz von Thomas Rauschenbach, ein neu justiertes Konzept von Bildung vorgeschlagen (BMFSFJ, 2005), das gerade im Hinblick auf informelle Lernprozesse fruchtbar scheint. Denn es gewinnt sein Fundament aus einer Analyse der Bedingungen des Aufwachsens in der modernen Gesellschaft. Demnach ist das traditionelle Modell, in dem der geschlechtstypisch organisierten Familie die Aufgabe der kindlichen Betreuung, Versorgung und Erziehung zufiel und die hierauf aufbauende Halbtagsschule für die Bildung der Kinder zuständig war, im Zuge gravierender gesellschaftlicher Wandlungsprozesse zunehmend brüchig geworden: Neuartige familiäre Konstellationen (Patchworkfamilien) und kommunikative Beziehungsmuster (z.b. Verhandlungs- statt Befehlsorientierungen), gewandelte Erziehungsvorstellungen (etwa die Betonung von kindlicher Selbstständigkeit) sowie gewachsene Anforderungen an Flexibilität und Mobilität im Beruf stellen das Gelingen von Betreuung und Erziehung zunehmend in Frage. Und auch die Schule wird angesichts der im internationalen Vergleich unbefriedigenden Leistungen der Schüler und ihrer enormen Abhängigkeit von der sozialen Herkunft dem Anspruch nicht mehr gerecht, angemessene Bildung für alle Heranwachsenden zu vermitteln.

Vor diesem Hintergrund plädiert man für eine Perspektive auf Bildung, die ihren Ausgangspunkt vom „Bildungsgeschehen im Lebenslauf von Kindern und Jugendlichen" (BMFSFJ, 2005, S. 81) nimmt. Ein Bildungskonzept also, das sich nicht auf die Institutionen des Bildungs- und Erziehungssystems beschränkt, sondern das den inneren Zusammenhang zwischen Bildung, Betreuung und Erziehung betont (BMFSFJ, 2005, S. 49). Bildungsprozesse spielen sich daher nicht nur in dafür vorgesehenen Räumen und Organisationen, zu bestimmten Zeiten und in Abschnitten sowie im Zusammenhang eigens entwickelter Methoden und Verfahren ab, sondern unterliegen keinerlei zeitlichen, sozialen und räumlichen Begrenzungen, sind in die Lebenszusammenhänge und Lebenswelten eingebunden.

Dieses Konzept kann auch für den Bereich von Bewegung, Spiel und Sport Geltung beanspruchen. Denn auf der einen Seite entfalten sich körper- und bewegungsbezogene Bildungsprozesse in differenzierter Weise im Lebenslauf: Etwa im Hinblick auf die (alterstypische) Entwicklung verschiedener motorischer Fähigkeiten und Wahrnehmungsfähigkeiten sowie der Variation von Motivkomplexen körperlich-sportlicher Aktivitäten[1] oder im Zusammenhang mit den verschiedenen institutionalisierten Abschnitten des Schulsports in der Bildungskarriere. Auf der anderen Seite sind gerade Bewegungs-, Spiel und Sport-

---

1 Wenngleich belastbare empirische (Längsschnitt-)Analysen des sich verändernden Sportengagement im Lebenslauf nur in Ansätzen zur Verfügung stehen, deuten vorliegende Befunde darauf hin, dass nicht nur die Umfänge sportlicher Aktivität variieren, sondern auch die mit ihnen verbundenen Motive (Breuer & Wicker, 2007): Während im Jugendalter eher leistungsorientierte Motivationen im Zusammenhang mit dem Wettkampfsport hohe Wertschätzung genießen, treten im Verlauf des Erwachsenenalters fitness- und gesundheitsorientierte Zugänge immer stärker in den Mittelpunkt. Veränderungen in der Akzentsetzung lassen sich auch in der Spanne des Aufwachsens beobachten: Im Kindesalter besitzt das Anschlussmotiv hohe Bedeutung für den Einritt in den Sportverein (Brinkhoff & Sack, 1999, S. 102f-103), im Jugendalter tritt beim Vereinsengagement offensichtlich überwiegend eine leistungs- und wettkampforientierte Komponente hinzu (Kurz, Sack & Brinkhoff, 1996, S. 106-108).

aktivitäten wesentliche, wenn nicht gar dominante Formen der Freizeitkultur von Heranwachsenden. Ob im Verein, in der Familie oder informell im Rahmen kinder- und jugendkultureller Szenen betrieben, gehören Bewegungs- und Sportaktivitäten in der Regel zum Alltag von Heranwachsenden. Sie stellen eigene Bildungsgelegenheiten dar, die in unterschiedlichem Bezug untereinander sowie zum institutionalisierten Schulsport oder zu Bewegungsangeboten im Kindergarten stehen, sich wechselseitig beeinflussen, unterstützen, aber auch stören können.

In der Tradition der bildungstheoretischen Debatte der Moderne – und wir sprechen historisch damit über den Zeitraum seit dem Ende des 18. Jahrhunderts – wird von einer zweifachen Dimension von Bildung ausgegangen. Bildung erstreckt sich danach einerseits auf das Individuum und andererseits auf die Gesellschaft (BMFSFJ, 2005, S. 83). Bildung zielt in diesem Verständnis sowohl auf die Selbstkonstitution des Individuums als auch auf die Konstitution der Gesellschaft. Bildung hat daher auf der einen Seite die Funktion der gesellschaftlichen Reproduktion, dient also der Tradierung und Weiterentwicklung des kulturellen Erbes wie auch der Herstellung und Gewährleistung der gesellschaftlichen und intergenerativen Ordnung. Diese gesellschaftliche Aufgabe von Bildung kann allerdings – und das ist der besondere Kerngedanke der bildungstheoretischen Diskussion in Deutschland seit mehr als zwei Jahrhunderten – allein auf dem Wege der Bildung des einzelnen Menschen erreicht werden: Bildung wird seit Humboldt ausgelegt „als eine individuelle Höherentwicklung des Menschen, die zur eigenen Vervollkommnung strebt und damit zugleich einen Beitrag leistet zur Verbesserung der Gesellschaft und zur allmählichen Überwindung der vorgefundenen kritisierten gesellschaftlichen und politischen Verhältnisse" (Rauschenbach, Leu, Lingenauber, Mack, Schilling, Schneider& Züchner, 2004, S. 21). Hiermit ist einerseits die Erwartung verknüpft, dass jeder Mensch fähig werde, an Kultur und Gesellschaft kompetent teilzunehmen und teilzuhaben, und andererseits, dass die individuelle Bildung zugleich einen Beitrag zur Kultivierung und Zivilisierung der Gesellschaft darstellt (Tenorth, 1994, S. 46). Bildung ist daher in zweifacher Hinsicht zu verstehen: Einerseits als Prozess und andererseits als normatives Ziel dieses Prozesses, der prinzipiell unabschließbar und offen ist, also lebenslange Bedeutung besitzt.

Zudem betont dieses an Humboldt anschließende Verständnis die Entwicklung einer Person in einem weit umfassenden Sinne: „Alle Kräfte des Menschen sollen (…) in einem ausgewogenen Verhältnis zueinander gebildet werden" (BMFSFJ, 2005, S. 83). Jede Einseitigkeit soll demnach vermieden und eine ‚proportionierliche Bildung der Kräfte zu einem Ganzen' soll angestrebt werden.[2] Es geht also darum, nicht nur ausgewählte Bereiche der Anlagen und Kräfte – etwa die geistigen oder intellektuellen – anzuregen, sondern alle Potenziale, die sinnlichen, emotionalen, ästhetischen, sozialen, moralischen und eben auch die körperlichen zu erschließen. Daher sind auch Bewegung, Spiel und Sport zum Ziel- und Gegenstandsbereich von Bildungsprozessen zu zählen.

Charakteristisch für das hier zu Grunde gelegte Konzept von Bildung ist ferner die Vorstellung von einem aktiven Prozess, in dem sich der Einzelne eigenständig und selbsttätig bildet. Er kann sich allerdings nur in der Auseinandersetzung des Individuums mit der sozialen, kulturellen und natürlichen Umwelt einstellen, sodass Bildung entsprechend stimulierende (Bildungs-)Gelegenheiten voraussetzt. Im Hinblick auf die soziale Umwelt kann Bildung vor dem Hintergrund der Selbsttätigkeit nur als Prozess der Ko-Konstruktion verstanden werden. Auch Kinder entwickeln und überprüfen ihre individuellen Deutungen und Konzepte der Welt im Austausch mit anderen und entwickeln so tragfähige Konzepte und Weltbilder. Bildung auch im Hinblick auf Bewegung, Spiel und Sport ist daher Selbst-Bildung im Rahmen sozialer Ko-Konstruktion.

Dieses (offene) Bildungsverständnis hebt sich damit von Vorstellungen ab, „in denen Bildung als ein eindimensionales Instrument zur Belehrung und zur Sicherung von Herrschaftswissen instrumentalisiert wird" (BMFSFJ, 2005, S. 83). Es darf gerade nicht auf die funktionale Einbindung des Einzelnen in die Gesellschaft reduziert oder als einseitige Zurichtung der Individuen verstanden werden. Vielmehr akzentuiert dieses Grundverständnis den Anspruch, den einzelnen Menschen zu befähigen, sich den Ansprüchen und Zumutungen der Gesellschaft zu widersetzen, die seine individuelle Entfaltung beschränken. Richtig verstanden erfordert Bildung im Kontext von Bewegung, Spiel und Sport also, das Individuum zu befähigen, sich auch durchaus kritisch mit den dominanten Mustern des Sports auseinanderzusetzen, dessen Erwartungen anzunehmen oder sich ihnen zu entziehen, sich den Ansprüchen und Zumutungen von Lebensstil-, Körper- und Schönheitsidealen reflektiert zu stellen oder auch zu widersetzen.

---

2 Diese schon zu Lebzeiten Humboldts (und angesichts seiner sprachphilosophischen Argumentation) mehr idealistische als realistische Formulierung ist angesichts der Lebensverhältnisse und Anforderungen in modernen, ausdifferenzierten Industrie- und Wissensgesellschaften mehr denn je zu relativieren. Im Anschluss an Blankertz' Differenzierung von allgemeiner und spezieller Bildung (1982, S. 141) kann eine „proportionierliche" Bildung vielmehr als Anspruch und Regulativ, aber nicht als Inhalt im Sinne umfassender Breite verstanden werden.

3   Orte und Modalitäten der Bildung

Bildungsprozesse vollziehen sich nach diesem Modell prinzipiell im gesamten Lebenslauf, an vielen verschiedenen Orten, in Institutionen wie in alltäglichen Lebenswelten. Mit Blick auf den außerschulischen Sport wären also Bildungsprozesse grundsätzlich in all seinen Varianten denkbar: Im organisierten Sport des Vereins ebenso wie in Angeboten der freien oder öffentlichen Träger, im Programmen kommerzieller Anbieter ebenso wie im informellen Sporttreiben, in Bewegungsangeboten des Kindergartens wie des Seniorenheims. Systematisieren lässt sich diese potenzielle Vielfalt im Hinblick auf den Umfang räumlich-zeitlicher Verbindlichkeiten, des Bildungsauftrags, der Strukturierung des Bildungsgangs sowie der Bildungsprozesse.

Unter *Bildungsorten* werden „lokalisierbare, abgrenzbare und einigermaßen stabile Angebotsstrukturen mit einem expliziten oder zumindest impliziten Bildungsauftrag" (BMFSFJ, 2005, S. 91) verstanden. Demgegenüber sind *Lernwelten* zeitlich und räumlich weniger eingrenzbar, zeichnen sich durch einen niedrigen Grad an Standardisierung aus und verfolgen keinen primären Bildungsauftrag. In ihnen stellen sich Bildungsprozesse potenziell eher nebenher ein, weil sie funktional nicht auf einen Bildungsauftrag bezogen sind.

Zur näheren Identifizierung der spezifischen Bildungsgelegenheiten im großen Feld des außerschulischen Sports ist zudem ein Blick auf die unterschiedlichen Formen und Modalitäten der Bildung hilfreich. Ich schließe hier zunächst aus struktureller Perspektive an die idealtypische Unterscheidung zwischen formaler, non-formaler und informeller Bildung an (Rauschenbach, Leu, Lingenauber, Mack, Schilling, Schneider & Züchner, 2004), versuche sie aber systematisch vor allem im Hinblick auf den Bildungsgang weiter zu denken.

Als *formale Bildungssettings* gelten Institutionen, die nicht nur dezidiert Ziele der Bildung ihrer Klienten verfolgen, sondern in denen der Bildungsgang auch außerhalb der Institution allgemein anerkannt und hochgradig über Regeln und rechtliche Vorgaben strukturiert ist. Diese Formalisierung findet ihren Ausdruck in einer hohen Vorstrukturierung der beabsichtigten Bildungssequenzen sowie in der Überprüfung ihres Verlaufs, ihrer Ergebnisse und in entsprechenden Zertifizierungen oder Sanktionierungen. Der Bildungsgang ist hier also hochgradig strukturiert. Die Nutzung des Bildungsangebots in formalen Settings ist zumindest mittelbar verpflichtend, die Gestaltungsspielräume für die Klienten sind gering. Prototypisches Beispiel für ein formales Bildungssetting ist die Schule mit ihrer curricularen Bindung und für unsere Fragestellung der Sportunterricht.

Unter *non-formalen Settings* werden all jene Einrichtungen verstanden, die organisiert, explizit oder mittelbar Bildungsziele verfolgen, aber in denen die Nutzung der Angebote freiwillig ist und größere Gestaltungsspielräume bietet.

Es handelt sich zwar um strukturierte und rechtlich geregelte Einrichtungen. Der Bildungsgang in ihnen besitzt allerdings keine allgemeine Gültigkeit oder beansprucht allenfalls Geltung im entsprechenden gesellschaftlichen Segment und weist zumeist einen niedrigen Strukturierungsgrad auf. Sofern also die Bildungsgänge amorph sind, werden die Bildungsergebnisse weder zertifiziert noch sanktioniert, bei geringer Strukturierung lassen sich Zertifizierungen und Sanktionen, etwa im verbandlichen Ausbildungssystem durchaus beobachten.

Schließlich sind *informelle Bildungssettings* zu bedenken. Da sie primär keinen Bildungsauftrag verfolgen, sondern auf andere Funktionen bezogen sind, zählen informelle Settings ausschließlich zu den Lernwelten. Im Gegensatz zu formalen oder non-formalen Settings kann Bildung sich in ihnen nur außerhalb institutionalisierter Zusammenhänge einstellen. Der formale Organisationsgrad ist vergleichsweise gering, die Teilnahme freiwillig, Bildungsgänge sind nicht vorgesehen. Ferner ist der Gestaltungsspielraum der Akteure gegenüber anderen Settings am höchsten, sodass das Lern- und Bildungsgeschehen von den individuellen Interessen der Akteure gesteuert wird. Informelle Lernwelten sind vorrangig in lebensweltlichen Zusammenhängen, wie etwa der Gleichaltrigen-, Freundes- oder Nachbarschaftsgruppe, situiert.

Der Begriff des informellen Lernens liefert zugleich das Stichwort für eine weitere wichtige Überlegung in unserem Themenzusammenhang. Sie betrifft nicht die *Strukturen*, sondern die Bildungs*prozesse*. Bildungsprozesse vollziehen sich nämlich nicht nur außerhalb formalisierter Settings und jenseits eigens geschaffener Arrangements. Bildungsprozesse können sowohl aus Arrangeurs- als auch Akteursperspektive einerseits intendiert, bewusst, explizit oder von außen gesteuert sein. Sie können sich andererseits aber auch unbeabsichtigt, unbewusst, implizit, inzidentell oder selbstgesteuert einstellen.

Da in der Begrifflichkeit von formeller und informeller Bildung häufig die (wichtige) Unterscheidung von Struktur- und Prozessebene verloren geht (siehe etwa BMFSFJ, 2005, S. 94-97) schlage ich vor, von expliziten und impliziten Bildungsprozessen zu sprechen. Während explizite Bildungsprozesse strukturiert, bewusst geplant und intentional gesteuert sind, entfalten sich implizite Bildungsprozesse beiläufig, unbeabsichtigt und unbewusst. Zu ihnen sind auch inzidentelle Bildungsprozesse zu zählen, die sich beiläufig oder gar im Gegensatz zu Intentionen in expliziten Bildungsepisoden einstellen. Implizite Bildungsprozesse lassen sich also keineswegs nur in non-formalen oder informellen Lernwelten beobachten, sondern gehören auch zum Alltag des Bildungsgeschehens formaler wie non-formaler Bildungsorte.

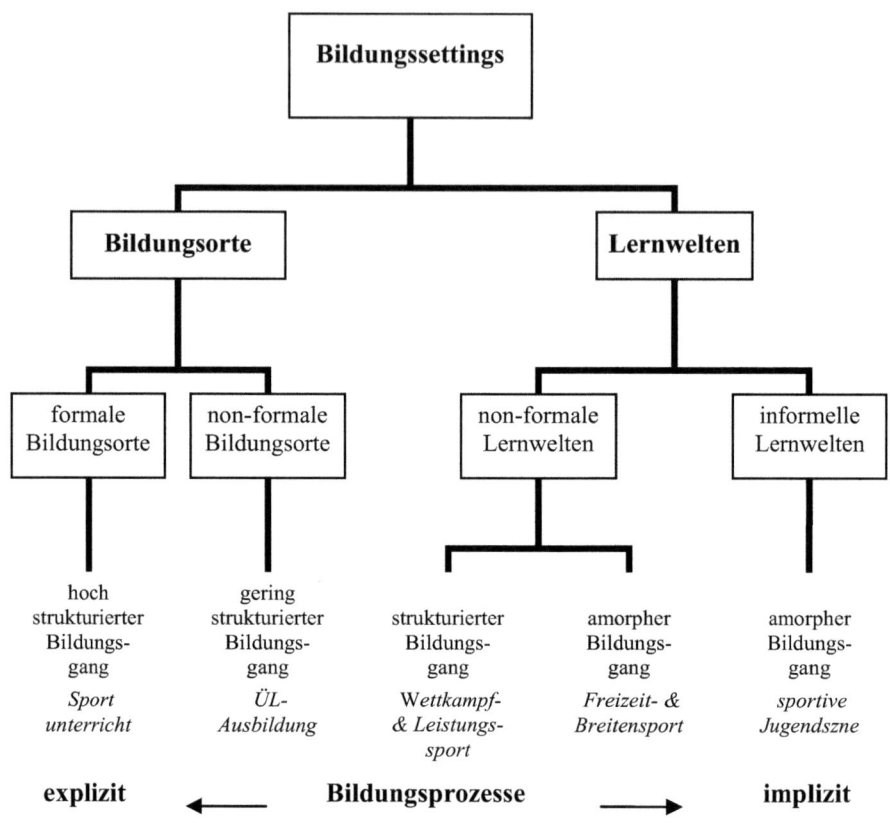

Abbildung 1: Bildungssettings und –modalitäten

Die vielfältigen Varianten oder Modelle von Bewegung, Spiel und Sport lassen sich in dieser Systematik zumindest grob verorten. Denn nur dann lässt sich die Frage differenzierter beantworten, in welcher Qualität und Quantität Bildung im außerschulischen Sport möglich sein könnte. Explizite Bildung im Sport findet sich programmatisch vor allem im formalen Bildungsort der Schule in Gestalt des Sportunterrichts. Der außerschulische Sport ist dagegen vornehmlich, wenn auch nicht ausschließlich in den Lernwelten zu lokalisieren (siehe Abbildung 1).

An erster Stelle ist der Sportverein zu nennen. Der Sportverein verfolgt in der Regel explizit keine Bildungsziele, wenngleich die Verbände nicht selten programmatisch positive Wirkungen sportlicher Aktivität auf die Entwicklung von Heranwachsenden reklamieren. Der Sportverein ist primär auf die Funktion bezogen, ein Bewegungsangebot für seine Mitglieder bereit zu stellen und nicht ihnen Bildungsangebote zu unterbreiten. Zudem sollte nicht vergessen werden, dass sich die Attraktivität des Sportvereins wohl auch gerade darin gründet, dass er den Heranwachsenden als pädagogisch unverdächtiger Ort gilt. Ein Ort, der eben frei ist von herkömmlichen Bildungsansprüchen und -verpflichtungen, Sanktionen und Zertifikaten. Ähnliches gilt für kommerzielle Anbieter und Angebote in kommunaler oder kirchlicher Trägerschaft, in denen sich zumindest prinzipiell – wenn auch wohl in anderer Gestalt als im Sportverein – Bildungsprozesse vollziehen dürften.

In grober Unterteilung finden wir im Sportverein freizeit- oder breitensportliche und wettkampf- oder leistungssportliche Angebote, die zu den Lernwelten zu zählen sind. Während der Freizeitsport für die Akteure einen niedrigen Strukturierungsrad und keine Bildungsgänge aufweist, ist der Wettkampf- und Leistungssport deutlich strukturierter und bietet Progressionsmuster, die Bildungsgängen zumindest ähneln: Schwächere Graduierungen finden sich in der Zugehörigkeit zur ersten, zweiten oder dritten Mannschaft, starke Progressionen zeichnen das Kadersystem im Hochleistungssport aus. Und auch die Strukturierung der Bildungsprozesse und der Verpflichtungsgrad der Teilnahme nimmt vom Freizeit- über den Wettkampf- hin zum Leistungssport in der Regel zu. Daher lässt sich im Zusammenhang mit dem Freizeitsport von amorphen und im Wettkampf- und Leistungssport von strukturierten Bildungsgängen in non-formalen Lernwelten sprechen.

Demgegenüber sind die Bewegungsangebote oder -programme in Einrichtungen der Kinderbetreuung zu den non-formalen Bildungsorten mit explizitem Bildungsauftrag zu zählen. Die Bildungsprozesse sind mehr oder weniger strukturiert (Zimmer, 2008, S.222-230), entsprechen aber keinem Bildungsgang und werden daher nicht durch Zertifikate geordnet. Sanktionen finden sich allenfalls bei Bewegungsauffälligkeiten, die auf Entwicklungsstörungen schließen lassen und mit Hilfe von gezielten Interventionen kompensiert werden sollen.

Bildungspotenziale des organisierten Sports lassen sich aber auch an non-formalen Bildungsorten lokalisieren. Wechselt man nämlich von der Akteurs- zur Arrangeursperspektive, richtet also den Blick von den Sporttreibenden zu den Übungsleitern, Trainern und Schiedsrichtern, stellen sich Bildungsprozesse und Bildungsgänge anders dar. Sie sind mehr oder weniger strukturiert, meist curricular gesteuert und münden in ein mehr oder weniger abgestuftes Zertifizierungssystem. Dieses Bildungsgeschehen zählt aber zu den non-formalen Bildungsorten, weil der Geltungsbereich der Zertifikate sich lediglich auf das gesellschaftliche Segment des Sports beschränkt.

Intensivere Berücksichtigung verdienen ferner die informellen Lernwelten der kinder- und jugendkulturellen Gruppen, Geflechte und Szenen mit Körper-, Bewegungs- und Sportbezug. Denn aus der empirischen Forschung ist bekannt, dass Mädchen und Jungen in einem fortwährenden Aushandlungsprozess ihre soziale, moralische und kognitive Entwicklung in solchen Kontexten erarbeiten (vgl. Bindel in diesem Band; Krappmann & Oswald, 1995). Solche impliziten Bildungsprozesse sind gleichfalls alltäglicher Bestandteil des Sports in non-formalen Bildungsorten und Lernwelten.

Medien schließlich stellen informelle Lernwelten eigener Art auch im Zusammenhang mit Bewegung, Spiel und Sport dar. Vor allem die Rezeption medial präsentierter Körper, inszenierter Bewegung und aufgeführtem Sport dürfte aber wichtige Beiträge zur Aneignung, Auseinandersetzung, Geschmacksbildung und geselligen Kommunikation bieten.

4   Bildungsdimensionen und Kompetenzen im außerschulischen Sport

Einen wesentlichen Gewinn bietet diese Neu-Justierung des Bildungskonzepts, weil es weniger versucht, normativ aufgeladene Bildungsziele mit emphatischem Anspruch zu formulieren, sondern den Bildungsbegriff auch sozialwissenschaftlich konkretisiert und damit empirisch zugänglich macht. Damit ist der Aspekt der Bildungsdimensionen und Kompetenzen angesprochen. Ihre Betrachtung entscheidet letztlich darüber, ob man im Zusammenhang mit dem außerschulischen Sport sinnvoll und auch empirisch belastbar von Bildung sprechen kann.

Zunächst ist in Erinnerung zu rufen, dass Bildung auf der Seite des Subjekts einen charakteristischen menschlichen Prozess bezeichnet, der sich in „der Aneignung von Welt und der Entwicklung der Person in dieser Aneignung" (Thiersch, 2004, S. 239) entfaltet. Die Aneignung von Welt ist dabei ein aktiver und subjektiver Prozess, bei dem das (zunächst) Fremde in Eigenes verwandelt wird. Aneignung verlangt Auswahl, Gestaltung, Deutung und Interpretation, bedeutet also sich selbsttätig in ein Verhältnis zu sich selbst und zur Welt setzen: Zu Dingen, Personen und Phänomenen. Dies betrifft nicht nur die äußere Welt, sondern auch die innere Welt: Also Deutungen und Bedeutungen, Phantasien und Repräsentationen.

Die Aneignung von Welt kann sich dabei im Hinblick auf die Lebensbewältigung in vier idealtypischen Dimensionen entfalten: Im kulturwissenschaftlichen, naturwissenschaftlichen, sozialwissenschaftlichen und humanwissenschaftlichen Bezug. Da das Ziel von Bildung darin besteht, in der aktiven Auseinandersetzung mit und in diesen Dimensionen des Weltbezugs die Fähigkeit(en) zu entwickeln, „in einer gegebenen komplexen Umwelt, kognitiv, physisch und psychisch eigenständig aktiv handeln zu können, aber auch (…)sich mit anderen auseinander zu setzen, sich auf diese zu beziehen und sich mit ihnen zu verständigen" (BMFSFJ, 2005, S. 84), bedarf das Individuum unterschiedlicher Kompetenzen. Im Hinblick auf das Ziel individueller Eigenständigkeit kann dies zunächst allgemein als Fähigkeit zur Selbstregulation formuliert werden. Etwas näher lassen sich aus den vier Dimensionen des Weltbezugs weitere Kompetenzbereiche ableiten, ohne auf einen abgeschlossenen Kanon zurückzugreifen. So gelingt es unter Berücksichtigung einerseits von Fähigkeiten (formale Bildung) und andererseits von inhaltlichen Dimensionen (materiale Bildung) vier grundlegende Leitkompetenzen zu identifizieren: *Kulturelle, instrumentelle, soziale und personale Kompetenzen.*

Da dieser Gedankengang an anderer Stelle ausführlicher vorgestellt wurde (Heim, 2008, S. 28-32), soll hier auf nähere Erläuterungen verzichtet werden. Im Hinblick auf Kompetenzen, die bei der Bildung im außerschulischen Sport eine Rolle spielen können, mögen einige skizzenhafte Hinweise unter Konzentration auf den organisierten Sport und die Akteursperspektive genügen.

Was bietet der Sportverein? Er ist eine Lernwelt, in der man zu allererst und je nach Güte des Angebots sportmotorische Fertigkeiten lernen, üben, entwickeln, verfeinern, und verbessern, also schlicht trainieren kann. Damit verbunden ist in der Regel die Entwicklung, Optimierung und in späteren Lebensaltern der Erhalt der individuellen motorischen Fähigkeiten.

Dabei ist bewusst von sportmotorischen, also spezifischen Fertigkeiten die Rede, weil diese von allgemein motorischen Kompetenzen zu unterscheiden sind, die zur herkömmlichen Daseinssicherung und Lebensführung notwendig sind. Solche körperlich-motorischen Basis-Kompetenzen werden nämlich nur in Ausnahmefällen nicht in Bildungsprozessen der Familie oder des nahen sozialen Umfeldes erworben und bedürfen daher keiner organisierten Bildung. Daher kann man im Hinblick auf die motorischen Kompetenzen von einer Kultivierung des Körpers durch den Sport im Verein sprechen. Aber handelt es sich um Bildung?

Die motorischen Kompetenzen sind in der hier gewählten Konzeptualisierung den personalen Kompetenzen zuzuordnen. Damit ist ein Fähigkeitsbündel gemeint, das darauf abzielt, sich selbst als Eigenheit wahrzunehmen und mit seiner Körperlichkeit, seiner Emotionalität und seiner Gedanken- und Gefühlswelt umzugehen. Es liegt also auf der Hand, dass allein die Beherrschung sportmotorischer Fertigkeiten und die Kultivierung motorischer Fähigkeiten allenfalls als Ergebnisse von domänenspezifischen Bildungsprozessen verstanden werden dürfen.

Aber auch die Aneignung körperlich-motorischer Kompetenzen bedarf der Auswahl, Gestaltung, Deutung und Interpretation, wenn sinnvoll von Bildung gesprochen werden soll. Es reicht eben unter einem Bildungsanspruch nicht, sportmotorische Fertigkeiten und Fähigkeiten lediglich zu beherrschen. Sie müssen vielmehr reflektierend angeeignet werden, damit sich das Individuum selbsttätig in ein neues Verhältnis zu sich selbst und zur Welt setzen kann.

Weil sich aber der Vereinsport primär auf motorische Lernergebnisse konzentriert, die von ambitionierten Laien und nicht professionellen Pädagogen inszeniert werden, entfalten sich darüber hinausgehende Aneignungsprozesse dort in der Regel nebenher und beiläufig. Daher muss man wohl in erster Linie von *impliziter* Bildung im Vereinssport sprechen, die sich um den Übungs- und Trainingsprozess herum entfaltet (vgl. Golenia & Neuber in diesem Band). Solche impliziten Bildungsprozesse können sich allerdings neben motorischen auch auf kulturelle und soziale Kompetenzen erstrecken. Im Hinblick auf die personalen Kompetenzen sind ferner körpergebundene Selbsterfahrung und Expressivität zu erwähnen, körperliche Grenzerfahrungen und der Umgang mit dem eigenen Körper und der Gesundheit

Der eigene Körper, die eigene Gesundheit und der Umgang mit ihnen sind allerdings schon seit alters her nicht nur Sphären des Privaten und Individuellen gewesen. Ihre andere Seite, die gesellschaftliche oder kulturelle Formierung hat sich seit dem letzten Jahrhundert aber intensiviert und beschleunigt. Und der Sport ist in diesem Prozess nicht unbeteiligt oder nur betroffen gewesen, sondern hat ihn mit vorangetrieben. So ist der Sport mittlerweile zu einem bedeutsamen Bestandteil dessen geworden, was man Alltagskultur nennt. Eine Alltagskultur allerdings, die auch wesentlich kulturindustriell geprägt ist (hierzu genauer Schierz,1997). Eine Alltagskultur, in der selbst Getränke und Margarine, Duftwässer und Duschgele mit Attributen des Sportlichen belegt werden. Eine sportive Alltagskultur, die allzu häufig und wenig bedacht eine riskante Allianz mit Schönheits-, Gesundheits-, Wohlfühl- und Jugendlichkeitsversprechen eingeht. Daher darf man konstatieren: „Sportlich zu leben ist eine kulturindustriell überformte (…) Lebensstilvorgabe von zweifelhafter Güte" (Schierz, 1997, S. 46).

Angesichts dieser Tendenzen darf Bildung nicht nur Nähe zum Sport schaffen, sondern muss auch Distanz ermöglichen. Ob der Sportverein ein bevorzugter Ort ist oder werden sollte, an dem sich eine solche Distanz anbahnen und entfalten ließe, darf (mit aller Vorsicht) bezweifelt werden. Die bisherigen Erfahrungen deuten eher darauf hin, dass der Sport im Verein sicherlich domänenspezifische kulturelle Kompetenzaneignung ermöglicht, indem er besondere Nähe zum gesellschaftlich-kulturellen Phänomen des Sports schafft. Für die distanzierenden Momente von Bildung scheint mir der Sportunterricht weitaus geeigneter. Ich plädiere daher nachdrücklich für eine ‚Arbeitsteilung', nicht aber eine Konfrontation von Sportunterricht und außerschulischem Sport. Nur wenn beide ihre Potenziale den jeweiligen Bildungsbedingungen entsprechend verfolgen, lässt sich der zweifache Anspruch von Bildung einlösen: Auf dem Wege der Bildung des einzelnen Menschen, das kulturelle Erbe des Sports im Sinne der Humanitas zu bewahren und fortzuentwickeln.

Literatur

Baumert, J., Klieme, E., Neubrand, M., Prenzel, M., Schiefele, U., Schneider, W., Stanat, P., Tillmann, K.-J. & Weiß, M. (Hrsg.). (2001). *PISA 2000. Basiskompetenzen von Schülerinnen und Schülern im internationalen Vergleich.* Opladen: Leske + Budrich.

Beckers, E. (2001). Renaissance des Bildungsbegriffs in der Sportpädagogik? Orientierungssuche zwischen Widerstand und Aushöhlung. In R. Prohl (Hrsg.), *Bildung und Bewegung.* Jahrestagung der dvs-Sektion Sportpädagogik von 22./24.6.2000 in Frankfurt/M. (S. 29-42). Hamburg: Czwalina.

Blankertz, H. (1982). *Die Geschichte der Pädagogik. Von der Aufklärung bis zur Gegenwart.* Wetzlar: Büchse der Pandorra.

Breuer, C. & Wicker, P. (2007). Körperliche Aktivität über die Lebensspanne. In R. Fuchs, W. Göhner & H. Seelig (Hrsg.), *Aufbau eines körperlich-aktiven Lebensstils: Theorie, Empirie und Praxis* (S. 89-107). Göttingen: Hogrefe.

Brinkhoff, K.-P. & Sack, H.-G. (1999). *Sport und Gesundheit im Kindesalter. Der Sportverein im Bewegungsleben der Kinder.* Weinheim: Juventa.

Bundesministerium für Familie, Senioren, Frauen und Jugend (BMFSFJ) (Hrsg.). (2005). *Zwölfter Kinder- und Jugendbericht. Bildung, Betreuung und Erziehung vor und neben der Schule.* Berlin: Bundestagsdrucksache 15/6014.

Heim, R. (2008). Bewegung, Spiel und Sport im Kontext von Bildung. In W. Schmidt (Hrsg.), *Zweiter Deutscher Kinder- und Jugendsportbericht - Schwerpunkt: Kindheit* (S. 21-42). Schorndorf: Hofmann.

Hummel, A. (1997). Die Körperlich-sportliche Grundlagenbildung – immer noch aktuell? In E. Balz & P. Neumann (Hrsg.), *Wie pädagogisch soll der Schulsport sein?* (S. 47-62). Schorndorf: Hofmann.

Krappmann, L. & Oswald, H. (1995). *Alltag der Schulkinder.* Weinheim & München: Juventa.

Kurz, D., Sack, H.-G. & Brinkhoff, K.-P. (1996). *Kindheit, Jugend und Sport in Nordrhein-Westfalen. Der Sportverein und seine Leistungen.* Düsseldorf: Ministerium für Stadtentwicklung, Kultur und Sport.

Messner, R. (2003). PISA und die Allgemeinbildung. *Zeitschrift für Pädagogik,* 49, 400-412.

Overwien, B. (2005). Stichwort informelles Lernen. *Zeitschrift für Erziehungswissenschaft,* 8, 339-335.

Rauschenbach, Th., Leu, H. R., Lingenauber, S., Mack, W., Schilling, W., Schneider, K. & Züchner, I. (2004). *Konzeptionelle Grundlagen für einen Nationalen Bildungsbericht – Non-formale und informelle Bildung im Kindes- und Jugendalter.* Berlin: Bundesministerium für Bildung und Forschung (BMBF).

Schierz, M. (1997). Sportunterricht und sein (möglicher) Beitrag zur Allgemeinbildung. *Pädagogik,* 49 (5), 44-48.

Tenorth, H.-E. (1994). *„Alle Alles zu Lehren" – Möglichkeiten und Perspektiven allgemeiner Bildung*. Darmstadt: Wissenschaftliche Buchgesellschaft.

Thiersch, H. (2004). Bildung und soziale Arbeit. H.-U. Otto & T. Rauschenbach (Hrsg.), *Die andere Seite der Bildung. Zum Verhältnis von formellen und informellen Lernprozessen* (S. 237-252). Wiesbaden: VS.

Zimmer, R. (2008). Bildung durch Bewegung in der frühen Kindheit. W. Schmidt (Hrsg.), *Zweiter Deutscher Kinder- und Jugendsportbericht - Schwerpunkt: Kindheit* (S. 211-236). Schorndorf: Hofmann.

Bewegung, Bildung und Identitätsentwicklung im Kindes- und Jugendalter

Hans Peter Brandl-Bredenbeck

1 Einleitung

Die aktuelle bildungstheoretische Debatte wird zunehmend durch die Begriffe der informellen Bildung und des informellen Lernens geprägt, ohne dass dies allerdings auf der Grundlage eines einheitlichen Verständnisses geschehen würde. Hierzu trägt auch der geradezu inflationäre Gebrauch dieses Begriffpaares bei (vgl. Rauschenbach, Düx & Sass, 2006, S. 7).

Wie immer man die beiden Begriffe auch gegeneinander abgrenzt oder inhaltliche Schnittmengen zwischen ihnen ausmacht, so kommt im Kern damit folgender Gedanke zum Ausdruck: Bildungs- und Lernprozesse ereignen sich nicht nur in den dafür vorgesehenen formalen Bildungsinstitutionen, Bildungssettings und Bildungsräumen, sondern in einer Vielzahl informeller Bildungsorte und bei vielfältigen Bildungsgelegenheiten (vgl. Düx, 2006; Krettenauer, 2006; Sass, 2006; Tully, 2006).

Dieser Bildungsbereich wird – im Gegensatz zum formalen Bildungsbereich – mit den Begriffen ‚non-formal' und ‚informell' gekennzeichnet. Der ‚non-formale' Bereich ist einerseits durch die Freiwilligkeit des Lernenden charakterisiert und zeichnet sich andererseits durch eine Systematisierung und durch eine vorhandene Lernintention aus. Der informelle Bereich hingegen zeichnet sich vornehmlich durch die fehlende Lernintention aus (vgl. Overwien, 2006, S. 39) und geschieht in der Auseinandersetzung mit der Umwelt quasi nebenher (vgl. DSJ, 2009b, S. 7). Mit Blick auf den Bildungsprozess und die Aneignung von Bildung ist das heutige Verständnis stark geprägt durch die Selbstkonstruktion, d.h. das selbstgesteuerte Lernen aus persönlichen Interessen oder Anforderungen der jeweiligen Lebenssituation in Abgrenzung zum bisher üblichen Verständnis von Anleitung und Anweisung. Es kristallisiert sich also ein neues Bildungsverständnis heraus, das sich von der bisherigen Verwissenschaftlichung des Lernstoffes entfernt und eine zunehmende Entgrenzung des Lernens mitdenkt und diese gar einfordert (vgl. BMBF, 2004, S. 19).

Im Kontext dieses neuen Fokus auf informelle Bildungsprozesse ist es nicht sonderlich überraschend, dass „nach übereinstimmenden Expertenschätzungen nicht mehr als 30% des menschlichen Lernens in Bildungsinstitutionen statt findet" (BMBF, 2001, S.2). Insofern ist es umso überraschender, dass informelles Lernen „ein bisher von der deutschen Bildungspolitik, Bildungsforschung und Bildungspraxis weitgehend vernachlässigtes Feld" (BMBF, 2001, S. 3) darstellt und dass die bildungstheoretische Forschung zum Anteil des informellen Lernens, des formalen und des non-formalen Lernprozesses hinsichtlich der Gesamtheit der individuellen Kompetenzentwicklung keine elaborierten und empirisch fundierten quantitativen oder qualitativen Aussagen machen kann (vgl. Rauschenbach, Düx & Sass, 2006, S. 7).

2   Informelle Bildung, informelles Lernen und Bewegung, Spiel und Sport

Im Rahmen des Expertenhearings, das den Anlass für diese Publikation darstellt, wurden folgende Zielsetzungen formuliert: „Die Veranstaltung hat die Zielsetzungen Bildungspotenziale im Kinder- und Jugendsport auszuloten und den Versuch einer Neubestimmung des Bildungsbegriffs auf der Basis des informellen Lernens vorzunehmen. Darüber hinaus sollen Perspektiven für die Kinder- und Jugendbildung im Sport entwickelt werden" (DSJ, 2009a). Diese Aussage macht zumindest dreierlei deutlich:

1. Die Teilnahme im Kinder- und Jugendsport wird grundsätzlich mit Bildungspotenzialen assoziiert, deren Ausprägungen und Reichweite noch zu prüfen sein werden.
2. Der klassische Bildungsbegriff, der eher an die Formen institutionalisierten Lernens gekoppelt ist, muss vor dem Hintergrund der zunehmenden Bedeutung informeller Bildung und informellen Lernens in seiner Bedeutung neu justiert werden.
3. Der organisierte Sport hat diese aktuelle Diskussion an- und aufgenommen und will dazu beitragen, das eigene Feld zu analysieren, um dort Bildungsprozesse systematisch zu ermöglichen.

Vor dem Hintergrund dieser Überlegungen des organisierten Sports Bildungsprozesse zu betrachten, stehen folgende Fragen im Mittelpunkt: Besitzen Bewegung, Spiel und Sport Bildungspotenziale und wenn ja, welche sind das möglicherweise? Besitzen Bewegung, Spiel und Sport Bildungspotenziale und wenn ja, wie kann Bildung im und durch Sport erreicht werden (vgl. DSJ, 2009b)?

Mit Blick auf die erste Teilfrage, nämlich ob und welche Bildungspotenziale durch Bewegung, Spiel und Sport angesteuert werden können, soll zunächst

ein Blick in den zwölften Kinder- und Jugendbericht der Bundesregierung weiterhelfen. Dieser Bericht betont zum ersten Mal explizit, dass

> „dem Sport insgesamt eine maßgebliche Bildungswirksamkeit zugesprochen wird,
> die zunächst die unmittelbar körperbezogenen Kompetenzen (Körpererfahrung,
> -ästhetik, -ausdruck), aber auch nicht unmittelbar sportbezogene Kompetenzen im
> sozialen, politischen und kognitiven Bereich erschließt (Teamfähigkeit, Selbstver-
> trauen, Selbstorganisation, Verantwortungsfähigkeit)" (BMFSFJ, 2006, S. 376).

Während im Kinder- und Jugendbericht diese Bildungswirksamkeit noch recht
allgemein zugestanden wird, hat Heim (2008) die Bildungsdimensionen, die Orte
der Bildung und die Bildungsmodalitäten im Feld von Bewegung, Spiel und
Sport sehr deutlich herausgearbeitet und damit die Anschlussfähigkeit an die
allgemeine bildungstheoretische Diskussion hergestellt.

Mit Blick auf die zweite Teilfrage sind es darüber hinaus auch die besonderen Qualitäten des sportlich-körperlichen Handlungsvollzuges, die ein spezifisches Bildungspotenzial besitzen. Gemeint ist damit, dass sich insbesondere im
Kindes- und Jugendalter die Persönlichkeitsentwicklung auch aus den bereichs-
spezifischen Domänen des Körperkonzepts speist und auf diese Weise einen
signifikanten Einfluss auf das allgemeine Selbstwertgefühl einer Person ausüben.
Dies gilt auch mit Blick auf die bildungsrelevanten kulturellen Kompetenzen,
instrumentellen Kompetenzen, sozialen Kompetenzen und personalen Kompetenzen, die auch über die Teilhabe im Sport erworben werden, in das Selbstbild
eingebaut und verwoben werden können und somit das Individuum befähigen
„eigenständig aktiv zu handeln (...) sich mit anderen auseinanderzusetzen, sich
auf diese zu beziehen und sich mit ihnen zu verständigen" (BMFSFJ, 2006, S.
84).

Vor dem Hintergrund dieser Überlegungen soll im Weiteren auf eine Diskussion der zum Teil unklaren Begrifflichkeiten und Konzepte verzichtet werden. Für die Betrachtung von Bewegung, Bildung und Identitätsentwicklung im
Kindes- und Jugendalter gehe ich von einem breiten Bildungsverständnis aus,
das einerseits die lebenslange Selbstgestaltung als Auseinandersetzung mit sich
selbst und den Gegenständen und Werten der Gesellschaft und Kultur meint.
Zugleich bezeichnet Bildung hierbei den Prozess als auch das normative Ziel
dieses Prozesses, das in der Befähigung einer kompetenten und kritischen Teilhabe an Gesellschaft und Kultur besteht. Als zentrales Konstrukt der Persönlichkeitsentwicklung wird hierbei das „Allgemeine Selbst" bzw. „Selbstwertgefühl"
einer Person in die Diskussion einbezogen.

Auf der Grundlage dieses Verständnisses soll gezeigt werden, dass Bewegung, Spiel und Sport einen wichtigen Beitrag zur kompetenten und kritischen
Teilhabe zu leisten im Stande sind. Es geht also darum, individuelle Bildung im

Sinne einer Entfaltung der Persönlichkeit und des selbst bestimmten Handelns
aus einer sportpädagogischen Perspektive in den Blick zu nehmen.

Um dies im Weiteren zu begründen, werde ich zunächst knapp auf die Kritik an der ‚körperlosen' Bildungsdiskussion zu sprechen kommen. Daran anschließend will ich anhand empirischer Befunde zum Selbstwertgefühl von Kindern und Jugendlichen zeigen, welches Bildungspotenzial der Sport hinsichtlich
einer positiven Persönlichkeitsentwicklung entfalten kann.

3   Kritik an der ‚körperlosen' Bildungsdiskussion

Im funktional-pragmatischen Bildungsverständnis – oder wie Thiele (2009) auch
formuliert im „neoliberalen Bildungsverständnis" – der aktuellen Bildungsdiskussion werden eine Reihe von Aspekten, wie etwa die „körperlich-sinnlichen,
ästhetischen, sozialen, politischen sowie kritisch-reflexiven Momente, die bislang als essentiell für moderne Bildung gelten" (Heim, 2008, S.21) oftmals ausgeblendet. Bereits anlässlich des 10. Kinder- und Jugendberichts der Bundesregierung (BMFSFJ, 1998) hat Jürgen Baur schon vor gut einem Jahrzehnt eine
ähnlich kritische Bewertung insbesondere hinsichtlich der Vernachlässigung der
Bedeutung des Körpers für die Gesamtentwicklung der Kinder und Jugendlichen
in nahezu allen Fachwissenschaften außerhalb der Sportwissenschaft geübt (vgl.
Baur, 1999; Baur & Braun, 2000).[1]

Mit Blick auf die Bedeutung, die der Bereich Bewegung, Spiel und Sport
für die körperliche wie auch die Gesamtentwicklung der Heranwachsenden spielt
(vgl. im Überblick Schmidt, Hartmann-Tews & Brettschneider 2003; Schmidt
2008), ist damit auch der Hinweis gegeben worden, dass diese Domäne der kindlichen und jugendlichen Freizeitgestaltung doch stärker in den Blick zu nehmen
sei.

Zwar wurde in den Folgejahren punktuell über dieses Desiderat auch außerhalb der Sportwissenschaft diskutiert (Frohmann, 2003; Hübner-Funk, 2003,
Hurrelmann, 2004, Hurrelmann & Andresen 2008), ohne dass dies allerdings
tatsächlich und substantiell zu einer stärkeren Berücksichtigung dieser Thematik
in der allgemeinen Kindheits- und Jugendforschung geführt hätte.

Auch die Durchsicht der letzten Kinder- und Jugendberichte der Bundesregierung macht deutlich (BMFSFJ, 2002, 2006, 2009), dass die Thematik „Bewe-

---

[1] Fast schon ein Jahrzehnt zuvor haben Baur und Miethling einen Paradigmenwechsel der Jugendforschung eingefordert, indem sie die Neubestimmung des Körperverhältnisses als unausweichliche und
zentrale Entwicklungsaufgabe für alle Jugendliche thematisierten. Ihr Credo war: „Am und durch den
Körper werden gelungene, gestörte oder misslungene Aneignungs- und Bewältigungsanforderungen
virulent" (1991, S. 174).

gung, Spiel und Sport" sowie der „körperlichen Aktivität" im Kontext einer ganzheitlichen Entwicklung der Heranwachsenden in der allgemeinen Wahrnehmung kaum eine Rolle spielt (BMFSFJ 2009, S. 115 und S. 209-212). Etwas mehr Aufmerksamkeit erfährt die körperliche Aktivität lediglich im Kontext der Prävention von Übergewicht und Adipositas im Kindes- und Jugendalter.

Die Zurückhaltung gegenüber dieser Thematik und den Erkenntnissen der Sportwissenschaft ist umso erstaunlicher, als dass der Bereich „Bewegung, Spiel und Sport" nicht nur eine besondere quantitative, sondern auch eine qualitative Bedeutung besitzt. So sind etwa 60% der Kinder und 45% der Jugendlichen in Sportvereinen organisiert und üben dort regelmäßig ihre sportliche Aktivität aus (vgl. u.a. Brettschneider & Kleine, 2002; Schmidt, Hartmann-Tews & Brettschneider, 2003; Schmidt, 2008). Wie weiter belegt ist, haben etwa neun von zehn Heranwachsenden im Zuge ihres Aufwachsens über längere Zeit Kontakt zu einem Sportverein und die durchschnittliche Verweildauer in einem Sportverein beträgt zwischen acht und neun Jahren (vgl. Brettschneider & Kleine, 2002; Gogoll et al. 2003). Zudem spielt auch das informelle Sporttreiben – im Vergleich zu anderen Freizeitaktivitäten – in der kindlichen und jugendlichen Lebenswelt eine herausragende Rolle. Für vier von fünf Heranwachsenden ist Bewegung, Spiel und Sport ein selbstverständlicher Bestandteil ihrer Freizeit. Dazu gehört natürlich auch das Sporttreiben im informellen Bereich (vgl. Balz & Kuhlmann, 2004; Baur & Burrmann, 2004; Burrmann, 2008; Schmidt & Süßenbach, 2004).

Doch neben dem quantitativen Aspekt sind auch in qualitativer Hinsicht Bewegung, Spiel und Sport als sehr bedeutsam für die Gesamtentwicklung der Heranwachsenden und auch für den Kompetenzerwerb in unterschiedlichen Bereichen einzuordnen. So ist etwa in ontogenetischer Perspektive die kindliche Weltaneignung ohne Bewegung und körperliche Prozesse nicht vorstellbar. Über propriozeptive und kinästhetische Mechanismen werden Erfahrungen gesammelt und inkorporiert. „Erst über den Körper können Zeichen in eine sichtbare stoffliche Form gelangen. Der Körper ist Produkt, Produzent und Instrument von Kultur" (Klein, 1999, S. 248-249).

Bildungsprozesse und körperliche Bildung sind in diesem Verständnis in der individuellen Entwicklung auf das Engste miteinander verknüpft. Zu einer umfassenden Bildung, in der jede Einseitigkeit vermieden werden soll, gehören alle Fassetten des Menschen. Nicht nur die kognitive Entwicklung von Kindern und Jugendlichen ist somit von zentraler Bedeutung, sondern auch die sinnlichen, emotionalen, ästhetischen, sozialen und körperlichen Bildungspotentiale müssen Aufmerksamkeit erfahren (vgl. Heim, 2008, S. 25).

Auch im weiteren Verlauf der Individuation wird der Körper immer wieder zum zentralen und konkreten Bezugspunkt in einer zunehmend komplexen und

entstrukturierten Welt (Farin, 2008; Sellmann, 2008). Gerade für Jugendliche ist
der Körper Kristallisationspunkt der sozialen und individuellen Erfahrungen, des
sozialen Austauschs und der Selbstdarstellung (Frohmann, 2003; Kahle &
Hummert, 2008). Körper und Bewegung spielen bei Heranwachsenden eine
wichtige Rolle: Sie sind Mittel jugendlicher Selbstdarstellung (vgl. Deinet &
Sturzenhecker, 2001, S. 74). Der eigene Körper wird in den sozialen Beziehungen zu Gleichaltrigen ständig präsentiert und begutachtet. Dies spielt besonders
bei weiblichen Jugendlichen eine wichtige Rolle (vgl. Brettschneider, 2003, S.
223). Die körperliche Attraktivität kann in sportlichen Situationen hervorragend
dargestellt werden und bietet so die Möglichkeit, Anerkennung zu empfinden.

Jugendliche Praxis ist in diesem Sinne inkorporierte Praxis, die sich über
das Körperliche und den Austausch mit der Umwelt objektiviert (vgl. Frohmann,
2003). Das Konzept des Habitus fasst diesen Umstand und beschreibt ihn wie
folgt: „Was der Leib gelernt hat, das besitzt man nicht wie ein wieder betrachtba-
res Wissen, sondern das ist man" (Bourdieu 1987, S. 135). In seiner jugendlich-
makellosen, sportiv-ästhetischen und leistungsfähigen Ausformung wird der
Körper gar zur sozialen Ressource. Sportlichkeit wurde schon von Zinnecker
(1990) als jugendspezifische Altersnorm bezeichnet.

Über die körperliche Bildung wird für die Heranwachsenden *ein wichtiger*
Zugang zur Welt möglich. Im Zuge dieser körperlichen Auseinandersetzung mit
der Welt und der spezifischen Form der somatischen Weltaneignung – sei es im
informellen wie auch institutionalisierten Bewegungs- und Sportengagement –
können die Heranwachsenden Erfolgserlebnisse haben, soziale Kontakte knüpfen
und die eigene körperliche Leistungsfähigkeit erfahren. All diese Elemente können helfen, das Selbstkonzept zu stärken, soziale Beziehungen zu knüpfen, die
Selbstwirksamkeitserwartung und das Selbstwertgefühl positiv zu beeinflussen
(vgl. Brandl-Bredenbeck, im Druck; Brettschneider & Gerlach, 2004; Neuber,
2007; 2009). Sport und sportliche Aktivitäten, so kann man die zentrale Argumentationsfigur zusammenfassen, können zur allgemeinen Entwicklungsförderung der Kinder und Jugendlichen beitragen, die Persönlichkeit stärken und auf
diese Weise einen Beitrag zur informellen und individuellen Bildung leisten.

4   Identitätsentwicklung im Kontext informeller Bildung im und durch Sport

Folgt man der Prämisse, dass körperliche Bildung und körperlich vermittelte
Bildung einen Beitrag zur individuellen Bildung leisten können, dann gerät das
in der Sportwissenschaft gut untersuchte Konzept des allgemeinen Selbstwertgefühls, das in einer Vielzahl von einschlägigen Studien über das hierarchische und

mehrdimensionale Konstrukt des Selbstkonzepts nach Marsh (1990) operationa-lisiert und erfasst wurde, in den Blick. Zum einen wird dem Selbstwertgefühl eine besondere handlungsleitende Funktion zugebilligt und ist damit von ent-scheidender Bedeutung in der Auseinandersetzung des Individuums mit seiner Umwelt.

Das Selbstwertgefühl gilt als Motor der Entwicklung, denn vom Selbstwert-gefühl hängt es ab, „was man anpackt und welche Ziele man sich setzt" (Monta-da, 2002, S. 51). Subjektive Einstellungen und Wahrnehmungen werden zum Selbstwertgefühl gebündelt. In diesem Verständnis muss die „Fähigkeit zur Selbstwahrnehmung, Selbstbewertung und Selbstreflexion" (Bründel & Hurrel-mann, 1996, S. 85) ausgebildet werden. In einem entwicklungspsychologischen Verständnis wird der Aufbau eines kritisch reflektierten und – wenn möglich – positiven Selbstwertgefühls von Fend (1998, S. 31) auch als zum Kerncurricu-lum des Aufwachsens zugehörig bezeichnet. Auch an dieser Stelle kann eine erfolgreiche Identitätsentwicklung als bildungsrelevant eingeschätzt werden.

In der Sportwissenschaft erfährt dieses Konzept besondere Beachtung nicht zuletzt deshalb, weil das Körperkonzept als Teil des Selbstkonzepts eine starke Prädiktorvariable für das allgemeine Selbstwertgefühl im Kindes- und Jugendal-ter darstellt (Brettschneider, 2003; Marx, 2001; Roth, 2002). Anhand ausgewähl-ter empirischer Befunde zu diesem Bereich soll gezeigt zeigen, wie sportliche Aktivität und Selbstwertgefühl im Kindes- und Jugendalter zusammenhängen.

5 Empirische Befunde zum Zusammenhang von Bewegung, Bildung und Identitätsentwicklung im Kindes- und Jugendalter

Das erste Beispiel zu den empirischen Befunden entstammt einer Vergleichsstu-die in den Ländern Deutschland, Israel und USA (vgl. Brettschneider, Brandl-Bredenbeck & Hofmann, 2005). Kinder und Jugendliche im Alter von 10 bis 17 Jahren wurden im Rahmen dieser Untersuchung mit Hilfe eines quantitativen Designs befragt. Ohne auf die Details der Untersuchung eingehen zu können, lässt die Abbildung (vgl. Abb. 1) folgendes eindeutig erkennen: Sportlich aktive Heranwachsende besitzen ein signifikant höheres Selbstwertgefühl als die weni-ger aktiven Gleichaltrigen. Dieser Zusammenhang gilt sowohl für die männli-chen als auch weiblichen Heranwachsenden und auch über die kulturellen Kon-texte hinweg.

Die einschlägige sportwissenschaftliche Literatur zeigt, dass es in einer Vielzahl von Studien positiv korrelierte Zusammenhänge von sportlicher Aktivi-tät und Selbstkonzept bzw. allgemeinem Selbstwertgefühl gibt (vgl. zusammen-fassend Brettschneider, 2003; auch Gerlach, 2008). Allerdings besitzen diese

Untersuchungen einen gravierenden methodischen Nachteil! Es bleibt die Wirkungsrichtung offen! Die Frage, ob es sich hierbei um einen Selektions- oder
Sozialisationseffekt handelt, können diese Studien nicht beantworten.

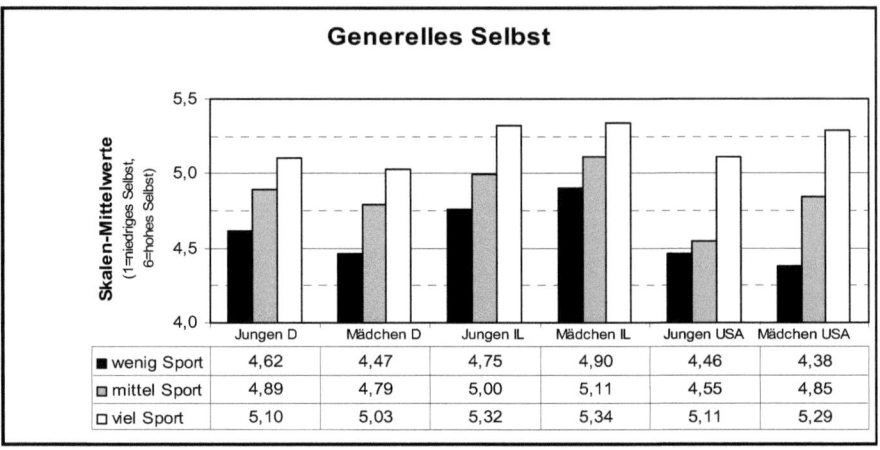

Abbildung 1:   Die Beurteilung des Selbstwertgefühls in Bezug zum Sportengagement − differenziert nach Nationalität und Geschlecht unter
Herauspartialisierung des Alters (Deutschland n = 3767; Israel
n = 2646; USA n = 1008) (Daten aus Brettschneider, Brandl-Bredenbeck & Hofmann, 2005, erweitert um das amerikanische
Sample).

Aktuelle Befunde aus den wenigen vorliegenden Längsschnittuntersuchungen
der Sportwissenschaft können bezüglich der Klärung dieser Frage herangezogen
werden und möglicherweise fundiertere Aussagen über die kausalen Zusammenhänge zulassen. Die folgenden Ergebnisse zum allgemeinen Selbstwertgefühl
sind zum einen der Studie von Brettschneider & Gerlach (2004) zum Sportengagement und Entwicklung im Kindesalter entnommen. Zum anderen handelt es
sich um Daten der Studie „Jugendarbeit im Sportverein" (Brettschneider & Kleine, 2002), die im Hinblick auf mögliche Effekte des Sportengagements auf das
Selbstwertgefühl und umgekehrt des Selbstwertgefühls auf das Sportengagement
nachberechnet wurden.

      In der ersten Studie wurden Kinder mittels eines motorischen Tests (vgl.
Riepe, 1996, 1998; Riepe & Zindel, 1999) in sportlich talentierte Kinder, moto-
risch normal begabte Kinder und in Kinder, die in motorischer Hinsicht kompen-

satorisch gefördert werden sollten, unterteilt. Die Tabelle (vgl. Tab. 1) und die Abbildung (vgl. Abb. 2) verdeutlichen:

1. Die Talente besitzen im Durchschnitt das höchste und die Kinder der kompensatorischen Gruppe das niedrigste Selbstwertgefühl.
2. Die Jungen besitzen im Vergleich zu den Mädchen das höhere Selbstwertgefühl.
3. In allen Gruppen nimmt das Selbstwertgefühl im Laufe eines Jahres signifikant ab.

Auch die weiteren Ergebnisse sind einer Längsschnittstudie entnommen. Die methodische Anlage ('Cross-Lagged-Panel-Design') macht es möglich, unterschiedliche Aussagen empirisch zu überprüfen. Dies soll mit Blick auf einerseits den Zusammenhang zwischen Sportengagement und Selbstwert und andererseits hinsichtlich der Wirkungsrichtung zwischen diesen beiden Aspekten dargestellt werden (vgl. Abb. 3).

Tabelle 1: Ergebnisse der Varianzanalyse zum Selbstwertgefühl
(Brettschneider & Gerlach, 2004, S. 106).

Quelle der Variation	df	F-Wert	p-Wert	η^2
MZP	**1**	**12,195**	**,000**	**,011**
MZP x Gruppe	2	,609	,544	,001
MZP x Sex	1	,458	,499	,000
MZP x Gruppe x Sex	2	,318	,728	,001
Gruppe[a]	**2**	**9,196**	**,000**	**,017**
Sex	**1**	**9,526**	**,002**	**,009**
Gruppe x Sex	2	,409	,665	,001

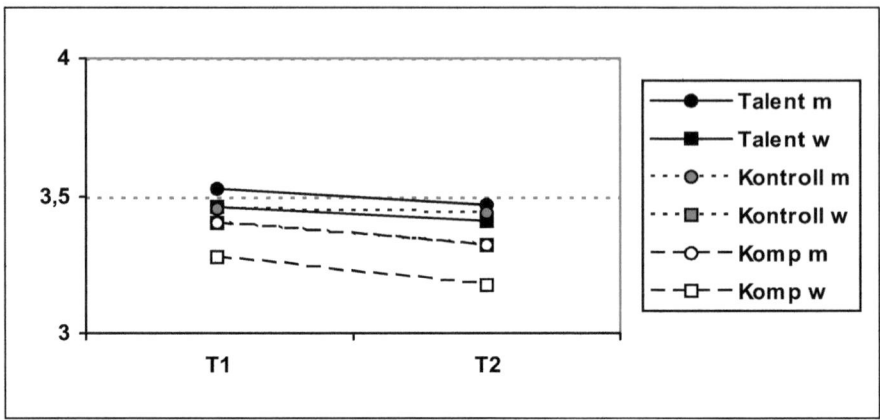

Abbildung 2:　Selbstwertgefühl im geschlechts- und gruppenspezifischen Vergleich (Mittelwerte auf der vierstufigen Skala zwischen 1 =
„stimmt nicht" und 4 = „stimmt genau") (Brettschneider &
Gerlach, 2004, S. 106).

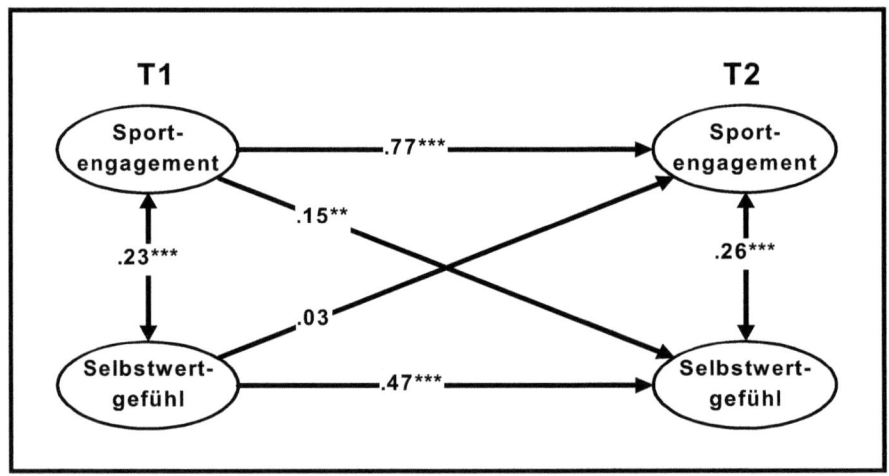

Abbildung 3:　Sportengagement und Selbstwertgefühl. Cross-Lagged-Panel-
Design. (Quelle: Daten aus der Studie „Jugendarbeit im Sportverein", Brettschneider & Kleine, 2002); eigene Berechnungen.[2]

---

[2] Für die Berechnungen sei an dieser Stelle Dr. Erin Gerlach vielmals gedankt.

Mit Blick auf die korrelativen Daten zu beiden Messzeitpunkten liegt zunächst der bekannte, hoch signifikante Zusammenhang zwischen Sportengagement und Selbstwertgefühl vor. Dies bedeutet, dass zu den beiden Messzeitpunkten T1 und T2 (zwischen denen 2 Jahre lagen) diejenigen Heranwachsenden, die ein hohes Sportengagement aufweisen auch ein hohes Selbstwertgefühl besitzen. Ebenfalls hoch signifikant sind die Zusammenhänge zwischen dem Sportengagement zu T1 und Sportengagement zu T2. Dieser Zusammenhang gilt ebenso für den Selbstwert zu T1 und Selbstwert zu T2. Dies deutet darauf hin, dass beide Konstrukte über die Zeit recht stabil bleiben. Ein frühes Sportengagement ist demnach ein guter Prädiktor für ein späteres Sportengagement, wie ebenso ein gutes Selbstwertgefühl ein guter Prädiktor für das Aufrechterhalten eines positiven Selbstwertgefühls darstellt.

Besonders interessant sind allerdings die Kreuzkorrelationen (Cross-Lagged-Pfeile), die kausale Aussagen über den Einfluss des Sportengagements auf die Entwicklung des Selbstwertgefühls als auch umgekehrt Aussagen über den Einfluss des Selbstwertgefühls auf die Entwicklung des Sportengagements zulassen. Hier können wir sehen, dass das Sportengagement einen signifikant positiven Einfluss auf das Selbstwertgefühl besitzt ($\beta = .15$, $p < .01$), während umgekehrt das Selbstwertgefühl keinen signifikanten Einfluss auf das Sportengagement ausübt ($\beta = .03$, $p > .05$). Während oft auf einem Plausibilitätsniveau (vermeintlich nachgewiesen durch die positiven Korrelationen der Querschnittsuntersuchungen) davon ausgegangen wird, dass Bewegung, Spiel und Sport einen positiven Einfluss auf die untersuchten Parameter besitzt, können die Befunde der Längsschnittuntersuchungen einen wesentlichen Beitrag dazu leisten, mit Hilfe belastbarer empirischer Befunde zwischen der Selektionshypothese (Self-Enhancement-Hypothesis) und der Sozialisationshypothese (Skill-Development-Hypothesis) zu unterscheiden. Die vorliegenden Befunde machen die Sozialisationshypothese plausibler als die Selektionshypothese.

6   Fazit

Eine erfolgreiche Identitätsentwicklung ist eine Vorraussetzung für die kompetente Teilhabe eines Individuums an Gesellschaft und Kultur. In diesem Sinne kann das Ausbilden eines realistischen und positiven Selbstwertgefühls als zum Kanon bildungsrelevanter Entwicklungsprozesse zugehörig betrachtet werden.

Mit Blick auf die Frage, wie diese informellen Bildungsprozesse gedacht werden können, sollen abschließend noch knapp einige Überlegungen vorgestellt werden. Im Wesentlichen können folgende Argumente herangezogen werden:

1. Sport ermöglicht spezielle Formen des intensiven Selbsterlebens und kann dadurch das Selbstwertgefühl sowie die körperbezogenen Fassetten des Selbstbildes stärken.
2. Sport kann besonders nachdrücklich Erfolgserlebnisse und Formen wahrgenommener Selbstwirksamkeit gewährleisten. Zudem kann der Umgang mit Sieg und Niederlage einen Beitrag zur emotionalen Stabilität der Heranwachsenden leisten
3. Sport kann den Aufbau eines Freundeskreises unterstützten sowie das Gefühl des Eingebundenseins in eine Gruppe stärken.

Wie die Ausführungen zeigen, besitzen Bewegung, Spiel und Sport das Potenzial im Hinblick auf die Varianten des informellen Lernens bzw. informeller Bildungsprozesse einen wesentlichen Beitrag zu einer stabilen Persönlichkeitsentwicklung zu leisten.

Vor dem Hintergrund dieser Ergebnisse sollten zukünftig die Dimensionen der informellen Bildung und des informellen Lernens, die durch Bewegung, Spiel und Sport unterstützt werden können, durchaus selbstbewusster und offensiver in die bildungstheoretische Diskussion eingebracht werden.

Mit dem von der Deutschen Sportjugend ins Leben gerufenen Forschungsverbund ‚Informelle Bildung im Sport' ist diesbezüglich ein Schritt in die richtige Richtung unternommen worden!

Literatur

Baur, J. (1999). Entkörperlichte Kinder in einer entsportlichten Welt. Ein Nachtrag zum 10. Kinder- und Jugendbericht. *Deutsche Jugend*, 47 (9), 397-400.

Baur, J. & Braun, S. (2000). Über das Pädagogische einer Jugendarbeit im Sport. *Deutsche Jugend, 9*, 378–386.

Baur, J. & Burrmann, U. (2004). Informelle und vereinsgebundene Sportengagements von Jugendlichen ein empirisch gestützter Vergleich. In E. Balz & Kuhlmann, D. (Hrsg.), *Sportengagements von Kindern und Jugendlichen. Grundlagen und Möglichkeiten informellen Sporttreibens*. (S. 17-30). Aachen: Meyer & Meyer.

Baur, J. & Miethling, W.-D. (1991): Die Körperkarriere im Lebenslauf. Zur Entwicklung des Körperverhältnisses im Jugendalter. In *Zeitschrift für Sozialisationsforschung und Erziehungssoziologie*, 11, 165-188.

Balz, E. & Kuhlmann, D. (Hrsg.) (2004). *Sportengagements von Kindern und Jugendlichen. Grundlagen und Möglichkeiten informellen Sporttreibens*. Aachen: Meyer & Meyer.

BMBF (Bundesministerium für Bildung und Forschung) (Hrsg.) (2001). *Das informelle Lernen. Die internationale Erschließung einer bisher vernachlässigten Grundform menschlichen Lernens für das lebenslange Lernen aller*. Bonn: BMBF.

BMBF (Bundesministerium für Bildung und Forschung) (Hrsg.) (2003). *Zur Entwicklung nationaler Bildungsstandards - Expertise*. Bonn: BMBF.

BMBF (Bundesministerium für Bildung und Forschung) (2004). Konzeptionelle Grundlagen für einen Nationalen Bildungsbericht - Non-formale und informelle Bildung im Kindes und Jugendalter. Zugriff am 02. September 2009 unter http://www.bmbf.de/pub/nonformale_und_informelle_bildung_kindes_u_jugendalter.pdf.

BMFSFJ (Bundesministerium für Familie, Senioren, Frauen und Jugend) (Hrsg.) (1998). *Zehnter Kinder- und Jugendbericht. Bericht über die Lebenssituation von Kindern und die Leistungen der Kinder- und Jugendhilfe in Deutschland*. Bonn: BMFSFJ.

BMFSFJ (Bundesministerium für Familie, Senioren, Frauen und Jugend) (Hrsg.) (2002). *Elfter Kinder- und Jugendbericht. Bericht über die Lebenssituation junger Menschen und die Leistungen der Kinder- und Jugendhilfe in Deutschland*. Berlin: BMFSFJ.

BMFSFJ (Bundesministerium für Familie, Senioren, Frauen und Jugend) (Hrsg.) (2006). *Zwölfter Kinder- und Jugendbericht. Bildung, Betreuung und Erziehung vor und neben der Schule*. Berlin: BMFSFJ.

BMFSFJ (Bundesministerium für Familie, Senioren, Frauen und Jugend) (Hrsg.) (2009). *Dreizehnter Kinder- und Jugendbericht. Gesundheitsbezogene Prävention und Gesundheitsförderung in der Kinder- und Jugendhilfe*. Berlin: BMFSFJ.

Bourdieu, P. (1987). *Sozialer Sinn. Kritik der theoretischen Vernunft*. Frankfurt/Main: Suhrkamp.

Brandl-Bredenbeck, H.P (im Druck): „Neue Morbidität" – oder: Was Bewegung, Spiel und Sport zur gesunden Kindheit beitragen können. In *Deutsches Jugendinstitut (Hrsg.), Kindheit in Deutschland*. Wiesbaden: VS Verlag.

Brettschneider, W.-D. (2003). Sportliche Aktivität und jugendliche Selbstkonzeptentwicklung. In W. Schmidt, I. Hartmann-Tews & W.-D. Brettschneider (Hrsg.), *Erster Deutscher Kinder- und Jugendsportbericht* (S. 211-233). Schorndorf: Hofmann.

Brettschneider, W.-D., Brandl-Bredenbeck, H.P. & Hofmann, J. (2005). *Sportpartizipation und Gewaltbereitschaft bei Jugendlichen. Ein israelisch-deutscher Vergleich*. Aachen: Meyer & Meyer.

Brettschneider, W.-D. & Gerlach, E. (2004). *Sportengagement und Entwicklung im Kindesalter. Eine Evaluation zum Paderborner Talentmodell*. Aachen: Meyer & Meyer.

Brettschneider, W.-D. & Kleine, T. (2002). *Jugendarbeit im Sportverein. Anspruch und Wirklichkeit*. Schorndorf: Hofmann.

Bründel, H. & Hurrelmann, K. (1996). *Einführung in die Kindheitsforschung*. Weinheim: Beltz.

Burrmann, U. (2008). Bewegungsräume und informelle Bewegungs-, Spiel- und Sportaktivitäten der Kinder. In W. Schmidt (Hrsg.), *Zweiter Deutscher Kinder- und Jugendsportbericht. Schwerpunkt: Kindheit* (S. 391-408). Schorndorf: Hofmann.

Deinet, U. & Sturzenhecker, B. (2001). *Konzepte entwickeln. Anregungen und Arbeitshilfen zur Klärung und Legitimation*. Weinheim: Juventa.

Düx, W. (2006). „Aber so richtig für das Leben lernt man eher bei der freiwilligen Arbeit". Zum Kompetenzgewinn Jugendlicher im freiwilligen Engagement. In T.

Rauschenbach, W. Düx & E. Sass (Hrsg.), *Informelles Lernen im Jugendalter. Vernachlässigte Dimensionen der Bildungsdebatte* (S. 205-240). Weinheim: Juventa.

DSJ (Deutsche Sportjugend) (2009a). *Einladungsschreiben zum Expertenhearing „Informelle Bildung im Sport"* am 19./20.3.2009 in Münster. DSJ am 2.2.2009.

DSJ (Deutsche Sportjugend) (Hrsg.) (2009b). *Kinder- und Jugendarbeit im Sportverein und ihre Bildungschancen. Abschlussbericht zum Forschungsprojekt.* Münster: Institut für Sportwissenschaft.

Farin, K. (2008). Die Körperidee in Jugendkulturen. *Zeitschrift für Jugendschutz und Erziehung* (2), 4-6.

Fend, H. (1998). *Qualität im Bildungswesen.* München: Juventa.

Frohmann, M. (2003). Aspekte einer körperbezogenen Jugendsoziologie. Jugend – Körper – Mode. In J. Mansel, H.M. Griese & A. Scherr (Hrsg.), *Theoriedefizite der Jugendforschung. Standortbestimmung und Perspektiven* (S. 144-156). Weinheim: Juventa.

Gerlach, E. (2008). *Sportengagement und Persönlichkeitsentwicklung. Eine längsschnittliche Analyse der Bedeutung sozialer Faktoren für das Selbstkonzept von Heranwachsenden.* Aachen: Meyer & Meyer.

Gogoll, A., Kurz, D. & Menze-Sonneck, A. (2003). Sportengagement Jugendlicher in Westdeutschland. In W. Schmidt, I. Hartmann-Tews & W.-D. Brettschneider (Hrsg.), *Erster Deutscher Kinder- und Jugendsportbericht* (S. 145–165). Hofmann: Schorndorf.

Heim, R. (2008). Bewegung, Spiel und Sport im Kontext von Bildung. In W. Schmidt (Hrsg.) unter Mitarbeit von R. Zimmer & K. Völker, *Zweiter Deutscher Kinder- und Jugendsportbericht. Schwerpunkt: Kindheit.* (S. 21-42). Schorndorf: Hofmann.

Hübner-Funk, S. (2003). Wie entkörperlicht ist die Jugend in der Jugendsoziologie. Argumente für eine „somatische Wende" unserer Disziplin. In J. Mansel, H.M. Griese & A. Scherr (Hrsg*.), Theoriedefizite der Jugendforschung. Standortbestimmung und Perspektiven* (S. 67-74). Weinheim: Juventa.

Hurrelmann, K. (2004). *Lebensphase Jugend. Eine Einführung in die sozialwissenschaftliche Jugendforschung* (7. Aufl.). Weinheim: Beltz.

Hurrelmann, K. & Andresen, S. (2008*). Kinder in Deutschland 2007. 1. World Vision Kinderstudie.* Frankfurt/Main: Fischer.

Kahle, A.-K. & Hummert, M. (2008). Bin ich eigentlich normal? Jugendliche in der Auseinandersetzung mit ihrem Körper. *Zeitschrift für Jugendschutz und Erziehung* (2), 19-20.

Klein, G. (1999). *Electronic Vibration. Pop Kultur Theorie.* Hamburg: Rognes & Bernhard.

Krettenauer, T. (2006). Informelles Lernen und freiwilliges Engagement im Jugendalter aus psychologischer Sicht. In T. Rauschenbach, W. Düx & E. Sass (Hrsg.), *Informelles Lernen im Jugendalter. Vernachlässigte Dimensionen der Bildungsdebatte.* (S. 93-120). Weinheim: Juventa.

Marsh, H.W. (1990). A multidimensional, hierarchical model of self-concept: Theoretical and empirical justification. *Educational Psychology Review*, 2, 77-171.

Marx, A. (2001). *Devianz und Selbstentwicklung im Jugendalter.* Münster: Waxmann.

Montada, L. (2002). Fragen, Konzepte, Perspektiven. In R. Oerter & L. Montada (Hrsg.), *Entwicklungspsychologie* (5. vollst. überarb. Aufl., S. 3-53). Weinheim: Beltz.

Neuber, N. (2007). *Entwicklungsförderung im Jugendalter – Theoretische Grundlagen und empirische Befunde aus sportpädagogischer Perspektive.* Schorndorf: Hofmann.

Neuber, N. (2009). Informelles Lernen – ein sportpädagogisches Thema?. In H. P. Brandl-Bredenbeck & M. Stefani (Hrsg.), *Schulen in Bewegung – Schulsport in Bewegung* (S. 77-82). Hamburg: Czwalina.

Overwien, B. (2006). Informelles Lernen – zum Stand der internationalen Diskussion. In T. Rauschenbach, W. Düx & E. Sass, *Informelles Lernen im Jugendalter. Vernachlässigte Dimension der Bildungsdebatte* (2. Aufl., S. 35-62). Weinheim und München: Juventa.

Riepe, L. (1996). Das Testverfahren. In L. Riepe & M. Zindel (Hrsg.), *Das Paderborner Modell der Talentsichtung* (S. 31-60). Paderborn: Zindel-Verlag.

Riepe, L. (1998). *Kinder im Sport: Talent, Motivation und Selbsterleben.* Dörenhagen: Zindel-Verlag.

Riepe, L. & Zindel, M. (1999). *Talentsuche und Talentförderung in NRW. Ergebnisse eines Forschungsprojekts zur Prognose der Talententwicklung im Sport.* Düsseldorf: Ministerium für Arbeit, Soziales und Stadtentwicklung, Kultur und Sport des Landes Nordrhein-Westfalen.

Rauschenbach, T., Düx, W. & Sass, E. (Hrsg.) (2006). *Informelles Lernen im Jugendalter. Vernachlässigte Dimensionen der Bildungsdebatte.* Weinheim: Juventa.

Roth, M. (2002). Geschlechtsunterschiede im Körperbild Jugendlicher und deren Bedeutung für das Selbstwertgefühl. *Praxis der Kinderpsychologie und Kinderpsychatrie,* 51 (3), 150-164.

Sass, E. (2006). „Schule ist ja mehr als Theorie...“ Lernen im freiwilligen Engagement und in der Schule aus Sicht freiwillig engagierter Jugendlicher. In T. Rauschenbach, W. Düx & E. Sass (Hrsg.), *Informelles Lernen im Jugendalter. Vernachlässigte Dimensionen der Bildungsdebatte.* (S. 241-270). Weinheim: Juventa.

Schmidt, W. (Hrsg.) (unter Mitarbeit von R. Zimmer & K. Völker) (2008). *Zweiter Deutscher Kinder- und Jugendsportbericht.* Schorndorf: Hofmann.

Schmidt, W., Hartmann-Tews, I. & Brettschneider, W.-D. (Hrsg.) (2003). *Erster Deutscher Kinder- und Jugendsportbericht.* Schorndorf: Hofmann.

Schmidt, W. & Süßenbach, J. (2004). Informelles Sportengagement gestern und heute. In E. Balz & Kuhlmann, D. (Hrsg.), *Sportengagements von Kindern und Jugendlichen. Grundlagen und Möglichkeiten informellen Sporttreibens* (S. 139-152). Aachen: Meyer & Meyer,.

Sellmann, M. (2008). „Ist da draußen was?“ – Der Körper als letzte Zuflucht der Selbstvergewisserung. *Zeitschrift für Jugendschutz und Erziehung* (2), 2-4.

Thiele, J. (2009). „Aufklärung, was sonst?“ – Zur Zukunft der Schulsportentwicklung vor dem Hintergrund neoliberaler Vereinnahmungen des Bildungssystems. In H.P. Brandl-Bredenbeck & M. Stefani (Hrsg.). *Schulen in Bewegung – Schulsport in Bewegung.* (S. 13-27). Hamburg: Czwalina.

Tully, C. J. (2006). Lernen im Nebenjob. In T. Rauschenbach, W. Düx & E. Sass (Hrsg.) *Informelles Lernen im Jugendalter. Vernachlässigte Dimensionen der Bildungsdebatte.* (S. 155-172). Weinheim: Juventa.

Zinnecker, J. (1990). Sportives Kind und jugendliches Körperkapital. *Neue Sammlung*, 30 (4), 645-653.

Bildung, Zivilgesellschaft und organisierter Sport – Engagementpolitische Reflexionen zu einem bildungspluralistischen Arrangement

Sebastian Braun

1 Gesellschaftlicher Wandel als Gestaltungsoption

Die unter dem Dach des Deutschen Olympischen Sportbundes (DOSB) organisierten Sportvereine stehen vor grundlegenden gesellschaftlichen Herausforderungen: Auf der einen Seite hat sich der DOSB mit seinem ausdifferenzierten Sportvereinswesen in den letzten Jahrzehnten zu der mit Abstand größten Personenvereinigung mit dem höchsten Anteil bürgerschaftlich engagierter Personen entwickelt. Durch dieses Größenwachstum ist das Sportvereinswesen zu dem zentralen Organisationsfaktor mit lebensweltlicher Einbindung in der deutschen Zivil- bzw. Bürgergesellschaft avanciert.

Staatlicherseits manifestiert sich die besondere Wertschätzung für das zivilgesellschaftliche Potenzial des organisierten Sports im mittlerweile fast schon klassischen Konzept der ‚partnerschaftlichen Zusammenarbeit': Gemäß des Subsidiaritätsprinzips fördert der Staat den vereins- und verbandsorganisierten Sport auf umfangreiche und vielfältige Weise und legitimiert seine Förderung mit Hilfe der zahlreichen gemeinwohlorientierten Leistungen, die er der ‚größten Bürgerbewegung' in Deutschland zuschreibt. Das Spektrum der Funktionszuschreibungen reicht von den Integrationsfunktionen, Sozialisationsfunktionen und Demokratiefunktionen über die Gesundheitsfunktionen bis hin zu den ökonomischen Funktionen der Sportvereine.

Damit ist allerdings nur eine Seite der gegenwärtigen Konstellation beschrieben. Auf der anderen Seite droht nach Einschätzung vieler Expertinnen und Experten das zivilgesellschaftliche Fundament des Sportvereinswesens zu erodieren. Auch wenn solche Zukunftsszenarien vielfach einen Sachverhalt überbetonen und gegenläufige Entwicklungen ausblenden, so scheinen doch verschiedene Herausforderungen an den vereins- und verbandsorganisierten Sport Plausibilitätsanspruch zu haben. Um nur einige Herausforderungen exemplarisch anzudeuten: Beispielsweise deutet sich an, dass sich das seit Jahrzehnten ungebremste quantitative Wachstum des vereinsorganisierten Sports merklich verlangsamt, partiell stagniert oder sogar rückläufig ist; dies gilt für Vereinsneugründungen und den Zuwachs von Sportvereinsmitgliedern ebenso wie für die Gewinnung und Bindung bürgerschaftlich engagierter Mitglieder (vgl. z.B. Breuer, 2009).

Darüber hinaus scheinen sich vor allem Großvereine von zivilgesellschaftlich fest verankerten, bedarfswirtschaftlich ausgerichteten Wertegemeinschaften mit langfristigen Mitgliedschaften und einem belastbaren ‚Ehrenamt' zu betriebswirtschaftlich geführten Dienstleistungsorganisationen auf dem Sportanbietermarkt zu wandeln, die Konsumenten Sportangebote ‚verkaufen', ohne auf das Spenden von Zeit und Wissen ihrer Mitglieder zu vertrauen. Korrespondierend dazu wird vielfach die These vertreten, dass kommerzielle Sportanbieter auf dem Markt und informelle Sportaktivitäten jenseits von Vereinsstrukturen das Organisationsmonopol des vereinsorganisierten Sports aushöhlen würden (vgl. z.B. Alkemeyer, Rigauer & Sobiech, 2005).

Schließlich stellt sich speziell auch vor dem Hintergrund des Nationalen Integrationsplans und der damit verbundenen Diskussion über den ‚Integrationsmotor Sportverein' die Frage nach dem integrationspolitischen Selbstverständnis des vereins- und verbandsorganisierten Sports im Hinblick auf die eigenethnischen Sportvereine in Deutschland, die nach Expertenschätzungen zwar immer größere Verbreitung finden, zu denen der organisierte Sport aber nach wie vor ein ambivalentes Verhältnis in der Binnen- und Außenkommunikation hat.

Verliert also der vereins- und verbandsorganisierte Sport die für Staat und Politik so bedeutsamen Konturen eines maßgeblichen zivilgesellschaftlichen Akteurs in Deutschland? Erodiert mit dem Sportvereinswesen ein gerade für die unmittelbare Lebenswelt der Menschen so bedeutsamer Akteur, der bislang u.a. durch seine Sozialisations-, Integrations-, Partizipations- oder Gesundheitsfunktion maßgeblich zur Leistungsfähigkeit der Zivil- bzw. Bürgergesellschaft in Deutschland beigetragen hat?

Eine fundierte Antwort auf diese Frage ist derzeit nicht zuletzt deshalb schwierig, weil für den DOSB und dessen Mitgliedsorganisationen kein kohärentes „zivilgesellschaftliches Leitbild" im Sinne einer „engagementpolitischen Konzeption" vorliegt. Ein solches Leitbild wäre gerade zum gegenwärtigen Zeitpunkt von grundlegender Bedeutung; denn mit dem Wandel von Staatsaufgaben und einer veränderten Aufgabenteilung zwischen Staat, Markt und Zivilgesellschaft in Deutschland – dem „Wohlfahrtsmix" – gerät auch das „Konzept der partnerschaftlichen Zusammenarbeit" zwischen Staat und Sport, das vor allem auf den zivilgesellschaftlichen Potenzialen des organisierten Sports basiert, unter Legitimationsdruck (vgl. z.B. Braun, 2002). Die notwendige Neujustierung dieses für beide Seiten elementaren Konzepts bedarf also einer fundierten engagementpolitischen (Neu-)Konzeption durch den organisierten Sport, um eine systematische staatliche Förderpolitik zugunsten der Sportvereine inhaltlich fundiert legitimieren zu können.

Ein interessantes Beispiel für die Entwicklung und Erprobung einer solchen engagementpolitischen Konzeption stellt das deutsche Bildungssystem dar, das in besonderer Weise das sich wandelnde Staatsverständnis mit veränderten Steuerungs-, Koordinierungs- und Regulierungsversuchen reflektiert. Dazu gehören z.B. eine verstärkte Privatisierung von Bildungseinrichtungen und -angeboten, die Einführung von Markt- und Wettbewerbsorientierung oder eine gestiegene Nachfrage und entsprechende Angebote in außer- und nachschulischen Lernarrangements in der gesamten Lebensspanne. Diese Entwicklungen dürften nicht nur grundlegende Auswirkungen auf Organisationsformen, Prozesse und Inhalte von Bildung, Qualifikation und Kompetenzentwicklung über die gesamte Lebensspanne entfalten; sie haben insbesondere auch eine Dynamik forciert, auf die staatliche, privatgewerbliche und vor allem zivilgesellschaftliche Akteure mit je eigenen, teils pfadabhängigen und eher traditionellen Strategien, teils mit innovativen und eher experimentellen Suchbewegungen (re-)agieren. Sie lassen den Wandel im deutschen Bildungssystem als eine unübersichtliche Gemengelage neuer Formen der Koordinierung, Regulierung und Steuerung in komplexen institutionellen Strukturen eines sich verändernden Bildungsarrangements erscheinen, an dem staatliche, halb-staatliche und private Akteure beteiligt sind.

Vor dem Hintergrund dieser unübersichtlichen Lage besteht das Ziel dieses Beitrags darin, ausgewählte Fragen an die Rolle des organisierten Sports als einem quantitativ bedeutsamen zivilgesellschaftlichen Akteur in einem sich wandelnden Bildungssystem zu stellen. Diese Fragen sind bewusst kritisch und zugespitzt formuliert in der Hoffnung, der laufenden Diskussion in der Sportwissenschaft, in den benachbarten sozialwissenschaftlichen Teildisziplinen und auch innerhalb der Sportorganisationen zusätzliche Impulse verleihen zu können.

In einem ersten Schritt werden zentrale wohlfahrtspluralistische Argumentationszüge nachgezeichnet, die u.a. in der Debatte über die Zivilgesellschaft seit längerem unter Begriffen wie „Wohlfahrtsmix" oder „Wohlfahrtsgesellschafft" eine maßgebliche Rolle spielen (Kapitel 2). Darauf aufbauend werden dann mit Blick auf den organisierten Sport drei Thesen entwickelt, die sich wie folgt bezeichnen lassen:

These 1: „*Der Staat bekommt Gesellschaft"* – Engagementpolitik auf der Makro-Ebene (Kapitel 3);

These 2. „*Engagement macht Schule"* – Engagementpolitik auf der Meso-Ebene der Verbände und Vereine (Kapitel 4);

These 3: *„Engagement macht kompetent"* – Engagementpolitik auf der
Mikro-Ebene der Mitglieder (Kapitel 5).
Vor dem Hintergrund dieser Thesen werden abschließend Perspektiven einer
bildungsbezogenen Engagementpolitik des organisierten Sports angedeutet (Kapitel 6).

2 Der deutsche Wohlfahrtsstaat im Kreuzfeuer der Kritik

Die Debatte über die Krise des Wohlfahrtsstaats begann in der Bundesrepublik
Deutschland Mitte der 1970er Jahre. Unter dem Eindruck der ersten Ölkrise, die
zu einer weltweiten Wirtschaftsflaute und zu steigenden Arbeitslosenzahlen
führte, und des Berichts des Club of Rome über die Grenzen des Wachstums
wurde nicht nur das Ende des seit dem Zweiten Weltkrieg anhaltenden Wirt-
schaftswachstums thematisiert, sondern auch das sozialdemokratische Modell
vom „Staat als Hüter und Wächter des Gemeinwohls" (Naschold, 1993) in Frage
gestellt. In diesem wohlfahrtsstaatlichen Arrangement (Kaufmann, 1997) spielte
die aktive Bürgerschaft und deren Selbstorganisationsfähigkeit eine untergeordnete Rolle: Nicht hohe Beteiligungsquoten der Bürger und die Inputs gesellschaftlicher Akteure, sondern das staatliche Leistungsniveau und die Outputs des
politisch-administrativen Systems galten als Maßstab für die Funktionstüchtig-
keit des Gemeinwesens.

Dieses Modell wurde seinerzeit von liberal-konservativer wie auch links-
alternativer Seite angegriffen: Erstere machten die staatliche Hyperaktivität für
die Lähmung von Eigeninitiative und Unternehmergeist verantwortlich und be-
tonten die Bedeutung von Wettbewerb und Konkurrenz, um kollektive Wohlfahrt garantieren und die Anspruchsexplosion an staatliche Leistungen bändigen
zu können. Auf der anderen Seite wurde insbesondere im Umfeld der Selbsthil-
febewegung die zunehmende Verrechtlichung, Bürokratisierung und Professionalisierung sozialer Dienste kritisiert und der Staat von seiner Rolle als Bürge für
eine gerechte Gesellschaft in jene des Problemproduzenten gedrängt, da er die
Bürger in ihren Fähigkeiten zu Selbstorganisation und gegenseitiger Hilfe ent-
mündige. Forderungen nach Entstaatlichung, Privatisierung, Subsidiarität und
Wiederbelebung des Assoziationswesens von eher liberal-konservativer Seite
berührten sich mit der Wiederentdeckung der Vorzüge von intermediären Asso-
ziationen, sozialem Pluralismus und antiinstitutionellen sozialen Bewegungen
auf links-alternativer Seite (vgl. im Überblick Braun, 2001).

Vor diesem Hintergrund werden in der aktuellen sozialpolitischen Debatte
Auseinandersetzungen über die Ausgestaltung des hiesigen Wohlfahrtsstaats
weitergeführt, die sich auf die grundlegenden Veränderungen und neueren Stra-

tegien zur Modernisierung der staatlich regulierten Sicherungssysteme konzentrieren. Seit Mitte der 1980 Jahre reüssieren dabei marktliberale Vorschläge, die vor allem unter dem Etikett „New Public Management" bekannt wurden – einem Steuerungsmodell, dessen Referenzmodell für eine Modernisierung öffentlicher Verwaltungen in wesentlichen Zügen das privatwirtschaftliche Unternehmen darstellt. Die entsprechenden Vorschläge reichen von der Modernisierung des Managements nach privatwirtschaftlichen Mustern über die Einführung von Wettbewerbsmechanismen bis hin zur Privatisierung wohlfahrtsstaatlicher Leistungen (vgl. im Überblick z.b. Jann & Wegerich, 2004).

Zwar herrscht bislang alles andere als Einigkeit zwischen Befürwortern und Gegnern von Privatisierungs- und Deregulierungsstrategien. In einem Punkt war ihre Argumentationsbasis bislang aber ähnlich: Markt, Staat und der einzelne Bürger wurden zumeist isoliert betrachtet, während gemeinschaftliche Bezüge und gesellschaftliche Assoziationsformen – mit Ausnahme der Familie – randständige Bedeutung hatten.

2.1 Bürgerschaftliches Engagement in der Wohlfahrtsgesellschaft

Genau in diese Lücke sind in den letzten Jahren die Kritiker der auf die Pole Staat versus Markt konzentrierten Reformdebatte gestoßen: Sie fordern eine grundsätzliche Neuordnung des institutionellen Arrangements des wohlfahrtsstaatlichen Systems. Dabei setzen sie auf eine Pluralisierung von Akteuren der Wohlfahrtsproduktion jenseits von Staat und Markt, auf die komplementäre Vernetzung der verschiedenen Sektoren der Wohlfahrtsproduktion sowie auf eine Stärkung von bürgerschaftlicher Mitwirkung, Selbsthilfe und Selbstorganisation in der Gesellschaft (vgl. im Überblick z.B. Evers & Olk, 1996). Wohlfahrtsrelevante Güter und Kostenvorteile, die durch unbezahlte (Laien-)Tätigkeiten entstehen, werden quer durch das Parteienspektrum wiederentdeckt.

Diese Akzentverlagerung begründet auch die Popularität von Ansätzen, die seit längerem unter Begriffen wie „welfare-mix", „Wohlfahrtspluralismus", „gemischte Ökonomie der Wohlfahrt", „gemischte Wohlfahrtsproduktion" oder „Wohlfahrtsgesellschaft" diskutiert werden (vgl. dazu z.B. Blanke, 2001; Evers & Olk, 1996; Kaufmann, 1997). Diese Ansätze betonen vor allem den Unterschied zur Sozialstaatlichkeit: Der Bürger wird nicht nur als Klient und Konsument, sondern mit seinem alltäglichen Engagement als wichtige Säule im System des gesellschaftlichen Bedarfsausgleichs betrachtet. Der Staat gilt zwar weiterhin als maßgeblicher Träger sozialer Dienste und Einrichtungen, da Selbstorganisation und Selbsthilfe die Leistungen professionalisierter und bürokratisierter sozialer Sicherung nicht ersetzen könnten. Ihm werden aber vor allem strategiebildende, regulative, gewährleistende und moderierende Aufgaben zugesprochen.

Korrespondierend dazu wird das Leitbild vom „ermöglichenden", „ermunternden" und insbesondere „aktivierenden Staat" propagiert, das im Kontrast zu erwerbswirtschaftlichen oder bürokratischen Lösungen bei der Herstellung wohlfahrtsrelevanter Güter einen Mix unterschiedlicher Steuerungsinstrumente, netzwerk- und prozessförmige Steuerungsformen und die Einbindung gesellschaftlicher Akteure favorisiert (vgl. z.B. Enquete-Kommission, 2002). Das Leitbild vom aktivierenden Staat impliziert also „eine neu gelebte Verantwortungsteilung zwischen Staat und Gesellschaft zur Realisierung gemeinsamer Ziele im Hinblick auf Fortschritt und Solidarität. Dabei geht es um Kooperation und Koproduktion staatlicher, halbstaatlicher und privater Akteure in der Verfolgung des öffentlichen Interesses" (Blanke, 2001, S. 8). Entsprechende Schlagworte lauten: Leistungsaktivierung statt Leistungskürzung, Dialog statt Dekret, Koproduktion statt Verhandlung, Selbstorganisation statt hoheitliche Fürsorge oder neue Verantwortungsteilung statt Verantwortungsübertragung.

2.2 Neue Verantwortungsteilung zwischen Staat und Gesellschaft

Vor diesem Hintergrund unterscheiden beispielsweise Damkowski und Rösener drei Ebenen von Verantwortungsbereichen (zit. nach Hans-Böckler-Stiftung, 2001, S. 16-17). Auf der ersten Ebene befinden sich demnach die Kernaufgaben des Staates: Freiheit und Sicherheit der Gesellschaft (z.B. Polizei, äußere Sicherheit, Rechtsschutz, Strafvollzug, Finanzverwaltung). Auf der zweiten Ebene werden hingegen solche Aufgaben verortet, die man bisher als öffentliche verstanden hat, die aber nicht notwendigerweise von staatlichen Organen ausgeführt werden müssten. Hierzu werden z.B. Teile der Leistungsverwaltung und Daseinsvorsorge gezählt. Auf der dritten Ebene befinden sich schließlich jene Aufgaben, die der Staat weder ausführen noch gewährleisten müsse und die auch durch private Organisationen übernommen werden könnten. Dazu gehöre z.B. das Management von Sportanlagen oder Schwimmhallen durch Sportvereine.

Abstrakter formuliert bedeutet das: Während der Staat bisher die Gewährleistungs-, Finanzierungs- und Vollzugsverantwortung bei der Herstellung öffentlicher Güter innehatte, soll er sich nun auf die Gewährleistungsfunktion beschränken, die Vollzugs- und Finanzierungsverantwortung mehr und mehr an zivilgesellschaftliche Akteure abtreten und damit zugleich Gelegenheitsstrukturen für bürgerschaftliches Engagement schaffen. In diesem Kontext habe der Staat insbesondere die Aufgabe,

„die Funktionsweise und Überlebensbedingungen der vielfältigen Organisationen und Initiativen im Dritten Sektor zu fördern. Aktivierung meint hier die Aufwertung der Verantwortung der Trägerschaft von freiwilligen Organisationen und Initiativen und die Verlagerung staatlicher Verantwortlichkeiten: weg von der Trägerschaft von Einrichtungen und Diensten, hin zu einer Betonung der Rolle des Staates als Moderator und koordinierender Förder- und Planungsinstanz. Gestaltungsoptionen ergeben sich im Konzept des Wohlfahrtspluralismus vor allem durch die staatliche Regulierung des wohlfahrtspluralistischen Arrangements" (Blanke, 2001, S. 11).

3 „Der Staat bekommt Gesellschaft" – Engagementpolitik auf der gesellschaftlichen Makro-Ebene

3.1 Vom Wohlfahrtsstaat zur „Wohlfahrtsgesellschaft" – vom staatlichen Bildungssystem zum „bildungspluralistischen Arrangement"

In dieser Argumentationsrichtung geht es also nicht notwendiger Weise um den vieldiskutierten „Rückzug des Staates" aus öffentlichen Aufgaben. Vielmehr sucht der Staat kooperierende Organisationen für eine „neue Staatlichkeit", weil er auf deren Kompetenz, Know-how oder Ressourcen angewiesen ist, um Kollektivgüter zu erstellen (vgl. z.B. Schuppert, 2008). Staatliche Aktivitäten sollen z.B. mit Eigeninitiative des in Vereinen, Projekten und Initiativen assoziierten Bürgers verbunden und auf diese Weise eine neue Leistungsaktivierung in allen Stufen der Wertschöpfungskette öffentlicher Leistungen erzielt werden.

Exemplarisch dafür steht das Bildungssystem: Immer lauter und konkreter werden Forderungen nach einer Öffnung von Schule für bürgerschaftliches Engagement wie z.B. in Offenen Ganztagstagsschulen, Kindertageseinrichtungen oder Hochschulen, nach einer Öffnung des Bildungsbegriffs zugunsten informeller Lernprozesse neben den formalen Bildungsprozessen in strukturierten Unterrichtsformen oder nach einer Öffnung der Qualifizierungsphasen für lebenslanges und lebensbegleitendes Lernen über die formalen Qualifizierungsphasen in Schule, Ausbildung oder Universität hinaus.

Im Kern geht es um die Öffnung des staatlich organisierten Bildungssystems hin zu einem „Bildungsmix" (Schenkel, 2007) auf unterschiedlichen Ebenen – einem „Bildungsmix", in dem Bildungs- und Qualifizierungsstrukturen und -prozesse wesentlich umfangreicher in Koproduktion und im Kontext neuer Formen der Koordinierung, Regulierung und Steuerung in komplexen institutionellen Strukturen staatlicher, zivilgesellschaftlicher und marktförmiger Akteure organisiert werden.

3.2 Der organisierte Sport bekommt die Wohlfahrtsgesellschaft – aber will er sie auch?

Diese Öffnungsprozesse im Bildungssystem eröffnen gerade zivilgesellschaftlichen Akteuren wie Nonprofit-Organisationen und dabei z.B. dem organisierten Sport vielfältige Handlungsspielräume zur Innovation und Gestaltung institutioneller Rahmenbedingungen im Bildungssystem. In welcher Weise speziell der organisierte Sport diese Räume nutzen könnte und möchte, scheint gegenwärtig allerdings noch relativ offen zu sein und kontrovers diskutiert zu werden. Im Rahmen dieser Suchbewegungen stellt sich die Frage, inwieweit sich der vereins- und verbandsorganisierte Sport überhaupt als Akteur einer vom Staat ‚eingeladenen Gesellschaft' von Koproduzenten spezifischer Bildungsangebote wahrnimmt.

Diese Frage ist zum gegenwärtigen Zeitpunkt schwer zu beantworten. Denn eine solche Antwort müsste sich zumindest auf eine zivilgesellschaftliche Konzeption, mithin zivilgesellschaftliche Bildungskonzeption des vereins- und verbandsorganisierten Sports stützen können, die die Inhalte und Besonderheiten des organisierten Sports in einem sich wandelnden Wohlfahrts- und speziell Bildungsmix herausstellt. Eine solche Konzeption liegt nach meinem Kenntnisstand bislang bestenfalls fragmentarisch vor und bedarf noch zahlreicher Weiterentwicklungen. Sie sind z.B. folgende Fragen zu beantworten: Welche spezifischen Potenziale hat der organisierte Sport, um sich im Kontext des Öffnungsprozesses des staatlichen Bildungssystems in spezifischer Weise zu profilieren? Welcher Bildungsbegriff und welches Bildungsverständnis sollen dabei die besonderen zivilgesellschaftlichen Potenziale des Sportvereins als Institution für formale und informelle Bildungsprozesse begründen? Welche Bedeutung wird in diesem Kontext dem bürgerschaftlichen Engagement im Sportverein und Sportverband beigemessen? In welcher Weise beabsichtigt der organisierte Sport, sich in horizontale, intersektorale Netzwerke ‚regionaler Bildungslandschaften' einzubringen? Welche strategische Fähigkeit zur Interaktion haben Sportvereine und Sportverbände, um in solchen Netzwerken erfolgreich agieren zu können?

Warum – so kann man diese eher abstrakten Fragen beispielhaft konkretisieren – sollte der organisierte Sport nicht ein innovativer Ideengeber auf dem Weg sein, bürgerschaftliches Engagement in der Schule sukzessive zu einem Bildungsziel fortzuentwickeln – ganz im Sinne einer pädagogische Leitidee von der Vermittlung einer ‚Handlungsfähigkeit in der Bürgergesellschaft'. Denn wenn eine ‚vernünftige' – das heißt: eine begründbare und begründete – Lebensführung in einer modernen Demokratie ein bürgerschaftliches Engagement einschließt, dann müssen Heranwachsende auch frühzeitig befähigt werden, sich in der Bürgergesellschaft zurechtzufinden, sinnvoll unter alternativen Angeboten entscheiden und kompetent handeln zu können, um zu vermeiden, dass sie den Anforderungen der Bürgergesellschaft unvorbereitet gegenüberstehen. Handlungsfähigkeit in der Bürgergesellschaft ergibt sich aber nicht nur ‚nebenbei' im konkreten Engagement, sondern sie sollte in pädagogischer Absicht vermittelt werden, um z.b. auch solche Jugendlichen an ein bürgerschaftliches Engagement sukzessive heranzuführen, die aufgrund ihrer sozialen Herkunft ungünstigere Zugangschancen zu einem solchen Engagement haben (Braun, 2007b). Dass auf diese Weise pädagogische Inhalte mit sportimmanenten Interessen der Gewinnung des ‚engagierten Engagement-Nachwuchses' im Sportverein verbunden sein könnten, ist durchaus wünschenswert und legitim. Schließlich gibt es kaum ein vergleichbares Medium wie den Sport, das Kinder und Jugendliche anspricht, um sich freiwillig in der Gesellschaft zu engagieren.

Die Liste dieser exemplarischen Überlegungen ließe sich problemlos verlängern, worauf ich an dieser Stelle verzichten möchte. Wichtiger erscheint mir in diesem Kontext die dahinter liegende Überlegung, die sich vereinfacht wie folgt zusammenfassen lässt: Auf der gesellschaftlichen Makroebene sind die Sportverbände und -vereine gefordert, in einem veränderten institutionellen Arrangement der Wohlfahrtsproduktion – dem ‚Wohlfahrtsmix' – ‚Partner neuer Staatlichkeit' zu werden. Ein besonderes Handlungsfeld eröffnet sich dabei über das Feld der ‚Engagementpolitik', das sich der organisierte Sport systematisch als ein neues Politikfeld erschließen kann. Dieses Politikfeld erfordert eine Begründung des besonderen Werts des bürgerschaftlichen Engagements in Sportvereinen und -verbänden für Wohlfahrtssteigerung und gesellschaftliche Innovation. Das Thema ‚Bildung' und die Einbettung des organisierten Sports in einen zukünftigen ‚Bildungsmix' in Deutschland sind für einen solchen Begründungszusammenhang besonders geeignet. Es verweist in besonderer Weise auf die zivilgesellschaftlichen Beteilungswünsche und -offerten des organisierten Sports im Rahmen einer neuen Aufgabenteilung zwischen Staat, Markt und Zivilgesellschaft in neuen Formen der Koordinierung, Regulierung und Steuerung von Bildungsangeboten in komplexen institutionellen Strukturen.

4   „Engagement macht Schule" –
Engagementpolitik auf der Meso-Ebene der Verbände und Vereine

Diese neuen Formen der Koordinierung, Regulierung und Steuerung von Bildungsangeboten in komplexen institutionellen Strukturen verweisen bereits auf die zweite These des vorliegenden Beitrags, die sich mit dem Etikett „Engagement macht Schule" überschreiben lässt. Denn mit der strategischen Einbettung des organisierten Sports in einen ‚Bildungsmix' verbindet sich die Frage nach den Organisationen, die sich in veränderte institutionelle Arrangements des Bildungssystems einbringen. Allgemeiner formuliert: Es geht um die horizontale Vernetzung von Akteuren aus Staat, Markt, Bürgergesellschaft und Familie, um unterschiedliche und vielfältige Gelegenheitsstrukturen für Bildungsprozesse zu eröffnen.

4.1 Horizontale Vernetzung von Schule

Ich möchte diese abstraktere Argumentationsfigur an einem aktuellen Beispiel veranschaulichen, das auch in der Diskussion im organisierten Sport sehr kontrovers diskutiert wird: Der Offenen Ganztagschule, die sich überwiegend an der klassischen Unterrichtsstruktur der Halbtagsschule orientiert, nach dem Mittagessen aber ein zusätzliches, freiwilliges Nachmittagsprogramm anbietet. Bekanntlich übernehmen häufig freie Träger diese Form der Betreuung, die in der Regel gemeinsam mit der Schulleitung das pädagogische Konzept erstellen.

Im Kontext der Offenen Ganztagsschule soll Schule zu einem Ort für eine neue ganzheitliche Lehr- und Lernkultur umstrukturiert werden (vgl. z.B. Becker, 2008). Exemplarisch dafür stehen die qualitativen Merkmale für Offene Ganztagsschulen, deren zentrale Aspekte wie folgt zusammengefasst werden können:

- Individuelle Förderung und Eröffnung von Lernchancen durch eine Pädagogik der Vielfalt, die konsequent die unterschiedlichen Lernvoraussetzungen der Schüler berücksichtigen soll (z.B. Begabungen, Lernhaltung, Lernumgebung im Elternhaus und Vorwissen aus der Lebenswelt);
- Veränderung von Unterricht und Lernkultur durch Verknüpfung von Unterricht, Zusatzangeboten und Freizeit über Vor- und Nachmittag (z.B. Lösung vom 45-Minuten-Takt, Raum für freien Unterricht und Projekte);
- soziales Lernen über verschiedene Altersgruppen hinweg durch Angebote, die soziale Kompetenz fördern sollen; Partizipation durch verbesserte Möglichkeiten der Mitentscheidung, Mitgestaltung und Mitverantwortung von Eltern und Schülern; Öffnung von Schule durch Kooperation mit der Kinder- und Jugendhilfe, kommunal ansässigen Nonprofit-Organisationen und Unternehmen; kreative Freizeitgestaltung durch Einbeziehung außerschulischer Angebote (z.B. durch Sportvereine, Jugendhilfe, Musikschulen);
- Qualifizierung des Personals durch entsprechende Weiterbildungen für Schulleitungen, Lehrkräfte, pädagogisches Personal und außerschulische Partnerorganisationen wie z.B. Sportvereine.

In der programmatischen Ausrichtung der Offenen Ganztagsschule finden sich auf der Organisationsebene mindestens zwei Elemente, die für den organisierten Sport bedeutsam sind: die Öffnung der Organisation Schule und die Öffnung des Bildungsbegriffs. Beide Öffnungsprozesse sind unmittelbar anschlussfähig für die organisationsbezogene Einbettung von Sportvereinen in einen kommunalen „Bildungsmix".

4.2 Der organisierte Sport ist mitten in der Schule – aber will er auch in die Schule gehen?

Der programmatische Öffnungsprozess dieser Schulform setzt voraus, dass potenzielle Partnerorganisationen für eine neue Staatlichkeit im Bildungssystem (z.B. Sportverbände und -vereine) in intelligent gestaltete Netzwerkprozesse eingebunden sind, um mit ihren spezifischen Angeboten den Bildungsprozess der Schülerinnen und Schüler zu unterstützen und zu fördern. Diese Investitionen in kommunale Bildungsnetzwerke sind für die Sportorganisationen eine veritable Herausforderung – nicht nur in personeller, sachlicher und zeitlicher Hinsicht. Sie erfordern auch die Bereitschaft, sich auf neu entstehende interorganisatorische Arrangements zwischen staatlichen Akteuren, anderen Nonprofit-Organisationen und auch Unternehmen einzulassen.

Dabei müssen insbesondere neue Formen der Organisations-, Kommunikations- und Interaktionsmuster zwischen staatlichen und nicht-staatlichen Organisationen, Sportverbänden und lokalen Vereinen ausgestaltet werden. Das setzt voraus, dass Sportvereine und -verbände fähig sind, im Prozess kollektiver Entscheidungsfindung klar definierte Interessen zu vertreten, strategisch zu interagieren und Kompromisse einzugehen. Denn die Leistungsfähigkeit der angestrebten Bildungsnetzwerke zwischen staatlichen Akteuren, Sportverbänden und -vereinen und weiterer nicht-staatlichen Akteuren hängt maßgeblich von der Frage ab, inwieweit die Netzwerke in der Lage sind, systemrationale, innovative und tragfähige Lösungen zu erarbeiten.

Bei diesen netzwerkartigen Kooperationen – und darin steckt eine zentrale Herausforderung für Sportverbände und -vereine – müssen also sehr unterschiedliche soziale Systeme auf organisationaler Ebene zusammenfinden, um Bildungsprojekte gemeinsam zu entwickeln, zu implementieren und nachhaltig durchzuführen. Allerdings ist die Integration der – immer selbstreferentiell angelegten – Ansprüche eines anderen Systems in den eigenen – ebenfalls selbstreferentiell angelegten – systemischen „Sinnhorizont" nur sehr begrenzt möglich. Die damit vorhandenen Anpassungsprobleme zwischen den Organisationswelten können aber potenzielle ‚Win-Win-Konstellationen' einer Kooperation auch in das Gegenteil verkehren. Organisationen stehen immer in Gefahr, innerhalb von Netzwerken genauso opportunistisch und kurzsichtig zu handeln wie einzelne Individuen (vgl. Braun 2007a). Um dieses unerwünschte Ergebnis zu vermeiden, sind Regulierungs-, Koordinierungs- und Steuerungsleistungen in komplexen institutionellen Strukturen erforderlich, die das Problem einer strukturellen Koppelung zwischen den unterschiedlichen gesellschaftlichen Systemen und Organisationen mit ihren jeweils eigenen Handlungslogiken, Sachzwängen, Anforderungsprofilen und Zielsetzungen überwinden können.

In dieser Argumentationsrichtung ist also die Organisation und das Management der Interaktionen zwischen verschiedenen Akteuren in Form einer institutionellen Integration unterschiedlicher Steuerungsformen in lokalräumlichen Bezügen von besonderer Bedeutung, also

> „die Kombination von weniger Staat mit mehr Politik, sprich mehr gesellschaftlicher Beteiligung und Aktivität ... Und diese Kombination ist sicherlich neu, denn sie ist eine echte Alternative zu den bekannten Konzeptionen des schlanken Minimalstaats (weniger Staat, mehr Politik), und, nota bene, auch des technokratischen und autoritären Sozialstaats (mehr Staat, weniger Politik)" (Jann & Wegrich, 2004, S. 207).

Solche Formen der gesellschaftlichen und politischen Regulierung, Koordinierung und Steuerung in institutionellen Strukturen, an denen private und staatliche Organisationen mitwirken, sind allerdings ausgesprochen voraussetzungsvoll. Denn die Arbeit in interorganisatorischen Netzwerken setzt voraus, dass Kooperationsbeziehungen zwischen den verschiedenen Akteuren neu entwickelt und dabei eine Kohärenz öffentlicher und privater Aktivitäten erzielt werden, die sich an längerfristigen Wirkungen und Auswirkungen und weniger an kurzfristigen Outputs orientieren.

In diesem Kontext kommt die Rolle der Sportverbände besonders zum Tragen, die sich dann nicht nur auf Probleme der Binnensteuerung beschränken können, sondern als Initiator, Moderator und Förderer entsprechender Kooperationsbeziehungen in Erscheinung treten. Gerade auf sie kommt es an, staatliche Bildungseinrichtungen auf der Basis ihrer mutmaßlich stark divergierenden und teilweise auch diffusen Erwartungen in neuartige Formen der Problembewältigung öffentlicher Bildungsaufgaben einzubinden und sie zur Kooperation mit Sportvereinen zu motivieren. Dabei geht es nicht einfach nur darum, Bildungsangebote zu privatisieren; eine einfache Verantwortungsübertragung staatlicher Bildungsaufgaben auf Sportvereine reicht in dieser Perspektive nicht aus. Vielmehr bedarf es einer Verantwortungsteilung mit gegenseitigen Verpflichtungen. Dabei ist staatliche Finanzierung auch auf die Gewährleistung und Förderung engagementförderlicher Infrastruktur zu konzentrieren, in deren Kontext sich die Sportvereine als Kooperationspartner im kommunalen Bildungsmix entfalten können. Für den vereins- und verbandsorganisierten Sport bedeutet das aber auch, sich an der Gestaltung einer engagementförderlichen Infrastruktur mit engagementpolitischen Innovationen aktiv zu beteiligen – und nicht in einer auffälligen Haltung der kritischen Sorge um Nachmittagszeiten für die Sportstättennutzung etc. zu verharren.

5 „Engagement macht kompetent" – Engagementpolitik auf der Mikro-Ebene der Mitglieder

Wenn der Staat Kooperationspartner für eine neue Staatlichkeit sucht und engagementpolitische Perspektiven auch im staatlich regulierten Bildungssystem zunehmend Raum gewinnen, dann erscheint die These plausibel, dass bürgerschaftliches Engagement mehr ist als eine unentgeltliche Ressource, auf deren Grundlage insbesondere Nonprofit-Organisationen, wie z.B. Sportvereine ihre Leistungen erbringen und ihre Angebote erstellen. Offenbar hat bürgerschaftliches Engagement auch aus der Perspektive der Engagierten einen ‚Mehrwert' in Form von zusätzlichen Bildungsprozessen; es geht auch um den Aufbau von ‚Bildungskapital'.

5.1 *Bürgerschaftliches Engagement als „Produzent von Bildungskapital"*

Zwar unterscheiden sich die Forschungsergebnisse der vorliegenden empirischen Studien im Hinblick auf die Dimensionen, Formen und Kontexte der Kompetenzentwicklung im bürgerschaftlichen Engagement. Die Befunde stimmen aber darin überein, dass bürgerschaftliches Engagement eine Institution bildet, in deren Kontext Engagierte auf unterschiedliche Weise Kompetenzen (weiter-)entwickeln können (vgl. dazu auch die Beiträge von Braun & Hansen sowie Hansen, in diesem Band).

Um nur einige Befunde zu resümieren, die sich bislang nahezu ausschließlich auf die Gruppe der Jugendlichen beschränken: Deutlich mehr als die Hälfte der im Rahmen des Freiwilligensurveys 2004 befragten 14- bis 24-Jährigen geben an, durch ihr Engagement in „sehr hohem" oder „hohem Umfang" wichtige Fähigkeiten erworben zu haben. Darüber hinaus meinen weitere 35% der Jugendlichen, in „gewissem Umfang" dazu gelernt zu haben, während nur ein geringer Anteil von 7% keinen Fähigkeitserwerb konstatieren kann. Die Ergebnisse des Freiwilligensurveys 2004 machen zudem darauf aufmerksam, dass sich Jugendliche im Rahmen ihres bürgerschaftlichen Engagements mit Anforderungen konfrontiert sehen, zu deren Bewältigung sie insbesondere soziale Kompetenzen, hohe Einsatzbereitschaft, Belastbarkeit, Organisationstalent, Fachwissen und Führungsqualitäten benötigen (vgl. Gensicke, Picot & Geiss, 2006). Dieses Anforderungsspektrum weist darauf hin, dass die Jugendlichen in der konkreten Auseinandersetzung mit ihrer Umwelt selbständig Kompetenzen (wei-ter-)entwickeln müssen, um die mit ihrem bürgerschaftlichen Engagement ver-bundenen Aufgaben lösen zu können.

Besonders bedeutsam erscheinen in diesem Zusammenhang weniger for-melle Lernprozesse (z.B. im Rahmen von Qualifizierungs- und Weiterbildungs-maßnahmen) als vielmehr informelle Lernprozesse außerhalb arrangierter Lern-kontexte. Zwar dürften formelle Lernprozesse etwa im Kontext verbandlicher Qualifizierungssysteme nicht zu unterschätzen sein, wie die Befunde des Frei-willigensurveys 2004 andeuten. Denn immerhin 41% der bürgerschaftlich enga-gierten Jugendlichen sind Weiterbildungsmöglichkeiten im Kontext ihres Enga-gements bekannt; und von diesen Jugendlichen geben wiederum 44% an, mehr-mals an solchen Qualifizierungsmaßnahmen teilgenommen zu haben (vgl. Gensicke, Picot & Geiss, 2006). Weitaus bedeutsamer für den Kompetenzerwerb im bürgerschaftlichen Engagement scheinen für die Jugendlichen aber selbstor-ganisierte und inzidentelle Lernprozesse zu sein.

So differenzieren beispielsweise Düx (2006) sowie Düx und Sass (2005) im Rahmen ihrer explorativen Studie über Kompetenzgewinne im freiwilligen En-gagement zwischen einem Kompetenzerwerb der Jugendlichen auf personaler Ebene (z.B. Selbstständigkeit, Belastbarkeit, Flexibilität, Selbstbewusstsein), sozialer Ebene (z.B. Verantwortungsbereitschaft, Kommunikations-, Konfliktfä-higkeit) und sachbezogener Ebene (z.B. organisatorische oder handwerklich-technische Kompetenzen). Zu durchaus ähnlichen, wenn auch weniger differen-zierten Ergebnissen gelangen Braun (2003) und Fischer (2001) in ihren Fallstu-dien über die ostdeutsche evangelische Kinder- und Jugendarbeit bzw. über die BUND-Jugend. Während Braun (2003) von einer Erweiterung der Bildungsmög-lichkeiten und damit der Lernkompetenzen und -bereitschaften von Jugendlichen durch bürgerschaftliches Engagement ausgeht, verweist Fischer (2001) auf den Erwerb von Sach-, Handlungs- und sozialen Kompetenzen wie auch auf die Persönlichkeitsbildung durch bürgerschaftliches Engagement.

Zu umfangreichen quantitativen und qualitativen Befunden über den Kom-petenzerwerb im bürgerschaftlichen Engagement speziell in Vereinen gelangen darüber hinaus Braun, Hansen und Ritter (2007) in einer Befragung heranwach-sender und erwachsener Vereinsmitglieder (vgl. dazu auch Hansen, in diesem Band). Die Ergebnisse lassen u.a. erkennen, dass die befragten Vereinsmitglieder im Zuge ihres Engagements Interventionsfähigkeiten (z.B. Kommunikations-, Organisations- oder administrative Fähigkeiten), soziale Kompetenzen (z.B. Geduld, Hartnäckigkeit, Durchhaltewillen), Allgemeinwissen (Gesellschaftswissen) und Fachwissen (berufliche Kompetenzen) entwickeln. Die unmittelbare Sichtbarkeit von Erfolgen oder Misserfolgen des eigenen Handelns in einem als wichtig empfundenen Alltagsbereich ist offenbar ausgesprochen lernmotivierend, ohne dass dies den Engagierten bewusst sein muss. Denn bürgerschaftliches Engagement stellt Anforderungen, die insbesondere über selbstinitiierte und -gesteuerte Lernaktivitäten gelöst werden (müssen). Bei sämtlichen dieser Kompetenzen handelt es sich um persönliche Ressourcen, die nur dem Engagierten als nicht übertragbares Bildungskapital zur Verfügung stehen und im Kontext des bürgerschaftlichen Engagements erworben, eingeübt, entdeckt oder erfahren werden. Dieses Bildungskapital nutzen die ‚engagiert Lernenden' offensichtlich auch in anderen Handlungskontexten. Dies gilt für die Schule, Ausbildung und Erwerbsarbeit ebenso wie für die ‚Professionalisierung' ihrer Tätigkeiten in den Nonprofit-Organisationen wie z.B. Sportvereinen, in denen sie sich bürgerschaftlich engagieren.

5.2 Der organisierte Sport braucht kompetentes „Personal" – aber sieht er auch die Engagierten?

Bürgerschaftliches Engagement kann in dieser Perspektive also – salopp formuliert – ‚kompetent' machen. Es ist insofern auch mehr als eine kostengünstige Ressource, die an der Leistungserstellung von Sportvereinen mitarbeitet und die wie ‚Personal' einer Organisation betrachtet werden kann. Bürgerschaftlich Engagierte sind in diesem Sinne also nicht nur zu qualifizieren und zu schulen, damit sie Trainings- und Übungsangebote ‚professioneller' leiten können oder das Vereinsmanagement besser im Griff haben. Neben dieser zweifellos sehr wichtigen organisationsbezogenen Perspektive, die vielfach Qualifizierungsmaßnahmen für Engagierte begründet, gibt es offensichtlich auch eine individuelle Seite des Engagierten, der sich auf freiwilliger Basis fortbildet mit der Intention, sich weiterentwickeln, sich mithin bilden zu wollen. Gerade im freiwilligen Engagement scheint die Reflexivität des deutschen Bildungsbegriffs ihren traditionellen Sinnzusammenhang zu bewahren.

Diese Perspektive hat in den letzten Jahren insbesondere unter dem Stichwort des Wandels vom „alten" zum „neuen Ehrenamt" an Bedeutung gewonnen (vgl. Braun, 2001). Dieser Wandel dürfte u.a. Folgen für den vereins- und verbandsorganisierten Sport haben – vorausgesetzt, dass die Sportorganisationen gerade die nachwachsenden Generationen für ein bürgerschaftliches Engagement gewinnen wollen, die eher die Merkmale des „neuen" Ehrenamtlichen aufweisen. Denn dieser Typus ist aus der Perspektive der Organisationen ‚unbequemer' als der Typus des „alten" Ehrenamtlichen: Der „neue" Ehrenamtliche fragt immer wieder nach dem persönlichen Sinn und Nutzen seines Engagements im vereins- und ggf. auch verbandsorganisierten Sport und handelt weitaus seltener als der „alte" Ehrenamtliche aus einer selbstverständlichen, eingelebten Gewohnheit heraus. Dieses selbstreflexive und sinnhafte, aber nicht zuletzt auch rational motivierte Handeln macht den „neuen" Ehrenamtlichen voraussetzungsvoller, um ihn längerfristig an eine Organisation zu binden. Inwieweit eine solche längerfristige Bindung erreicht wird, hängt maßgeblich davon ab, ob entsprechende Gelegenheitsstrukturen vorhanden sind, die für das „neue" Ehrenamt attraktiv sind.

Die Frage, inwieweit diese Gelegenheitsstrukturen existieren, kann exemplarisch mit folgenden Fragen umrissen werden, die von den Verantwortlichen in den sehr unterschiedlich strukturierten Sportvereinen und -verbänden am besten beantwortet werden können: Werden Mitgliedern und potenziell an einer Mitgliedschaft Interessierten anspruchsvolle – und zugleich nicht überfordernde – Aufgabenfelder übertragen, in denen sie mit einer gewissen Eigenständigkeit und praktisch folgenreich agieren können? Gibt es entsprechende Strukturen, in denen sie ihre besonderen Interessen und Vorstellungen aushandeln und in die praktische Arbeit einbringen können? Werden ihnen zeitlich begrenzte, projektorientierte Engagements ermöglicht, die mit ihrer Lebenslage und spezifischen Lebenssituation korrespondieren (‚biografische Passung')? Werden ihnen zur Umsetzung ihrer Aufgaben Möglichkeiten zur Fort- und Weiterbildung eröffnet, um ihr Kompetenzprofil zu erweitern? Und gibt es ggf. sogar Möglichkeiten, sich freiwillig übernommene Tätigkeiten im Sportverein oder -verband zertifizieren zu lassen und für die berufliche Laufbahn nutzbar zu machen?

Die Liste dieser Fragen ließe sich problemlos verlängern. Was bleibt ist die Tatsache, dass der ‚neue' Ehrenamtliche eben ein ‚unbequemerer', weil anspruchsvollerer Akteur im Gefüge einer Organisation wie den Sportvereinen und -verbänden darstellt. Insofern sind auf der individuellen Mikroebene Sportverbände und -vereine gefordert, Kompetenzen bürgerschaftlich engagierter Mitglieder nicht nur als Ressource für die Vereinsarbeit zu betrachten, sondern auch als Lern- und Erfahrungsfeld des Neuen Ehrenamtlichen. In diesem Sinne kann z.B. ein innovatives System aufgebaut werden, das den Aufbau von Bildungskapital im Zuge eines bürgerschaftlichen Engagements unterstützt und begleitet. In dieser Perspektive könnten z.B. in verbandlichen Qualifizierungsmaßnahmen oder bei Instrumenten wie Freiwilligendiensten inhaltliche Aspekte umfangreicher berücksichtigt werden, die auf die Initiierung und Begleitung von Lernprozessen bürgerschaftlich Engagierter abheben. Dies gilt insbesondere für die Vermittlung von Fähigkeiten, die als ‚Schlüsselkompetenzen' gelten.

6   Fazit und Ausblick

Der Stellenwert hoher Vereins-, Mitgliedschafts- und Engagementquoten ist in den gesellschaftspolitischen Diskussionen über den vereins- und verbandsorganisierten Sport nicht neu. Das entsprechende Stichwort ist das *gemeinwohlrelevante Argument der großen Zahl* (vgl. Rittner & Breuer, 2003). Demnach steigt der Beitrag der – bis in die lokalen Verästelungen hineinreichenden – Sportvereine zum Gemeinwohl mit der Mitgliederzahl, weil breite Bevölkerungsgruppen die überwiegend ehrenamtlich erstellten Angebote nutzen können. Dieses quantitative Argument gewinnt allerdings erst im Zusammenspiel mit den qualitativen Argumenten über die *gemeinwohlrelevanten gesellschaftlichen Funktionen* der Sportvereine seine besondere Bedeutung. Das Spektrum der Funktionszuschreibungen reicht von den Integrationsfunktionen, Sozialisationsfunktionen und Demokratiefunktionen über die Gesundheitsfunktionen bis hin zu den ökonomischen Funktionen der Sportvereine. Denn erst das Zusammenspiel der quantitativen und qualitativen Argumentationslinie über die Gemeinwohlorientierung der Sportvereine legitimiert im Sinne des Subsidiaritätsprinzips die umfangreichen direkten und indirekten Unterstützungsleistungen des Staates zugunsten des organisierten Sports als zivilgesellschaftlicher Infrastruktur in Deutschland (vgl. z.B. Braun & Hansen, 2008; Strob, 1999).

Allerdings scheinen diese beiden grundlegenden Argumentationslinien im Zuge des dynamischen sozialen, politischen und ökonomischen Wandels in Deutschland zunehmend an Legitimationskraft zu verlieren, sodass die Sportvereine und Sportverbände zunehmend unter Handlungsdruck geraten, ihre gesellschaftlichen Funktionen als zivilgesellschaftliche Akteure in einem sich wandelnden Wohlfahrtsmix mit besonderem Nachdruck unter Beweis zu stellen (vgl. z.B. Braun, 2006). Insofern erstaunt es nicht, dass in den letzten Jahre eine Vielfalt und Vielzahl von Verlautbarungen, Preisverleihungen, Publikationen, Tagungen, Workshops oder Kongressen zu beobachten sind, die sich als Ausdruck bedeutsamer Suchbewegungen verstehen lassen, um Antworten auf diese gesellschafts- und sportpolitisch bedeutsamen Zukunftsfragen zu formulieren (z.B. Deutscher Sportbund 2002, 2004, 2005; Deutscher Olympischer Sportbund, 2007, 2008).

Versucht man vor diesem Hintergrund die in drei Thesen dieses Beitrags gebündelten Überlegungen zu bilanzieren, dann ist zunächst festzuhalten, dass sich neben dem traditionellen sportpolitischen Handlungsfeld zunehmend die Konturen eines engagementpolitischen Handlungsfelds abzeichnen, in denen der organisierte Sport nicht zuletzt auf seiner hohen Mitgliedschafts- und Engagementquoten und der weitreichenden zivilgesellschaftlichen Verankerung bis in die lokalen Verästelungen hinein eine bedeutsame Rolle spielen kann.

Dazu bedarf es allerdings einer engagementpolitischen Konzeption, die den besonderen Wert des vereins- und verbandsorganisierten Sports als zivilgesellschaftlichem Akteur herausstellt. Eine solche Konzeption müsste breit genug gefasst sein, um als zivilgesellschaftlicher Akteur in unterschiedlichen Handlungsfeldern Kooperationspartner neuer Staatlichkeit werden zu können; exemplarische Thesen habe ich im Hinblick auf das sich institutionell öffnende Bildungssystem versucht zu formulieren. Im Hinblick auf die Politikfähigkeit des organisierten Sports spannt sich in diesem Kontext ein breiter Handlungsrahmen auf, den es – unter Berücksichtigung aller damit verbundenen Steuerungsprobleme innerhalb des Sportsystems (Thiel & Braun, 2009) – Stück für Stück zu füllen gilt.

Einen substanziellen Beitrag dazu soll ein breiter angelegtes Forschungsprojekt über die „Die Sportvereine im Deutschen Olympischen Sportbund (DOSB) als zivilgesellschaftliche Akteure im neuen Wohlfahrtsmix" leisten, das seit Frühjahr 2009 unter meiner Leitung an der Humboldt-Universität zu Berlin durchgeführt und aufgrund eines Beschlusses des Deutschen Bundestages durch das Bundesministerium für Familie, Senioren, Frauen und Jugend (BMFSFJ) gefördert wird. Ziel der Untersuchung ist die Analyse und Bewertung der zivilgesellschaftlichen Potenziale der Sportvereine vor dem Hintergrund eines sich wandelnden Staatsverständnisses in Deutschland und einer veränderten Aufgabenteilung zwischen Staat, Markt, Zivilgesellschaft und Familie. Auf der Grundlage der wissenschaftlichen Erkenntnisse sollen Diskussions-, Handlungs- und Förderbedarfe zur Weiterentwicklung der Sportvereine als Akteure in der Zivilgesellschaft identifiziert werden.

Literatur

Alkemeyer, T., Rigauer, B. & Sobiech, G. (Hrsg.). (2005). *Organisationsentwicklungen und De-Institutionalisierungsprozesse im Sport.* Schorndorf: Hofmann.

Becker, H. (Hrsg.). (2008). *Politik und Partizipation in der Ganztagsschule.* Schwalbach/Ts.: Wochenschau.

Blanke, B. (2001). *Aktivierender Staat – aktive Bürgergesellschaft. Eine Analyse für das Bundeskanzleramt.* Hannover: Universität Hannover.

Braun, K.-H. (2003). Freiwilliges Engagement und pädagogische Beziehungen in der ostdeutschen evangelischen Kinder- und Jugendarbeit. In W. Thole & J. Hoppe (Hrsg.), *Freiwilliges Engagement – ein Bildungsfaktor.* Frankfurt am Main: Selbstverlag.

Braun, S. (2001). Bürgerschaftliches Engagement – Konjunktur und Ambivalenz einer gesellschaftspolitischen Debatte. *Leviathan. Zeitschrift für Sozialwissenschaft, 29,* 83-109.

Braun, S. (2002). Das soziale Kapital in Deutschland und die Jugendarbeit in Sportvereinen. Anmerkungen zu einem endlosen Legitimationsdiskurs über die „Sozialstation" Sportverein. *deutsche jugend. Zeitschrift für die Jugendarbeit,* 50, 170-176.

Braun, S. (2006). Umbau des Sozialstaats und organisierter Sport. *Sport und Gesellschaft – Sport and Society,* 3, 124-129.

Braun, S. (2007a). Corporate Citizenship und Dritter Sektor. Anmerkungen zur Vorstellung: „Alle werden gewinnen…".*Forschungsjournal Neue Soziale Bewegungen,* 20 (2), 186-190.

Braun, S. (2007b). *Sozialintegrative Potenziale bürgerschaftlichen Engagements für Jugendliche in Deutschland.* Gütersloh: Bertelsmann Stiftung.

Braun, S. (2008). Gesellschaftliches Engagement von Unternehmen in Deutschland. *Politik und Zeitgeschichte,* B 31, 6-14.

Braun, S. (in Druck). Ideen statt Rotstift. Eine Best-Practice-Studie zur Übernahme öffentlicher Aufgaben durch bürgerschaftliches Engagement. In W. Lamping & H. Schridde (Hrsg.), *Der Konsultative Staat.* Opladen: Barbara Budrich.

Braun, S. & Hansen, S. (Hrsg.). (2008). *Steuerung im organisierten Sport.* Hamburg: Czwalina.

Braun, S., Hansen, S. & Ritter, S. (2007). Vereine als Katalysatoren sozialer und politischer Kompetenzen? Ergebnisse einer qualitativen Untersuchung. In L. Schwalb & H. Walk (Hrsg.), *Blackbox Governance – Lokales Engagement im Aufwind?* (S. 109-130). Wiesbaden: VS.

Breuer, C. (Hrsg.). (2009). *Sportentwicklungsbericht 2007/2008. Analyse zur Situation der Sportvereine in Deutschland.* Köln: Sport und Buch Strauß.

Deutscher Olympischer Sportbund (2007). *Demographische Entwicklung in Deutschland: Herausforderungen für die Sportentwicklung – Materialien, Analysen, Positionen.* Frankfurt/M.: DISB.

Deutscher Olympischer Sportbund (2008). *Bundeskonferenz Sportentwicklung „Sport bildet – Bildung bewegt".* Frankfurt/M.:DOSB.

Deutscher Sportbund (2002). *Kongress „Sport gestaltet Zukunft".* Frankfurt/M.: DSB.

Deutscher Sportbund (2004). *Kongress „Sport gestaltet Zukunft".* Frankfurt/M.: DSB.

Deutscher Sportbund (2005). *Sport gestaltet Zukunft mit den Menschen vor Ort.* Frankfurt/M.: DSB.

Düx, W. (2006). „Aber so richtig für das Leben lernt man eher bei der freiwilligen Arbeit". In T. Rauschenbach, W. Düx & E. Sass (Hrsg.), *Informelles Lernen im Jugendalter. Vernachlässigte Dimension der Bildungsdebatte* (S. 205-240). Weinheim: Juventa.

Düx, W. & Sass, E. (2005). Lernen in informellen Kontexten. Lernpotenziale in Settings des freiwilligen Engagements. *Zeitschrift für Erziehungswissenschaft,* 8, 394-411.

Enquete-Kommission „Zukunft des Bürgerschaftlichen Engagements" Deutscher Bundestag (2002). *Bericht Bürgerschaftliches Engagement: auf dem Weg in eine zukunftsfähige Bürgergesellschaft.* Opladen: Leske + Budrich.

Evers, A. & Olk, T. (Hrsg.). (1996). *Wohlfahrtspluralismus. Vom Wohlfahrtsstaat zur Wohlfahrtsgesellschaft.* Opladen: Westdeutscher Verlag.

Fischer, C. (2001). *„Das gehört jetzt irgendwie zu mir." Mobilisierung von Jugendlichen aus den neuen Bundesländern zum Engagement in einem Umweltverband. Eine*

Fallstudie am Beispiel der BUNDjugend. Dissertation an der Philosophischen Fakultät der TU Chemnitz, Institut für Soziologie. Zugriff am 22.02.2007 unter http://archiv.tu-chemnitz.de/pub/2002/0013/data/Index3.html.

Gensicke, T., Picot, S. & Geiss, S. (2006). *Freiwilliges Engagement in Deutschland 1999 – 2004. Ergebnisse der repräsentativen Trenderhebung zu Ehrenamt, Freiwilligenarbeit und bürgerschaftlichem Engagement.* Wiesbaden: VS.

Hans-Böckler-Stiftung (Hrsg.). (2001). *Modernisierung des öffentlichen Sektors. Forschungsinitiativen zur Stimulierung kommunaler Innovation.* Düsseldorf: Hans-Böckler-Stiftung.

Hansen, S. (2008). *Lernen durch freiwilliges Engagement. Eine empirische Untersuchung zum Lernen in Vereinen.* Wiesbaden: VS.

Jann, W. & Wegrich, K. (2004). Governance und Verwaltungspolitik. In A. Benz (Hrsg.), *Governance – Regieren in komplexen Regelsystemen.*(S. 193-214). Wiesbaden: VS.

Kaufmann, F.-X. (1997). *Herausforderungen des Sozialstaates.* Frankfurt/M.: Suhrkamp.

Naschold, F. (1993). *Modernisierung des Staates. Zur Ordnungs- und Innovationspolitik des öffentlichen Sektors.* Berlin: Edition Sigma.

Rittner, V. & Breuer, C. (2003). *Soziale Bedeutung und Gemeinwohlorientierung des Sports* (2. Aufl.). Köln: Strauß.

Schenkel, M. (2007). Engagement macht kompetent. Zivilgesellschaft und informelle Bildung. *Forschungsjournal Neue Soziale Bewegung, 20* (2), 111-125.

Schuppert, G. F. (2008). Der Staat bekommt Gesellschaft. Warum die Bilder „Rückzug" und „Zerfaserung" nicht weiterhelfen. *WZB Mitteilungen, 121,* 15-17.

Strob, B. (1999). *Der vereins- und verbandsorganisierte Sport: Ein Zusammenschluss von (Wahl)Gemeinschaften?* Münster: Waxmann.

Thiel, A. & Braun, S. (2009). Steuerung im Sportsystem. In E. Balz & D. Kuhlmann (Hrsg.), *Sportentwicklung – Grundlagen und Facetten* (S. 77-88). Aachen: Meyer & Meyer.

III Empirische Studien

Informelles Lernen im Ganztag – eine sportpädagogische Studie zur sozialräumlichen Aneignung von Schulhöfen

Ahmet Derecik

1 Einleitung

In der aktuellen bildungspolitischen Debatte wird immer wieder auf die hohe Bedeutung des informellen Lernens verwiesen. Der Schule werden diese Potenziale meist abgesprochen, weil informelles Lernen bereits definitorisch aus der Institutionen Schule ausgeklammert wird (Kap. 2). Dabei stellen z.B. Schulhöfe, insbesondere in Ganztagsschulen, prädestinierte Orte des informellen Lernens dar, da Schülerinnen und Schüler hier selbstbestimmt handeln und in der Lebenspraxis lernen können (Kap. 2.1). Aus diesem Grund ist bei der Entwicklung von Ganztagsschulen wichtig, ein besonderes Augenmerk auf pädagogisch inszenierte Räume zu legen. Die Diskussionen um ,Raum' werden allerdings sehr konträr geführt, weswegen eine Klärung des Raumverständnisses (Kap. 3) und des daraus resultierenden Sozialraumverständnisses (Kap. 4) notwendig erscheint.

Ergänzend zu diesen theoretischen Grundlagen wird das Konzept der Aneignung skizziert. Aneignung beschreibt allgemein das aktive Handeln des Subjektes in der Auseinandersetzung mit seiner Umwelt, wobei ein Großteil von Aneignungsprozessen auf informellem Lernen beruht. Der Aneignungsansatz kann dabei in klassische Formen und erweiterte Formen der Aneignung unterschieden werden. Eine integrierte Betrachtungsweise dieser Zugänge führt zur Operationalisierung des Aneignungsansatzes für Schulhöfe (Kap. 4.1-4.3). Im Anschluss wird das methodische Vorgehen der Studie zur sozialräumlichen Aneignung von Schulhöfen dargestellt (Kap. 5). Ein Einblick in die Auswertungen wird exemplarisch anhand der Vorstellung der Nutzung und Aneignung von Tischtennisplatten durch Schülerinnen und Schüler geliefert (Kap. 6). Zuletzt werden die vorläufigen Ergebnisse der beanspruchten Raumtypen auf Schulhöfen umrissen (Kap. 7). Eine spezielle sportpädagogische Perspektive auf die sozialräumliche Aneignung von Schulhöfen wird eingenommen, indem Bewegung, Spiel und Sport als Medium der Entfaltung *und* der Entwicklung von Schülerinnen und Schülern betrachtet wird (Neuber, 2007). Auf Schulhöfen

geschieht dies informell und sozusagen in Ergänzung zum formellen Doppelauftrag des Schulsports (MSWWF, 1999, XXIX).

2   ‚Zeitgemäße Bildung' in Ganztagsschulen als konzeptioneller Rahmen für verschiedene Lernformen

In der aktuellen Ganztagsschulentwicklungsdebatte wird in Abgrenzung zu den
Begriffen ‚Ganztagsschule' und ‚Ganztagsbetreuung' der Begriff ‚Ganztagsbildung' verwendet. Mit ‚Ganztagsbildung' wird ein Vorschlag zur Legitimierung
und Gestaltung einer Institutionalisierungsform angeführt, die durch die komplementären Kernelemente ‚Unterricht' und ‚Kinder- und Jugendarbeit' Bildung
als eine „Einheit aus Ausbildung und Identitätsbildung" versteht (Coelen, 2004,
S. 247). Die Diskussion sollte jedoch weniger auf der Basis unterschiedlicher
Bildungsbegriffe der Institutionen geführt werden, als vielmehr aus der Perspektive der Heranwachsenden. Aus diesem Grund wird gefordert, die Konzentration
zunächst auf die verschiedenen *Lern*formen zu legen (vgl. Vogel, 2006, S. 14).

Hierin liegt aber gleichzeitig ein Dilemma, da die Definitionen von Lernprozessen vorwiegend am Grad der Institutionalisierung ansetzen. Formales
Lernen wird mit Schule und Unterricht, nicht-formales Lernen mit Vereinen und
Jugendarbeit gleichgesetzt. Die Orte des informellen Lernens werden mit Familie, Medien und Peergroups in Beziehung gebracht (vgl. Bundeskuratorium,
2002). Diese Parallelisierung wird von den Institutionen Schule und Kinder- und
Jugendhilfe zwar nicht offensiv forciert, aber indem die Institutionen auf ihre
wesentliche Lernform reduziert werden, wird die Parallelisierungsthese sugge-
riert. Eine solche Parallelisierung ist in *„sachlicher Hinsicht unpräzise"* und
„analytisch falsch", weil z.B. informelles Lernen aus den Institutionen ausgeschlossen wird (Stolz, 2006, S. 119; Hervorhebungen im Original).

Um diesem Dilemma zu entkommen, kann die definitorische Grundlage der
International Standard Classification of Education1 (ISCED) der UNESCO
(2006) herangezogen werden. Diese definiert Bildung in der Schule explizit als
konzeptionellen Rahmen, um innerhalb dieser verschiedene Lernprozesse anzustoßen: „The term education is […] taken to comprise all deliberate and
systematic activities designed to meet learning needs" (UNESCO, 2006, S, 9).
Demgegenüber wird Lernen aus der Perspektive des Individuums definiert als
Lerntätigkeit zur Verbesserung von Kenntnissen, Fähigkeiten und Kompetenzen:
Learning is „any improvement in behaviour, information, knowledge, understanding, attitude, values or skills" (UNESCO, 2006, S. 9). Diesen Definitionen

---

1 Die ISCED definiert Education je nach Kontext ausdrücklich als Erziehung und Bildung.

zufolge muss, wenn schon Bildung mit den Institutionen gleichgesetzt wird, unter Bildung in der Ganztagsschule die Gestaltung von Rahmenbedingungen für verschiedene Lernprozesse der Heranwachsenden verstanden werden. Dementsprechend könnte informelle Bildung in Ganztagsschulen immer dann vorliegen, „wenn informelles Lernen ermöglicht, gefördert, verstärkt oder strukturiert werden soll"(Overwien, 2006, S. 40).

Neben den tendenziell eher formalen und nicht-formalen Lernformen der Ganztagsschule, sollte ebenso ein eigener Stellenwert für informelles Lernens anerkannt werden. Diese drei Lernformen bilden nämlich erst gemeinsam eine breite Definition für „Lebenslanges Lernen" (vgl. Europäische Kommission, 2001, S. 9) und machen in ihrer Summe eine „zeitgemäße Bildung" aus (Otto & Oelkers, 2006).2 Ganztagsschulen sollten auf diese Weise einem Paradigmenwechsel bildungspolitischen und pädagogischen Denkens folgen und die verschiedenen Formen des lebenslangen Lernens ermöglichen.

Anhand dieser Ausführungen wird ersichtlich, dass die Lernformen nicht anhand der Bildungsinstitutionen verortet werden sollten. In schulischen Zusammenhängen sollte dementsprechend weniger von Ganztagsbildung, als vielmehr generell von einer zeitgemäßen Bildung gesprochen werden. Resümierend liegt in Ganztagsschulen immer dann eine „Zeitgemäße Bildung" (Otto & Oelkers, 2006) vor, wenn diese grundsätzlich einen konzeptionellen Rahmen für verschiedene Lernformen ihrer Heranwachsenden zur Verfügung stellen, also auch für informelles Lernen.

2.1 Informelles Lernen auf Schulhöfen

Eine Möglichkeit informelles Lernen in der Schule zu fördern, ist die Gestaltung der Schulhöfe, da sie „im relativ funktionsgebundenen Schulbau der Ort mit den höchsten ‚Freiheitsgraden'" sind (Forster, 1997, S.186). Die Gestaltung des Schulhofes sollte im Idealfall den Bedürfnissen der Heranwachsenden nach Bewegung, Kommunikation und ‚Alleinsein', entgegenkommen (Forster, 1997, S. 187). Werden diese Gelegenheiten durch die Gestaltung der Räume, also durch informelle Bildungsangebote, eingeräumt, besteht ein günstiger Rahmen für wichtige Sozialisationsprozesse. Gerade durch eine längere Verweildauer in der Ganztagsschule und die stärkere Anbindung an die jeweiligen Räumlichkeiten gewinnen die Schulhöfe somit „als Lebens-, Erfahrungs- und Lernraum an Be-

---

2 Eine „Zeitgemäße Bildung" (Otto & Oelkers, 2006) impliziert die Vernetzung der jeweiligen Bildungspotenziale aus den Bereichen Schule, Kinder- und Jugendhilfe und Freizeit. Dieses wird prinzipiell angestrebt durch Bildung von kommunalen Bildungslandschaften, kann im Kleinen aber auch innerhalb von Ganztagsschulen angestrebt werden.

deutung" (Dietrich, Hass, Marek, Porschke & Winkler, 2005, S. 11). Dementsprechend betrachten Dietrich et al. (2005, S. 18-19) in Anlehnung an das ökologische Entwicklungskonzept von Bronfenbrenner (1981) die Schulhöfe „als
pädagogisch wirkende Umwelt".

Schulhöfe stellen für Schülerinnen und Schüler also gerade an Ganztagsschulen einen bedeutenden sozialen Raum dar, welcher auch ohne das Interve-
nieren von Erwachsenen auf die Entwicklung von Heranwachsenden wirkt. In
diesem Zusammenhang ist das informelle Lernen auf eine lernanregende und
lernunterstützende Umwelt angewiesen, d.h. so wie das formale Lernen auf den
Lehrer angewiesen ist, ist das informelle Lernen auf den Raum als dritten Pädagogen angewiesen (Dohmen, 2001, S. 18-19). Aus diesem Grund sollten die
Schulhöfe im Sinne einer „raumbezogenen Pädagogik" in die Schulentwicklung
einbezogen werden (Coelen, 2004, S. 253).

3   Raum als relationale (An)Ordnung von Lebewesen und sozialen Gütern

Die Diskussionen um ‚Raum' sind vielfältig und werden aus verschiedenen Disziplinen beleuchtet. Löw (2001) hat eine umfassende Darstellung zentraler
Raumvorstellungen geliefert und unterscheidet zwischen einem *absoluten* und
einem *relativen* Raumverständnis: „Absolutistisch meint hier, dass Raum als
eigene Realität, nicht als Folge menschlichen Handelns gefasst wird. Raum wird
als Synonym für Erdboden, Territorium oder Ort verwendet" (Löw, 2001, S.
264).

In relativen Raumkonzeptionen ist der Mensch hingegen beim Entwurf eines Raums inbegriffen und konstituiert sich aus der Folge von Bewegungshand-
lungen. Der wesentliche Unterschied zum absoluten Raumdenken besteht also in
einem unmittelbaren Zusammenhang der Aktivität des Menschen und der Konstitution von Raum (vgl. Schulz, 2003, S. 27). Die aufgeführten absoluten und
relativen Standpunkte zum Raum werden zwar als getrennte Sichtweisen behandelt, sind aus der Perspektive des handelnden Menschen allerdings eng miteinander verwoben. Aus diesem Grund entwirft Löw (2001, S. 15) einen *relationalen* Raumbegriff, welcher als Synthese zwischen einem absoluten und relativen
Raumverständnis verstanden werden kann (vgl. Beitrag Deinet).

Von einem relativen Standpunkt ausgehend integriert Löw (2001, S. 159-
160) den absoluten Raum in ein relationales Raumverständnis und definiert den
soziologischen Raum „als eine relationale (An)Ordnung von Lebewesen und
sozialen Gütern". Die von Löw (2001, S. 166) gewählte Schreibweise „(An)Ord-
nung" verweist dabei auf zwei gleichzeitig erscheinende Aspekte des soziologischen Raumbegriffs: Zum einen auf die *Ordnung*, die durch die Struktur des

Raumes geschaffen wird, und zum anderen auf den Prozess des *Anordnens*, womit die Handlungsdimensionen gemeint sind: „Eine relationale (An)Ordnung weist damit immanent neben der Handlungsdimension eine strukturierende Dimension auf" (Löw, 2001, S. 166). Dementsprechend ist sowohl das absolute, als auch das relative Raumverständnis in dieser Definition inbegriffen.

Der Raum wird dabei durch die beiden Prozesse des Spacing und der Syntheseleistung konstituiert. Bedeutend ist vor allem das Spacing, womit „das Platzieren von sozialen Gütern und Menschen bzw. das Positionieren primär symbolischer Markierungen" gemeint ist (Löw, 2001, S. 158). Unter sozialen Gütern werden materielle Aspekte, wie beispielsweise ein Gegenstand in einem Raum (z.B. Tischtennisplatten auf dem Schulhof) sowie symbolische Aspekte (z.B. Tischtennisplatten als Treffpunkt) verstanden.

4 Sozialräumliche Perspektive auf die Aneignung von Räumen

Aus dem relationalen Raumverständnis von Löw (2001) heraus wird empfohlen „*den Sozialraum vom Menschen her [zu] denken!*" (Reutlinger, 2006, S. 23; Hervorhebung im Original). Absolute Räume werden von Heranwachsenden nämlich stets mit unterschiedlichen subjektiven Bedeutungen belegt, weshalb es auch weniger angebracht ist von *dem* sozialen Raum zu sprechen, als generell von Sozialräumlichkeit. Der Begriff Sozialraum sollte dementsprechend nicht als Substantiv, sondern als Adjektiv verwendet werden: „Es geht um sozialräumliche Dimensionen und Prozesse" (Böhnisch, 2002, S. 70, zit. nach Reutlinger, 2006, S. 29). Diese lassen sich auf der Handlungsebene unter dem Begriff der Aneignung fassen, welcher vor allem durch informelle Lernprozesse gekennzeichnet ist.

Eine sozialräumliche Perspektive auf die Aneignung von Räumen wird unter Rückgriff auf sozialräumliche Erkenntnisse vor allem von Deinet (vgl. 1992) eingenommen. Dabei formuliert er die These, „daß sich die konkreten Verhältnisse unserer Gesellschaft, so wie sie Kinder und Jugendliche erleben, vor allem räumlich vermitteln" (Deinet, 1999, S. 30). Der Aneignungsprozess „ist für Kinder und Jugendliche quasi eingebettet in den ‚Raum' unserer Gesellschaft, in die durch die Strukturen der Gesellschaft geschaffenen konkreten räumlichen Gegebenheiten" (Deinet, 1999, S. 30-31). Diese klassische Form der Aneignung (Kap. 4.1) betrachtet den Raum als Behälter mit Eigenschaften, die von den Heranwachsenden sozusagen angeeignet werden müssen. Unter Rückgriff auf den relationalen Raumbegriff von Löw (2001), müssen zu dieser Betrachtungsweise erweiterte Formen der Aneignung (Kap. 4.2) herangezogen werden (vgl. Deinet, 2004, S. 183). In einem integrierenden und vom Subjekt ausgehenden relationalen Raumverständnis können diese Formen der Aneignung schließlich gemeinsam als Aneignungsdimensionen operationalisiert werden (Kap. 4.3).

4.1 Klassische Formen der Aneignung

Der klassische Aneignungsansatz geht auf die kulturhistorische Schule der sowjetischen Psychologie zurück und wird vor allem mit Leontjew (1973) in Verbindung gebracht. Dieser Ansatz begreift die Entwicklung des Menschen als tätige Auseinandersetzung mit seiner Umwelt und als Aneignung der gegenständlichen und symbolischen Kultur (vgl. Deinet, 2004, S. 178). Bei Leontjews (1973) materialistischer Aneignungstheorie steht der Begriff „Gegenstandsbedeutung" im Vordergrund. Im Prozess der Aneignung als Gegenstandsbedeutung geht es für Heranwachsende vor allem darum, „,einen Gegenstand aus seiner Gewordenheit'" zu begreifen und damit die gesellschaftlichen Bedeutungen der Gegenstände erlernen (vgl. Beitrag Deinet).

4.2 Erweiterte Formen der Aneignung

Für das relationale Raumverständnis von Löw (2001) muss der klassische Ansatz eine Erweiterung erfahren, um die Trennung zwischen Mensch und Raum zu überwinden. Wird der Aneignungsansatz auf die von Löw beschriebenen Raumveränderungen bezogen, kann der Aneignungsbegriff aktualisiert werden, „als er nach wie vor die tätige Auseinandersetzung des Individuums mit seiner Umwelt meint und bezogen auf die heutigen Raumveränderungen der Begriff dafür sein kann, wie Kinder und Jugendliche eigentätig Räume schaffen (Spacing) und die (verinselten) Räume ihrer Lebenswelt verbinden" (Deinet, 2004, S. 183).

Für die sozialräumlichen Aneignungen von Kindern und Jugendlichen auf Schulhöfen spielt die Verbindung unterschiedlicher (auch virtueller und symbolischer) Räume kaum eine Rolle. Für sie bedeutet die Aneignung der Schulhöfe vor allem, sich zusätzlich eigene „Räume zu schaffen (Spacing) und sich nicht nur vorhandene gegenständlich anzueignen" (Deinet, 2004, S. 183). Eine sozialräumliche Aneignung von Schulhöfen muss also zu der klassischen sozialökologischen Betrachtungsweise auf die Aneignung von Räumen ebenso erweiterte Formen der Aneignung berücksichtigt. Für empirische Untersuchungen von sozialräumlichen Aneignungsprozessen müssen diese beiden Standpunkte auf den Raum also integrierend berücksichtigt werden.

4.3   Operationalisierung der sozialräumlichen Aneignungsformen für Schulhöfe

Eine sozialräumliche Aneignung von Schulhöfen sollte aus der Subjektperspektive heraus betrachtet werden, allerdings bezieht sich das Aneignungsverhalten nicht auf ‚wertfreie' Räume, denn die „räumliche Umwelt ist gleichzeitig besetzt, gesellschaftlich definiert und funktionalisiert" (Böhnisch, 1996, S. 149). Um sozialräumliche Dimensionen und Prozesse von Aneignung auf Schulhöfen zu verstehen, müssen infolgedessen nicht nur die Deutungen und Handlungen von Heranwachsenden erforscht werden. Ebenso müssen gesellschaftliche Strukturen als Botschaften, die in den Räumen gelagert sind, ergründet werden (vgl. Böhnisch & Münchmeier, 1990, S. 13). Der Aneignungsbegriff wird für die Studie zur sozialräumlichen Aneignung von Schulhöfen folgendermaßen operationalisiert (vgl. Deinet, 2004, S. 184-185):

- Aneignung als Erweiterung motorischer Fähigkeiten
- Aneignung als Erweiterung des Handlungsraums
- Aneignung als Veränderung von Situationen
- Aneignung als Spacing

Die ersten drei Aneignungsprozesse beziehen sich dabei auf die klassischen Formen der Aneignung von Räumen. Aneignung als Spacing ist in Anlehnung an Löws dynamischen Raumbegriff als erweiterte Form der Aneignung zu betrachten (vgl. Beitrag Deinet).

5   Methodischer Zugang

Um sozialräumliche Aneignungsprozesse auf Schulhöfen untersuchen zu können, sind im Forschungsprojekt „Studie zur Entwicklung von Bewegung, Spiel und Sport" (StuBSS) an 21 Schulen verschiedene Forschungsmethoden eingesetzt worden. Pro Schule ist anhand von Leitfäden eine Gruppendiskussion mit der Schulleitung und sechs bis acht Lehrkräften durchgeführt worden, um die subjektiven Sichtweisen zum Stellenwert von Bewegung in der jeweiligen Ganztagsschule zu erfahren. Mit derselben Zielsetzung wurden leitfadengestützte Interviews geführt. Zudem wurden an drei Tagen die Bewegungsaktivitäten der Schülerinnen und Schüler beobachtet (vgl. Derecik, 2008).

Diese Daten wurden durch eine thematische Strukturierung nach Flick (1995) zu 21 wissenschaftlichen Quellentexten (QT) verdichtet, die eine Grundlage sowohl für Einzelfallstudien, z.B. durch Schulportraits (vgl. Laging, Derecik, Riegel & Stobbe, i. Dr.) als auch für Fallvergleiche bilden (Friebertshäuser, 1992). Damit ist der Anspruch verbunden, ein wissenschaftlich kontrollierbares Produkt zu erstellen, das weiteren Auswertungen als Grundlage dienen soll. Der meist undurchsichtige Prozess der Triangulation (Flick, 2004) soll dadurch transparent und nachvollziehbar gemacht werden. Der wissenschaftliche Quellentext beschreibt dementsprechend nicht nur in zusammenfassender und fokussierender Weise die in den verschiedenen Erhebungen gesammelten Daten (vgl. Friebertshäuser, 1992), sondern stellt diese auf eine Metaebene, die zur weiteren Interpretation zur Verfügung steht (vgl. Laging, Hildebrandt-Stramann & Teubner, 2005, S. 27).

5.1 Typenbildung als Auswertungsstrategie

Eine Strukturierung und Interpretation der Bewegungsaktivitäten von Schülern auf Schulhöfen wurde anhand des *„Stufenmodells der empirisch begründeten Typenbildung"* von Kluge (1999, S. 260, Hervorhebungen im Original) vorgenommen. Dieses Verfahren bietet sich zur weiteren fallübergreifenden Auswertung der wissenschaftlichen Quellentexte an, da es das Ziel verfolgt, *„komplexe* Typen *systematisch, intersubjektiv nachvollziehbar* und *empirisch begründet"* zu bilden und dabei Regeln formuliert werden, „bei der empirische und theoretische Anteile effektiv miteinander verknüpft werden" (Kluge, 1999, S. 283, Hervorhebungen im Original).

Typen können nicht nur gebildet werden, um Untersuchungselemente deskriptiv nach Ähnlichkeiten und Differenzen in unterschiedliche Gruppen zu ordnen, sondern auch um den Sinn der dahinter liegenden inhaltlichen Ordnung zu analysieren. Die inhaltlichen Sinnzusammenhänge tragen damit zur Theoriegenerierung bei (vgl. Kluge, 1999, S. 46). Die daraus gewonnenen Schlüsse können

> „zunächst nur begrenzt verallgemeinert werden und müssen als vorläufige, aber ‚empirisch gut begründete' Theorien angesehen werden, da es sich bei qualitativen Studien zumeist um relativ kleine Stichproben handelt. Andererseits sind diese Theorien recht gut abgesichert, wenn bei der Stichprobenziehung soziokulturelle und für die Fragestellung wichtige Faktoren berücksichtigt werden und sich die Befragten fundiert und umfangreich geäußert haben" (Kluge, 1999, S. 277-278).

Konkret wird ein vierstufiges Modell empirisch begründeter Typenbildung vorgeschlagen.

5.1.1 Stufenmodell der Typenbildung

Das Stufenmodell der empirisch begründeten Typenbildung zeichnet sich insgesamt durch die Offenheit der jeweiligen Stufen aus, da die einzelnen Auswertungsstufen jeweils mit unterschiedlichen Auswertungsmethoden und -techniken durchgeführt und kombiniert werden können. Dadurch

> „kommt das Stufenmodell der Vielfalt qualitativer Fragestellungen und der unterschiedlichen Qualität des Datenmaterials sehr gut entgegen. Für jede Studie kann geprüft werden, mit welchen Auswertungsmethoden die Teilziele der einzelnen Auswertungsstufen am effektivsten erreicht werden können" (Kluge, 1999, S. 281-282).

Zur Umsetzung der empirisch begründeten Typenbildung formulieren Kelle und Kluge (1999, S. 81-82; vgl. auch Kluge, 1999, S. 258-259) ein vierstufiges Modell, in dem empirische Daten nach ihrer Gruppierung in ihren inhaltlichen Sinnzusammenhängen begründet und charakterisiert werden (vgl. Beitrag Hansen):

1. Erarbeitung relevanter Vergleichsdimensionen
2. Gruppierung der Fälle und Analyse empirischer Regelmäßigkeiten
3. Analyse inhaltlicher Sinnzusammenhänge
4. Charakterisierung der gebildeten Typen

Die ersten beiden Auswertungsschritte dienen vordergründig zur *Gruppierung der Bewegungsaktivitäten* und damit zur Beantwortung der Frage, welche Bewegungsaktivitäten von Schülern auf Schulhöfen von Ganztagsschulen ausgeübt werden. In der dritten Stufe beginnt die heuristische *Analyse der inhaltlichen Zusammenhänge*. Damit gibt dieser Schritt Auskunft über den Zusammenhang von Bewegungsaktivitäten und alters- und geschlechtstypischen Formen der Aneignung von Räumen. Im letzten Schritt werden die entwickelten Typen charakterisiert, um zu klären, welche Raumtypen von den Heranwachsenden in Ganztagsschulen beansprucht werden. Im Folgenden werden erste Ergebnisse des sozialräumlichen Aneignungsverhaltens bzw. den informellen Lernprozessen von Schülern auf Schulhöfen präsentiert.

6   Nutzungsbereiche auf Schulhöfen – Empirische Befunde

Die Gruppierungen der Bewegungsaktivitäten sind in Anlehnung an Dietrich et al. (2005) in verschiedene Nutzungsbereiche auf Schulhöfen gegliedert. Hervorgegangen sind diese aus den empirischen Befunden aus den Quellentexten der 21

Untersuchungsschulen. Als fallübergreifende Zusammenstellung haben sich 10 *Nutzungsbereiche* herauskristallisiert, die keinen Anspruch auf Vollständigkeit erheben und kategorisch in drei *Nutzungsgruppen* eingeordnet werden können:

- Sportive Plätze:
  - o Fußballplätze
  - o Einzelne Basketballkörbe und Basketballplätze
  - o (Beach-)Volleyballplätze
  - o Tischtennisplatten
- Strukturierte Flächen:
  - o Untergründe
    - Asphaltflächen
    - Rasenflächen
  - o Strukturelemente
    - Podestartige Stufen bzw. Treppen
    - Bänke
- Spielplätze
  - o Spielplätze mit festmontierten Spielgeräten
  - o naturnahe Nischen mit mobilen Materialien

In der Praxis sind weitere Nutzungsbereiche denkbar; an den 21 untersuchten Projektschulen sind allerdings keine weiteren vorhanden bzw. es existieren zu einigen kleinen Nutzungsbereichen kaum Daten, die aussagekräftige Rückschlüsse zum Bewegungsverhalten von Schülern zulassen. Die einzelnen Nutzungsgruppen, also *sportive Plätze, strukturierte Flächen* und *Spielplätze*, werden jeweils eigenständig behandelt, da sie spezifische Charakteristika aufweisen.

Die Bewegungsaktivitäten innerhalb der jeweiligen Nutzungsbereiche sind mit dem Alter und dem Geschlecht kombiniert worden. Dabei ist in Anlehnung an eine „Sozialpädagogik der Lebensalter" (Böhnisch, 2008) als arbeitstechnische Definitionen eine Unterteilung in Kinder, Kids und Jugendliche vorgenommen worden. Mit Kindern sind Grundschüler gemeint, Kids stellen die Schüler der Klassen fünf, sechs und sieben dar und Jugendliche sind die Schüler der Klassen acht bis zehn.

6.1 Beispiel ‚Tischtennisplatten'

In diesem Beitrag wird exemplarisch der Nutzungsbereich „Tischtennisplatten" vorgestellt. An Tischtennisplatten ist insbesondere Rundlauf bei vielen Kindern und Kids eine beliebte Aktivität. Kinder ab ca. der dritten Klasse und auch jüngere Kids spielen in den Pausen meist mit ihren Händen und großen Fuß- oder Basketbällen. Dabei sind stets viele Mädchen und Jungen an den Spielen beteiligt, wobei die Regeln einen kooperativen oder konkurrenzorientierten Charakter besitzen können. Hinzukommende Kinder werden schnell integriert und reihen sich in die Runden ein. Die Rundlaufvarianten von älteren Kids zeichnen sich dadurch aus, dass oft Tennisbälle eingesetzt werden und teilweise bereits Tischtennisschläger benutzt werden. Jugendliche spielen dagegen insgesamt seltener Rundlauf, aber wenn, dann sind es vorwiegend Jungen, die mit Tischtennisbällen und Tischtennisschlägern agieren. Jugendliche sind aber auch sitzend und sich unterhaltend auf Tischtennisplatten zu beobachten (vgl. Tab. 1).

Tabelle 1: Bewegungsaktivitäten an Tischtennisplatten

Bewegungsaktivitäten Tischtennisplatten	Alter und Geschlecht					
	Kinder		Kids		Jugendliche	
	m	w	m	w	m	w
Rundlauf mit Händen und verschiedenen Bällen	░	░	░	░		
Rundlauf, z.T mit Tischtennisschlägern			░	░		
Rundlauf mit genormten Materialien					░	
Sitzen und Unterhalten					░	░

6.1.1 Sitzen und Unterhalten – Kommunikationsräume

Eine Interpretation der inhaltlichen Sinnzusammenhänge, also die Darstellung der sozialräumlichen Aneignungen an Tischtennisplatten, wird beispielhaft anhand der Tätigkeit *Sitzen und Unterhalten* vorgestellt. Hierbei wird die Tätigkeit zunächst *beschrieben* und anschließend hinsichtlich sozialräumlicher Aneignungsprozesse *interpretiert*.

Von Jugendlichen werden Tischtennisplatten an vielen Schulen zum Daraufsitzen und Drumherumstehen genutzt: „*Da setzen sich eher die größeren [...] Schüler [Jugendliche] hin und reden [...] miteinander*" (QT, 14, S. 247) 3. Dieses Verhalten wird in Interviews von Schülern und Lehrern mehrmals bekun-

---

[3] Die folgenden angeführten Quellentexte (QT) sind auf der Homepage der Projektgruppe StuBSS (2007).

det und ebenfalls in Beobachtungsprotokollen dokumentiert. Hauptsächlich unterhalten sich die Jugendlichen und betrachten die Aktivitäten in der Umgebung. Einige hören dabei auch Musik oder essen (vgl. QT, 11, S. 350; QT, 4, S. 182; QT, 6, S. 180; QT, 17, S. 85; QT, 21, S. 186; QT, 18, S. 90).

Jugendliche nutzen Tischtennisplatten zum Sitzen und Unterhalten und funktionieren diese somit zu Sitzgelegenheiten um. Sie *verändern die Situation* deutlich, indem sie diese Nutzungsbereiche vorwiegend zu *Kommunikationsräumen* umgestalten. Sie erklären Tischtennisplatten damit entgegen ihrer Gegenstandsbedeutung zu ihren Quartieren und blockieren dadurch Spielmöglichkeiten für andere. Eine Schülerin der fünften Klasse formuliert auf Nachfrage, ob von ihrem Jahrgang Tischtennisplatten genutzt würden:

> „Das geht nicht, weil da immer die [Jugendlichen] drauf sitzen [...]. Aber wenn dann mal Zeit ist, wenn die dann mal nicht da sind, weil die dann da unten im Speiseraum sitzen, da können wir dann schon spielen. [...] die sind ja auch größer, da traut man sich wirklich nicht, was zu sagen. [...] die saßen da schon die ganze Zeit [...] und da denken die jetzt, es wäre ihr Stammplatz" (QT, 17, S. 85).

Jugendliche eignen sich Tischtennisplatten demnach als Stammplätze und Territorien an. Nach Haller (1994, S. 20) zeichnet sich Territorialität durch Interaktion und Identifikation mit einer Lokalität aus, sie „impliziert historische Konstanz (Tradition): das Gefühl, sich in einem eigenen Gebiet zu bewegen, wo ‚man sich immer bewegt hat', also gewissermaßen die Inanspruchnahme eines Gewohnheitsrechts". Dieses selbst zugesprochene Gewohnheitsrecht der Jugendlichen an den Tischtennisplatten wird von der Fünftklässlerin treffend beschrieben, indem sie darauf hinweist, dass die Jugendlichen „*schon die ganze Zeit*" da saßen und denken, „*es wäre ihr Stammplatz*" (QT, 17, S. 55). Dieses Verhalten ist kein Einzellphänomen und wird speziell für Tischtennisplatten an vier weiteren Schulen bezeugt (vgl. QT, 6, S. 176; QT, 21, S. 186; QT, 11, S. 358, QT, 14, S. 247).

Womöglich drücken Jugendliche hiermit aus, dass sie keine eigenständigen Räume bekommen. An drei von diesen vier Schulen ist der Aufenthalt in den Pausen im Schulgebäude, außer beim Mittagessen in der Cafeteria, nämlich nicht gestattet (vgl. QT, 6, S. 180; QT, 21, S. 146-147, 85). An der vierten Schule existiert die Regelung, dass die Klassenräume lediglich in der zweiten großen Pause für ruhige Aktivitäten geöffnet sind (vgl. QT, 14, S. 252).

Falls im Schulgebäude und auf dem Schulhof nicht ausreichend Rückzugsbereiche für Jugendliche vorhanden sind, schaffen sie sich demnach durch ihre körperliche Präsenz und ihre Anordnung in der abgeschlossenen Gleichaltrigengruppe selbst erschaffene Räume (*Spacing*), „um ihre Selbständigkeit ausleben, darstellen und widerspiegeln zu können" (Böhnisch & Münchmeier, 1990, S. 54). Die Inanspruchnahme von Tischtennisplatten durch Jugendliche kann also als ein Bedürfnis nach einem eigenen Raum bzw. Territorium angesehen werden. Angeeignete Territorien drücken „Abgrenzungen gegenüber anderen Personen(-gruppen)" aus, z.B. gegenüber Kids und Lehrern. Gleichzeitig wird damit „das ‚Wir-Gefühl' verstärkt" (Miller, 1996, S. 335).

6.1.2 Charakterisierung der Tischtennisplatten

Abschließend wird der Nutzungsbereich ‚Tischtennisplatten' nun anhand der Bewegungsaktivitäten und deren inhaltlichen Sinnzusammenhängen charakterisiert. Auf Schulhöfen wird an Tischtennisplatten vordergründig von älteren Kindern Rundlauf in verschiedenen Varianten gespielt. Umso jünger die Heranwachsenden sind, desto mehr Mädchen nehmen an den Bewegungsaktivitäten teil. Kinder spielen mit ihren Händen und großen Bällen in großen Gruppen Rundlauf. Demgemäß bezeichnen sie ihr Spiel z.B. als „*Basketball-Tischtennis*" (QT, 10, S. 390). Die Spiele werden entweder konkurrenz- oder kooperationsorientiert ausgetragen, wobei das Alter und die Dominanzverhältnisse der Geschlechter an Tischtennisplatten den Spielduktus zu dominieren scheinen. Umso älter sie werden und umso mehr Jungen mitspielen, desto wettkampf- und konkurrenzorientierter sind die Rundläufe ausgeprägt. Die Regeln weisen in diesen *Spielräumen* auf einen über Bewegung vermittelten Umgang mit Geschlechterrollen hin. Auch wenn bei Kindern beide Geschlechter an den Spielen beteiligt sind, messen sich Jungen anhand ihrer motorischen Fähigkeiten ihre Durchsetzungskraft und Mädchen gestalten ihre Spiele oftmals kooperationsorientiert.

Diese Charakterisierungen treffen auch auf viele jüngere Kids zu, die Rundlauf weiterhin wie in der Grundschule spielen. Allerdings verstärken sich allmählich die Geschlechtsrollen. Die Jungen fangen an das Geschehen an den Tischtennisplatten zu dominieren und die ersten Mädchen verabschieden sich nun von den Tischtennisplatten. Ältere Kids bevorzugen bereits kleinere Bälle, meist einen Tennisball. Wenn ihnen diese Materialien zur Verfügung gestellt werden, nähern sie sich den genormten Rundlaufspielen von Jugendlichen an. Dadurch beginnen sie sich in ihrem Spielverhalten von Kindern und jüngeren Kids abzugrenzen und zeigen (unbewusst), dass sie sich in einem Übergangsstadium zu Jugendlichen befinden. Kids bilden mit ihrem Bewegungsverhalten damit eine Schnittmenge zwischen einer spielerischen und sportiven Aneignung der Tischtennisplatten.

Jugendliche spielen seltener an Tischtennisplatten. Falls sie es doch tun, wird aufgrund der hohen Anzahl von Spielern immer noch Rundlauf gespielt, allerdings nach genormten Regeln und mit genormten Spielmaterialien, also sportiv orientiert. Tischtennisplatten werden demnach in ihrer Gegenstandsbedeutung als *Sporträume* angeeignet, allerdings meist nur, falls ihnen Tischtennisschläger und –bälle zur Verfügung gestellt werden. Zudem bevorzugen Jugendliche Tischtennisspiele eher in einem räumlich abgetrennten Bereich von Kids.

Von Jugendlichen werden Tischtennisplatten entgegen ihrer Gegenstandsbedeutung ebenso als *Kommunikationsräume* zu Territorien umfunktioniert. Dieses Stammplatzverhalten tritt vor allem in Schulen auf, in denen Jugendlichen keine eigenständigen Räume auf Schulhöfen oder innerhalb des Schulgebäudes gewährt werden (vgl. 6.1.1). Auch durch ruhiges Verhalten grenzen sich Jugendliche somit von Kids ab (vgl. Tab. 2).

Tabelle 2: Raumtypen an Tischtennisplatten

Alter	Aneignung Tischtennisplatten			
	ruhig		aktiv	
	m	w	m	w
ältere Kinder			Spielräume	
Kids			Spielräume	
			Sporträume	
Jugendliche			Sporträume	
	Kommunikationsräume			

7 Schulhöfe (in Ganztagsschulen) als Orte des informellen Lernens durch Raumaneignung

Anhand des Nutzungsbereiches der Tischtennisplatten dürfte deutlich geworden sein, wie unterschiedlich ein und derselbe Raum von den verschiedenen Altersstufen informell genutzt wird. Die bisherigen Auswertungen zeigen, dass Räume auf Schulhöfen entsprechend der jeweiligen dominanten Bewältigungsaufgaben der Heranwachsenden angeeignet werden (vgl. Böhnisch, 2008). Kinder beanspruchen hierfür ‚bewegungsorientierte Räume', aber auch ‚Rückzugsnischen'. Jugendliche wollen dagegen ‚Aktivitätsinseln', in denen sie sich innerhalb der Peers ungestört in Szene setzen können, und vor allem wollen sie ‚Kommunikationsnischen', um sich auszutauschen. Der sozialkommunikative Aspekt spielt in dieser Phase eine wichtige Rolle (vgl. Neuber, 2007). Die Kids sind „Nicht-

Mehr-Kinder" aber auch „Noch-Nicht-Jugendliche" (Böhnisch, 2008, S. 132), weswegen sie informelle Lerngelegenheiten benötigen, in denen sie ungestraft jugendliches Verhalten einüben, aber auch Kind sein dürfen.

Die Schulhöfe können mit einem aneignungsorientierten Blick als Sozialräume gesehen werden, d.h. als Orte „des informellen Lernens und der Raumaneignung" (Deinet, 2008, S. 728). Gerade Ganztagsschulen gehören für Kinder und Jugendliche zu den wichtigsten Sozialräumen und die Schulhöfe bestimmen ganz entscheidend die Möglichkeiten des informellen Lernens mit, weshalb aus (sport-)pädagogischer Perspektive Überlegungen zur Gestaltung der Schulhöfe als Aneignungsräume gestellt werden müssen. Im Sinne der Definition der ISCED (1997) der UNESCO (2006) zur Bildung in Schulen und der Definition Overwiens (2006) zur informellen Bildung könnte dann einer raumbezogenen Schulentwicklung Folge geleistet werden, wenn die Schulhöfe entsprechend der zu bewältigenden Aufgaben gestaltet werden und dadurch einen Rahmen für informelles Lernen ermöglichen (vgl. Derecik, im Druck). Im Idealfall geschieht die Gestaltung der Schulhöfe in einem partizipativen Prozess gemeinsam mit den Schülern, da dies zu einem hohen Identifikationswert mit der eigenen Schule und damit zu einem positiven sozialen Klima in der Schule führen kann.

Literatur

Böhnisch, L. & Münchmeier, R. (1990). *Pädagogik des Jugendraums. Zur Begründung und Praxis einer sozialräumlichen Jugendpädagogik.* Weinheim: Juventa.
Böhnisch, L. (1996). *Pädagogische Soziologie.* Weinheim und München: Juventa.
Böhnisch, L. (2008). *Sozialpädagogik der Lebensalter. Eine Einführung.* Weinheim und München: Juventa.
Bronfenbrenner, U. (1981). *Die Ökologie der menschlichen Entwicklung.* Stuttgart: Klett-Cotta.
Bundesjugendkuratorium (Hrsg.). (2002). *Bildung ist mehr als Schule – Leipziger Thesen zur aktuellen bildungspolitischen Debatte.* Zugriff am 17.01.2010 unter http://bmfsfj.de/BMFSFJ/aktuelles,did=5420.html.
Coelen, T. (2004). „Ganztagsbildung" - Integration von Ausbildung und Identitätsbildung durch die Kooperation von Schulen und Jugendeinrichtungen. In H.-U. Otto & T. Coelen (Hrsg.), *Grundbegriffe der Ganztagsbildung. Beiträge zu einem neuen Bildungsverständnis in der Wissensgesellschaft* (S. 228-248). Wiesbaden: VS.
Deinet (2004). „Spacing", Verknüpfung, Bewegung, Aneignung von Räumen – als Bildungskonzept sozialräumlicher Jugendarbeit. In U. Deinet & C. Reutlinger (Hrsg.), *"Aneignung" als Bildungskonzept der Sozialpädagogik. Beiträge zur Pädagogik des Kindes- und Jugendalters in Zeiten entgrenzter Lernorte* (S. 175-190). Opladen: Leske + Budrich.
Deinet, U. (1992). *Das Konzept "Aneignung" im Jugendhaus.* Opladen: Leske + Budrich.

Deinet, U. (1999). *Sozialräumliche Jugendarbeit*. Opladen: Leske + Budrich.

Deinet, U. (2008). Sozialraumorientierung und Raumaneignung. In T. Coelen & H.-U. Otto (Hrsg.), *Grundbegriffe Ganztagsbildung. Das Handbuch* (S. 724-731). Wiesbaden: VS.

Derecik, A. (2008). Forschungsmethodologische Ansätze zur Erstellung von Schulportraits. In V. Oesterhelt, J. Hofmann, M. Schimanski, M. Scholz & H. Altenberger (Hrsg.), *Sportpädagogik im Spannungsfeld gesellschaftlicher Erwartungen, wissenschaftlicher Ansprüche und empirischer Befunde* (S. 134-137). Hamburg: Czwalina.

Derecik, A. (im Druck). Sozialräumliche Aneignung von Schulhöfen in Ganztagsschulen. In R. Laging, R. Hildebrandt-Stramann & J. Teubner (Hrsg.), Bewegung, Spiel und Sport in der Ganztagsschule – Ergebnisse aus dem Projekt StuBSS. Baltmannsweiler: Schneider.

Dietrich, K., Hass, R., Marek, R., & Porschke, C. (2005). *Schulhofgestaltung an Ganztagsschulen. Ein Leitfaden*. Schwalbach: Wochenschau.

Dohmen, G. (2001). *Das informelle Lernen – Die internationale Erschließung einer bisher vernachlässigten Grundform menschlichen Lernens für das lebenslange Lernen aller*. Bonn: BMBF.

Europäische Kommission (2001). *Mitteilung der Kommission: Einen europäischen Raum des Lebenslangen Lernens schaffen*. Zugriff am 11.10.2009 unter http://eur-lex.europa.eu/LexUriServ/LexUriServ.do?uri=COM:2001:0678:FIN:DE:PDF.

Flick, U. (1995). *Qualitative Forschung. Theorie, Methoden, Anwendung in Psychologie und Sozialwissenschaften*. Reinbek: Rowohlt.

Flick, U. (2004). *Triangulation. Eine Einführung*. Wiesbaden: VS.

Forster, J. (1997). Kind und Schulraum - Ansprüche und Wirkungen. In C. Becker, J. Bilstein, J. & E. Liebau (Hrsg.), *Räume bilden. Studien zur pädagogischer Topologie und Topographie* (S. 175-194). Seelze-Veber: Kallmeyersche Verlagsbuchhandlung.

Friebertshäuser, B. (1992). *Übergangsphase Studienbeginn. Eine Feldstudie über Riten der Initiation in eine studentische Fachkultur*. Weinheim und München: Juventa.

Haller, D. (1994). *Feld, Lokalität, Ort, Territorium: Implikationen der kulturanthropologischen Raumterminologie*. Berlin: WZB.

Kelle U. & Kluge S. (1999). *Vom Einzelfall zum Typus. Fallvergleich und Fallkontrastierung in der qualitativen Sozialforschung*. Opladen: Leske + Budrich.

Kluge, S. (1999). *Empirisch begründete Typenbildung. Zur Konstruktion von Typen und Typologien in der qualitativen Sozialforschung*. Opladen: Leske und Budrich.

Laging, R., Derecik, A., Riegel, K. & Stobbe, C. (im Druck). *Mit Bewegung Ganztagsschule gestalten Beispiele und Anregungen aus bewegungsorientierten Schulportraits*. Hohengehren: Schneider.

Laging, R., Hildebrandt-Stramann, R. & Teubner, J. (2005). *Forschungsantrag zum Thema „Studie zur Entwicklung von Bewegung, Spiel und Sport in der Ganztagsschule"*, eingereicht beim BMBF zur länderübergreifenden Begleitforschung „Ganztagsschule". Marburg. Zugriff am 17.08.2009 unter: http://www.uni-marburg.de/fb21/ifsm/ganztagsschule/projekt).

Leontjew, A. N. (1973). *Probleme der Entwicklung des Psychischen*. Berlin: Volk und Wissen.

Löw, M. (2001). *Raumsoziologie*. Frankfurt am Main: Suhrkamp.

Miller, R. (1996). Territorialität. In L. Kruse, C.-F. Graumann, C.F. & E.D. Lantermann (Hrsg.), *Ökologische Psychologie* (S. 333-338). Weinheim: Psychologie Verlags Union.

Ministerium für Schule und Weiterbildung, Wissenschaft und Forschung des Landes NRW (Hrsg.). (1999). *Grundschule. Richtlinien und Lehrpläne. Sport*. Frechen: Ritterbach.

Neuber, N. (2007). *Entwicklungsförderung im Jugendalter – Theoretische Grundlagen und empirische Befunde aus sportpädagogischer Perspektive* (Wissenschaftliche Schriftenreihe des Deutschen Olympischen Sportbundes, 35). Schorndorf: Hofmann.

Otto, H.-U. & Oelkers, J. (Hrsg.). (2006). *Zeitgemäße Bildung. Herausforderung für Erziehungswissenschaft und Bildungspolitik*. München: Ernst Reinhardt.

Overwien, B. (2006). Informelles Lernen – zum Stand der internationalen Diskussionen. In T. Rauschenbach, W. Düx & E. Sass (Hrsg.), *Informelles Lernen im Jugendalter. Vernachlässigte Dimensionen der Bildungsdebatte* (S. 14-20). Weinheim und München: Juventa.

Projektgruppe StuBSS (2007). *Quellentexte und Schulportraits*. Zugriff am 6.05.2007 unter http://online-media.uni-marburg.de/ganztagsschule/quellentexte.html.

Reutlinger, C. (2006). Sozialpädagogische Räume – sozialräumliche Pädagogik. Chancen und Grenzen der Sozialraumorientierung. In U. Deinet, C. Gilles & R. Knopp (Hg.), *Neue Perspektiven in der Sozialraumorientierung. Dimensionen – Planung – Gestaltung* (S. 23-43). Berlin: Frank & Timme.

Schulz, U. (2003). *Die soziale Konstitution von Raum und Mobilität im jugendkulturellen Alltag*. Dissertation, Universität Dortmund.

Stolz, H.-J. (2006). Dezentrierte Ganztagsbildung. Diskurskritische Anmerkungen zu einer aktuellen Debatte. In H.-U. Otto & J. Oelkers (Hrsg.), *Zeitgemäße Bildung. Herausforderung für Erziehungswissenschaft und Bildungspolitik* (S. 114-130). München: Ernst Reinhardt.

UNESCO (2006). ISCED 1997. International Standard Classification of Education. Zugriff am 11.10.2007 unter www.uis.unesco.org/TEMPLATE/pdf/isced/ISCED_A.pdf.

Vogel, P. (2006). Bildungstheoretische Optionen zum Problem der Ganztagsbildung. In H.-U. Otto & J. Oelkers (Hrsg.), *Zeitgemäße Bildung. Herausforderung für Erziehungswissenschaft und Bildungspolitik* (S. 14-20). München: Ernst Reinhardt.

Informelles Lernen im Schulsport – eine Studie zur Partizipation von Sporthelferinnen und Sporthelfern

Nils Neuber & Florian Wienkamp

1 Einleitung

Der Schulsport gilt gemeinhin nicht als besonders vielversprechendes Feld informellen Lernens – im Gegenteil: Vor dem Hintergrund verpflichtender Curricula und zertifizierter Lernergebnisse können *Schule und Unterricht* geradezu als ‚Prototypen' formellen Lernens angesehen werden. Bei näherer Betrachtung fällt jedoch auf, dass der Schulsport sehr viel weiter gefasst ist, als der Blick auf den Regelunterricht vermuten lässt. Insbesondere Angebote des *außerunterrichtlichen Schulsports* bieten Schülerinnen und Schülern Handlungsspielräume, die sie selbstbestimmt gestalten können. Eine besondere Lerngelegenheit liegt dabei in der Übernahme von Verantwortung für Bewegungs-, Spiel- und Sportangebote jüngerer Schüler durch ältere Jugendliche. Die *Sporthelferausbildung* in Nordrhein-Westfalen bereitet sie konkret darauf vor. Die vorliegende Studie fragt nach den Möglichkeiten des Erwerbs demokratischer Handlungskompetenzen durch die Sporthelferausbildung und -tätigkeit. Es zeigt sich, dass dabei formelle und informelle Lernmodalitäten ineinander greifen.

2 Lerngelegenheiten im Schulsport

Nach einer Phase des Pragmatismus in den 1970/80er Jahren hat der Schulsport in den 1990er Jahren eine pädagogische Renaissance erlebt. Spätestens mit den Richtlinien und Lehrplänen für das Fach Sport in Nordrhein-Westfalen erfährt der Schulsport eine pädagogische Akzentuierung, die im so genannten Doppelauftrag zum Ausdruck kommt (MSWWF NRW, 1999). Neben der *Erschließung der Bewegungs-, Spiel- und Sportkultur* wird die *Entwicklungsförderung durch Bewegung, Spiel und Sport* als zentrales Ziel genannt. Der Schulsport soll damit „sowohl fachimmanente Fähigkeiten, Fertigkeiten und Kenntnisse vermitteln als auch Einstellungen und Haltungen anbahnen, die für eine urteils- und handlungsfähige Teilnahme nicht nur am Sport, sondern an sozialen und politischen Gestaltungsprozessen notwendig sind" (Beckers, 2000, S. 86). Der Sportunterricht versteht sich entsprechend als *Erziehender Unterricht*, der pädagogischen Prinzipien, wie denen der Mehrperspektivität, der Erfahrungs- und Handlungsorientierung, der Reflexion, der Verständigung und der Wertorientierung, folgt (MSWWF NRW, 1999).

Mit dieser explizit pädagogischen Perspektive auf den Sport kann das Fach einen spezifischen Beitrag zum allgemeinen Erziehungs- und Bildungsauftrag der Schule leisten, der auch partizipative Aspekte umfasst. Tatsächlich hat sich die Integration von ‚innerfachlichen' und ‚außerfachlichen' Begründungen mittlerweile in der Mehrzahl der Richtlinien und Lehrpläne in Deutschland durchgesetzt (vgl. Prohl, 2008). Gleichwohl ist die *pädagogische Ausrichtung des Schulsports* nicht unumstritten. So stellt Thiele (2001, S. 48) die Frage, ob die Betonung pädagogischer Potenziale „nicht über das Ziel hinausschießt und (...) ein pädagogisches Feld ausmisst, dass ob seiner Übersichtlichkeit und Vorstrukturiertheit eine Orientierung gar nicht notwendig erscheinen lässt." Kurz und Wolters (2004, S. 44-47) gehen noch weiter und bezweifeln, dass eine Verbindung von fachimmanenten und überfachlichen Zielen, wie sie der Doppelauftrag fordert, überhaupt möglich sei.

Befürworter wie Kritiker einer pädagogischen Ausrichtung des Schulsports beziehen sich allerdings fast ausschließlich auf den Sportunterricht im engeren Sinne. Sie fokussieren damit formelle Lernprozesse im Sinne festgelegter Curricula. Der Schulsport umfasst jedoch neben dem verbindlichen *Sportunterricht*, der etwa in Nordrhein-Westfalen dreistündig erteilt wird, auch Angebote des *außerunterrichtlichen Schulsports*, wie Pausensport, Schulsportgemeinschaften oder Schulsportfeste, das *Lernen mit Bewegung* im Rahmen der ‚Bewegten' bzw. ‚Bewegungsfreudigen Schule' sowie *Angebote außerschulischer Träger im Ganztag* (vgl. Neuber & Kaundinya, 2010). Nicht zuletzt der außerunterrichtliche Schulsport bietet aufgrund seiner weitgehenden Freiwilligkeit deutlich mehr Möglichkeiten der Mitbestimmung und Mitgestaltung für Heranwachsende als der Regelunterricht.

Die hohe Identifikation mit ‚ihrem' Sport führt dazu, dass sich Schülerinnen und Schüler im außerunterrichtlichen Schulsport in besonderem Maße engagieren (vgl. Kottmann, Küpper & Pack, 1997). Insofern folgen außerunterrichtliche Angebote nicht üblichen formellen Inszenierungen, die im Regelunterricht zumeist im Vordergrund stehen, sondern eher *non-formalen und informellen Lernmodalitäten*. Zwar sind auch im Sportunterricht informelle Lernprozesse im Sinne des ‚heimlichen Lehrplans' anzunehmen, in außerunterrichtlichen Feldern ist die Wahrscheinlichkeit positiver Lerneffekte jedoch ungleich größer (vgl. Neuber, 2009). Ein besonderes Feld informellen Lernens ist die *Gestaltung von Bewegungs-, Spiel- und Sportangeboten* durch ältere Schülerinnen und Schüler. Entsprechende Konzepte werden bereits seit längerem in verschiedenen Bundesländern erfolgreich praktiziert (vgl. Gebken & Frohn, 2007). In Nordrhein-Westfalen hat sich das so genannte Sporthelfermodell durchgesetzt.

3 Sporthelferausbildung in NRW

Vor dem Hintergrund einer engeren Zusammenarbeit zwischen Schulen und Sportorganisationen wurde Anfang der 1990er Jahre eine Vereinbarung zwischen dem damaligen Ministerium für Stadtentwicklung, Kultur und Sport des Landes Nordrhein-Westfalen und der Sportjugend im Landessportbund Nordrhein-Westfalen getroffen, nach der Schülerinnen und Schüler durch eine Ausbildungsmaßnahme für die Mitarbeit im Schul- und Vereinssport qualifiziert werden sollten. Im Jahre 2002 erfolgte mit dem „Aktionsprogramm zur Förderung der Zusammenarbeit von Schulen und Sportvereinen in Nordrhein-Westfalen" die Grundlage für eine stärkere Verbreitung dieser Partizipationsidee (Sportjugend NRW, 2003). Die *Sporthelferausbildung* bietet Schülerinnen und Schülern im Alter von 13-18 Jahren die Möglichkeit, verantwortlich im außerunterrichtlichen Schulsport mitzuarbeiten. Der Umfang der Ausbildung beläuft sich auf 35 Unterrichtseinheiten (á 45min). Inhaltlich gliedert sich die Maßnahme in drei Bereiche, die möglichst praxisorientiert miteinander verbunden werden sollen:

- *Inhaltsbereich I*: Sporthelferinnen und Sporthelfer lernen die Aufgaben und Strukturen des Schul- und Vereinssports sowie Möglichkeiten der Kooperation kennen. Neben einem ersten Überblick über die verschiedenen Aufgabenfelder wird insbesondere auf die Mitarbeit im außerunterrichtlichen Schulsport bzw. Vereinssport vorbereitet.
- *Inhaltsbereich II*: Sporthelferinnen und Sporthelfer erwerben die Grundlagen für eine sichere und qualifizierte Durchführung von Bewegungs-, Spiel und Sportangeboten. Neben Gesundheits- und Sicherheitsaspekten wird vor allem ein didaktisch-methodisches sowie organisatorisches Grundlagenwissen vermittelt, das für eine zielgruppenorientierte Betreuung notwendig ist (vgl. Sportjugend NRW, 2003, S. 5).
- *Inhaltsbereich III*: Im Vordergrund steht hier die Praxis von Bewegung, Spiel und Sport mit Kindern und Jugendlichen. Bewegungs- und Sportangebote werden erlebt, angewendet, verändert und reflektiert. Neben Individualsportarten und Sportspielen werden aktuelle Sport- und Bewegungstrends aufgegriffen (vgl. Sportjugend NRW, 2003, S. 6).

Die Sporthelferausbildung ist eng an die *Gruppenhelfer-I-Ausbildung* (GH I) der Sportjugend Nordrhein-Westfalen angelehnt (Sportjugend NRW, 2003, S. 2).

Dementsprechend werden die Ausbildungsabschlüsse der Sporthelfer- und der Gruppenhelferausbildung als gleichwertig anerkannt. Dadurch erhalten Sporthelfer die Möglichkeit, sich im Qualifizierungssystem des gemeinnützigen Sports weiterzuqualifizieren. Aufbauend kann z.B. eine *Gruppenhelfer-II-Ausbildung* (GH II) absolviert werden, die für die Mitarbeit in der kulturellen und außersportlichen Kinder- und Jugendarbeit qualifiziert und formal mit dem Gruppenhelferausweis abschließt. Im Anschluss daran kann eine *Gruppenhelfer-III-Ausbildung* (GH III) besucht werden, der insbesondere auf die Interessenvertretung von Kindern und Jugendlichen im Sportverein vorbereitet (vgl. Braun & Hansen, i.d.B.).

Neben Qualifizierungsmaßnahmen erhalten Sporthelferinnen und Sporthelfer die Möglichkeit, sich schulische und außerschulische Tätigkeitsfelder zu erschließen. In der *Schule* bestimmen Tätigkeiten, wie die selbstständige Planung und Durchführung von Bewegungs-, Spiel- und Sportangeboten, den Sporthelferalltag. Mit mehr oder weniger starker Unterstützung durch die Lehrkräfte setzen Sie darüber hinaus Aktivitäten wie Schulsportfeste, Schulsportwettkämpfe oder Pausensportaktionen um (vgl. Ruth, 2006). Ähnlich sieht das Tätigkeitsfeld im *Sportverein* aus: Als „Assistent" eines Übungsleiters, in Teilen aber durchaus auch selbstständig, übernehmen Gruppenhelferinnen und -helfer Teile des Übungsbetriebs mit Kindern und Jugendlichen.

Abgesehen von den sportpraktischen Tätigkeitsfeldern bieten sich aber auch Mitbestimmungsmöglichkeiten in den Gremien von Schule und Sportverein. Durch die Sporthelferausbildung sollen Heranwachsende dazu motiviert werden, im Rahmen der *Interessenvertretung von Kindern und Jugendlichen* in der Schule und im Sportverein mitzuwirken. In der Schule können Sporthelferinnen und Sporthelfer auf der Grundlage des Schulmitwirkungsgesetzes als „Experten für Bewegung, Spiel und Sport" (Sportjugend NRW, 2003, S. 1) z.B. in der Schülervertretung, der Fachkonferenz Sport oder der Schulkonferenz mitarbeiten und mitentscheiden. Sporthelfer erhalten damit die Möglichkeit, an *demokratischen Diskussions- und Entscheidungsprozessen* mitzuwirken, die das eigene Schulleben betreffen. Dementsprechend wird durch die Sporthelferausbildung neben der Bereitschaft und Fähigkeit zur Übernahme von Mitverantwortung insbesondere „die Partizipation von Schülerinnen und Schülern am Schulgeschehen (…) im Rahmen der Schulmitwirkung gefördert" (Sportjugend NRW, 2003, S. 2).

4 Partizipation und Kompetenzerwerb

Der Begriff *Partizipation* leitet sich vom lateinischen ‚particeps' (teilhabend) ab und meint allgemein die Teilhabe von Personen oder Personengruppen an Entscheidungsprozessen oder Handlungsabläufen in übergeordneten Organisationen und Strukturen (Meyer, 2006, S. 5724). In der Politikwissenschaft und der Organisationssoziologie wird der Begriff als ein „auf kollektive Ziele hin orientiertes soziales Verhalten, das in einem komplexen Zusammenspiel zwischen institutionellen Strukturen, konkreten politischen Ereignissen, Gruppenbindung und individuellen Merkmalen zustande kommt" verstanden (Kaase, 1996, S. 525). Diese Definition schließt nicht nur *politische Aktivitäten*, wie Wahlen oder Demonstrationen mit ein, sondern bezieht sich auch auf andere Organisationsformen wie soziale Bürgerinitiativen oder Umwelt- und Menschenrechtsgruppen bzw. allgemein auf soziales Verhalten, das auf kollektive Ziele hin ausgerichtet ist. Im Vordergrund stehen dabei die *Teilhabe, Einflussnahme und Interessendurchsetzung* gegenüber (politischen) Entscheidungsträgern in Regierung, Parlamenten und Parteien auf verschiedenen Ebenen des politischen Systems.

Partizipation ist aber „nicht nur Mittel zum Zweck, sondern auch Ziel und Wert an sich" (Schultze, 2007, S. 398), denn der Begriff hat in der Regel normativen Charakter in dem Sinne, dass bisher ausgeschlossenen Personen und Personengruppen eine „Selbstverwirklichung im Prozess des direkt-demokratischen Zusammenhandelns und politisch-soziale Teilhabe in möglichst vielen Bereichen der Gesellschaft" ermöglicht werden soll (Schultze, 2007, S. 398). Diesbezüglich werden in der Forderung nach Partizipation von Kindern und Jugendlichen neben formalen und repräsentativen vor allem offene, basisdemokratische und projektorientierte Partizipationsmöglichkeiten als innovative Organisationsformen von Partizipation aufgenommen (vgl. Eikel, 2007, S.21). Durch diese ‚informellen' Beteiligungsformen sollen Kinder und Jugendliche auf ihre Art und Weise das Recht wahrnehmen können, sich als gleichberechtigte Subjekte an Entscheidungen zu beteiligen und dabei „eigene Interessen zu erkennen, öffentlich einzubringen, gemeinsam Lösungen zu entwickeln, sie zu begründen, zu prüfen, zu entscheiden, zu verantworten und sie zu revidieren" (Sturzenhecker, 2005, S. 1). Durch angemessene Formen und Methoden können Heranwachsende eine *Einflussnahme auf Planungs- und Entscheidungsprozesse* ausüben, von denen sie direkt betroffen sind und durch die eine Wirkung auf die unmittelbare Lebenswelt erzielt werden kann (Fatke & Schneider, 2005, S. 25). Erwachsene Mitglieder des Gemeinwesens müssen dafür Verfügungsgewalt abgeben, was unterschiedlich gestaltet werden kann.[1]

---

[1] Zur Gestaltung von Partizipation können Modelle von Schröder (1995) oder Blandow, Gintzel und Hansbauer (1999) herangezogen werden. Mit diesen Modellen wird der Begriff der Partizipation in

Um Einfluss auf Planungen und Entscheidungen und die damit verbundenen Aushandlungs- und Kooperationsprozessen auszuüben, benötigen Kinder und Jugendliche neben verfassten Möglichkeiten und Strukturen auch *Kompetenzen zur selbstbestimmten Entscheidung* und demokratischen Aushandlung. Vor dem Hintergrund der Ergebnisse des BLK-Forschungsprojekts „Demokratie leben & lernen" sollte vor allem die *demokratische Handlungskompetenz* gefördert werden, damit Kinder und Jugendliche in einem demokratischen Gemeinwesen ein politisches Grundwissen aufbauen und mitentscheiden, in Planungs- und Entscheidungsprozessen eine eigene Position entwickeln, andere Ansichten mit einbeziehen und diese im Diskurs mit anderen abwägen und sich darüber hinaus durch Selbstinitiative aktiv engagieren können. Die demokratische Handlungskompetenz umfasst neben der kognitiven Fähigkeit und der ethischen Reflexion vor allem die soziale Bereitschaft, um am demokratischen Gemeinwesen teilzuhaben und dieses in Gemeinschaft mit anderen aktiv zu gestalten (Eikel 2007, S. 26).

In Anlehnung an die klassischen Kompetenzbegriffe werden zwölf Teilkompetenzen der demokratischen Handlungskompetenz unterschieden (vgl. Abb. 1). Neben *Fach- und Sachkompetenzen* zum Aufbau von Wissen und der Reflexion demokratischen Handelns wird der Erwerb von *Methodenkompetenz*, wie das Realisieren von Projekten und die Herstellung von Öffentlichkeit, unterschieden. Darüber hinaus soll im Sinne einer *Selbstkompetenz* das eigenständige Handeln, die Entwicklung, Verteidigung und Wahrnehmung von Interessen, Rechten und Grenzen gelernt und in einem größeren Kontext reflektiert werden. Daneben stehen das Interagieren in heterogenen Gruppen, das Unterhalten tragfähiger Beziehungen und Kooperationen sowie die Fähigkeit zur Zusammenarbeit und zur Lösung von Konflikten im Vordergrund der *Sozialen Kompetenzen* (vgl. Wienkamp, 2009).

---

unterschiedlichen Stufen differenziert, wodurch in Anwendungssituationen (z.B. in der Kinder- und Jugendarbeit) zwischen Partizipation, Alibipartizipation und nicht vorhandener Partizipation unterschieden werden kann.

Klassische Kompetenzbegriffe	Demokratische Handlungskompetenz
Fach- bzw. Sachkompetenz	1. Für demokratisches Handeln Orientierungs- und Deutungswissen aufbauen 2. Probleme demokratischen Handelns erkennen und beurteilen
Methodenkompetenz	3. Systematisch handeln und Projekte realisieren 4. Öffentlichkeit herstellen
Selbstkompetenz	5. Eigene Interessen, Meinungen und Ziele entwickeln und verteidigen 6. Interessen in demokratische Entscheidungsprozesse einbringen 7. Sich motivieren, Initiative zeigen und Beteiligungsmöglichkeiten nutzen 8. Eigene Werte, Überzeugungen und Handlungen im größeren Kontext reflektieren
Sozialkompetenz	9. Die Perspektive anderer übernehmen 10. Normen, Vorstellungen und Ziele demokratisch aushandeln und miteinander kooperieren 11. Mit Diversität und Differenz konstruktiv umgehen und Konflikte fair lösen 12. Empathie, Solidarität und Verantwortung gegenüber anderen zeigen

Abbildung 1: Demokratische Handlungskompetenzen und deren Anlehnung an die klassischen Kompetenzbegriffe (mod. nach Edelstein, Eikel, de Haan & Himmelmann, 2007, S.11).

Die Teilkompetenzen sind Voraussetzung und Ergebnis demokratischen Handelns zugleich. Sie beziehen sich insbesondere auf das politische Mitentscheiden, das demokratische Aushandeln und das aktive Sich-Engagieren. Der *Kompetenzerwerb* geschieht dabei offensichtlich in einem Mix aus formellen, non-formalen und informellen Lernmodalitäten (vgl. Düx, 2006). Während der Sporthelferausbildung ein formelles, zertifiziertes Curriculum zugrunde liegt, hat die Sporthelfertätigkeit in Zusammenarbeit mit den Sportlehrkräften eher non-formalen Charakter. Mit zunehmender Selbstständigkeit der Sporthelferinnen und Sporthelfer dürften auch *informelle Lernprozesse* im Sinne eines ‚Learning-by-doing' zunehmen. Hansen (2008, S. 183) unterscheidet die informellen Lernprozesse noch einmal in *Selbstgesteuerte Lernprozesse*, die durchaus bewusst und zielgerichtet verlaufen, und *Inzidentelle Lernprozesse*, die als Nebenprodukt einer Handlung unbewusst und nicht zielgerichtet ablaufen (vgl. auch Braun & Hansen, i.d.B.). Festzuhalten bleibt, dass allen Lernmodalitäten ein hohes Maß an *Freiwilligkeit* zugrunde liegt, das gepaart ist mit einem gewissen *Ernst-Charakter*. Spätestens im Rahmen der Sporthelfertätigkeit verlassen die Heranwachsenden den üblichen ‚Als-ob-Charakter' schulischen Lernens und übernehmen konkret Verantwortung für ihre Aktivitäten und die ihnen anvertrauten Kinder.

5   Fragestellung und Methode

Die vorliegende Studie zielt auf die Frage, inwiefern die Sporthelfertätigkeit Möglichkeiten zum Erwerb demokratischer Handlungskompetenzen bietet. Neben thematischen Aspekten ist dabei von besonderem Interesse, auf welche Art und Weise die Kompetenzen erworben werden. Um diese Fragen zu untersuchen, wurden *Problemzentrierte Interviews* mit angehenden Sporthelferinnen und Sporthelfern geführt. Die Interviews fokussierten vor allem beispielhafte Situationen zum Kompetenzerwerb sowie deren positive und negative Einflussfaktoren. Dazu wurde eine Kartenabfrage mittels der zwölf demokratischen Handlungskompetenzen durchgeführt.[2] Dadurch konnten *Situationen des Kompetenzerwerbs* beschrieben und innerhalb der Sporthelfertätigkeit verortet werden.

Insgesamt wurden drei Sporthelferinnen und drei Sporthelfer eines Gymnasiums im Münsterland im Alter von 16-18 Jahren interviewt. Die ausgewählten

---

[2] Die zwölf Kompetenzbegriffe wurden durch Pre-Tests begrifflich modifiziert und im Interview als begleitende Befragungselemente eingefügt: Nachdem die Sporthelfer die Möglichkeiten des persönlichen Kompetenzerwerbs berichtet hatten, wurde darauf eingehend nach den spezifischen, demokratischen Handlungskompetenzen gefragt. Abschließend wurden in Bezug zur jeweiligen Handlungskompetenz positive und negative Einflussfaktoren analysiert.

Sporthelfer zeichnen sich zum einen durch eine hohe Eigenmotivation zur Beteiligung an schulisch-demokratischen Prozessen und zum anderen durch didaktisch-methodische Vorkenntnisse aus, die sie im Rahmend des Vereinssports erworben haben. Im Sinne eines *Good-Practice-Modells* sollte durch die Wahl der Probanden aufgezeigt werden, welche formellen und informellen Lernmöglichkeiten die Sporthelfertätigkeit für die Entwicklung demokratischer Handlungskompetenzen bietet.

Im Anschluss an die Erhebungsphase wurden die aufgezeichneten Interviews in normales Schriftdeutsch transkribiert und mit Hilfe der *qualitativen Inhaltsanalyse* ausgewertet (Mayring, 2002). Um ein Kategoriensystem zu entwickeln, das Situationen des Kompetenzerwerbs in Bezug auf die demokratischen Handlungskompetenzen darstellt, wurde das Interviewmaterial inhaltlich strukturiert und den jeweiligen demokratischen Handlungskompetenzen unterschiedlichen Situationen als Kategorien zugeordnet. Dafür wurde im Sinne einer Zusammenfassung das Material reduziert und die wesentlichen Inhalte beibehalten. Darauf aufbauend wurde eine Strukturierung bezüglich der Situationen zum Kompetenzerwerb im Sinne einer Kategorisierung durchgeführt. Das Resultat dieses Analyseprozesses ist ein Kodierleitfaden, der das Interviewmaterial strukturiert und zur systematischen Ergebnisdarstellung beiträgt.

6 Ergebnisse

Die Untersuchungsergebnisse deuten darauf hin, dass die Sporthelfertätigkeit tatsächlich unterschiedliche Möglichkeiten bietet, demokratische Handlungskompetenzen zu erwerben. Die zu bewältigenden Aufgaben entstehen im Zusammenhang mit den Tätigkeitsfeldern der Sporthelferinnen und Sporthelfer, wodurch auf einen *situationsgebundenen Kompetenzerwerb* geschlossen werden kann. Insbesondere bei der eigenständigen Durchführung von Bewegungs-, Spiel- und Sportprojekten und bei der Leitung von Sport-Arbeitsgemeinschaften besteht die Möglichkeit, systematisch in einem Team zusammenzuarbeiten, Öffentlichkeit herzustellen sowie eigene Ideen, Interessen, Meinungen und Ziele einzubringen und vor dem Hintergrund einer Perspektivübernahme gemeinschaftlich auszuhandeln. Doch *wie* erwerben Sporthelferinnen und Sporthelfer diese Kompetenzen konkret?

6.1   Planung und Durchführung von Bewegungs-, Spiel- und Sportprojekten

Innerhalb der Sporthelferausbildung lernen die Heranwachsenden zunächst das methodische Wissen zur Organisation, Planung und Durchführung von Projekten kennen: *„Die Basics wurden uns beigebracht, wie man das angeht, dass man ein Konzept vorher entwickelt, sich überlegt, welche Punkte muss ich klären" (Daniel, 18 Jahre)*. Eine Lehrkraft stellt die Anforderung, eine Projektidee innerhalb eines zeitlich begrenzten Rahmens zu entwickeln und diese innerhalb einer Planungs- und Organisationsphase praktisch umzusetzen:

> *„In der Ausbildung haben wir gelernt, wie man ein Sportfest organisiert, was auch unsere erste Aufgabe war, und an dem Beispiel haben wir das während des Seminars halt gelernt. Von den Lehrern haben wir dann Unterstützung erfahren, konnten dann selbst sagen, was wir machen wollen, die Lehrer standen uns halt immer zur Seite" (Agnes, 16 Jahre).*

Dieser Lernprozess erfolgt also vergleichsweise formell durch Lehrkräfte inszeniert und kontrolliert. Im Anschluss an den Lehrgang treffen sich die Sporthelferinnen und Sporthelfer eigenverantwortlich im Rahmen der Schule und lernen selbstgesteuert, anfallende Aufgaben und Probleme zu lösen. Zum Teil stehen ihnen die Sportlehrkräfte dabei noch helfend zur Seite. So berichtet Agnes (16 Jahre), dass sie *„in den letzten Jahren immer selbstständiger und besser geworden sind und dieses Projekt mehr oder weniger ohne Lehrer auf die Beine gestellt haben"*. Dabei spielt die Gruppendynamik eine entscheidende Rolle. Klaus (17 Jahre) erzählt, dass *„man immer wusste, dass man ein Teil von der Gruppe ist, dass jeder seine Aufgabe hat und wenn man diese nicht löst, dann klappt das andere auch alles nicht – da hatte man schon eine Verantwortung"*.

Sporthelferinnen und Sporthelfer treffen sich in der Regel selbstständig zur Organisation und Planung ihrer Aktivitäten im Oberstufenraum. Dabei werden Interessen und Standpunkte eingebracht: *„Das wurde dann immer untereinander ausdiskutiert, aber eigentlich ging das relativ schnell, dass wir da eine Meinung gefunden haben, die alle vertreten konnten"* (Klaus, 17 Jahre). Während der Planung und Durchführung von Bewegungs-, Spiel- und Sportprojekten lernen Sporthelferinnen und Sporthelfer viele Dinge in der praktischen Auseinandersetzung, sowohl zielgerichtet als auch beiläufig. Daniel beschreibt, dass das formell vermittelte Grundlagenwissen aus dem Sporthelferseminar durch ‚learning by doing' in Problemsituationen vertieft wurde:

> *„Ja vertieft heißt, in der Ausbildung geht man da oberflächlich ran, spricht halt an, welche Punkte man irgendwie abhandeln muss, worum man sich kümmern muss, aber vertieft wird das Ganze erst, wenn man [es] wirklich selber macht, wenn man*

wirklich davor steht und merkt, oh das habe ich vergessen oder das ist ja besonders wichtig, weil ohne das kann ich ja den nächsten Schritt nicht machen und das kommt in der Theorie vielleicht nicht unbedingt immer so zur Geltung"(Daniel, 18 Jahre).

Auf der Grundlage ihrer Ausbildung lernen Sporthelferinnen und -helfer selbstgesteuert (bewusst und zielgerichtet) Planungsaspekte zu berücksichtigen und verändern ihre Perspektive durch die praktische Umsetzung und die anschließende Reflexion:

„Also man begutachtet jetzt alles auf jeden Fall aus einem ganz anderen Blickwinkel, wenn man irgendwas durchführt hat achtet man auf Sicherheit und auf Organisation, dass die wichtigsten Punkte halt abgedeckt sind, dass es keine Probleme gibt, dass man alles im Voraus plant und auch die Veranstaltung dann vernünftig durchführt und im nachhinein ein Fazit zieht, war es auch gut wie wir es gemacht haben oder ist es nicht gut gewesen, so dass man halt rundum jetzt in der Lage ist, was vernünftig zu organisieren, durchzuführen aber auch im Nachhinein auszuwerten (Daniel, 18 Jahre).

6.2 Leitung von Sport-Arbeitsgemeinschaften

Auch die Leitung einer Arbeitsgemeinschaft ist zunächst Bestandteil der Sporthelferausbildung: *„Näher gebracht und beigebracht wurde mir das während der Sporthelferausbildung, speziell während dieses Kompaktseminars. Weil wir wurden ja unter anderem dafür ausgebildet, AGs zu leiten und Gruppen zu leiten"* (Daniel, 18 Jahre). Aufbauend auf diesen formell angelegten Kompetenzen übernehmen die Sporthelferinnen und Sporthelfer dann eigenverantwortlich eine Sport-AG und lernen durch praktisches Erproben, ihr Wissen anzuwenden: *„Man lernt so was, wenn man halt auch AGs zum Beispiel leitet und dadurch dass man die macht wird man auch wieder besser, also durch alles was man da macht, lernt man halt vernünftig irgendwas aufzubauen"* (Annika, 18 Jahre).

Auch hier stehen die Sportlehrkräfte auf Anfrage zur Verfügung: *„Wir haben das dann eigentlich so versucht, auch mit Hilfe der Lehrer das so zu legen, dass wenigstens ein Lehrer nebenan ist, falls halt wirklich irgendwas was passiert, dass wir ein Ansprechpartner haben, der dann auch helfen kann"* (Agnes, 16 Jahre). Zugleich lernen die Sporthelferinnen und -helfer, selbstgesteuert Öffentlichkeitsarbeit zu betreiben: *„Also in der AG, da hab ich auch Öffentlichkeitsarbeit betrieben, indem ich auch durch die Klassen gegangen bin, um den Schülern das nahe zu bringen, auch mehrmals, wir, also ich habe einen Aushang gemacht, damit die Schüler das Wissen das es diese AG gibt"* (Agnes, 16 Jahre). Dabei nehmen sie intuitiv auch die Perspektive ihrer Mitschülerinnen und Mitschüler ein und wenden ihr didaktisch-methodisches Wissen situationsgerecht an:

> *„Wenn man die Badminton-AG oder irgendwie was leitet, dass man sich in die Lage der Kinder versetzen kann, wie das für die ist, ob man jetzt irgendwelche Spiele oder Kraftübungen den zumuten kann oder ob man den aufgrund bestimmter Situationen eher spontan irgendwie was anderes machen muss"* (Klaus, 17 Jahre).

Inwieweit die Perspektivübernahme inzidentelles Lernergebnis oder persönliche Voraussetzung ist, ist nicht eindeutig festzustellen: *„Ich denke mal das Verantwortungsbewusstsein ist somit eigentlich auch eine Sache die man lernt bzw. die einfach vorausgesetzt wird als Sporthelfer, das wir[ansonsten] nicht so eine Aufgabe annehmen"* (Annika, 18 Jahre). Gleichwohl findet ein Lernen anhand konkreter situativer Anforderungen statt:

> *„In der AG musste man auch miteinander sprechen und denjenigen das dann deutlich machen, dass es manchmal einfach nicht anders geht oder das er das auch akzeptieren muss, dass es vielleicht beim nächsten mal anders läuft oder dass es dann besser wird"* (Agnes, 18 Jahre).

7 Zusammenfassende Diskussion

Der außerunterrichtliche Schulsport bietet Lerngelegenheiten, die über die mehr oder weniger formellen Angebote im Sportunterricht hinausgehen. Eine besondere Möglichkeit liegt in der Übernahme von Bewegungs-, Spiel- und Sportangeboten für jüngere Schülerinnen und Schüler durch ältere Heranwachsende, etwa im Rahmen eines Schulsportfestes oder einer AG. Mit der *Sporthelferausbildung* in Nordrhein-Westfalen werden durch eine zertifizierte Ausbildung die Grundlagen dafür gelegt, dass Jugendliche im außerunterrichtlichen Schulsport eigenständig Aktivitäten durchführen können. Während der *Sporthelferlehrgang* formelle bzw. non-formale Qualitäten aufweist, zeichnet sich die *Sporthelfertätigkeit* durch eine zunehmende Selbstständigkeit der Heranwachsenden bei hoher Eigenmotivation aus. Lernprozesse während dieses freiwilligen Engagements können daher in weiten Teilen als informell angesehen werden. Dabei lassen sich sowohl zielgerichtete Lernaktivitäten als auch beiläufige, inzidentelle Lernprozesse nachzeichnen.

Die Ergebnisse der vorliegenden Studie decken sich zunächst mit den Befunden anderer Studien zum Kompetenzgewinn Jugendlicher im freiwilligen Engagement. So verweisen Düx, Prein, Sass und Tully (2008) auf die besondere Bedeutung selbst gewählter Verantwortung und Motivation in Kombination mit gemeinsamem Handeln in der Peergroup. Im Gegensatz zum herkömmlichen schulischen Lernen sind die *Lernprozesse im freiwilligen Engagement* dadurch gekennzeichnet, „dass in ihnen Lernen (als Übung) und Handeln (als Ernstfall) inhaltlich und zeitlich enger verknüpft sind oder gar zusammenfallen, sodass Bildungsprozesse weitaus stärker unter Ernstfallbedingungen ablaufen" (Düx et al., 2008, S. 267). Das führt zu subjektiv bedeutsamen, *signifikanten Lerneffekten*, derer sich die Heranwachsenden durchaus bewusst sind. Zugleich kann davon ausgegangen werden, dass diese praxisnah, im Modus des ‚learning-by-doing' erworbenen Kompetenzen nachhaltig sind.

Das Spezifikum der vorliegenden Untersuchung liegt darin, dass die Lernerfolge nicht im außerschulischen, sondern im schulischen Feld auftreten. Vor dem Hintergrund paradoxer Grundvoraussetzungen zwischen Autonomie und Zwang sind *Partizipationsversprechen* in der Schule oft nur schwer einzulösen (vgl. Helsper & Lingkost, 2002). In seiner Verbindung von schulischem und außerschulischem Lernen scheint sich mit dem Sporthelfermodell hier eine besondere Nische aufzutun. Offensichtlich bietet das Feld von Bewegung, Spiel und Sport hohe *Identifikationsmöglichkeiten* für Jugendliche, die gepaart mit der Übernahme ‚echter' Verantwortung zu einem gefragten Konzept führen. Tatsächlich spricht diese Kombination nicht nur Gymnasiasten, sondern auch Haupt-, Real- und Gesamtschüler an (vgl. Ruth, 2006). Der Sport bietet damit ein besonderes Handlungsfeld des *Demokratielernens* – auch und gerade in der Schule.

Literatur

Beckers, E. (2000). Grundlagen eines erziehenden Sportunterrichts. In Landesinstitut für Schule und Weiterbildung NRW (Hrsg.), *Erziehender Schulsport. Pädagogische Grundlagen der Curriculumrevision in Nordrhein-Westfalen* (S. 86-97). Bönen: Verlag für Schule und Weiterbildung.

Blandow, J., Gintzel, U. & Hansbauer, P. (1999). *Partizipation als Qualitätsmerkmal in der Heimerziehung – Eine Diskussionsgrundlage*. Münster: Votum.

Düx, W. (2006). „Aber so richtig für das Leben lernt man eher bei der freiwilligen Arbeit". Zum Kompetenzgewinn Jugendlicher im freiwilligen Engagement. In T. Rauschenbach et al. (Hrsg.), *Informelles Lernen im Jugendalter – Vernachlässigte Dimensionen der Bildungsdebatte* (S. 205-240). Weinheim, München: Juventa.

Düx, W., Prein, G., Sass, E. & Tully, C.J. (2008). *Kompetenzerwerb im freiwilligen Engagement – Eine empirische Studie zum informellen Lernen im Jugendalter*. Wiesbaden: VS.

Edelstein, W., Eikel, A., de Haan, G. & Himmelmann, G. (2007). Demokratische Handlungskompetenz – Begründung, Konzeption und Lernarrangements. In G. de Haan, W. Edelstein & A. Eikel, (Hrsg.), *Qualitätsrahmen Demokratiepädagogik – Demokratische Handlungskompetenz fördern, demokratische Schulentwicklung entwickeln* (S. 6-24). Weinheim: Beltz.

Eikel, A. (2007). Demokratische Partizipation in der Schule. In A. Eikel & G. de Haan (Hrsg.), *Demokratische Partizipation in der Schule – Ermöglichen, fördern, umsetzen* (S. 7-42). Schwalbach: Wochenschau.

Fatke, R.& Schneider, H. (2005). *Kinder- und Jugendpartizipation in Deutschland. Daten, Fakten, Perspektiven.* Zugriff am 1. Januar 2010 unter http://www.bertelsmannstiftung.de/bst/de/media/xcms_bst_dms_17946 _17947_2.pdf

Gebken, U.& Frohn, J. (2007). Bewegte Schule in der Sekundarstufe I. In R. Hildebrandt-Stramann (Hrsg.), *Bewegte Schule – Schule bewegt gestalten* (S. 122-130). Hohengehren: Schneider.

Hansen, S. (2008). Wie lernt man im Sportverein? – Ergebnisse einer empirischen Studie zu Lernprozessen in Vereinen. *Sport und Gesellschaft*, 5 (2), 178-205.

Helsper, W. & Lingkost, A. (2002). Schülerpartizipation in den Antinomien von Autonomie und Zwang sowie Organisation und Interaktion – exemplarische Rekonstruktion im Horizont einer Theorie schulischer Anerkennung. In B. Hafeneger, P. Henkenborg & A., Scherr (Hrsg.), *Pädagogik der Anerkennung – Grundlagen, Konzepte, Praxisfelder* (S. 132-156). Schwalbach: Wochenschau.

Kaase, M. (1996). Partizipation. In D. Nohlen (Hrsg.), *Wörterbuch Staat und Politik* (S. 525). Bonn: Piper

Kottmann, L., Küpper, D. & Pack, R.-P. (1997). *Bewegungsfreudige Schule. Band I: Grundlagen* (hrsg. v. Bundesverband der Unfallversicherungsträger der öffentlichen Hand e.V. –BAGUV). Münster: Selbstverlag.

Kurz, D. & Wolters, P. (2004). Sport und Erziehung in der Schule – Eine aktuelle Gradwanderung. In E. Balz (Hrsg.), *Schulsport verstehen und gestalten – Beiträge zur fachdidaktischen Standortbestimmung* (S. 39-65). Aachen: Meyer & Meyer.

Mayring, P. (2002). *Einführung in die qualitative Sozialforschung – Eine Anleitung zu qualitativem Denken* (5., überarbeitete und neu ausgestattete Auflage). Weinheim, Basel: Beltz.

Meyer (2006). *Meyers Großes Taschenlexikon in 24 Bänden* (Band 16; 10., neu bearbeitete und erweiterte Auflage). Mannheim: Bibliographisches Institut.

Ministerium für Schule und Weiterbildung, Wissenschaft und Forschung des Landes Nordrhein-Westfalen (MSWWF NRW) (Hrsg.). (1999). *Sekundarstufe II – Gymnasium/Gesamtschule – Richtlinien und Lehrpläne.* Düsseldorf.

Neuber, N. (2009). Informelles Lernen – ein sportpädagogisches Thema? In H. P. Brandl-Bredenbeck & M. Stefani (Hrsg.), *Schulen in Bewegung – Schulsport in Bewegung* (Schriften der Deutschen Vereinigung für Sportwissenschaft, 190, S. 77-82). Hamburg: Czwalina.

Neuber, N. & Kaundinya, U. (2010). Fachdidaktische Konzepte zum Schulsport in der Sekundarstufe I – Bestandsaufnahme und Perspektiven. *Sportunterricht*, 59, 66-75.

Ruth, R. (2006). „So was könnte ich öfter machen!" – Sporthelfer im Ganztagsangebot einer Hauptschule. *Sportpädagogik*, 30 (5), 38-39.

Schröder, R. (1995). *Kinder reden mit! Beteiligung an Politik, Stadtplanung und Stadtgestaltung.* Weinheim und Basel: Beltz.

Schultze, R. (2007) Partizipation. In D. Nohlen (Hrsg.), *Kleines Lexikon der Politik* (S. 363). München: Beck.

Sportjugend Nordrhein-Westfalen (Hrsg.). (2003). *Konzeption für die Ausbildung von Schülerinnen und Schülern zu Sporthelferinnen und Sporthelfern in Nordrhein-Westfalen.* Duisburg: Sportjugend NRW.

Sturzenhecker, B. (2005). *Begründung und Qualitätsstandards von Partizipation – auch für die Ganztagsschule.* Zugriff am 27. April 2009 unter http:// www.lwl.org/lja-download/dateidownload/LJA/jufoe/ogs/OGS_Partizipation/1120551455_1/Sturzen hecker _Partizipation_Ganztags-schule. pdf.4998

Thiele, J. (2001). Von „Erziehendem Sportunterricht" und „Pädagogischen Perspektiven" – Anmerkungen zum Bedeutungsgewinn pädagogischer Ambitionen im sportpädagogischen Diskurs. *Sportunterricht*, 50, 43-49.

Wienkamp, F. (2009). Sporthelfer in NRW – eine qualitative Studie zur Partizipation im Schulsport. In U. Gebken & N. Neuber (Hrsg.), *Anerkennung als sportpädagogischer Begriff* (Jahrbuch Bewegungs- und Sportpädagogik in Theorie und Forschung, 8, S. 183-193). Hohengehren: Schneider.

Bildungschancen in der Kinder- und Jugendarbeit – eine Studie zum informellen Lernen im Sportverein

Marion Golenia & Nils Neuber

1 Einleitung

Das Sporttreiben gehört nach wie vor zu den beliebtesten Freizeitbeschäftigungen von Kindern und Jugendlichen. Bewegung, Spiel und Sport bieten aber nicht nur ein großes *Erlebnispotenzial*, sondern sie haben auch eine zentrale Bedeutung für die Entwicklung von Heranwachsenden. Für die Herausbildung einer „eigenständigen Persönlichkeit ist der Kinder- und Jugendsport ein wichtiges Erfahrungsfeld im Aufwachsen von Kindern und Jugendlichen – und die Wichtigkeit einer stabilen Persönlichkeit und Identität ist gar nicht hoch genug einzuschätzen" (Rauschenbach, 2006, S. 36). Die *pädagogische Relevanz* des Sports wird jedoch häufig nicht erkannt. Außerhalb der sportwissenschaftlichen Fachdiskussion gilt Sporttreiben nicht selten als ‚Freizeitbeschäftigung' ohne besondere pädagogische Qualität. Tatsächlich mangelt es – trotz ernsthafter Bestrebungen in dieser Richtung – nach wie vor an *empirischen Untersuchungen*, die die pädagogische Wirkung des Kinder- und Jugendsports belegen (vgl. Schmidt, Hartmann-Tews & Brettschneider, 2006).

Vor diesem Hintergrund haben die Sportjugend Nordrhein-Westfalen und die Deutsche Sportjugend in Zusammenarbeit mit der Universität Münster in den Jahren 2007 bis 2009 das Forschungsprojekt *„Kinder- und Jugendarbeit im Sport und ihre Bildungschancen"* durchgeführt. Im Anschluss an eine Studie des Deutschen Jugendinstituts (vgl. Düx, 2006) wurden Bildungspotenziale des Kinder- und Jugendsports aus der Sicht von Heranwachsenden qualitativ rekonstruiert. Ausgehend von einem *informellen Lernbegriff* lag der Fokus dabei auf dem Kompetenzerwerb Jugendlicher in der täglichen Vereinspraxis (vgl. Neuber, Breuer, Golenia, Derecik & Wienkamp, 2010). Der vorliegende Beitrag umreißt Problemfeld, Untersuchungsdesign sowie empirische Befunde dieser Untersuchung und gibt abschließend einen Ausblick auf die *informellen Bildungsgelegenheiten* der Kinder- und Jugendarbeit im Sportverein.

2   Sportliche Jugendarbeit – Training oder Jugendbildung?

In Deutschland gibt es über 90.000 Sportvereine, die sich in ihrer Ausrichtung und Größe zum Teil erheblich unterscheiden. Die überwiegende Zahl der Sportvereine ist jedoch als gemeinnützig anerkannt und verfolgt damit gesellige, kulturelle und gesellschaftspolitische Ziele. Insbesondere dienen sie der *Pflege des Sports* sowie der *Förderung der Jugend* (vgl. Heinemann, 2004). Inwieweit es sich dabei um sportliches Training oder um pädagogisch wertvolle Jugendarbeit handelt, ist allerdings umstritten:

> „Wo endet hier der bloße Mannschaftssport oder das Einzeltraining? Wo endet die freizeitorientierte, körperbezogene Betätigung von Kindern und Jugendlichen, also das auf Abschalten und Ausgleich zielende Gegenprogramm zur Schule? Und wo beginnt dann die Jugendarbeit im engeren Sinne, das pädagogisch-konzeptionelle, das organisierte, über Sport, Spiel und Spaß hinausgehende Bildungsangebot?" (Rauschenbach, 2009, S. 186).

Hinter dieser Frage steht eine normative Unterscheidung zwischen unverbindlichem *‚Sporttreiben'* und pädagogisch gehaltvoller *„Jugendarbeit'*. Sie basiert auf der Unterstellung, „dass es eine Grenzlinie gebe zwischen einer ‚rein sportlich orientierten Arbeit' ohne pädagogische Qualität einerseits und einer ‚eigentlichen' Jugendarbeit mit pädagogischem Anspruch andererseits" (Baur & Braun, 2000, S. 378). De facto ist eine solche Grenze allerdings nur schwer zu definieren – wer wollte den Unterschied zwischen dem Fußballspiel der Jugendabteilung eines Sportvereins und dem Fußballspiel einer Kirchenjugend definieren? Gleichwohl hat es der organisierte *Kinder- und Jugendsport* immer noch schwer, als gleichwertiger, pädagogisch bedeutsamer Partner der Kinder- und Jugendarbeit akzeptiert zu werden. Zwar sind die Sportjugendverbände der Länder als freie *Träger der Kinder- und Jugendhilfe* anerkannt, doch fallen die Kommentierungen zur Förderungswürdigkeit der sportlichen Jugendarbeit nach wie vor ambivalent aus (vgl. Kreft, 2001).[1]

Die Leistungen der *Jugendhilfe* sind im Kinder- und Jugendhilfegesetz (KJHG) geregelt. Sie beziehen sich neben den Hilfen zur Erziehung, der Jugendsozialarbeit oder dem Kinder- und Jugendschutz insbesondere auf die Jugendarbeit. *Träger der Jugendarbeit* sind zum einen öffentliche Institutionen, zum anderen werden Wohlfahrtsverbände, Jugendverbände, Kirchen und eben auch Sportvereine als Träger der Jugendhilfe anerkannt (vgl. Lüders & Behr, 2005).

---

[1] Es ist offensichtlich, dass bei Fragen der Förderungswürdigkeit die Ressourcenverteilung eine nicht unerhebliche Rolle spielt. Wenn die sportliche Jugendarbeit vollständig als ‚förderungswürdig' anerkannt werden würde, müssten sich andere Jugendverbände massiv einschränken.

Angebote der Jugendarbeit sollen „an den Interessen junger Menschen anknüpfen und von ihnen mitbestimmt und mitgestaltet werden, sie zur Selbstbestimmung befähigen und zu gesellschaftlicher Mitverantwortung und zu sozialem Engagement anregen und hinführen" (KJHG, § 11,1). Geht man von den *Bedürfnissen und Interessen* Heranwachsender aus, dürfte kaum Widerstand gegen eine Anerkennung der sportlichen Jugendarbeit als Jugendbildung bestehen. Mit Bindungsraten von über 50% je nach Alter und Geschlecht kommt kein anderer Jugendverband auch nur annähernd an den *Partizipationsgrad der Sportvereine* heran (vgl. Schmidt, Hartmann-Tews & Brettschneider, 2006).

Allerdings bleibt zu klären, inwieweit Kinder und Jugendliche ihr sportliches Engagement mitbestimmen und dabei pädagogisch wertvolle Erfahrungen machen können. Tatsächlich entspricht gerade der von pädagogischen Laien angeleitete, wettkampforientierte Kinder- und Jugendsport nicht immer den Ansprüchen einer *reflektierten Jugendbildung*. Womöglich ist aber auch die bisherige Argumentationslinie, die sowohl von Seiten der Sportwissenschaft als auch von Seiten der Sportjugendverbände verfolgt wird, nicht mehr zeitgemäß. Übereinstimmend wird dabei von einem *intentionalen Erziehungsverständnis* ausgegangen, das sich in einer Erziehung *zum* und *durch* Sport ausdrückt und lediglich durch eine ‚außersportliche' Jugendarbeit ergänzt wird (vgl. Neuber, i.d.B.). Ansätze der außerschulischen Jugendbildung gehen dagegen schon seit längerem von *sozialräumlichen Konzepten* aus, die wesentliche Anteile des Kompetenzerwerbs im Bereich informellen Lernens verorten (vgl. Deinet & Reutlinger, 2004). Entsprechend werden in Studien zum Kompetenzerwerb Heranwachsender informelles Lernen und Bildung sozialräumlich als ein „aktiver Aneignungs- und Veränderungsprozess des Individuums" betrachtet (Düx & Sass, 2005, S. 395).

3   Informelles Lernen und Kompetenzerwerb

Informelles Lernen ist ein *Lernen in der Lebenspraxis*. Allerdings sind die Verläufe des informellen Lernens nicht direkt greifbar, da sie selten geplant, „vielfältig und bunt, häufig aber auch unstrukturiert, unsystematisch, zufällig und unübersichtlich" ablaufen und sich damit von den nicht formalen Lernprozessen deutlich abgrenzen (Düx, 2006, S. 237). Voraussetzung für informelle Lernprozesse ist der Bezug zur aktuellen Handlungssituation. Im Gegensatz zum formalen Lernen ist nicht das Lernen selbst der Zweck, sondern die *Lösung einer Aufgabe*, die sich in einer Situation stellt. Da in diesem auf konkrete Handlungssituationen bezogenen Lernen auch eine Gefahr von Irrtum und Fehlern steckt, kommt es durch informelle Lernprozesse durchaus zu Neu- bzw. Umorientierungen; hierin liegt das spezifische *Bildungspotenzial* informeller Lernsituationen (vgl. Rauschenbach, Düx & Sass, 2006).

Folgt man der Faure-Kommission der UNESCO, so umfasst informelles Lernen ca. 70% aller menschlichen Lernprozesse. Gleichwohl ist die Forschungslage alles andere als zufriedenstellend. Zumeist werden die positiven Wirkungen des Lernens und deren Einfluss auf den Bildungsprozess des Individuums nur angenommen. Vor allem der

> „Forschungsstand für die organisierten Freizeitangebote der Vereine und Verbände oder auch der offenen Jugendarbeit [muss] als weitaus defizitärer [als in anderen Bereichen] charakterisiert werden. Was bislang fehlt sind sowohl quantitative als auch qualitative Studien, die sich der Frage nach dem außerunterrichtlichen Kompetenzerwerb systematisch und in erster Linie aus dem Blickwinkel der Kinder und Jugendlichen selbst nähern" (Grunert, 2006, S. 30).

Was für die Forschungslage zum informellen Lernen allgemein gilt, gilt für die sportbezogene Forschung im Besonderen. Systematische Untersuchungen im Kontext von Bewegung, Spiel und Sport stehen bislang noch weitgehend aus. Ausnahmen betreffen zum einen das *informelle Bewegungslernen*. So konstatiert Lange (2004, S. 198) in Bezug auf jugendliche Skateboarder: Sie folgen „ihren eigenen Bewegungsmotiven und entdecken im Rollen, Springen und Grinden immer wieder einschlägige Bewegungsqualitäten. Das heißt keineswegs, dass dadurch nicht, weniger oder langsamer, sondern nur dass auf *andere* Weise gelernt wird" (Hervorhebung H.L.). Auch Friedrich (2004) stellt in Bezug auf die Lernkonzepte von Skateboardern eine besondere Lernkultur fest, die u.a. durch Selbstständigkeit, Selbstorganisation und Selbststeuerung gekennzeichnet sei. Inwiefern diese Form der Auseinandersetzung über das Bewegungslernen hinaus Auswirkungen z.B. auf die Entwicklung der Selbstkompetenz von Heranwachsenden hat, wird allerdings nicht thematisiert. Zum anderen liegen sportbezogene Studien zum informellen Kompetenzerwerb im freiwilligen Engagement vor (vgl. Hansen; Braun und Hansen, i.d.B.).

Dem informellen Lernen wird ein hohes Potenzial zugeschrieben, eben jene *Kompetenzen* zu vermitteln, die Jugendliche benötigen, um sich in modernen Gesellschaften zurechtzufinden und eine eigene Identität aufzubauen. Aktuelle Studien bestätigen die hohe Bedeutsamkeit informellen Kompetenzerwerbs jenseits institutionell strukturierter Erziehungsprozesse (vgl. Düx, Prein, Sass & Tully, 2008). Kompetenzen werden darin verstanden als „anwendbares und angewandtes Wissen und Können, die sich in einer Tätigkeit und durch die Tätigkeit bilden und vertiefen, aber auch durch die Tätigkeit sichtbar werden" (Düx et. al, 2008, S. 27). Sie werden damit als unmittelbares Ergebnis informeller Lernprozesse verstanden. Die Entwicklung von Kompetenzen vollzieht sich „in einem offenen Wechselverhältnis zwischen persönlicher Erfahrungsverarbeitung und ihrer konstruktiven Zuspitzung auf praktische Umsetzungsmöglichkeiten und Handlungsentscheidungen in einer gegebenen Umwelt" (Dohmen, 2001, S. 44-45).

Der Prozess dieses *situativen Kompetenzerwerbs* ist komplex und langwierig. In Anlehnung an die Studie von Düx et al. (2008), die den Kompetenzerwerb im freiwilligen Engagement untersucht, können mit *personenbezogenen* und *sachbezogene Kompetenzen* zwei Hauptkategorien unterschieden werden. Die sachbezogenen Kompetenzen werden noch einmal in kognitive, organisatorische, handwerklich-technische sowie kreativ-musisch-sportliche Kompetenzen unterteilt. Die personenbezogenen Kompetenzen werden in personale und soziale Kompetenzen differenziert. Um Heranwachsenden Möglichkeitsräume für den Kompetenzerwerb zu eröffnen, müssen entsprechende Rahmenbedingungen geschaffen werden. *Informelle Kompetenzentwicklung* erfordert einerseits, „die Bedeutung positiver Gleichaltrigenbeziehungen für die Entwicklung sozialer, emotionaler und kommunikativer Kompetenzen anzuerkennen" und andererseits „Räume und Gestaltungsmöglichkeiten für Gleichaltrigenbeziehungen zur Verfügung zu stellen" (de Boer, 2008, S. 30-31). Sportvereine bieten einen *Sozialraum*, der diesen Forderungen in hohem Maße entspricht, der bislang jedoch kaum untersucht wurde.

4   Forschungsfragen

Vor dem Hintergrund der theoretischen Überlegungen zur sportlichen Jugendarbeit auf der einen Seite sowie zum informellen Lernen und Kompetenzerwerb auf der anderen Seite stellt sich die Frage, inwiefern im Sportverein Bildungsprozesse im Sinne des informellen Lernens stattfinden. Diese Grundfrage lässt sich in zwei empirische Teilfragen untergliedern:

1. Welche Kompetenzen werden aus der Sicht von Jugendlichen im Sportverein erworben?
2. In welchen konkreten Handlungssituationen werden diese Kompetenzen aktualisiert?

5   Forschungsdesign und Methoden

Zur Beantwortung der Fragestellungen wurden zwei empirische Teilstudien durchgeführt. In einer ersten Phase wurde mit Hilfe von *Gruppendiskussionen* untersucht, *was* Jugendliche im Sportverein lernen, wobei explizit die Subjekt-perspektive der Befragten im Vordergrund stand (Fragestellung 1). Thematisiert wurde darüber hinaus, auf welche Art und Weise die genannten Aspekte im Sportverein erworben werden. Aufbauend auf den Gruppendiskussionen wurden in der zweiten Phase vertiefende *Interviews* mit ausgewählten Jugendlichen durchgeführt, die der Frage nachgingen, *wie* und *in welchen Situationen* Jugend-liche im Sportverein Kompetenzen informell erwerben (Fragestellung 2). Die Integration der Ergebnisse aus beiden Teilstudien bildet die Grundlage zur Be-antwortung der praktischen Frage nach Hinweisen zur Gestaltung der Vereinsju-gendarbeit (vgl. Kap. 8).

Für die *Stichprobe* wurden zwölf Sportvereine aus Nordrhein-Westfalen ausgewählt, die sich durch auffallend gute Jugendarbeit auszeichnen; insofern handelt es sich um eine ‚Good-Practice-Studie'. Die Wahl der Vereine erfolgte darüber hinaus anhand eines Stichprobenplans mit inhaltlich-methodischen und strukturellen Auswahlkriterien (vgl. Kelle & Kluge, 1999). Auf diese Weise sollte gewährleistet werden, dass die zwölf Vereine räumlich über das gesamte Bundesland verteilt sind, sowohl in städtischen Ballungsgebieten und Ballungs-randgebieten als auch in ländlichen Gebieten angesiedelt sind, hinsichtlich der Größe variieren, d.h. vertreten sind Klein-, Mittel- und Großvereine, und dass sie eine breite Palette unterschiedlicher Sportarten anbieten.

Die *Gruppendiskussionen* wurden mit jugendlichen Vereinsmitgliedern im Alter von 13 bis 19 Jahren durchgeführt. Basierend auf den Erfahrungen der Diskussionsteilnehmerinnen und -teilnehmer, sollte in einer größeren sozialen Einheit ermittelt werden, was Jugendliche im Sportverein lernen bzw. gelernt haben. Einer Empfehlung Lamneks (2005, S. 435) folgend wurden die Gruppen-diskussionen mit jeweils sechs bis zwölf Jugendlichen durchgeführt. Als Ge-sprächsanreiz dienten ausgewählte Ergebnisse der so genannten Brettschneider-Studie, nach denen sich Sportvereinsjugendliche in der Entwicklungsperspektive nicht von anderen Heranwachsenden unterscheiden (Brettschneider & Kleine, 2002). Die Befunde führten erwartungsgemäß in aller Regel zu massiven Wider-ständen bei den Vereinsjugendlichen, sodass ein Diskussionsprozess in Gang kam. Der Ablauf der Gruppendiskussionen ist Abbildung 1 zu entnehmen.

- *Grundreiz*: Vorstellen zentraler Ergebnisse aus der Studie „Jugendarbeit im Sportverein" von Brettschneider und Kleine (2002)
- *Stellungnahme*: Was sagt ihr zu diesen Ergebnissen?
- *Reflexionsphase*: Bitte überlegt, was ihr im Sportverein lernt bzw. gelernt habt (Notieren der Kompetenzen auf Karteikarten).
- *Diskussionsphase 1*: Gegenseitiges Vorstellen und Diskutieren der Ergebnisse des Brainstormings.
- *Diskussionsphase 2*: Wie lernt ihr diese Dinge? Bitte beschreibt Situationen im Sportverein, in denen ihr das lernt.

Abbildung 1:   Ablauf der Gruppendiskussion.

Mit Blick auf die Datenauswertung wurden alle Gruppendiskussionen mit einer Digitalkamera aufgezeichnet und anschließend transkribiert. Ausgehend von den Ergebnissen der ersten Forschungsphase diente die zweite Phase der Erforschung von Lernsituationen im Sportverein bzw. der Beantwortung der Frage nach dem „Wie" des Lernens. Dazu wurden mit 20 ausgewählten Jugendlichen, die bereits an den Gruppendiskussionen teilgenommen hatten, vertiefende *Problemzentrierte Interviews* geführt (vgl. Witzel, 2000). Ausgewählt wurden Jugendliche, die in den Gruppendiskussionen Kompetenzen benannt hatten, denen von den Probanden insgesamt eine hohe Bedeutung beigemessen wurde (inhaltliches Kriterium). Zudem wurden Interviewpartner ausgewählt, die bezüglich ihres Reflexions- und Kommunikationsvermögens positiv aufgefallen waren (pragmatisches Kriterium). Schließlich wurden aus jedem Verein maximal zwei Jugendliche befragt, um eine möglichst große Bandbreite an Erfahrungen erfassen zu können.

Die Probanden wurden im Vorfeld des Interviews telefonisch kontaktiert und gebeten, sich auf das Gespräch vorzubereiten. Sie sollten überlegen, in welchen Situationen eine bestimmte Kompetenz, die sie im Rahmen der Gruppendiskussion selbst eingebracht hatten, im Sportverein aktualisiert wird. Nach dem Gesprächseinstieg sollten die Jugendlichen ‚ihre' Kompetenz und die mit ihr verbundenen Handlungssituationen näher beschreiben. Besondere Nachfragen richteten sich auf die Rolle des Trainers sowie auf unterstützende und hemmende Bedingungen. Abbildung 2 zeigt den Ablauf der Interviews im Überblick. Alle Interviews wurden mit einem digitalen Diktiergerät aufgenommen und anschließend transkribiert.

- *Telefonischer Reflexionsauftrag im Vorfeld*: In welchen Situationen hat du Kompetenz X im Sportverein gelernt?
- *Gesprächseinstieg*: Warum bist du im Sportverein? Was macht diesen Verein für dich besonders?
- *Beschreibung der ,eigenen' Kompetenz*: Beschreib doch mal, was du unter der Kompetenz X genau verstehst.
- *Beschreibung von Lernsituationen*: Kannst du eine Situation beschreiben, in denen du die Kompetenz X im Sportverein gelernt hast?
- *Fokussierung der Rolle des Trainers*: Welche Bedeutung hat dein Trainer beim Erwerb von Kompetenz X?
- *Fokussierung von hilfreichen bzw. hemmenden Bedingungen*: Gibt es etwas, was das Lernen von Kompetenz X unterstützt bzw. gehemmt hat?

Abbildung 2:   Ablauf der problemzentrierten Interviews.

Die Analyse des Materials erfolgt in beiden Teilstudien in mehreren Schritten und orientierte sich vornehmlich am Prozessmodell induktiver Kategorienbildung nach Mayring (2003). Unterstützt wurde die Auswertung durch das Programm ATLAS.ti. Die Wahl der *Qualitativen Inhaltsanalyse* als Auswertungsverfahren ist darin begründet, dass sie auf der Grundlage von „fixierter Kommunikation" (Mayring, 2003, S. 13) sowohl für die Exploration von informell erworbenen Kompetenzen als auch von Situationen des Kompetenzerwerbs im Sportverein aus der Perspektive von Jugendlichen besonders geeignet erscheint. Mit Blick auf das Gütekriterium der Nachvollziehbarkeit sichert das Verfahren zudem ein systematisches, regelgeleitetes Vorgehen und ermöglicht eine gegenstandsnahe Abbildung des Materials.

Bei der Auswertung der *Gruppendiskussionen* wurden in einem ersten Materialdurchgang alle von den Jugendlichen genannten Kompetenzen induktiv zusammengestellt. Zugunsten einer hohen Gegenstandsnähe wurden die von den Jugendlichen verwendeten Begriffe aufgenommen, auch wenn dies zu einer Fülle von Bezeichnungen führte, die nicht immer trennscharf voneinander abzugrenzen waren. In einem zweiten Materialdurchgang wurden alle Umschreibungen von erworbenen Kompetenzen gesammelt und mit geeigneten „Labels" versehen. Erst danach wurden die gesammelten Kompetenzen im Sinne eines verschränkt induktiv-deduktiven Vorgehens in Anlehnung an Düx (2006) klassifiziert.

Die *Problemzentrierten Interviews* wurden zunächst interviewimmanent ausgewertet. Dabei wurde induktiv herausgearbeitet, welche (Lern-)Aufgaben sich den Jugendlichen in konkreten Situationen stellen und welche Bedeutung sie spezifischen Rahmenbedingungen zuschreiben. Das *interviewimmanente Vorge-*

hen wurde gewählt, da zunächst davon auszugehen war, dass bestimmte Kompetenzen in bestimmten Situationen gelernt werden. Im Zuge der Auswertung wurde jedoch deutlich, dass die Gesprächspartner, unabhängig von der im Interview thematisierten Kompetenz, ähnliche Situationsbeschreibungen des Kompetenzerwerbs lieferten. Aus diesem Grund wurde in einem zweiten Auswertungsschritt eine *interviewübergreifende Kategorisierung* von Lernsituationen vorgenommen. Die induktiv angelegte, fallübergreifende Analyse verweist im Ergebnis auf typische Aufgabenkonstellationen im Sportvereinsalltag, die sich als potenzielle Lernsituationen begreifen lassen.

6 Ergebnisse

6.1 Kompetenzspektrum

In den zwölf Gruppendiskussionen bringen die Jugendlichen zum Ausdruck, dass sie im Sportverein eine Vielzahl von *personbezogenen* und *sachbezogenen* Kompetenzen erwerben. Zu den personenbezogenen Kompetenzen (vgl. Tab. 1) gehören *personale Kompetenzen,* die für das Handeln in Leistungssituationen bedeutsam sind, wie das Setzen und Verfolgen von Zielen, das gezielte Einsetzen eigener Fähigkeiten, das Erkennen eigener Grenzen, der Umgang mit Erfolgs- und Misserfolgserlebnissen, der Umgang mit Druck sowie Ehrgeiz, Siegeswille und Kampfgeist. Außerdem geben die Jugendlichen an, dass sie im Sportverein eine gewisse psycho-physische Stabilität erlangen (Ausgeglichenheit, Belastbarkeit), ihre Konzentration steigern, an Kreativität gewinnen und ein positives Bild der eigenen Persönlichkeit aufbauen (Selbstbewusstsein, Selbstvertrauen, Selbstwertgefühl).

> *„Wir haben ein großes Selbstbewusstsein und zwar weil wir uns gegen die Reitlehrer durchsetzen müssen" (Lea, 13 Jahre, Reiten).*

Zudem lernen sie offenbar, sich selbst bzw. den eigenen Körper zu kontrollieren (Selbstbeherrschung, Körperbeherrschung), eine gewisse Unabhängigkeit von Erwachsenen zu erlangen (Selbstständigkeit) und in der Gruppe der Gleichaltrigen Leitungs- bzw. Führungsaufgaben zu übernehmen.

Am häufigsten geben die Heranwachsenden an, im Sportverein *soziale Kompetenzen* zu erwerben. Betrachtet man die von den Jugendlichen genannten Aspekte, lassen sich vier Kompetenz-Felder ausmachen:

1. Kompetenzen, die für die zwischenmenschliche Interaktion von Relevanz sind: Kommunikation, Wissen über bzw. Erfahrung im Umgang mit Mitmenschen (*Kommunikationsfähigkeit*).
2. Kompetenzen, die ein friedliches Miteinander in sozialen Gruppen ermöglichen: Empathie, Fair Play, Hilfsbereitschaft, Kooperation, Offenheit, Respekt, Rücksichtnahme, Teamfähigkeit, Toleranz/Akzeptanz, Unterstützung, Vertrauen, Zusammenhalt, Zuverlässigkeit (*Kooperationsfähigkeit*).
3. Kompetenzen, die für die Anpassung an soziale Gruppen erforderlich sind: Einordnung in Hierarchien, Einhaltung von Regeln, Kompromissbereitschaft (*Anpassungsfähigkeit*).
4. Kompetenzen, die für die gemeinsame Zielverfolgung und das Durchsetzen individueller oder gruppenbezogener Interessen grundlegend sind: Disziplin, Durchhaltevermögen, Durchsetzungsvermögen, Übernahme von Verantwortung und Problemlösefähigkeit (*Durchsetzungsfähigkeit*).

Tabelle 1:   Personenbezogene Kompetenzen (in alphabetischer Reihenfolge).

Personenbezogene Kompetenzen			
Personale Kompetenz		**Soziale Kompetenz**	
Ausgeglichenheit	Leitungs- bzw. Führungskompetenz	Akzeptanz	Offenheit
Belastbarkeit	Selbstbeherrschung	Disziplin	Problemlösung
Ehrgeiz	Selbstbewusstsein	Durchhaltevermögen	Respekt
Einnehmen einer Vorbildfunktion	Selbstvertrauen	Durchsetzungsvermögen	Rücksichtnahme
Erkennen eigener Grenzen	Selbstständigkeit	Einhaltung von Regeln	Teamfähigkeit
Gezieltes Einsetzen von Fähigkeiten	Selbstwertgefühl	Einordnung in Hierarchien	Toleranz
Kampfgeist	Setzen und Verfolgen von Zielen	Empathie	Übernahme von Verantwortung
Konzentration	Siegeswille	Fair play	Umgang mit Mitmenschen
Körperbeherrschung	Umgang mit (Miss-)Erfolg	Hilfsbereitschaft	Unterstützung
Kreativität	Umgang mit Druck	Kommunikationsfähigkeit	Vertrauen
		Kompromissbereitschaft	Zusammenhalt
		Kooperation	Zuverlässigkeit

Im Vergleich zu den personenbezogenen Kompetenzen thematisieren die Jugendlichen *sachbezogene Kompetenzen* seltener (vgl. Tab. 2). Aspekte, die jedoch hervorgehoben werden, sind den Bereichen kognitive Kompetenz, organisatorische Kompetenz und sportliche Kompetenz zuzuordnen. Technische Kompetenzen werden in der Untersuchungsgruppe hingegen nicht angesprochen (vgl. Düx, 2006). Gerade Jugendliche, die sich im Verein engagieren und ein Amt (z.B. im Jugendvorstand oder als Gruppenhelfer) übernehmen, können durch ihre Tätigkeit auf der Ebene *kognitiver Kompetenzen* Wissen über die Organisation Sportverein oder in speziellen Bereichen hinzugewinnen (z.B. Wissen über Erste Hilfe, Wissen über den Umgang mit Materialien). Zudem geben Jugendliche an, dass sie im Kontext des Wettkampfsports Wissen über Bewegungen sowie Wissen über eine gesunde Lebensweise erlangen.

Tabelle 2: Sachbezogene Kompetenzen (in alphabetischer Reihenfolge).

Sachbezogene Kompetenzen		
Kognitive Kompetenz	**Organisatorische Kompetenz**	**Sportliche Kompetenz**
Beobachtungskompetenz	Durchführungskompetenz (bezogen auf Trainingseinheiten)	Erfahren neuer Erlebnisdimensionen
Wissen über Bewegung (Techniken)	Organisationskompetenz	Erlernen von Bewegungen bzw. Entwicklung sportlicher Fähigkeiten
Wissen über den Umgang mit Materialien		Kennenlernen einer Sportart und ihrer Kultur
Wissen über die Organisation Sportverein		Kennenlernen und gezielte Entwicklung des eigenen Körpers
Wissen über Erste Hilfe		Reaktionsfähigkeit
Wissen über gesunde Lebensweise		Verschieben von Leistungsgrenzen
		Verstehen von Taktiken

Zu den angesprochenen *sportlichen Kompetenzen* gehören zum Beispiel das Kennenlernen und die gezielte Entwicklung des eigenen Körpers, das Erlernen von Bewegungen, das Verstehen von Taktiken sowie das Erkennen und Verschieben von Leistungsgrenzen:

> *„Ja also hier im Sportverein lernt man ja auch seine eigenen Grenzen kennen" (Vivien, 15 Jahre, Rettungsschwimmen).*

Durch die aktive Teilnahme am Vereinssport erwerben die Heranwachsenden zudem *organisatorische Kompetenzen*, etwa im Bereich der Planung und Durchführung von Trainingseinheiten:

> *„Also ich selber bin auch Trainerin, und da muss man halt drauf achten, dass alle mitkommen und muss auch auf die Schwächeren Rücksicht nehmen. Man muss die Übungen immer genauso abstimmen, dass jeder sozusagen die Übungen erfüllen könnte und es aber für die Stärkeren nicht zu leicht wir"* (Sarah, 17 Jahre, Volleyball).

Darüber hinaus entwickeln sie durch die Übernahme von Aufgaben im Vereinsleben generelle Organisationskompetenzen:

> *„Wir planen halt auch immer mit dem Verein verschiedene Aktivitäten außerhalb vom Tischtennis. Dann lernt man halt auch für so eine große Gruppe verschiedene Dinge zu organisieren und so was halt zu planen. Ich denke, so was würd' man ja nicht lernen, wenn man es nicht machen würde. Das muss man auch ein paar Mal gemacht haben, bis das dann reibungslos klappt"* (Christiane, 16 Jahre, Tischtennis).

6.2 Kompetenzerwerb

Die Analyse der vertiefenden Interviews zeigt, dass für das Lernen der aufgezeigten Kompetenzen fünf *Handlungssituationen* von zentraler Bedeutung sind (vgl. Abb. 3):

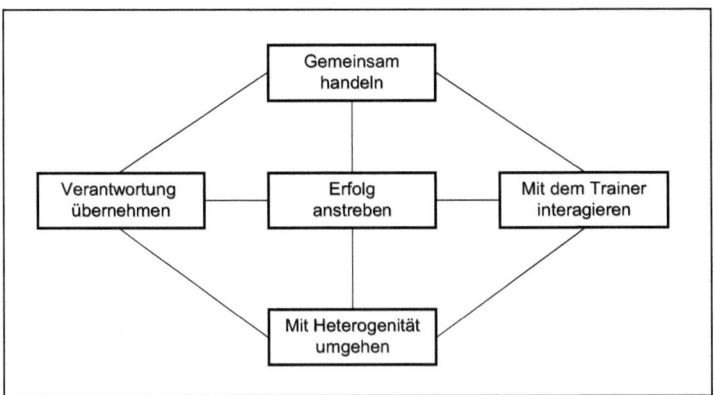

Abbildung 3:   Zentrale Handlungssituationen für den Kompetenzerwerb im Sportverein.

6.2.1 Erfolg anstreben

Viele Jugendliche arbeiten im Sportverein darauf hin, Siege zu erzielen bzw. erfolgreich zu sein. Diese (kollektive) Intention fordert heraus, dass die Heranwachsenden neben sportbezogenen Kompetenzen auch personale (z.B. das Setzen und Verfolgen von Zielen) sowie soziale Kompetenzen (z.B. Respekt, Rücksicht, Vertrauen) entwickeln. Personale Kompetenzen erwerben die Jugendlichen beispielsweise während der Trainingseinheiten, wenn sportbezogene Anforderungen erfolgreich bewältigt werden und dadurch das Selbstbewusstsein gestärkt wird. Soziale Kompetenzen entfalten die Mädchen und Jungen im Übungs- und Wettkampfprozess, da die häufig spontan zu bewältigenden Herausforderungen „Zusammenhalt" provozieren:

> *„Ja, also überhaupt der Zusammenhalt in der ganzen Gruppe bei uns. Also das merkt man halt total auf Wettkämpfen, wenn jetzt einer die Zeit nicht geschafft hat, die er aber unbedingt wollte, da ist immer jemand für einen da. Man hält richtig zusammen in der Gruppe und man wächst auch zusammen (...)" (Daniela, 15 Jahre, Schwimmen).*

Zum anderen merken die Jugendlichen im Rahmen der langfristigen, erfolgsorientierten Arbeit im Training, dass sie definierte Ziele eher erreichen können, wenn sie miteinander kooperieren. Daher entwickeln sie Schritt für Schritt die Fähigkeit, rücksichtsvoll miteinander umzugehen und respektvoll zusammen zu arbeiten (*Kooperationsfähigkeit*). Das schließt auch die Fähigkeit und Bereitschaft ein, Kritik von anderen anzunehmen:

> *„Ja, man muss sich mit den anderen gut verstehen. Man muss schon eine gewisse Beziehung zueinander haben (...) und lässt dann auch Kritik an sich ran. Wenn man sagt, das musst du besser machen, da musst du die Hände anders halten. Man kritisiert sich zwar, aber man weiß, dass es gut gemeint ist und kann dadurch auch besser werden" (Steffi, 17 Jahre, Volleyball).*

6.2.2 Mit Heterogenität umgehen

Jugendliche treffen im Verein auf Personen unterschiedlichen Alters und unterschiedlichen Leistungsvermögens. Die Tatsache, dass Ältere und Jüngere im Übungs- und Wettkampfbetrieb zusammenarbeiten und dabei bestehende Leistungsunterschiede ausgeglichen werden müssen, um als Ganzes stark zu sein, fördert die Ausbildung von sozialen Kompetenzen wie z.B. Hilfsbereitschaft,

Rücksichtnahe und Respekt. Nur so funktioniert aus der Sicht der Jugendlichen das Miteinander in den heterogenen Teams:

> *„Dass die Leute, die schon länger hier sind, meistens älter sind. Die haben dann natürlich schon viel mehr Zeit hier verbracht und kennen sich wesentlich besser aus, und dass dann die Jüngeren, das sind meistens eigentlich hier die Neueinsteiger, und dass dann z.B. so ne Situation ist, dass sie nicht genau wissen, welche Sachen sie für welches Pferd benutzen dürfen oder so. Und das wird halt kurz erklärt oder gezeigt, das und das kannst du benutzen" (Kim, 15 Jahre, Reiten).*

> *„Ja, genau, (...), dass es halt schwächere Leute gab, dass man denen auch irgendwie helfen musste, auch auf die Rücksicht nehmen musste, dass man jetzt nicht, wenn man ne Annahmeübung macht, den Ball genauso doll auf diejenige sozusagen drauf schlägt, wie auf eine, die besser annehmen kann" (Sarah, 17 Jahre, Volleyball).*

6.2.3   Gemeinsam handeln

Jugendliche werden im Sportverein mit Situationen konfrontiert, in denen sie Angriffen von außen ausgesetzt sind (z.B. durch gegnerische Mannschaften oder Schiedsrichterentscheidungen) oder in denen vereinsinterne Konflikte bestehen. Sich Angriffen gemeinsam entgegen zu stellen und Konflikte zu bewältigen fordert Zusammenhalt und Hilfsbereitschaft heraus:

> *„Das gibt es natürlich auch oft bei irgendwelchen Schiedsrichterentscheidungen speziell. Und da steht dann die Person nicht alleine da, muss sich nicht alleine wehren" (Isa, 20 Jahre, Volleyball).*

Daraus erwächst gegenseitiges Vertrauen, aber auch Selbstbewusstsein und Durchsetzungsfähigkeit:

> *„Ich musste [mich] da halt gegen den Vorstand durchsetzen und gegen die Voltigierlehrer, die eigentlich diese Gruppe nicht mehr halten wollten. Und da muss ich ja jetzt auch stark bleiben und sagen, 'ne, man kann auch eine andere Lösung finden' und nicht einfach sagen, 'die muss aufgelöst werden', sondern, man kann sie auch behalten und da sind halt auch einige sauer gewesen, haben halt nicht mehr mit mir geredet oder haben mich nur noch doof angeguckt. Aber da muss ich dann durch und hinterher ist es dann gelöst worden und jetzt sind alle wieder glücklich" (Lea, 13 Jahre, Reiten).*

Die Auseinandersetzung mit Angriffen oder Konflikten ist nicht angenehm, schrittweise lernen die Jugendlichen jedoch damit umzugehen, nicht zu resignieren und für ihre Interessen einzutreten. Des Weiteren wird deutlich, dass Heranwachsende im Sportverein Kontakte knüpfen, die sich in vielen Fällen zu freundschaftlichen Bindungen entwickeln. In diesem Fall wird auch über das Vereinsleben hinaus die Freizeit gemeinsam gestaltet. Die Mädchen und Jungen berichten von privaten Treffen und gemeinsamen Freizeitaktivitäten.

6.2.4 Verantwortung übernehmen

Jugendliche haben im Sportverein die Gelegenheit, verschiedene Positionen (z.B. innerhalb einer Mannschaft) oder Ämter (z.B. im Jugendvorstand) auszufüllen. Das heißt, sie können Verantwortung für andere übernehmen, etwas organisieren, planen, entscheiden und durchführen. Durch „lerning by doing" aber auch über die Unterstützung durch Erfahrene erwerben sie durch die Übernahme konkreter Aufgaben vielfältige personale und soziale Kompetenzen wie Selbstbewusstsein, Umgang mit Mitmenschen, Kooperation, Respekt, Rücksichtnahme und Vertrauen.

6.2.5 Mit dem Trainer interagieren

Die jugendlichen Vereinsmitglieder schreiben ihren Trainerinnen und Trainern verschiedene Rollen und Funktionen zu. Sie sind weit mehr als der Anleiter sportlicher Aktivitäten. So wird der Trainer beispielsweise bezeichnet als

- *Dirigent des sportlichen Geschehens in Training und Wettkampf,*
- *Autoritätsperson an der Spitze einer Hierarchie,*
- *Vorbild und Identifikationsfigur,*
- *Teambilder, d.h. als Vermittler von sozialen Verhaltensmaßstäben,*
- *Anreger, der Freiräume für Eigenaktivität bereitstellt,*
- *Berater, d.h. wichtige Bezugsperson bei Konflikten oder Problemen und*
- *Organisator bzw. Schnittstelle zwischen Jugendlichen und Erwachsenen.*

In den verschiedenen Rollen und Funktionen können Trainerinnen und Trainer die Kompetenzentwicklung von Jugendlichen maßgeblich fördern, ohne zwingend lenkend eingreifen zu müssen. Allerdings sollten sie sich dazu ihrer Bedeutung für die Kompetenzentwicklung bewusst sein – offensichtlich sind sie entscheidende ‚Weichensteller' für die Kompetenz- und Werteentwicklung der Vereinsjugendlichen.

7   Zusammenfassende Diskussion

Mit Bezug auf die Forschungsfragen der Untersuchung kann zunächst festgehalten werden, dass *Bildungsprozesse im Sinne des informellen Lernens* bei Jugendlichen im Sportverein ganz offensichtlich stattfinden. Sowohl im Rahmen der Gruppendiskussionen als auch in den vertiefenden Interviews nennen die Heranwachsenden eine Vielzahl von Kompetenzen, die aus ihrer Sicht im Sportverein erworben werden können, ohne dass sie unmittelbar von Erwachsenen angeleitet werden. Im Zentrum der Aussagen stehen *personenbezogene Kompetenzen* (vgl. Tab. 1) und hier vor allem *soziale Kompetenzen*, wie Teamfähigkeit, Rücksichtnahme, Umgang mit Mitmenschen, Respekt, Verantwortung, Vertrauen oder Disziplin. Daneben werden *personale Kompetenzen*, wie Selbstständigkeit und Kampfgeist angesprochen. Der Bereich der *sachbezogenen Kompetenzen* (vgl. Tab. 2) wird vergleichsweise seltener genannt. Hier dominieren ‚naturgemäß' *sportliche Kompetenzen* wie das Bewegungslernen oder das Kennenlernen einer Sportart. Aber auch *kognitive Kompetenzen*, wie Wissen über gesunde Lebensweisen oder Wissen über den Umgang mit Materialien, sowie *organisatorische Kompetenzen* werden angeführt (Fragestellung 1).

Auf den ersten Blick mag der Schwerpunkt im Bereich der sozialen Kompetenzen überraschen, vor dem Hintergrund der Frage nach informellen Lerngelegenheiten lässt sich das jedoch erklären. Dass man im Sportverein – insbesondere durch die Vermittlung von Trainerinnen und Trainern – *sportliche Fähigkeiten und Fertigkeiten* entwickelt, ist für die Jugendlichen selbstverständlich. In informeller Hinsicht werden dagegen vor allem die Kompetenzbereiche angesprochen, die erwachsene Vereinsmitarbeiter nicht vordergründig fördern. Dass hier wiederum vor allem die *sozialen Kompetenzen* im Vordergrund stehen, deckt sich mit Studien, wonach der Sportverein von Mädchen und Jungen als *Knotenpunkt im Netzwerk sozialer Beziehungen* gesehen wird (z.B. Brettschneider & Kleine, 2002; Neuber, 2007; Sygusch, 2007). Die Betonung sozialer Kompetenzen lässt sich insofern durch die besonderen sozialen Lerngelegenheiten erklären, die der Sportverein den Jugendlichen bietet.

Die Frage nach den konkreten *Handlungssituationen*, in denen diese Kompetenzen aktualisiert werden, ergab fünf Situationstypen: *Erfolg anstreben, Mit Heterogenität umgehen, Gemeinsam handeln, Verantwortung übernehmen* und *Mit dem Trainer interagieren* (Fragestellung 2). Diese Handlungssituationen können auf der Grundlage des empirischen Materials ausdifferenziert werden. Gemeinsam ist den Situationen, dass sie nicht explizit von Trainern geplant oder angeleitet werden, sondern dass sie im Sportvereinsalltag ‚auftreten' und von den Jugendlichen weitgehend selbstständig bewältigt werden. Der Sportverein bietet also tatsächlich einen *sozialen Handlungsrahmen*, der zahlreiche Gelegenheiten für informelles Lernen bereithält – und der von den Heranwachsenden auch entsprechend genutzt wird. Die Frage nach dem ‚Wie' des Kompetenzerwerbs kann in Anlehnung an die Studie von Düx et al. (2008, S. 267) als *Learning by doing* charakterisiert werden: „Handeln, Ausprobieren und Sammeln von eigenen Erfahrungen in der Praxis". Im Gegensatz zur Schule handelt es sich also ausdrücklich um ein ‚Lernen unter Ernstbedingungen'.

Bewegung, Spiel und Sport gehören zu den häufigsten und beliebtesten Freizeitbeschäftigungen von Jugendlichen. In diesem Sinne können die besonderen Bedingungen des Settings Sportverein durch Begriffe, wie Freiwilligkeit, Partizipation und Identifikation, beschrieben werden. Inwieweit darüber hinaus die *Logik des Leistungssports* prägend ist, kann vor dem Hintergrund der vorliegenden Studie nicht abschließend beantwortet werden. Auffällig ist, dass die Kategorie ‚Erfolg anstreben' von den Jugendlichen häufig thematisiert wird – in sportlichen Handlungssituationen ebenso wie in außersportlichen Feldern, z.B. bei der Organisation einer Party. Zudem werden andere Situationstypen, wie ‚Mit Heterogenität umgehen' oder ‚Gemeinsam handeln', häufig durch die Kategorie ‚Erfolg anstreben' moderiert. Man hilft einer Mannschaftskollegin, um zu gewinnen, man handelt gemeinsam, um sportlich Erfolg zu haben. Die *Ausrichtung am Erfolg* ist also sportimmanent, was durchaus auch zu sozial unerwünschten Lerneffekten, z.B. dem Sich-Durchsetzen auf Kosten des Gegners, führen kann.

Die Untersuchungsergebnisse sind insofern mit Vorsicht zu interpretieren, als sie weitgehend auf *Selbstauskünften von Jugendlichen* beruhen. Erfasst wurden subjektive Einschätzungen; Antworten im Sinne sozialer Erwünschtheit lassen sich daher nicht ausschließen. Zudem wurden keine *Wirkungen des Sportvereinsengagements* im engeren Sinne erfasst – die Qualität der Jugendarbeit ist weitaus komplexer als die Selbstwahrnehmung der beteiligten Jugendlichen. So können auch Selektionseffekte nicht ausgeschlossen werden, wonach nur Heranwachsende mit besonderen Kompetenzen Mitglied eines Sportvereins werden. Andererseits kann 13- bis 19-jährigen Mädchen und Jungen durchaus ein gewisses Reflexionsniveau zugetraut werden, das als Indikator für Bildungsprozesse dienen kann, zumal diese ohnehin hochgradig subjektiv sind. Außerdem arbeiten auch andere *Studien zum informellen Lernen* mit Selbstauskünften von Jugendlichen (vgl. Düx et al., 2008, S. 262). Die vorliegende Untersuchung ist also in jedem Fall anschlussfähig an die allgemeine außerschulische Jugendforschung.

Zusammenfassend kann festgehalten werden, dass *informelle Lernprozesse* im Sportverein eine zentrale Rolle im Jugendalter spielen. Sie sollten neben intentionalen Erziehungsprozessen in Theorie und Praxis der sportlichen Jugendarbeit stärker beachtet werden. Zudem finden informelle Lernprozesse in sportbezogenen Feldern ebenso wie in anderen *Settings der Jugendarbeit* statt. Eine stärkere Zusammenarbeit von allgemeiner und sportwissenschaftlicher Jugendforschung erscheint daher notwendig. Schließlich kann festgehalten werden, dass informelle Lernprozesse im Sport nicht nur in Feldern des bürgerschaftlichen Engagements stattfinden, sondern auch in ganz *‚normalen' Sportvereinssituationen*. Allerdings ist informelles Lernen nicht immer nur prosozial und pädagogisch wertvoll – der „heimliche Lehrplan" des Sportvereins orientiert sich oft am sportlichen Erfolg und beinhaltet z.b. auch eine gewisse Härte gegen sich selbst und andere.

8   Implikationen für die Vereinspraxis

Handlungsempfehlungen können und sollen nicht allein aus empirischen Befunden abgeleitet werden. Gleichwohl können empirische Befunde interessante Hinweise für die Gestaltung der Praxis liefern (vgl. Düx et al., 2008, S. S. 275-286). Konkrete *Hinweise zur Förderung des informellen Lernens* finden sich u.a. bei Marsick, Volpe und Watkins (1999) – allerdings fehlt hier der Sportvereinsbezug. Aus den Ergebnissen der vorliegenden Untersuchung können unter Einbezug der theoretischen Überlegungen bei aller Vorsicht folgende *Handlungsempfehlungen* abgeleitet werden:

1. *Aufmerksamkeit auf informelle Lernprozesse lenken*: In der Vereinspraxis sollten informelle Bildungsgelegenheiten stärker als bisher beachtet und wertgeschätzt werden. Dazu gehört neben einer gewissen Sensibilität für informelle Lerngelegenheiten auch die Prüfung des Vereinsumfelds auf informelle Bildungschancen.
2. *Zeit und Raum für informelle Lernprozesse lassen*: Informelle Lernprozesse können kaum geplant werden. Im Rahmen bestehender Vereinsangebote können aber Freiräume für die selbstbestimmte Auseinandersetzung von Jugendlichen gegeben werden, z.B. vor dem Training oder auf Wettkampffahrten.
3. *Zeit und Raum für informelle Lernprozesse schaffen*: Neben angeleiteten Angeboten sollten ganz bewusst auch ‚Nischen' für Jugendlichen eingerichtet werden, in denen Heranwachsende ohne die Kontrolle Erwachsener unter sich sein können – sei es als Zeitfenster im Rahmen eines Trainingslagers, sei es als Jugendraum im Vereinsheim.
4. *Reflexionsfähigkeit entwickeln*: Informelle Lernprozesse geschehen oft unbemerkt und ‚nebenbei'. Vereinsmitarbeiterinnen und -mitarbeiter müssen ebenso wie Jugendliche lernen, diese ‚stillen' Lernprozesse wahrzu-

nehmen. Dafür sind regelmäßige Reflexionsphasen, z.b. auch mit Blick auf Verbesserungen im Training, sinnvoll.

5. *Vertrauensvolles Klima schaffen*: Informelles Lernen bedarf einer vertrauensvollen Atmosphäre, nicht nur innerhalb der Übungsgruppen, sondern auch zwischen den Generationen. Gegenseitiger Respekt gehört dazu ebenso wie das Akzeptieren unterschiedlicher (Bewegungs-)Wünsche und Bedürfnisse in einem Verein.

6. *Trainerinnen und Trainer als Lernbegleiter*: Die Rolle der Übungsleiter und Trainer sollte nicht nur auf die Vermittlung von Sportarten beschränkt sein, sondern auch die Entwicklung der Heranwachsenden berücksichtigen. Neben der Funktion als ‚aktives' Vorbild, z.B. bei der Wertevermittlung, umfasst das auch die sensible Begleitung informeller Lernprozesse.

7. *Strukturelle Rahmenbedingungen schaffen*: Partizipation bedarf formeller und informeller Unterstützung. Neben der Schaffung von Mitbestimmungsstrukturen im Verein, z.B. mit einem Jugendvorstand, sollte daher auch eine informelle Förderung stattfinden, z.B. durch persönliche Mentoren oder die Pflege eines Netzwerks von jugendlichen und erwachsenen Vereinsmitgliedern.

8. *Qualifizierung von Vereinsmitarbeiterinnen und -mitarbeitern*: Die Unterstützung informellen Lernens erfordert andere Kompetenzen als das Vermitteln sportlicher Fähigkeiten und Fertigkeiten. Der Aus- und Weiterbildung von Vereinsmitarbeitern im Jugendbereich sollte darum besondere Bedeutung beigemessen werden.

Literatur

Baur, J. & Braun, S. (2000). Über das Pädagogische einer Jugendarbeit im Sport. *Deutsche Jugend*, 48 (9), 378-386.

Boer, H. de (2008). Bildung sozialer, emotionaler und kommunikativer Kompetenzen: ein komplexer Prozess. In C. Rohfs, M. Harring & Ch. Palentien (Hrsg.), *Kompetenz-Bildung – soziale, emotionale und kommunikative Kompetenzen von Kindern und Jugendlichen* (S. 19-33). Wiesbaden: VS.

Brettschneider, D. & Kleine, T. (Hrsg.). (2002). *Jugendarbeit im Sportverein –Anspruch und Wirklichkeit*. Schorndorf: Hofmann.

Deinet, U. & Reutlinger, C. (Hrsg.). (2004). *‚Aneignung' als Bildungskonzept der Sozialpädagogik*. Wiesbaden: VS.

Dohmen, G. (2001). *Das informelle Lernen – Die internationale Erschließung einer bisher vernachlässigten Grundform menschlichen Lernens für das lebenslange Lernen aller*. Bonn: Bundesministerium für Bildung und Forschung. Zugriff am 14. März 2007 unter www.bmbf.de/pub/ das_informelle_lernen.pdf

Düx, W. (2006). „Aber so richtig für das Leben lernt man eher bei der freiwilligen Arbeit". Zum Kompetenzgewinn Jugendlicher im freiwilligen Engagement. In T. Rauschenbach, W. Düx & E. Sass (Hrsg.), *Informelles Lernen im Jugendalter – Vernachlässigte Dimension der Bildungsdebatte* (S. 205-240). Weinheim, München: Juventa.

Düx, W., Prein, G., Sass, E. & Tully, C.J. (2008). *Kompetenzerwerb im freiwilligen Engagement – Eine empirische Studie zum informellen Lernen im Jugendalter.* Wiesbaden: VS.

Düx, W. & Sass, E. (2005). Lernen in informellen Kontexten. Lernpotentiale in Settings des freiwilligen Engagements. *Zeitschrift für Erziehungswissenschaften*, 8 (3), 394-411.

Friedrich, G. (2004). Formen informellen Lernens am Beispiel der Lernkonzepte von Skateboardern. *Spektrum Freizeit*, 26 (2), 87-97.

Grunert, C. (2006). Bildung und Lernen – ein Thema der Kindheits- und Jugendforschung? In T. Rauschenbach, W. Düx & E. Sass (Hrsg.), *Informelles Lernen im Jugendalter – Vernachlässigte Dimension der Bildungsdebatte* (S. 15-34). Weinheim, München: Juventa.

Heinemann, K. (2004). *Sportorganisationen verstehen und gestalten.* Schorndorf: Hoffmann.

Kelle U. & Kluge S. (1999). *Vom Einzelfall zum Typus – Fallvergleich und Fallkontrastierung in der qualitativen Sozialforschung.* Opladen: Leske + Budrich.

Kreft, D. (2001). Sport im Rechtsrahmen der Kinder- und Jugendhilfe. *Zentralblatt für Jugendrecht*, o. Jg. (9), 327-335.

Lamnek, S. (2005). *Qualitative Sozialforschung – Lehrbuch* (4., vollständig überarbeitete Aufl.). Weinheim, Basel: Beltz.

Lange, H. (2004). Die Half-Pipe in die Schule holen? – Zur Vorbildfunktion innovativer Bewegungsszenen für die Inszenierung problemorientierten Lehrens und Lernens. In P. Elflein, I. Hunger & R. Zimmer (Hrsg.), *Innovativer Sportunterricht – Theorie und Praxis* (S. 193-204). Hohengehren: Schneider.

Lüders, C. & Behr, A. (2005). Außerschulische Jugendbildung. In R. Tippelt (Hrsg.), *Handbuch Bildungsforschung* (S. 371-392). Wiesbaden: VS.

Marsick, V.J., Volpe, M. & Watkins, K.E. (1999). Theory and practice of informal learning in the knowledge era. In V.J. Marsick & M. Volpe (Eds.), *Informal Learning on the Job. Advances in Developing Human Resources* (pp. 80-95). Baton Rouge: Academy of Human Resources Development.

Mayring, P. (2003). *Qualitative Inhaltsanalyse – Grundlagen und Techniken* (8. Aufl.). Weinheim: Beltz.

Neuber, N. (2007). *Entwicklungsförderung im Jugendalter – Theoretische Grundlagen und empirische Befunde aus sportpädagogischer Perspektive* (Wissenschaftliche Schriftenreihe des Deutschen Olympischen Sportbundes, 35). Schorndorf: Hofmann.

Neuber, N., Breuer, M., Derecik, A., Golenia, M. & Wienkamp, F. (2010). *Kompetenzerwerb im Sportverein – Eine empirische Studie zum informellen Lernen im Jugendalter.* Wiesbaden: VS.

Rauschenbach, T. (2006). Statements. In Hirsch, S. & Neuber, N. (Red.). (2006). *Die Zukunft des Kinder- und Jugendsports – Dokumentation der Talkrunde vom*

20.02.2006 in Köln (hrsg. von der Sportjugend NRW). Duisburg: Sportjugend NRW.

Rauschenbach, T. (2009). *Zukunftschance Bildung – Familie, Jugendhilfe und Schule in neuer Allianz*. Weinheim, München: Juventa.

Rauschenbach, T., Düx, W. & Sass, E. (Hrsg.). (2006). *Informelles Lernen im Jugendalter – Vernachlässigte Dimension der Bildungsdebatte*. Weinheim, München: Juventa.

Schmidt, W., Hartmann-Tews, I. & Brettschneider, W.-D. (Hrsg.). (2006). *Erster deutscher Kinder- und Jugendsportbericht* (2.Aufl.). Schorndorf: Hofmann.

Sygusch, R. (2007). *Psychosoziale Ressourcen im Sport – Ein sportartenorientiertes Förderkonzept für Schule und Verein*. Schorndorf: Hofmann.

Witzel, A. (2000). Das problemzentrierte Interview. *Forum Qualitative Sozialforschung/Forum: Qualitative Social Research* [Online Journal], 1 (1), 27 Absätze. Zugriff am 16. Februar 2003 unter http://qualitative-research.net/fqs-texte/1-00/1-00witzel-d.htm

Situationen und Kontexte des informellen Lernens in Vereinen – Ergebnisse einer empirischen Studie

Stefan Hansen

1 Einleitung

Im folgenden Beitrag wird anhand einer empirisch erarbeiteten Typologie darge-stellt, in welchen Situationen und Kontexten[1] des bürgerschaftlichen Engage-ments in Vereinen[2] Mitglieder soziale, personelle, fachliche und organisatorische Kompetenzen durch informelle Lernformen erwerben können. Hierfür werden Ergebnisse eines Forschungsprojekts präsentiert, in dessen Rahmen eine empiri-sche Typologie zum Lernen im bürgerschaftlichen Engagement in Vereinen erarbeitet wurde (Hansen, 2008a, 2008b). Es kann gezeigt werden, dass die ge-nannten Kompetenzen durch informelles Lernen im bürgerschaftlichen Engage-ment in Vereinen typischerweise dann erworben werden können, wenn die En-gagierten Tätigkeiten ausüben, wenn sie mit einander interagieren, wenn sie ihre Aufgaben als Verantwortung empfinden und wenn sie ein besonderes (z.B. be-rufliches) Interesse an den erwerbbaren Kompetenzen haben.

2 Formelles und informelles Lernen – der Lernbegriff der Untersuchung

In Anlehnung an aktuelle Diskussionen um das informelle Lernen (Overwien, 2006, 2005; Dohmen, 2001) wurden für die Untersuchung aus der Literatur drei

---

[1] Mit dem Begriff Situation bzw. Kontext wird im Folgenden eine bestimmte Konstellation von sozialen Handlungen bzw. Tätigkeiten unter bestimmten, diese Handlungen strukturierenden Um-weltbedingungen verstanden (Hillmann, 1994, S. 786).
[2] Im Folgenden wird von Vereinen gesprochen, da weder die aktuelle wissenschaftliche Debatte zum Kompetenzerwerb im bürgerschaftlichen Engagement noch die diesem Beitrag zu Grunde liegende empirische Untersuchung ausschließlich auf Sportvereine rekurriert. Ich konzentriere mich jedoch im Folgenden auf die Darstellung von Beispielen aus Sportvereinen. Darüber hinaus konnten in der Typologie zum Lernen durch bürgerschaftliches Engagement in Vereinen keine Unterschiede zwi-schen Sportvereinen und anderen Vereinen gefunden werden.

Formen des Lernens hergeleitet[3], wobei zwischen formellem und informellem Lernen unterschieden wurde. Unter informellem Lernen wird ein Lernen außerhalb formaler, auf den Wissenserwerb ausgerichteter Settings, wie beispielsweise Schulen oder Universitäten verstanden. Die drei Lernformen lassen sich folgendermaßen definieren:

- *Formelles Lernen*: Mit dem Begriff formelles Lernen wird ein zielgerichteter und bewusster Lernprozess bezeichnet, der in Bezug auf seine Lernumgebung durch Zertifizierbarkeit, pädagogische Vermittlung sowie durch festgelegte Lernzeiten und Orte gekennzeichnet ist. Beispiele für solche formellen Lernformen sind Kurse oder Schulungen, an denen bürgerschaftlich engagierte Vereinsmitglieder teilnehmen, um z.B. Trainer- oder Übungsleiterlizenzen zu erwerben bzw. zu verlängern.
- *Selbstgesteuertes Lernen*: Das selbstgesteuerte Lernen ist eine Form des informellen Lernens. Es ist – wie das formelle Lernen – durch einen zielgerichteten und bewussten Lernprozess gekennzeichnet. Darüber hinaus beinhaltet es jedoch einen gewissen Grad an Selbststeuerung des lernenden Individuums, das heißt, Lernmotive, Lernzeiten, Lernorte, Hilfsmittel etc. werden durch den Lernenden selbständig bestimmt und festgelegt. Ein typisches Beispiel für selbstgesteuerte Lernprozesse ist das Recherchieren von Informationen, die für die freiwillige Arbeit im Verein als nützlich erachtet werden (Weinert, 1982; Witthaus, Wittwer & Espe, 2003).
- *Inzidentelles Lernen*: Das inzidentelle Lernen ist dadurch gekennzeichnet, dass es ohne eine bewusste Hinwendung auf den Lernprozess, also beiläufig, im Zuge anderer, nicht auf das Lernen bezogener Handlungen zu Stande kommt. Das Lernergebnis kann dem Lernenden jedoch durch nachträgliche Reflektion bewusst werden (Watkins & Marsick, 1992; Cseh, Watkins & Marsick, 2000).

3   Methodische Umsetzung der Studie

Grundlage für die Beantwortung der Forschungsfrage nach Situationen und Kontexten, in denen bürgerschaftlich engagierte Vereinsmitglieder auf informelle Weise neue Kompetenzen erwerben konnten, war eine umfangreiche – im Rahmen des Emmy-Noether Programms der Deutschen Forschungsgemeinschaft (DFG) mit einer Nachwuchsgruppe geförderte – Untersuchung mit dem Titel

---

[3] Aufgrund des begrenzten Rahmens für diesen Beitrag können die theoretischen Lernformen hier nur genannt werden. Ihre Herleitung wurde ausführlich an anderer Stelle diskutiert und veröffentlicht (vgl. Hansen 2008a und b).

„Bürgerkompetenz und Sozialkapital. Eine empirische Untersuchung zur sozialen und politischen Integration durch Vereine" (Braun, 2006).[4] Im Rahmen der Untersuchung wurden eine quantitative und eine qualitative Mitgliederbefragung sowie eine schriftliche Organisationsbefragung durchgeführt. Die in diesem Beitrag dargestellten Daten beziehen sich auf die Ergebnisse der qualitativen Studie.

3.1 Auswahl der Interviewpartner

Die Interviewpartner für die qualitative Studie wurden durch ein mehrstufiges Verfahren ausgewählt. In einem *ersten Schritt* wurde eine umfangreiche Recherche nach aktiven Vereinen in den Städten Potsdam und Münster durchgeführt (z.B. in Telefonbüchern, Vereinsregistern, Stadtverwaltungen, Stadtmagazinen etc.).

In einem *zweiten Schritt* wurden telefonische Kurzinterviews mit Vertretern dieser Vereine geführt. Durch die so gewonnenen Informationen konnten die Vereine anhand ihrer satzungsmäßigen Zielstellung drei Gruppen zugeordnet werden: Erstens Vereine mit fremdbezogener Zielstellung, die vorwiegend Leistungen für Dritte erbringen (z.B. karitative Vereine), zweitens Vereine mit außenorientierter Zielstellung, die vorwiegend Mitgliederinteressen vertreten, indem sie gezielt Einfluss auf die soziale Umwelt ausüben (z.B. Musik, bildende Künste oder interkulturelle Begegnung) und drittens Vereine mit einer binnenorientierten Zielstellung, die ein Clubgut für und durch die Mitglieder produzieren (z.B. Sportvereine).

Darüber hinaus wurden im Rahmen der telefonischen Kurzinterviews wesentliche Grunddaten der Vereine abgefragt, sodass je acht Vereine mit binnenorientierter, außenorientierter und fremdorientierter Zielstellung ausgewählt werden konnten, die auf der lokalen Ebene operieren, die über eine formale Organisationsstruktur verfügen, zwischen 80 und 120 Mitgliedern haben, mindestens seit fünf Jahren bestehen und in den beiden Städten Potsdam und Münster aktiv sind. Alle Mitglieder dieser 24 Vereine wurden daraufhin im Rahmen einer quantitativen Mitgliedervollerhebung befragt.

Auf der Basis dieser quantitativen Mitgliedervollerhebung wurde das Sample in einem *dritten Auswahlschritt* noch einmal auf sechs Vereine reduziert. Es wurden Vereine ausgewählt, deren durchschnittliche Mitgliedschaftsdauer ≥3 Jahre betrug, die einen hohen Aktivitätsgrad aufwiesen (die Mitglieder wurden

---

[4] Die Nachwuchsgruppe im Emmy Noether-Programm der DFG wurde von Prof. Dr. Dr. Sebastian Braun geleitet. Der Autor dieses Beitrags war wissenschaftlicher Mitarbeiter dieser Nachwuchsgruppe.

hierfür gebeten, sich auf einer elfstufigen Skala von „passives Mitglied" bis „aktives Mitglied" selbst einzuschätzen, ausgewählt wurden Vereine deren durchschnittlicher Aktivitätsgrad ≥ 5 betrug), die zu gleichen Teilen aus Potsdam und Münster stammten, binnenorientierte, außenorientierte und fremdorientierte Zielstellungen hatten und deren Vorsitzende oder Kontaktpersonen sich als besonders kooperativ und interessiert an der Untersuchung gezeigt hatten. Auf dieser Basis wurden zwei Sportvereine, ein Musikverein, ein Kulturverein, ein Denkmalschutzverein sowie ein karitativer Verein ausgewählt.

In einem *vierten und letzten Auswahlschritt* wurden in den ausgewählten sechs Vereinen je sechs Mitglieder als Interviewpartner ausgewählt. Darunter waren je zwei Mitglieder, die sich in formellen Vorstandsämtern (z.B. Vorsitzender, Kassenwart) engagierten, zwei Mitglieder, die sich informell engagierten, d.h. in Positionen, für die man nicht gewählt werden muss und die auch keine Vorstandstätigkeiten sind (z.B. gelegentliche Helfer bei Festen oder bestimmten Projekten) und zwei Mitglieder, die sich zwar aktiv am Vereinsleben beteiligten, jedoch nicht bürgerschaftlich engagiert waren.

3.2 Problemzentrierte Leitfadenintervierviews

Ziel der qualitativen, problemzentrierten face-to-face Interviews (Witzel, 2000, 1985; Flick, 2009, S. 210) war es, retrospektive Erzählungen über die Vereinsmitgliedschaft zu stimulieren. Hierfür wurde ein Leitfaden mit drei Themenkomplexen entworfen: Erstens wurden Umstände und Motive des Eintritts in den Verein sowie erste Eindrücke und Erinnerungen an die Aufnahme in die Vereinsgemeinschaft thematisiert. Zweitens wurden Erinnerungen an die Entwicklung der Mitgliedschaft, z.B. im Verhältnis zu anderen Mitgliedern, Veränderungen der eigenen Aktivität sowie der Aufnahme einer freiwilligen Tätigkeit angesprochen. Drittens folgte die Beschreibung der aktuellen Vereinsaktivitäten und Fragen zum Erwerb von Kompetenzen sowie zum Transfer bestimmter Fähigkeiten in die Außenwelt des Individuums.

3.3 Auswertung der Interviews

Die vollständig transkribierten Interviews wurden in das Analyseprogramm für qualitative Daten MAXqda übertragen und durch kodierende Verfahren bearbeitet (Flick, 2009, S. 386 - 420.). Zunächst wurden die Transkripte nach aussagekräftigen Textstellen zu Lerninhalten und Lernformen durchsucht. Die Textstellen zur Lernform wurden den theoretisch erarbeiteten Ausprägungen formelles, selbstgesteuertes und inzidentelles Lernen zugeordnet. Die als Lerninhalt kodierten Textstellen wurden ausdifferenziert, beschrieben und mit einer aussagekräftigen Bezeichnung versehen, wobei wenn möglich, auf Begrifflichkeiten der aktuell geführten Debatte um den Kompetenzerwerb im bürgerschaftlichen Engagement zurückgegriffen wurde (Düx, Prein, Sass & Tully., 2008; Kellner, 2001; Brandstetter & Kellner, 2001; Mutz & Söker, 2003).

4 Inhalte des formellen und informellen Lernens durch bürgerschaftliches Engagement in Vereinen

Im Folgenden werden die Ergebnisse der empirischen Untersuchung zu den Inhalten des Lernens durch bürgerschaftliches Engagement in knapper Form dargestellt[5]. Im Rahmen der empirischen Untersuchung konnten vier Inhalte, die durch bürgerschaftliches Engagement in Vereinen erworben werden können, gefunden und beschrieben werden:

- *Fachwissen*: Als Fachwissen werden solche Wissensbestände bezeichnet, die es den Befragten ermöglichen, ihr bürgerschaftliches Engagement in Vereinen mit mehr Grundwissen und allgemeinem Verständnis für die bearbeitete Thematik auszuüben. Die befragten Vereinsmitglieder konnten sich beispielsweise neue Kenntnisse über Trainingsmethoden, sportartenspezifisches Wissen, historisches Wissen, Computerwissen oder Kenntnisse über die Organisation einer ABM-Maßnahme erarbeiten.
- *Gesellschaftswissen*: Als Gesellschaftswissen werden Lerninhalte bezeichnet, die sich auf allgemeine gesellschafts- oder sozialpolitische Themengebiete beziehen. Im Rahmen dieser Studie konnten die Befragten z.B. Kenntnisse über Armut in unserer Gesellschaft oder über die Integration von Menschen mit Migrationshintergrund erwerben.
- *Personenbezogene Eigenschaften und soziale Kompetenzen:* Unter personenbezogenen Eigenschaften und sozialen Kompetenzen werden Lerninhalte verstanden, die das individuelle Verhalten von Personen in bestimmten Situationen beschreiben. Zu den personenbezogenen Eigenschaften, die die Befragten erwerben konnten, gehören z.B. Selbstbewusstsein, Geduld, Hartnäckigkeit und Durchhaltewillen. Unter sozialen Kompetenzen werden Fähigkeiten verstanden, die es den Befragten ermöglichen, mit Menschen aus anderen sozialen Gruppen (anderen Milieus, anderen Altersgruppen,

---

[5] Eine ausführliche Darstellung dieser Ergebnisse findet sich in Hansen (2008a und b)

etc.) gut, d.h. konstruktiv, konfliktbewältigend, motivierend, erfolgreich etc.
interagieren zu können.

- *Organisationsfähigkeiten*: Mit Organisationsfähigkeiten werden Fähigkeiten
  und Erfahrungen bei der Organisation und Durchführung von Vereinsveranstaltungen oder Verwaltungsangelegenheiten des Vereins bezeichnet. Konkrete Organisationsfähigkeiten, die sich die Befragten aneignen konnten be-
  trafen zum Beispiel die Organisation von Vereinsveranstaltungen, die Einhaltung finanzieller Vorgaben, Werbung für Vereinsveranstaltungen, Gründung von Vereinen, Erstellung und Umsetzung von Vereinssatzungen oder
  Erfahrungen mit der demokratischen Struktur der Vereine.

Die Auswertung der Interviews legt darüber hinaus nahe, dass das inzidentelle
Lernen eine besondere Bedeutung beim Kompetenzerwerb im bürgerschaftlichen
Engagement einnimmt. Nach den Daten dieser Untersuchung, können alle dargestellten Inhalte durch inzidentelle Lernformen erworben werden, während durch
selbstgesteuerte oder formelle Lernprozesse ausschließlich Fachkompetenzen
erlernt werden konnten (vgl. hierzu ausführlich Hansen, 2008b). Durch die empirische Typologie, die in den folgenden Kapiteln fünf und sechs beschrieben wird,
kann darüber hinaus der Erwerb bestimmter Inhalte durch inzidentelle, selbstgesteuerte und formelle Lernprozesse mit bestimmten Kontexten und Situationen
des bürgerschaftlichen Engagements in Vereinen verknüpft werden.

5   Entwicklung einer empirisch begründeten Typologie zum Lernen durch bürgerschaftliches Engagement in Vereinen

Bei einer *Typologie* (vgl. Kluge, 1999; Kelle & Kluge, 1999) handelt es sich um
das Resultat eines Gruppierungsprozesses von empirischen Merkmalen, wobei
eine möglichst hohe Ähnlichkeit der einzelnen Elemente innerhalb eines Typus
(interne Homogenität) und eine möglichst markante Unterschiedlichkeit der
Typen untereinander (externe Heterogenität) angestrebt werden. Der Begriff des
Typus kennzeichnet dabei die Teil- bzw. Untergruppen, die in ihrer Gänze als
Typologie bezeichnet werden (Kluge, 1999, S. 26-27.). Die Herleitung der Typologie erfolgte in vier Schritten (Kluge, 1999, S. 260-283).

1. *Erarbeitung relevanter Vergleichsdimensionen*: Im ersten Arbeitsschritt wurden die Merkmale anhand derer die Typologie gebildet werden sollte, bestimmt. Diese Merkmale sind es, nach denen sich die Typen untereinander
   unterscheiden (externe Heterogenität) und die Fälle eines einzelnen Typus
   ähneln (interne Homogenität). Im vorliegenden Fall wurde die Typologie an-

hand von zwei Merkmalen gebildet: der Lernform (vgl. Kap. 2) und dem Lerninhalt (vgl. Kap. 4).

2. *Gruppierung der Fälle und Analyse empirischer Regelmäßigkeiten*: Nach der Erarbeitung relevanter Vergleichsdimensionen und deren Ausprägungen, wurden die vorliegenden empirischen Fälle anhand dieser Merkmale zu Gruppen geordnet. Hierfür kann das Verfahren des Merkmalsraums nach Barton und Lazarsfeld (Barton & Lazarsfeld, 1979; Lazarsfeld, 1937 vgl. im Überblick Kluge, 1999, S. 237) verwendet werden, bei dem alle Merkmale mit ihren jeweiligen Ausprägungen in eine mehrdimensionale Kreuztabelle notiert werden. Tabelle 2 zeigt den Merkmalsraum dieser Untersuchung mit den Merkmalen Lerninhalt und Lernform sowie die Verteilung der 36 empirischen Fälle (Interviews) auf drei Gruppen.

Tabelle 1:   Merkmalsraum mit den Merkmalen Lerninhalt und Lernform sowie 36 Fällen in drei Gruppen.

	formales Lernen	selbst-gesteuertes Lernen	inzidentelles Lernen	kein Lernen
Fachwissen	Gruppe eins: 12 Fälle			
personenbezogene Eigenschaften und soziale Kompetenzen			Gruppe 2: 20 Fälle	Gruppe 3: 4 Fälle
Gesellschaftswissen				
Organisations-fähigkeiten				

1. *Analyse inhaltlicher Zusammenhänge und Typenbildung:* Der dritte Arbeitsschritt der Typenbildung bestand in der Aufdeckung und Analyse inhaltlicher Zusammenhänge zwischen den zu Gruppen zusammengefassten Fällen. Ziel hierbei war es zu verstehen, aus welchen inhaltlichen Gründen bestimmte Fälle zu Gruppen zusammengefasst werden konnten, welche Zusammenhänge zwischen den Fällen einer Gruppe bestehen und welche markanten Unterschiede zu den Fällen anderer Gruppen vorkommen. Dieser Arbeitsschritt ist von hoher Bedeutung, denn Typologien, die auf qualitati-

ven Daten beruhen, können sich augrund ihrer meist geringen Fallzahlen nicht damit zufrieden geben, Fälle zu Gruppen zusammenzufassen. Die Stärke qualitativer Daten liegt in der Generierung von Theorien darüber, warum bestimmte Fälle zu Gruppen zusammengefasst werden können. Im Rahmen der vorliegenden Studie wurden intensive Fallinterpretationen und Fallvergleiche innerhalb der gebildeten Gruppen durchgeführt. Auf diese Weise konnten vier Typen des Lernens im bürgerschaftlichen Engagement in Vereinen herausgearbeitet werden. Diese Typen zeichnen sich dadurch aus, dass sie auf eine ähnliche (typische) Weise Lernprozesse durchlaufen und dabei ähnliche Inhalte erwerben.

2. *Charakterisierung der gebildeten Typen*: Der letzte Schritt der Typenbildung besteht darin, die Typologie mit ihren Vergleichsdimensionen, der Gruppierung der Fälle sowie den inhaltlichen Sinnzusammenhängen darzustellen und zu charakterisieren.

6 Ergebnisse der Typologie zum Lernen durch bürgerschaftliches Engagement in Sportvereinen

Durch die empirische Typenbildung konnten vier typische Situationen und Kontexte herausgearbeitet werden, in denen die befragten Vereinsmitglieder auf inzidentelle bzw. selbstgesteuerte Weise Fachwissen, personenbezogene Eigenschaften und soziale Kompetenzen, Gesellschaftswissen oder Organisationsfähigkeiten hinzugewinnen konnten. Diese vier typischen Situationen und Kontexte des Kompetenzerwerbs werden im Folgenden dargestellt.

6.1 *Inzidentelles Lernen im Rahmen konkreter Tätigkeiten im Verein*

Eine erste typische Situation, in der die befragten Vereinsmitglieder im Rahmen ihrer freiwilligen Tätigkeit auf inzidentelle Weise lernen konnten, ist dadurch gekennzeichnet, dass der Wissenserwerb als ein ungewolltes Nebenprodukt konkreter Tätigkeiten im Engagement auftritt. Das folgende Fallbeispiel illustriert ein solches inzidentelles Lernen bei organisatorischen Tätigkeiten im Sportverein.

Frau S. ist 25 Jahre alt und seit drei Jahren Mitglied eines Sportvereins, in den sie hauptsächlich aus sportlichen Gründen eingetreten ist. Sie ist zwar aufgrund ihrer persönlichen Situation nicht bereit, sich im Rahmen eines formellen Amtes für den Verein zu engagieren, steht jedoch für kurzfristige, unterstützende

Aufgaben zur Verfügung. In diesem Zusammenhang übernimmt sie eine Reihe von Aufgaben bei der Organisation und Durchführung von Turnieren, die der Verein ausrichtet. Im Rahmen dieser Tätigkeiten erwirbt sie neue Fähigkeiten in den Bereichen Organisationsfähigkeit und Sozialkompetenz, von denen sie im Interview berichtet:

> *„Ich denke einmal auf der menschlichen Seite, dass du halt wesentlich besser mit Leuten arbeiten kannst und auch auf Leute zugehst. Dass du in dem Bereich was lernst. Und auf der anderen Seite dann wirklich äh so rein organisatorische Sachen, dass du echt wirklich dann mal siehst, dass du dir da einen Plan zurecht machen musst, was du machen musst, wo du dran denken musst, was aufgebaut werden muss, dass du auch, was ja nicht immer einfach ist, dann dafür verantwortlich bist, dass die Leute da eingeteilt werden und dass jeder auch mal da helfen muss. Denen muss man ja grundsätzlich hinterherlaufen. Ich meine, das erfordert ja auch ein bisschen Durchsetzungsvermögen. Das musste ich lernen. Sonst steht man da selber fünf Stunden und verkauft" (Interview Frau S., Mitglied in einem Sportverein).*

> *„Ich denke vor allem auf der Seite des Organisatorischen, weil ich jetzt halt hauptsächlich viel mit der Turnierorganisation und so gemacht habe. Dass man vorher vielleicht auch gar nicht gesehen hat, wie viel Arbeit da hinter steckt und dass man wirklich mal gelernt hat, das irgendwie stringent durch zu organisieren. Und gelernt hat, mit `nem bestimmten Budget klar zu kommen. Und da muss man halt zu fünf Einkaufsläden fahren, das Auto voll laden. Also ich denke auf der Seite schon" (Interview Frau S., Mitglied in einem Sportverein).*

Wie das Beispiel zeigt, kann die *Tätigkeit*, die im Rahmen des Vereins verrichtet wird, ein inzidentelles Lernen bei den Befragten auslösen. Auf diese Weise können sich die befragten Engagierten sowohl fachliche Inhalte, Organisationsfähigkeit, personenbezogene Eigenschaften und soziale Kompetenzen, als auch Gesellschaftswissen aneignen.

6.2 Inzidentelles Lernen durch Interaktionen mit anderen Vereinsmitgliedern

Eine weitere typische Situation, in der die Befragten auf inzidentelle Weise lernen, kommt durch die Interaktion mit anderen Vereinsmitgliedern zu Stande. Im folgenden Fallbeispiel erwirbt ein Sportvereinsmitglied persönliche Kompetenzen durch die Interaktion mit älteren Vereinsmitgliedern.

Herr Y. ist 23 Jahre alt und seit zwei Jahren Mitglied eines Fußballvereins, in den er u.a. eingetreten ist, um nach einem Umzug neue Freunde zu finden:

„Ich komme ursprünglich aus O. und hab dann hier erst mal nicht gespielt, sondern hab mich erstmal aufs Studium konzentriert. Und dann hat mir das aber einfach gefehlt und ich wollte auch Leute kennen lernen. ... Ich hab wirklich schon nach der ersten oder zweiten Trainingseinheit bei dem Verein unterschrieben. Da stand für mich fest, dass ich da bleibe. Ich bin sofort aufgenommen worden. Also keine Ahnung, vom Großteil mit Handschlag. Da waren einfach zwei, drei Leute dabei, wo ich gesagt hab: ‚Ok, klar das passt, das geht.' Und da wollte ich gar nichts anderes mehr. Ich hab gesehen: Ich kann Fußball spielen, ich hatte nette Leute dabei. Und dann war das eigentlich schon in trockenen Tüchern" (Interview Herr Y., Sportvereinsmitglied).

Die positiven Beziehungen, die Herrn Y. von Anfang an mit seinen Vereinskollegen verbinden, verstärken sich im Laufe der Mitgliedschaft und sind Ausgangspunkt für eine Reihe von inzidentellen Lernprozessen. Herr Y. erwirbt im Umgang mit den anderen Mitgliedern – nicht zuletzt, weil er sich als talentierter Fußballer erweist – ein stärkeres Selbstbewusstsein und Erfahrungen im Umgang mit (älteren) Menschen:

„Ich bin einer der jüngeren oder der jüngsten auch gewesen. (...) Das hat mir aber eigentlich sehr viel Freude gemacht, weil ich gerade auch dadurch ja was gelernt hab oder auch Anerkennung gekriegt habe. Ja, das ist natürlich schon so ein bisschen so. Es zeigt einem einfach, dass man da mithalten kann, auch in Gesprächen oder in solchen Sachen" (Interview Herr Y., Sportvereinsmitglied).

„Ja ich glaube wirklich, man lernt auf einer ganz anderen Ebene. Also ich würde sagen, für wirklich tief greifende Gespräche ist an anderen Stellen mehr Platz. Es bewegt sich schon häufig oder überwiegend an der Oberfläche die Gespräche. Aber das hat auch was, hat gerade was für mich gehabt, weil ich eigentlich ein sehr nachdenklicher Mensch bin und auch immer gewesen bin. Und mir bringt diese Lockerheit auch eine ganze Menge. Also einfach mal Flachsen können und – sich an der Oberfläche aufhalten. Was kann man dafür sagen? Einfach locker sein, sich in einer Runde ganz locker, ungezwungen unterhalten zu können. Einfach vielleicht auch mal, ja, dass es fast ins Primitive geht. Also man weiß halt wie's gemeint ist, es bleibt einfach in dieser Runde. Und wenn ich das jetzt weiter denke, hat mir das natürlich unheimlich was beigebracht. Einfach weil ich andere Menschen kennen lerne, weil ich weiß, wie sie Sachen sagen, ohne sie so zu meinen" (Interview Herr Y., Sportvereinsmitglied).

Das Fallbeispiel zeigt, dass Befragte durch die *Interaktion mit anderen Vereinsmitgliedern* neue Kompetenzen hinzugewinnen können. Im Vordergrund stehen hierbei insbesondere personenbezogene Eigenschaften wie Selbstbewusstsein, Geduld und soziale Kompetenzen.

6.3 Selbstgesteuertes Lernen aufgrund von Anforderungen einer formalen Position

Neben den beiden Typen des inzidentellen Lernens im Rahmen konkreter Tätigkeiten bzw. in der Interaktion mit anderen Vereinsmitgliedern, konnten durch die Typenbildung darüber hinaus zwei typische Situationen des Kompetenzerwerbs durch selbstgesteuertes Lernen herausgearbeitet werden, die im Folgenden dargestellt werden.[6] Das folgende Fallbeispiel zeigt, dass es zu einem großen Teil die mit den übernommenen formalen Positionen zusammenhängenden Verpflichtungen sind, die selbstgesteuerte Lernanstrengungen des Befragten auslösen.

Der Befragte Herr H. ist zum Zeitpunkt des Interviews Vorsitzender eines Sportvereins, in dem er seit acht Jahren Mitglied ist. Aus Unzufriedenheit mit seinem damaligen Verein und weil er von Kollegen angesprochen wurde, entschließt er sich einzutreten:

„Ein Kollege von mir war bei der Gründung dabei. Und irgendwie sind wir drauf zu sprechen gekommen, dass ich einen Verein gesucht habe und ich Fußball spielen kann. Und so sind wir halt, so bin ich halt dazu gekommen, kurz nach der Gründung dann gleich" (Interview Herr H., Mitglied in einem Sportverein).

Aus dem ursprünglichen Mitgliedschaftsinteresse („Ich wollte Fußball spielen erst mal nur") entwickelt sich langsam aber sukzessive ein stärkeres Interesse für den Verein und dessen Angelegenheiten:

„Am Anfang ging's halt bloß ums Fußball spielen. Ich hab dann halt bloß mitgespielt. Und dann hab ich mich so nach und nach ein bisschen mehr, na engagiert nicht, gekümmert oder so'n bisschen interessiert mehr" (Interview Herr H., Mitglied in einem Sportverein).

Dieses „Interesse" wird von den Vorstandsmitgliedern erkannt und Herr H. in die freiwillige Arbeit des Vereins einbezogen:

„Und irgendwie 98 im Vorfeld vor `ner Mitgliederversammlung vor `ner Vorstandswahl hat der damalige Nachwuchsleiter, also der den Nachwuchs aufgebaut hat, ist der irgendwie auf die Idee gekommen, dass ich dann ein guter Nachfolger für ihn wäre. Mir war's damals nicht so richtig bewusst warum, wie er dazu kam. Vielleicht, weil ich mir eigentlich damals immer alles angeschaut hab, also ich war fast immer da bei den Spielen auch vom Nachwuchs, einfach deswegen, weil ich ei-

---

[6] Formelle Lernprozesse (z.B. Trainerlehrgänge, Schulungen, Weiterbildungen usw.) kommen in diesen typischen Situationen ebenfalls vor, treten jedoch bei den beiden ausgewählten Fallbeispielen nicht auf.

gentlich bloß über die Straße laufen musste, dann war ich da. Und weiß nicht, na gut, ich kannte die ganzen Leute da. Ich weiß nicht, vielleicht deswegen. Und so bin ich halt dazu gekommen. Dann bin ich halt 98 als Nachwuchsleiter dann in den Vorstand eingestiegen" (Interview Herr H., Mitglied in einem Sportverein).

Etwas später wird der Befragte bereits Vorsitzender seines Vereins. Um den Aufgaben in seiner neuen Position erfolgreich nachkommen zu können, entwickelt der Befragte eine Reihe von Lernaktivitäten, vom Kennenlernen des Ligensystems bis hin zur Beantragung von Förderungen für die Nachwuchsarbeit des Vereins und den Umgang mit anderen Funktionären des Fußballverbandes:

„Ja, neue Sachen kennen gelernt auf jeden Fall. Man merkt schon, dass da ein bisschen mehr dahinter steckt, als dann bloß elf Mann auf den Platz zu schicken, die dann ein bisschen rumbolzen und dann nach dem Spiel duschen gehen. Es ist doch ein bisschen mehr drum herum, was so'n Verein nicht nur vom sportlichen aus, sondern auch was Mittel, um Mittel, sag ich mal, aus Förderungen loszueisen. Oder erstmal zu wissen, wo man suchen kann, wo Fördermittel stehen. Oder wo es steht, wie man an Fördermittel kommt" (Interview Herr H., Mitglied in einem Sportverein).

„Das hat man sich halt so angelesen. Das musste ich mir auch nach und nach alles anlesen. Man braucht ja nicht irgendwelche großen Wälzer durcharbeiten, um zu wissen, was man machen muss. Es gibt halt ein Ansetzungsheft, wo drin steht, die ganzen Ansetzungen von den Mannschaften, wer wann zu spielen hat. Es gibt 'ne Spielordnung vom Landesverband, wo rechtliche Sachen auch drin stehen, wenn man mal was wissen muss" (Interview Herr H., Mitglied in einem Sportverein).

„Und dann muss man halt wissen, wie man mit irgendwelchen Leuten umspringen kann oder muss. Also mit den Funktionären vom Landesverband und vom Kreisverband, damit die einen halt nicht über den Tisch ziehen, sag ich mal. Oder wenn es Sportgerichtsverhandlungen gibt, dass man da nicht allzu sehr benachteiligt wird. Oder wenn es Mannschaften gibt, die versuchen, uns zu bescheißen, sag ich mal, wo man halt am grünen Tisch die Punkte zurück erkämpfen muss und alles solche Sachen. Also das liest man sich alles an oder bekommt das mit oder man kennt ja auch so'n paar Leute inzwischen, wo man auch mal fragen kann. Also man lernt das nach und nach. Man eignet es sich selber an" (Interview Herr H., Mitglied in einem Sportverein).

Anhand dieses Fallbeispiels wird deutlich, dass die verbindlichen Aufgaben, die mit dem Posten des Vorsitzenden zusammenhängen, zu *Anforderungen* führen, denen der Befragte durch selbstgesteuerte Lernformen zu begegnen versucht. Neben drei Vorsitzenden, die von der typischen Situation Lernen durch die Anforderungen der Position berichten, werden vor allem Mitglieder aus Sportvereinen, die eine feste Position bspw. als Kassenwart, Übungsleiter oder Trainer inne haben, durch ihre Position zu selbstgesteuerten Lernprozessen angeregt.

6.4 Selbstgesteuertes Lernen aufgrund der beruflichen Nutzbarkeit des Wissens

Die mögliche berufliche Nutzbarkeit des erworbenen Wissens ist ein zweiter wichtiger Auslöser für selbstgesteuerte Lernprozesse in Vereinen. Wenn es den Befragten gelingt, in ihrer freiwilligen Arbeit und den darin gewonnenen Erfahrungen einen individuellen Vorteil für ihre Berufsarbeit zu sehen, kann sich dies positiv auf ihre selbstgesteuerten Lernaktivitäten auswirken. Dies geschieht – wie das folgende Fallbeispiel zeigt – unter anderem dann, wenn die freiwillige Tätigkeit eine Verbindung zur derzeitig ausgeübten bzw. einmal erlernten Berufsarbeit aufweist und die Chance zur Qualifikation oder Erhaltung der Beschäftigungsfähigkeit gesehen wird.

Frau D. ist zum Zeitpunkt des Interviews 27 Jahre alt und seit 2000 Mitglied eines Sportvereins, der neben Tischtennis und Fitness hauptsächlich die Sportart Fußball anbietet. Frau D.'s ursprüngliche Mitgliedschaftsmotivation war nicht das Interesse am Fußball, sondern der Wunsch ein gemeinsames Hobby mit ihrem Lebensgefährten, der Vorsitzender des Vereins ist, zu haben. Als ihr Lebensgefährte sie bittet, den Verein als Kassenwartin zu unterstützen, stimmt sie zu. Neben dem gemeinsamen Hobby mit ihrem Lebensgefährten, bietet die Tätigkeit als Kassenwartin für Frau D. auch die Chance, sich in ein Themengebiet einzuarbeiten, dass zwar eine Nähe zu ihrem ursprünglich erlernten Beruf als Industriekauffrau aufweist, für sie jedoch trotzdem neu und ungewohnt ist.

> *„Aber es war eben irgendwo für mich eine Herausforderung. Das war ja ein völlig neues Gebiet, womit ich überhaupt noch nichts zu tun hatte, jetzt so weil ich eben auch vorher noch nichts mit Vereinen zu tun hatte und weil ich eben diese ganzen Sachen dabei noch gelernt habe, was dazu gehört zum Kassenwart. Weil am Anfang war es eben doch bloß, dass man jetzt gesagt hat: Na ja, musste halt hier mal die Bank buchen, und da mal die Kasse und dann da `ne Überweisung machen und Fördergelder beantragen. Aber so, was jetzt eigentlich genau dahinter steckt, hat man eben doch erst mit der Zeit dann raus gefunden. Weil immer wieder was Neues kam. Da kam z.B. ein Schreiben vom Finanzamt auch: ,Ah ist ja interessant.' Und: ,Mhmm, wie wollen die das'" (Interview Frau D., Sportvereinsmitglied).*

Nachdem sie sich mit der Arbeit als Kassenwartin vertraut gemacht hat, erkennt Frau D. den Nutzen der dort gemachten Lernerfahrungen für ihre berufliche Entwicklung:

„Ist ja auch im Berufsleben nicht schlecht, wenn man sagen kann, man ist Kassenwart im Verein. Weil man hatte `ne Ausbildung, da hat man eben hier das Bankbuchen und so mal gehabt. Aber wenn man sich jetzt im Beruf nicht weiter damit beschäftigt, vergisst man es ja auch wieder. Und durch so `ne Sachen blieb man halt immer drin. Und wenn dann mal irgendwie so der Bedarf besteht, dass man sich in eine andere Richtung orientieren muss, dann ist so was natürlich irgendwo immer ein guter Rückhalt, dass man eben irgendwo immer auf'm Laufenden in dieser Materie bleibt. Also das nicht so völlig vergisst: Wie ist das jetzt gewesen? Und: Was heißt jetzt Kontieren oder weiß ich nicht was? Ich hab ein völlig anderes Berufsfeld zurzeit, hab's aber mal irgendwo gelernt, und äh durch die Aktion hier, vergesse ich's nicht, was ich mal gelernt habe und lerne halt eben noch mit dazu" (Interview Frau D., Sportvereinsmitglied).

„Ja man versucht sich das irgendwo selber anzueignen, damit man drinne bleibt in dieser Materie der Buchhaltung. Auch von den rechtlichen Dingen, Spendenquittung ausstellen, ja gut und schön, aber was hängt da jetzt eigentlich drann, wenn ich das ausstelle. Und es waren jetzt wirklich schon öfter Sachen gewesen, wo ich auch gerade auf Arbeit mir gesagt habe: ‚Na Hallo, im Verein ist das ja so und so. Da geht es vom rechtlichen her so, dann kann das ja hier nicht so ganz viel anders abgehen.' Und also gerade so von der rechtlichen Seite her, ist es schon sehr interessant manchmal, weil man sich rein denkt und rein liest" (Interview Frau D., Sportvereinsmitglied).

Das Lernen im Rahmen des bürgerschaftlichen Engagements in Vereinen kann, wie das Fallbeispiel zeigt, durch die Nutzbarkeit des Wissens in beruflichen Kontexten *gefördert* werden. Hierbei handelt sich vor allem um den Erwerb von Fachwissen, das in der Berufswelt angewendet werden kann.

7   Zusammenfassung

Zielstellung des vorangegangenen Beitrags war es, anhand einer empirischen Typenbildung Situationen und Kontexte des bürgerschaftlichen Engagements in Vereinen aufzuzeigen, in denen durch formelle, selbstgesteuerte und inzidentelle Lernprozesse neue Kompetenzen erworben oder bestehende Kompetenzen erweitert werden können. Die dargestellten Ergebnisse zeigen, dass inzidentelle Lernprozesse in Vereinen insbesondere dann auftreten, wenn die bürgerschaftlich Engagierten Tätigkeiten ausüben bzw. wenn sie mit anderen Vereinsmitgliedern interagieren. Im Rahmen der Tätigkeit können Fachwissen, personenbezogene Tätigkeiten und soziale Kompetenzen, Organisationsfähigkeiten und Gesellschaftswissen erworben werden. In Interaktionen mit anderen Vereinsmitgliedern werden vor allem personenbezogene Eigenschaften und soziale Kompetenzen erworben.

Darüber hinaus konnten zwei typische Situationen beschrieben werden, in denen sich bürgerschaftlich engagierte Vereinsmitglieder auf selbstgesteuerte Weise fachliche Kompetenzen aneignen können. Einerseits empfinden Befragte, die sich im Rahmen formeller Positionen, z.b. als Vorsitzender, Kassenwart usw. engagieren, ihre Tätigkeiten oftmals als Verpflichtungen oder Anforderungen, denen sie durch die Aneignung bestimmter fachlicher Kompetenzen zu genügen versuchen. Zum anderen wählen die Befragten oftmals Tätigkeiten aus, in denen sie auf selbstgesteuerte Weise Kompetenzen erwerben können, die für sie z.B. von beruflichem Interesse sind.

Literatur

Barton, A. H. & Lazarsfeld, P. F. (1979). Einige Funktionen von qualitativer Analyse in der Sozialforschung. In E. Weingarten & C. Hopf (Hrsg.), *Qualitative Sozialforschung*. Stuttgart: Klett-Cotta.

Brandstetter, G. & Kellner, W. (Hrsg.). (2001). *Freiwilliges Engagement und Erwachsenenbildung. Wege der Identifikation und Bewertung des informellen Lernens*. Wien: Ring Österreichischer Bildungswerke.

Braun, S. (2006). *Arbeitsbericht zum Forschungsprojekt "Integrationsleistungen freiwilliger Vereinigungen" im Rahmen des Emmy Noether-Programms (Phase II)*. (Unveröffentlichtes Manuskript). Paderborn: Universität Paderborn.

Cseh, M., Watkins, K. E. & Marsick, V. J. (2000). Informal and Incidental Learning in the Workplace. In G. Straka (Hrsg.), *Conceptions of self-directed learning: theoretical and conceptional considerations* (S. 59–74). Münster, New York: Waxmann.

Dohmen, G. (2001). *Das informelle Lernen. Die internationale Erschließung einer bisher vernachlässigten Grundform menschlichen Lernens für das lebenslange Lernen aller*. Bonn: Bundesministerium für Bildung und Forschung.

Düx, W., Prein, G., Sass, E. & Tully, C. J. (2008). *Kompetenzerwerb im freiwilligen Engagement. Eine empirische Studie zum informellen Lernen im Jugendalter*. Wiesbaden: VS.

Flick, U. (2009). *Qualitative Sozialforschung: Eine Einführung* (Vollst. überarb. und erw. Neuausg., 2. Aufl., Bd. 55694). Reinbek bei Hamburg: Rowohlt.

Hansen, S. (2008a). *Lernen durch freiwilliges Engagement in Vereinen: Eine empirische Studie zu Lernprozessen in Vereinen* (1. Aufl.). (VS Research). Wiesbaden: VS.

Hansen, S. (2008b). Was lernt man im Sportverein. Empirische Ergebnisse zum Kompetenzerwerb in Sportvereinen. *Sport und Gesellschaft*, 5 (2), 178–205.

Hillmann, K.-H. (Hrsg.). (1994). *Wörterbuch der Soziologie*. Stuttgart: Kröner.

Kelle, U. & Kluge, S. (1999). *Vom Einzelfall zum Typus. Fallvergleich und Fallkontrastierung in der qualitativen Sozialforschung*. Opladen: Leske+Budrich.

Kellner, W. (2001). Bildung - Lernen - Kompetenz: der Lernort Freiwilliges Engagement und die Begriffe und Konzepte der Erwachsenenbildung. In G. Brandstetter & W. Kellner (Hrsg.), *Freiwilliges Engagement und Erwachsenenbildung. Wege der Identifikation und Bewertung des informellen Lernens* (S. 73–105). Wien: Ring Österreichischer Bildungswerke.

Kluge, S. (1999). *Empirisch begründete Typenbildung. Zur Konstruktion von Typen und Typologien in der qualitativen Sozialforschung.* Opladen: Leske + Budrich.

Lazarsfeld, P. F. (1937). Some remarks on the Typological Procedures in Social Research. *Zeitschrift für Sozialforschung,* VI, 119–139.

Mutz, G. & Söker, R. (2003). *Lernen in Tätigkeitsfeldern bürgerschaftlichen Engagements - Transferprozesse in die Erwerbsarbeit. Fallstudien in ausgewählten Regionen Deutschlands.* Berlin: Arbeitsgemeinschaft betriebliche Weiterbildung e.V.

Overwien, B. (2005). Stichwort: informelle Bildung. *Zeitschrift für Erziehungswissenschaft,* 8 (4), 339-335.

Overwien, B. (2006). Informelles Lernen - zum Stand der internationalen Diskussion. In T. Rauschenbach, W. Düx & E. Sass (Hrsg.), *Informelles Lernen im Jugendalter. Vernachlässigte Dimensionen der Bildungsdebatte* (S. 35–63). Weinheim: Juventa.

Watkins, K. E. & Marsick, V. J. (1992). Towards a Theory of Informal and Incidental Learning in Organisations. *International Journal of Lifelong Education,* 11 (4), 287–300.

Weinert, F. E. (1982). Selbstgesteuertes Lernen als Voraussetzung, Methode und Ziel des Unterrichts. *Unterrichtswissenschaft,* (2), 99–110.

Witthaus, U., Wittwer, W. & Espe, C. (Hrsg.). (2003). *Selbst gesteuertes Lernen. Theoretische und praktische Zugänge.* Bielefeld: Bertelsmann.

Witzel, A. (1985). Das problemzentrierte Interview. In G. Jüttemann (Hrsg.), *Qualitative Forschung in der Psychologie* (S. 227–255). Weinheim, Basel: Beltz.

Witzel, A. (2000). *Das problemzentrierte Interview.* Zugriff am 18.11.2009 unter "http://qualitative-research.net/fqs".

Kompetenzerwerb zum und durch Bürgerengagement – eine Studie zur Gruppenhelfer-Ausbildung im Sport

Sebastian Braun & Stefan Hansen

1   Einleitung und inhaltliche Schwerpunkte der Evaluationsstudie

Sportvereine stellen Freiwilligenorganisationen dar, deren Organisationslogik – idealtypisch – auf Selbstorganisation basiert. Dadurch kann gewährleistet werden, dass Vereinspolitik und Vereinsleben unmittelbar durch die Mitglieder selbst gestaltet werden können. Selbstorganisation basiert wiederum auf zwei Voraussetzungen – nämlich einerseits darauf, dass die Mitglieder ihre mit dem Sport assoziierten Interessen artikulieren und über Verfahren demokratischer Entscheidungsfindung in die Vereinspolitik einbringen können, und andererseits darauf, dass die Mitglieder bereit sind, im Verein Aufgaben freiwillig zu übernehmen, um ihre Interessen in der „Praxis des Vereinslebens" zu realisieren (vgl. Braun, 2003). Die Mitgliedschaftsrolle in Sportvereinen ist prinzipiell als Konsumenten- *und* Produzentenrolle ausgelegt; Mitgliedschaft schließt also die Erwartung von Partizipation an der Vereinspolitik und Mitwirkung am Vereinsgeschehen durch bürgerschaftliches Engagement ein. Da diese Organisationslogik in den Sportvereinen prinzipiell gilt, schließt die Mitgliedschaftsrolle nicht nur für die erwachsenen, sondern auch für die heranwachsenden Mitglieder vereinspolitische Partizipation und bürgerschaftliches Engagement ein.

Vor diesem Hintergrund ist auch die Ausbildung zur Gruppenhelferin bzw. zum Gruppenhelfer III (GH III-Ausbildung) als formaler Qualifizierungsmaßnahme im Ausbildungssystem der Sportjugend im LandesSportBund Nordrhein-Westfalen zu betrachten. Ziel dieser Ausbildung ist es, 15 bis 17-jährige Sportvereinsmitglieder auf die Interessenvertretung von Kindern und Jugendlichen im Sportverein vorzubereiten. Dabei werden zwei zentrale Zielstellungen miteinander verkoppelt: Einerseits sollen Jugendliche im Rahmen der GH III-Ausbildung Kompetenzen und Fähigkeiten erwerben, die es ihnen ermöglichen, Aufgaben, Funktionen und Ämter im vereins- und verbandsorganisierten Sport zu übernehmen und auszuüben, sich also bürgerschaftlich im Sportverein und/oder -verband

zu engagieren (Kompetenzerwerb zum bürgerschaftlichen Engagement).[1] Andererseits sollen die Jugendlichen durch das bürgerschaftliche Engagement, das sie
nach der GH III-Ausbildung ggf. leisten, Fähigkeiten und Kompetenzen erwerben, die sie auch außerhalb des Sportvereins nutzen können (Kompetenzerwerb
durch bürgerschaftliches Engagement).

Vor diesem Hintergrund wurde im Jahr 2007 das Forschungszentrum für
Bürgerschaftliches Engagement an der Humboldt-Universität zu Berlin (seinerzeit noch Universität Paderborn) von der Sportjugend NRW damit beauftragt,
eine kleinere empirische Evaluationsstudie über die GH III-Ausbildung durchzuführen, aus der im Folgenden ausgewählte Ergebnisse dargestellt und diskutiert
werden. In diesem Kontext wird einerseits danach gefragt, inwieweit sich die
Jugendlichen nach der GH III-Ausbildung neue Aufgaben und Tätigkeitsfelder
im Sportverein – und dabei speziell im außersportlichen Bereich der Mitbestimmung und Interessenvertretung von Heranwachsenden – erschließen konnten.
Andererseits steht die Fragestellung im Mittelpunkt, inwieweit die Jugendlichen
im Rahmen ihres (neu erschlossenen) bürgerschaftlichen Engagements Fähigkeiten und Wissensbestände erlernt bzw. erweitert haben und inwieweit sie letztere
ggf. in Kontexten außerhalb des Sportvereins und bürgerschaftlichen Engagements anwenden können.

2   Zielstellung und Struktur der GH-Ausbildungen

Die GH-Ausbildungen zielen darauf ab, jugendliche Sportvereinsmitglieder an
Aufgaben der sportlichen und kulturellen Ausgestaltung des Vereinslebens heranzuführen und auf die Interessenvertretung von Kindern und Jugendlichen im
Verein vorzubereiten.[2] Das Ausbildungsangebot ist für die Altersgruppe von 13
bis 17 Jahren konzipiert und in drei Lehrgangsabschnitte mit unterschiedlichen
Schwerpunkten gegliedert, die in folgender vorgegebener Reihenfolge besucht
werden sollen: *Gruppenhelfer I* – sportliche Arbeit mit Kindern und Jugendlichen (13 bis 16-Jährige); *Gruppenhelfer II* – kulturelle Arbeit mit Kindern und

---

[1] Die Übernahme von Aufgaben, Funktionen und Ämtern im Sportverein und/oder -verband wird im
vorliegenden Zusammenhang zur sprachlichen Vereinfachung unter den Begriff des bürgerschaftlichen Engagements zusammengefasst. Auf die breiten begrifflichen Diskussionen über die Verwendung des Terminus bürgerschaftliches Engagement kann hier nur verwiesen werden (vgl. Braun,
2001).

[2] Die Erläuterungen in diesem Abschnitt zu den GH III-Ausbildung basieren auf dem Konzeptionspa-
pier der Sportjugend NRW, das unter dem Titel „Perspektiven schaffen – Chancen sichern. Konzeption der Gruppenhelferinnen- und Gruppenhelfer-Ausbildung" veröffentlicht worden ist (Sportjugend
NRW, o.J.).

Jugendlichen (14 bis 17-Jährige); *Gruppenhelfer III* – Interessenvertretung von Kindern und Jugendlichen (15 bis 17-Jährige).

Das Gesamtpaket der GH-Ausbildungen ist auf ca. 100 Unterrichtsstunden ausgelegt und soll – unabhängig von soziodemographischen Merkmalen wie „Schulbildung, soziale Schicht, Geschlecht oder ethnischer Herkunft" – allen interessierten Vereinsjugendlichen offen stehen. Damit die GH-Ausbildungen einem einheitlichen Standard entsprechen, sind die Ausbildungsträger (Sportjugend NRW, die Jugenden in den Sportfachverbänden und Stadt- und Kreissportbünden) angehalten, sich an den von der Sportjugend NRW erstellten konzeptionellen Leitfaden zu halten.

Der Leitfaden legt folgende Aspekte fest: Rahmenbedingungen (z.B. Voraussetzungen der Teilnehmer, Durchführung in Internatsform, Anforderungsprofil der Lehrgangsleitung); Grundsätze (z.B. Berücksichtigung der Lebens- und Vereinssituationen der Jugendlichen, Selbstbestimmung und Mitverantwortung der Teilnehmergruppe, aktives Lernen und Praxisnähe); Ziele und Inhalte (z.B. Planung zeitgemäßer Kinder- und Jugendarbeit, Strukturen und Institutionen der Kinder- und Jugendhilfe, Vermittlung von Methodenkompetenzen).

Die Ausbildungen werden von Lehrgangsleitern durchgeführt, die als Grundqualifizierung in einer GH-Ausbildung hospitiert haben. Nach erfolgreichem Abschluss der Lehrgänge GH I und GH II wird der Gruppenhelfer-Ausweis ausgestellt. Insofern ist die GH III-Ausbildung als zusätzliches Angebot zu verstehen, das sich mit seinem speziellen Schwerpunkt vor allem an jene Sportvereinsjugendlichen richtet, die daran interessiert sind, ‚kind- und jugendgerechte Aktivitäten' im Verein zu planen und durchzuführen sowie sich in die Gremienarbeit im Sportverein (z.B. als Jugendsprecher) einzubinden. Die GH III-Ausbildung zielt dementsprechend darauf ab, den Jugendlichen über sportbezogene Tätigkeiten hinaus eine Perspektive in der aktiven Interessenvertretung junger Sportvereinsmitglieder zu ermöglichen und sich verstärkt für kinder- und jugendpolitische Fragen zu engagieren.

Im Mittelpunkt steht dabei die Vermittlung von Kompetenzen (z.B. Sprechen vor Gruppen, Verhalten, Argumentieren und Verhandeln in Sitzungen und Versammlungen), die im bürgerschaftlichen Engagement im Sportverein Anwendung finden sollen. Im Idealfall sollen diese Kompetenzen nicht nur in einer simulierten, fiktiven Handlungssituation (z.B. in Form von Rollenspielen) entwickelt werden, sondern unmittelbar bei der Umsetzung eines geeigneten, praxisnahen und konkreten Projekts. Indem beispielsweise ein Aktionstag in einem Sportverein geplant, vorbereitet und durchgeführt wird, sollen wichtige Aspekte der Vereinsjugendarbeit verdeutlicht werden. Es soll erlebbar gemacht werden, dass die Jugendlichen sich an der Gestaltung des Vereinslebens selbstbestimmt beteiligen können.

Alle drei Teilbereiche der GH-Ausbildung sollen darüber hinaus zur Persönlichkeitsentwicklung der teilnehmenden Jugendlichen beitragen, indem sie die Entwicklung einer Engagementkarriere im Sportverein unterstützen: Beginnend mit helfenden und „überschaubaren Aufgaben" sollen sich die Jugendlichen „Räume für Selbstbestimmung und Mitgestaltung" sukzessive erarbeiten und erweitern. Die Teilnahme von Mädchen und Jungen soll dabei eine koedukative Herangehensweise ermöglichen. Insbesondere in den GH III-Lehrgängen soll auf die Förderung der „Partizipation von Jungen und Mädchen in den Entscheidungsstrukturen der Vereine" eingegangen werden, wodurch langfristig die Unterrepräsentanz von Frauen in Funktions- und Entscheidungsträgerrollen im organisierten Sport reduziert werden soll.

Vor diesem Hintergrund soll die GH III-Ausbildung einerseits den Sportvereinen die Perspektive eröffnen, vereinseigenen, qualifizierten Nachwuchs als bürgerschaftlich engagierte Mitglieder zu gewinnen und zu binden (Kompetenzerwerb zum Bürgerengagement). Andererseits sollen die GH III-Absolventen selbst von dieser Ausbildung und ihrem bürgerschaftlichen Engagement profitieren; denn es wird davon ausgegangen, dass die Jugendlichen hierdurch vielfältige Kompetenzen (weiter-)entwickeln, die ihnen auch in außersportlichen Kontexten, wie in der Schule, im Studium oder in Berufsausbildung, nützlich sein können (Kompetenzerwerb durch Bürgerengagement).

3   Gegenstandsbereiche und Forschungsfragen der Evaluation

Zur Umsetzung dieser Zielstellungen wird im Rahmen der Konzeption der GH III-Ausbildung mehr oder weniger implizit auf bestimmte Formen des Lernens rekurriert, die im folgenden mit den Begriffen *formelles* und *informelles Lernen* bezeichnet werden. Darüber hinaus wird angenommen, dass die erworbenen Kompetenzen nicht nur auf den engeren Lernkontext der Ausbildung bzw. des bürgerschaftlichen Engagements in Sportvereinen beschränkt sind, sondern auch in andere soziale Kontexte *transferiert* werden können.

3.1   Formelles und informelles Lernen

Die Zielvorstellungen der GH III-Ausbildung enthalten Annahmen über zwei unterschiedliche Zugänge zum Lernen (Hansen, 2008a, 2008b). Als *formelles Lernen* lässt sich die GH III-Ausbildung selbst bezeichnen. Hiermit ist ein Lernen gemeint, dass in Kursen, Schulen oder ähnlichen Lernveranstaltungen stattfindet und sich dadurch auszeichnet, dass es in Bezug auf den Lernprozess be-

wusst und zielgerichtet sowie in Bezug auf die Lernumgebung pädagogisch vermittelt ist. Darüber hinaus ist das formelle Lernen zertifizierbar und auf bestimmte Lernorte und -zeiten (Kurse, Schulungen, Weiterbildungen etc.) beschränkt.

Daneben gehen die Verantwortlichen der GH III-Ausbildung auch davon
aus, dass die jugendlichen Absolventen im bürgerschaftlichen Engagement auf
informelle Weise neue Kompetenzen erwerben. In der Untersuchung haben wir
zwischen zwei informellen Lernformen unterschieden: Das *selbstgesteuerte
Lernen* ist eine bewusste und zielgerichtete Form des Lernens, die durch einen
gewissen Grad an Selbststeuerung in Bezug auf Lernmotive, Lernzeit, Lernort,
Hilfsmittel etc. gekennzeichnet ist. Es kann außerhalb formeller Lernkontexte
stattfinden und ist daher nicht auf bestimmte Lernorte oder -zeiten beschränkt.
Als Beispiel für das selbstgesteuerte Lernen lässt sich das selbständige Recherchieren und Informieren über aktuelle Bewegungstrends, die in das Sportver-
einsprogramm integriert werden sollen, anführen (Witthaus, Wittwer & Espe,
2003; Weinert, 1982).

Das *inzidentelle Lernen* kommt hingegen im Zuge einer nicht auf das Lernen ausgerichteten Handlung zu Stande und ist daher weder bewusst noch zielgerichtet. Es ist – analog zum selbstgesteuerten Lernen – unabhängig von formellen Lernkontexten und kann daher lebenslang und überall auftreten. So können
in der Sportvereinspraxis, z.B. beim Leiten einer Übungseinheit für Kinder, so
genannte „learning by doing"-Lernprozesse auftreten, auf die die Lernenden
selbst keinen unmittelbaren Einfluss haben (Cseh, Watkins & Marsick, 2000;
Watkins & Marsick, 1992).

3.2 Transfer erlernter Inhalte

Neben dem Erwerb von Inhalten durch formelle und informelle Lernprozesse
wird im Rahmen der GH III-Konzeption – mehr oder weniger explizit ein Transfer bzw. die Anwendung erlernter Kenntnisse und Fähigkeiten in Situationen des
bürgerschaftlichen Engagements bzw. in der Außenwelt der Jugendlichen verfolgt (Lorenz, 2004; Seel, 2003). Konkret lassen sich zwei Transfers zwischen
Lern- und Anwendungssituationen unterscheiden:

Transfer I: Im Rahmen der Zielstellung „Kompetenzerwerb zum bürgerschaftlichen Engagement" sollen die – auf formelle Weise in den GH III-
Lehrgängen – erworbenen Kenntnisse und Fähigkeiten auf Aufgaben, Funktionen und Ämter in den Sportvereinen transferiert bzw. dazu genutzt werden, sich
entsprechende Engagements im Verein und/oder Verband zu erarbeiten.

Transfer II: Es wird darüber hinaus davon ausgegangen, dass im formellen Rahmen der GH III-Ausbildungen sowie im bürgerschaftlichen Engagement Kompetenzen erworben werden, die in die Außenwelt der Jugendlichen transferiert und bspw. in der Schule, der Ausbildung oder anderen sozialen Kontexten angewendet werden können.

4 Methodische Anlage der Evaluationsstudie

Vor dem skizzierten Hintergrund der inhaltlichen Zielstellungen der GH III-Ausbildung und den damit verbundenen Annahmen über individuelle Lernprozesse wurden im Rahmen der Evaluationsstudie Aspekte des Kompetenzerwerbs zum und durch Bürgerengagement im Kontext der GH III-Ausbildung empirisch untersucht. Grundlage dafür bilden zwei sich wechselseitig ergänzende methodische Zugangsweisen: eine quantitative Teilstudie und eine qualitative Teilstudie.

4.1 Quantitative Teilstudie

Die quantitative Teilstudie wurde im Zeitraum von Mitte Oktober bis Mitte November 2007 als schriftliche Befragung von Absolventen der GH III-Ausbildungen in Form einer standardisierten Online-Befragung durchgeführt. Befragt wurden alle Jugendlichen, die in den Jahren 2003 bis 2006 an der GH III-Ausbildung teilgenommen hatten. Zur Durchführung der Online-Befragung wurden zunächst die Adressen aller Teilnehmer über die jeweiligen Leiter der einzelnen Ausbildungsmaßnahmen im festgelegten Zeitraum ermittelt. Nach Abzug ungültiger Adressen konnten auf diese Weise insgesamt 434 Anschreiben an GH III-Absolventen verschickt werden, in denen das Anliegen der Untersuchung dargestellt, auf die Anonymisierung der Daten hingewiesen und zur Teilnahme an der Online-Befragung aufgefordert wurde. Die Ausschöpfungsquote der Netto-Stichprobe beträgt 27,2 Prozent (N=118).

Der Fragebogen bestand aus mehreren Themenkomplexen, die sich eng an den Forschungsfragen der Evaluation orientierten. Für die hier aufgeworfenen Fragestellungen nach dem Kompetenzerwerb und dem Transfer von Kompetenzen sind insbesondere zwei Fragekomplexe von Bedeutung:

(1) Es wurden Aufgaben, Funktionen und Ämter des bürgerschaftlichen Engagements der GH III-Absolventen vor und nach der Ausbildung erfragt. Die Antwortvorgaben umfassten dabei den formellen und informellen sportlichen Partizipationsbereich (z.B. Mannschaftsführer, Gruppenhelfer, Mitarbeit bei der Planung und Durchführung von Trainingseinheiten), den formellen und infor-

mellen außersportlichen Partizipationsbereich (Organisation von Vereinsveranstaltungen, Mitarbeit im Kinder- und Jugendausschuss, Mitarbeit im Vereinsvorstand etc.) und den Partizipationsbereich außerhalb des Sportvereins (Mitarbeit in einem anderen Jugendverband, Klassen oder Schülersprecher).

(2) Es wurden der individuelle Kompetenzerwerb in vier Kompetenzbereichen – Fachkompetenz, Sozialkompetenz Persönlichkeitskompetenz und Methodenkompetenz – und der Kompetenztransfer in außersportliche Kontexte erfragt. Die Frage lautete dabei: „Hast du im Rahmen der Aktivitäten im Sportverein Fähigkeiten in den folgenden Bereichen erworben (damit meinen wir sowohl das einfache Mitmachen als auch die Übernahme von Aufgaben, Tätigkeiten und Funktionen im Sportverein)?" Die Antworten wurden dabei zweistufig erhoben. Im ersten Schritt sollten die GH III-Absolventen ankreuzen, ob sie die jeweiligen Kompetenzen nach eigener Einschätzung erlernt haben. Im positiven Fall sollten sie in einem zweiten Schritt angeben, ob sie diese Kompetenzen auch außerhalb des Vereins (z.B. in der Schule, im Studium, im Beruf oder im Privatleben) anwenden und nutzen können.

4.2 Qualitative Teilstudie

Die qualitative Erhebung wurde im Zeitraum von Juli bis August 2007 mit 18 Jugendlichen und jungen Erwachsenen (10 Jungen und 8 Mädchen) auf der Basis leitfadengestützer Interviews zur GH III-Ausbildung durchgeführt. Ziel war es, retrospektive Erzählungen über Erlebnisse und Begebenheiten von den Jugendlichen zu erhalten, in denen sie darüber berichten, wie sie auf informelle Weise im Rahmen ihres bürgerschaftlichen Engagements Kompetenzen und Fähigkeiten erworben haben.

Solche retrospektiven Erzählungen zeichnen sich dadurch aus, dass sie konkrete Ereignisse, Begebenheiten und Erinnerungen wiedergeben und somit auf der Ebene konkreter Handlungen verhaftet bleiben („x und y sind geschehen", „ich habe z gemacht"). Im Gegensatz zu so genannten subjektiven Theorien, die nachträgliche Interpretationen, Konstruktionen und Einschätzungen darstellen, eignen sich solche retrospektiven Erzählungen zur Erhebung tatsächlicher, vergangener Erlebnisse (vgl. z.B. Flick, 2009).

5   Transfer I: Zugangsmöglichkeiten zum bürgerschaftlichen Engagement

Das übergreifende Ziel der GH III-Ausbildung ist die Vorbereitung der Lehrgangsteilnehmer auf Aufgaben, Funktionen und Ämter, die im Sportverein wahrgenommen werden sollen und die den Absolventen die Möglichkeit der Mitbestimmung und Eigenständigkeit im Verein ermöglichen.

(1) Die Auswertung der quantitativen Daten zum Engagementstatus der Jugendlichen zeigt, dass alle befragten GH III-Absolventen zum Befragungszeitpunkt eine Aufgabe, Funktion oder ein Amt im bzw. außerhalb des Sportvereins übernehmen. Fragt man die Jugendlichen, ob sie ihre Aufgaben, Funktionen und Ämter bereits vor oder nach der GH III-Ausbildung übernommen haben, wird ersichtlich, dass bei einem Großteil (61.0%) der Befragten eine Änderung des bürgerschaftlichen Engagements erfolgte und mindestens eine neue Aufgabe, Funktion oder ein Amt nach Absolvierung der GH III-Ausbildung übernommen wurde (vgl. **Fehler! Verweisquelle konnte nicht gefunden werden.**). Dies könnte dafür sprechen, dass die GH III-Ausbildung ihre Teilnehmer dazu anregt, in ihrer individuellen Engagementkarriere neue Wege zu beschreiten und sich intensiver bzw. auf eine andere Weise zu engagieren.

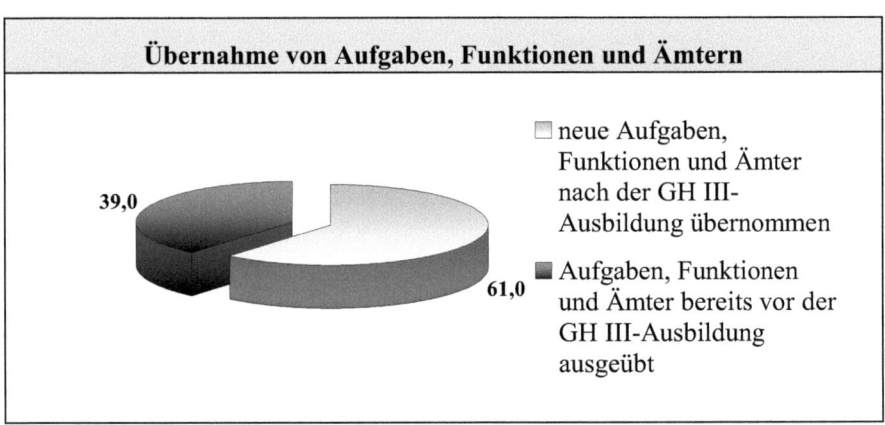

Abbildung 1:   Übernahme von Aufgaben, Funktionen und Ämtern vor bzw. nach der GH III-Ausbildung. Prozentwerte.

(2) Insgesamt zeigt sich eine deutliche Konzentration des Engagements auf den sportlichen Partizipationsbereich (vgl. dazu Abschnitt 4). Am häufigsten engagieren sich die GH III-Absolventen als Trainer/Gruppenhelfer/Übungsleiter. Fast

90 Prozent der GH III-Absolventen sind in diesem Kontext engagiert, wobei 71.2% bereits vor der GH III-Ausbildung und 17.8% nach der GH III-Ausbildung tätig wurden. Zudem übernehmen sie relativ oft auch helfende Aufgaben in Sportgruppen (61.9% vor GH III/ 8.5% nach GH III), sind für die selbständige Planung und Durchführung von Trainingsstunden verantwortlich (44.1%/ 21.2 %) und/oder betreuen junge Sportler bei Wettkämpfen oder Freizeitangeboten (35.6%/ 16.1%).

Vergleichsweise seltener werden Aufgaben, Funktionen und Ämter in außersportlichen Partizipationsbereichen übernommen. Zwar übernehmen immerhin noch rund drei von fünf Jugendlichen Aufgaben bei der Durchführung von Veranstaltungen (39.8%/ 22.0%). Andere Tätigkeiten im außersportlichen Bereich werden jedoch von weit weniger als der Hälfte der befragten GH III-Absolventen ausgeführt. Nennenswert sind hier noch die Mitarbeit in Planungsgruppen zur Durchführung von Ferienzeiten, Ausflügen etc. (18.6%/ 18.6%), die Teilnahme und der Gebrauch des Stimmrechts in Sitzungen des Gesamtvorstandes (12.7%/ 16.1%) und die Mitgliedschaft im Kinder- und Jugendausschuss (13.6%/ 14.4%).

Außerhalb des organisierten Sports engagieren sich jeweils rund ein Viertel der Jugendlichen, z.B. in einem anderen Jugendverband (18.6%/ 5.9%) oder in der Schule als Klassensprecher oder Schülersprecher (18.6%/ 3.4%). Es kann zusammengefasst werden, dass für die Jugendlichen ein inhaltlicher Zusammenhang ihres Engagements im Sportverein mit sportpraktischen Inhalten besonders wichtig zu sein scheint. Daneben zeigt sich – quantitativ gesehen allerdings in deutlich abgeschwächter Form – ein relativ hohes Interesse an der Partizipation in außersportlichen Bereichen.

(3) Die Ergebnisse der qualitativen Interviews zeigen ebenfalls, dass sich die Jugendlichen nach der GH III-Ausbildung oft selbständig neue Aufgaben und Tätigkeiten suchen und erschließen. Hierbei können sie auf die in der GH III-Ausbildung erworbenen Kompetenzen zurückgreifen.

„Dieses Projekt, dieses ‚Partizipation von Kindern' wurde bei mir auf der GH III gemacht. Und ein halbes Jahr später haben wir dazu auch noch mal ein Landesjugendforum gemacht, wo auch andere bei mir aus der Bezirksjugend waren. Und mit dem Wissen haben wir dann auch unser nächstes Kinderwochenende, was bei uns halt im November ist, gestaltet. Ich habe meine GH III im November kurz nach unserem Kinderwochenende, danach hatten wir alle zusammen noch mal dieses Forum, wo zum gleichen Thema gearbeitet wurde. Und das haben wir dann natürlich versucht darauf das Jahr im November einfließen zu lassen in das Kinderwochenende" (Interview: B).

Nur selten kommt es dabei allerdings – wie im ersten der folgenden Interview-beispiele – vor, dass die Jugendlichen von anderen Vereinsmitgliedern angesprochen und gebeten werden, sich stärker im Verein zu engagieren. Dieses Desinteresse der Vereine an einer Mitarbeit der Jugendlichen scheint ein Grund dafür zu sein, warum sich einige der Befragten GH III-Absolventen keine neuen Aufgaben erarbeiten konnten:

> *„Also das Erste was ich gemacht hab war, ich hab an den ersten Vorsitzenden geschrieben und hab gesagt: ‚Ich würde gerne mal unsere Jugendordnung sehen. Antwort war: ‚Wir haben keine.' War ein bisschen komisch. Man ist ja nach `nem Lehrgang immer ganz motiviert. Man will ja alles verändern. Aber war dann nicht. Der Jugendwart hat mich und die andere Teilnehmerin des Lehrgangs dann angesprochen, ob wir ihm denn nicht ein bisschen helfen wollen“ (Interview: N).*

> *„Ja, wir haben zum Beispiel mal so'n Bild aus der Zeitung gesehen, da war so'n Vereinsvorstand abgebildet, halt auch mit Jugendsprecher und Frauenbeauftragtem. Der Frauenbeauftragte war ein Mann und der Jugendsprecher der war 70. Ein bisschen hat mich das an meinen Fall erinnert, dass irgendwie keiner da ist, der's machen will. Und von daher habe ich auch so den Entschluss gefasst, dass man bei uns im Verein viel mehr tun könnte. Nur es war ein bisschen schade, dass ich danach, obwohl ich diese Ausbildung gemacht habe, nicht gefragt wurde, ob ich diesen Job übernehmen würde, sondern dass jemand anders gefragt wurde, der eigentlich gar keine Ahnung davon hat. Ja das ist halt ein bisschen schlecht gelaufen.“ (Interview: D).*

(4) Insgesamt lässt sich also festhalten, dass eine Mehrzahl der GH III-Absolventen nach der Ausbildung neue Aufgaben und Funktionen im organisierten Sport übernimmt bzw. diese ausweitet. Hierfür können die Jugendlichen die in der GH III-Ausbildung vermittelten Inhalte anwenden. Allerdings werden sie hierbei nur sehr wenig von ihren Vereinen unterstützt. Oder anders formuliert: Die Sportvereine greifen nicht aktiv auf die ihnen zur Verfügung stehenden, spezifisch qualifizierten und engagementinteressierten Jugendlichen zurück.

6   Informelles Lernen im Rahmen des bürgerschaftlichen Engagements

Im folgenden Abschnitt soll dargestellt werden, inwieweit die befragten GH III-Absolventen auch im Rahmen des bürgerschaftlichen Engagements – auf informelle Weise – neue Kompetenzen hinzugewinnen konnten.

(1) Hierfür liefern zunächst die Ergebnisse der quantitativen Teilstudie erste Hinweise. Schlüsselt man die Ergebnisse nach gängigen Kompetenzbereichen (Fachkompetenz, Sozialkompetenz, Persönlichkeitskompetenz und Methoden-

kompetenz) auf, so ergibt sich die in Tabelle 1 dargestellte Reihenfolge. Es zeigen sich in allen Kompetenzbereichen bemerkenswerte Ergebnisse.

Hervorzuheben ist, dass – mit Ausnahme der sehr spezifischen Fachkompetenzen „Protokolle/ Anträge auf Zuschüsse schreiben", „technisches Wissen und Wissen über Computer und EDV" – alle abgefragten Kompetenzen nach eigenen Angaben der Jugendlichen von jeweils mehr als 40% erworben bzw. verbessert wurden.

(2) Mit Hilfe der qualitativen Daten können darüber hinaus Aussagen darüber gemacht werden, wie und in welchen Sozialzusammenhängen die Jugendlichen im Rahmen ihrer Aufgaben und Tätigkeiten in Sportvereinen Inhalte auf informelle Weise erlernen. Fast alle interviewten Jugendlichen berichten davon, sich im Rahmen ihrer Aufgaben und Tätigkeiten im Sportverein bereits einmal auf *selbstgesteuerte* Weise weitergebildet zu haben. Die häufigsten Methoden hierbei sind Recherchen im Internet, das Erwerben oder Ausleihen von Büchern zu bestimmten Themen sowie das Gespräch mit älteren und erfahrenen Vereinsmitgliedern, in denen sich die Jugendlichen Tipps und Hinweise für ihr Engagement holen:

> *„Also im Moment bin ich auch noch ein Buch am Lesen. Das heißt: ‚Wie bringe ich Kindern richtig schwimmen bei'. Das ist aber nur noch mal so für mich, so Wiederholung. Weil manchmal hat man doch Situationen, wo man auch nach 4 oder 5 Jahren, die ich das jetzt mache, nicht weiter weiß. Und da hab ich mir gedacht, liest du noch mal nach, ob da vielleicht was drinsteht" (Interview: C).*

> *„Ja, also gerade was die Pressearbeit anbelangt, habe ich am Anfang sehr viel Hilfe gebraucht, weil ich eben im Prinzip auch keine Ahnung davon hatte. Und da hab ich dann meistens direkt die Leute, an die es dann geht... Also du hast meistens einen von denen als direkten Ansprechpartner und die hab ich dann meistens gleich am Anfang angesprochen: ‚Hier ich hab dies und das, wie bring ich das jetzt in einen vernünftigen Satz oder wie wollt ihr das haben, damit ihr das überhaupt in ne Zeitung bringt' oder so, oder solche Sachen habe ich auf jeden Fall oft gemacht, gerade am Anfang, weil ich keine Ahnung davon hatte" (Interview: H).*

(3) Das Internet, Bücher und andere Publikationen nutzen die interviewten Jugendlichen hauptsächlich, um sich Inhalte zum Themengebiet Sport, d.h. Anregungen für Spiele, Trainings- und Übungseinheiten etc. anzueignen. Hilfestellung bei der Organisation von Veranstaltungen, der Gremienarbeit oder der Vertretung von Interessen im Sportverein holen sich die Jugendlichen – nach den vorliegenden Daten – eher von anderen Vereinsmitgliedern. Dies könnte damit zusammenhängen, dass zu diesen Themen bisher nur wenig Material zum Selbststudium angeboten wird.

Tabelle 1:   Rangfolge der Selbsteinschätzung zum Kompetenzerwerb.

Selbsteinschätzungen zum Kompetenzerwerb	Kompetenz erworben	
	N	%
Sozialkompetenz		
Teamfähigkeit	101	87.8
Meinungsäußerung und Durchsetzungsvermögen	86	74.8
Umgang mit Konflikten	82	71.3
Selbstbewusstsein	81	70.4
Empathie	75	65.2
Umgang mit Kritik	69	60.0
Geduld	57	49.6
Persönlichkeitskompetenz		
Verantwortungsübernahme	97	84.3
Selbständigkeit	86	74.8
Offenheit für neue Dinge	80	69.6
Durchhaltevermögen	74	64.3
Belastbarkeit	70	60.9
Flexibilität	70	60.9
Zuverlässigkeit	57	49.6
Methodenkompetenz		
Umgang mit anderen Menschen	99	86.1
Kommunikationsfähigkeit	92	80.0
Organisationsfähigkeit	91	79.1
Sprechen vor Gruppen	90	78.3
Bedürfnisse anderer Interessengruppen berücksichtigen	79	68.7
sprachliche Ausdrucksfähigkeit	49	42.6
Fachkompetenzen		
Funktionieren eines Vereins	98	85.2
sportartspezifisches Wissen	97	84.3
Öffentlichkeitsarbeit	63	54.8
Einblicke in gesellschaftliche Probleme	58	50.4
Einblicke in politische Themen	49	42.6
Protokolle /Anträge auf Zuschüsse schreiben	33	28.7
technisches Wissen	21	18.3
Wissen über Computer oder EDV	13	11.3

In den Interviews berichten die Befragten darüber hinaus von einer Vielzahl inzidenteller Lernprozesse, durch die sie vor allen Dingen persönliche und soziale Kompetenzen, wie z.b. Selbstbewusstsein, Durchsetzungsfähigkeit oder Erfahrung im Umgang mit anderen Menschen, erwerben.

> *„Mit dem Lauf der Zeit bin ich ruhiger geworden. Wenn die Jungs versucht haben, ihre Grenzen auszutesten, wusste ich auch besser damit umzugehen und hab mich nicht so leicht aus der Bahn werfen lassen. Mit der Zeit ging das besser. Hinterher fand ich es auch schade, dass ich nach Amerika gehen musste und die AG abgeben musste für ein Jahr. Das hab ich auch von denen gehört, dass die das schade fanden. Man wächst da ja ein bisschen mehr zusammen mit der Zeit, wenn man sich besser kennen lernt. Und dann auch während der Schulzeit sieht man sich auf dem Schulhof und nach einer Zeit kommen sie auch dann auf dich zu und sagen: „Hallo." Und reden mit dir fünf Minuten in der Pause. Das passiert dann auch" (Interview: R).*

> *„Ja, ich würd' sagen, das Selbstbewusstsein hat sich schon oder stärkt sich schon. Wenn man im Verein ist und höhere Positionen ausübt, dann ist das einfach so. Ich mein, ich kann's von mir selber sagen, ich war früher überhaupt nicht selbstbewusst, da haben meine Eltern gesagt: ‚Mensch Kind, mach doch endlich mal deinen Mund auf'. Ja und heutzutage mach ich den Mund manchmal viel zu weit auf. Deswegen kann ich auch von mir selber sagen, dass so Vereinsarbeit schon viel bringt" (Interview: C).*

(4) Die Ergebnisse der qualitativen Studie zeigen also, dass die befragten Jugendlichen auf informelle Weise im Rahmen ihrer Aufgaben und Funktionen für den Sportverein neue Kompetenzen erwerben. Dieses informelle Lernen kann auf der Grundlage der vorliegenden Daten zwar nicht als direkte Folge der GH III-Ausbildung interpretiert werden. Es kann aber vermutet werden, dass die Erfahrungen der Ausbildung und die in deren Folge ausgeübten Aufgaben, Funktionen und Ämter im Sportverein die Möglichkeiten und Chancen in besonderer Weise beeinflussen, neue Inhalte und Fähigkeiten hinzuzugewinnen,.

7 Individueller Kompetenztransfer in die Außenwelt

In einem letzten Untersuchungsschritt wurde der Frage nachgegangen, inwieweit die erworbenen Kompetenzen der GH III-Absolventen auch in sozialen Kontexten außerhalb des bürgerschaftlichen Engagements, bspw. in der Schule oder im Beruf, angewendet werden können.

(1) Die Auswertung der quantitativen Teilstudie lässt sich wie folgt bilanzieren: Haben die Jugendlichen den Eindruck, eine Kompetenz im bürgerschaft-

lichen Engagement erworben oder verbessert zu haben, so sehen sie hierfür nicht nur den Sport als Anwendungsfeld. Vielmehr bekräftigen sie, dass sie von den Kompetenzen in der Regel auch außerhalb des Sportvereins – sei es in der Schule, im Studium, im Beruf oder im Privatleben – profitieren können (vgl. Tab. 2). Obgleich nahezu alle Kompetenzen in beachtlichem Maße auch in anderen Kontexten angewendet werden können, trifft dies auf die beiden Fachkompetenzen „Funktionieren eines Vereins" und „sportartspezifisches Wissen" nicht im gleichen Ausmaß zu. Anscheinend sind diese zu speziell auf den Handlungskontext des Sportvereins bezogen und können deshalb nicht in anderen sozialen Kontexten genutzt werden.

(2) Auch aus den Interviews mit den GH III-Teilnehmern lässt sich ein Konpetenztransfer zwischen dem bürgerschaftlichen Engagement im Verein und anderen sozialen Kontexten herauslesen. Eine besondere Bedeutung hat dabei die Fähigkeit zur Präsentation von Inhalten. Nahezu die gesamte Untersuchungsgruppe berichtet davon, die in der GH III-Ausbildung vermittelten und im Sportverein erprobten Kompetenzen in der freien Rede bzw. der Darstellung von Inhalten auch in anderen Kontexten nutzen zu können. Ebenso häufig berichten die Interviewten von einer allgemeinen Veränderung ihres Auftretens hin zu mehr Selbstsicherheit.

Tabelle 2:   Rangfolge der Selbsteinschätzungen der Jugendlichen zu erworbenen bzw. verbesserten Kompetenzen und Transfer der Kompetenzen in außersportliche Handlungskontexte.

Kompetenzerwerb und -Transfer in die Außenwelt					
Team-fähigkeit	*erworben*	87.8	Komunikations-fähigkeit	*erworben*	80.0
	Transfer	85.8		*Transfer*	79.6
Umgang mit anderen Menschen	*erworben*	86.1	Organisations-fähigkeit	*erworben*	79.1
	Transfer	83.2		*Transfer*	77.9
Funktionieren eines Vereins	*erworben*	85.2	Sprechen vor Gruppen	*erworben*	78.3
	Transfer	57.5		*Transfer*	77.9
Verantwortungs-übernahme	*erworben*	84.3	Meinungsäußer-ung vor Gruppen	*erworben*	74.8
	Transfer	82.3		*Transfer*	70.8
Sportartspezifisches Wissen	*erworben*	84.3	Selbstständig-keit	*erworben*	74.8
	Transfer	67.3		*Transfer*	73.5

(3) Diese Fähigkeiten transferieren die Befragten hauptsächlich in Kontexte wie Schule, Berufsausbildung oder Studium, seltener auch in private Kontexte. Weniger häufig können fachliche Inhalte (z.B. sportbezogenes Wissen), Organisationsfähigkeiten und Erfahrungen in der Zusammenarbeit mit anderen (Teamfähigkeit) in anderen Bereichen eingesetzt werden.

> *„Ich mein, das ist jetzt vielleicht nicht alltägliche Arbeit, aber wir hatten letztens beispielsweise auf der Arbeit auch irgendwie so Präsentationstechniken oder so was und dann habe ich auch schon für mich selber gemerkt, dass diese ganze Arbeit auch im Verein da schon was gebracht hat, wie präsentier' ich das. Oder man steht halt viel öfter vor einer Gruppe als andere Leute vielleicht, die das nicht machen. Und das bringt schon sehr viel, klar, auch in der heutigen Zeit" (Interview: C).*

> *„Also ich hab so mehr Selbstsicherheit gewonnen. Also ich hab da noch andere Aufgaben übernommen, nicht nur im Verein, sondern auch in anderen Bereichen, zum Beispiel in der Schule oder so. Dass ich da auch jetzt meine Meinung sage. Das hab ich früher auch gemacht, aber irgendwie fühle ich mich jetzt darin bestärkt, dass meine Meinung vielleicht wichtig ist für andere Leute und dass auch Kinder und Jugendliche was sagen" (Interview: D).*

> *„Ich denke, man kann es ganz gut übertragen, wenn man irgendwie so ein zusammengewürfelter Haufen im Studium ist, der zusammen an irgendeiner Aufgabe sitzt und man vorher halt durch solche Lehrgänge oder so was, schon ein bisschen gelernt hat, im Team zu arbeiten und so 'n bisschen so 'n Team zu organisieren. Weil wenn zehn Leute aufeinander einreden, dann bringt das auch nichts und dass man konstruktiv die Leute einsetzt und in nem Team so 'n bisschen, einfach, ja, zu leiten im Prinzip, also ein bisschen so zu regeln, wie man im Team zusammenarbeitet" (Interview: H).*

8   Zusammenfassung

Bilanziert man die empirischen Befunde über die Gruppenhelfer III-Ausbildung unter den beiden Perspektiven des Kompetenzerwerbs zum und durch Bürgerengagement, dann sind zwei Ergebnisse zusammenfassend hervorzuheben:

(1) Der Mehrzahl der befragten Jugendlichen gelingt es, sich im Anschluss an die GH III-Ausbildung Zugänge zu neuen Feldern des bürgerschaftlichen Engagements zu erschließen und dabei die in der GH III-Ausbildung (weiter-) entwickelten Kompetenzen und Fähigkeiten zu nutzen. Allerdings engagieren sich die Jugendlichen mehrheitlich im sportlichen Partizipationsbereich. Ein Engagement in außersportlichen Partizipationsbereichen, auf die die GH III-Ausbildung eigentlich vorbereiten möchte, erfolgt vergleichsweise seltener.

(2) Darüber hinaus eignen sich die GH III-Absolventen – nach eigener Auskunft – auch auf informelle Weise eine Reihe von Kompetenzen an. Die Jugendlichen scheinen über selbstgesteuerte und inzidentelle Lernprozesse nicht nur
fachliche und persönliche Kompetenzen zu erwerben, die sie im Rahmen ihres
bürgerschaftlichen Engagements anwenden. Darüber hinaus können sie die erworbenen bzw. erweiterten Kompetenzen offenbar auch in andere soziale Kontexte, wie z.B. die Schule oder die Familie, transferieren.

Allerdings sind diese Aussagen mit methodischen Vorbehalten zu versehen,
insofern als der Aussagekraft der Studie methodische Grenzen gesetzt sind. So
ist bei der Interpretation der Daten zu beachten, dass die Konstruktion des Fragebogens nicht auf validierten Skalen beruht oder Effekte der ‚sozialen
Erwünschtheit' einen Einfluss auf das Antwortverhalten haben können. Bei der
qualitativen Studie sind Selektionseffekte nicht auszuschließen, so dass kritische
bzw. negative Einschätzungen der GH III-Ausbildung nicht in gleichem Maße
erfasst wurden wie positive Meinungen. Gleichwohl ist bei aller methodischen
Selbstkritik immer auch zu berücksichtigen, dass die Forschung zu diesem The-
menkomplex noch am Anfang steht.

Literatur

Baur, J. & Braun, S. (2000). Über das Pädagogische einer Jugendarbeit im Sport. *deutsche
        jugend. Zeitschrift für die Jugendarbeit, 48,* 378-386.
Baur, J. & Burrmann, U. (2003). Engagierte oder desengagierte Sportvereinsjugend?
        Vereinspolitische Partizipation und freiwilliges Engagement von Jugendlichen in
        Sportvereinen. In J. Baur & S. Braun (Hrsg.), *Integrationsleistungen von Sportver-
        einen als Freiwilligenorganisationen* (S. 584-633). Aachen: Meyer & Meyer.
Braun, S. (2001). Bürgerschaftliches Engagement – Konjunktur und Ambivalenz einer
        gesellschaftspolitischen Debatte. *Leviathan. Zeitschrift für Sozialwissenschaft, 29,*
        83-109.
Braun, S. (2002). Das soziale Kapital in Deutschland und die Jugendarbeit in Sportverei-
        nen. Anmerkungen zu einem endlosen Legitimationsdiskurs über die „Sozialstation"
        Sportverein. *deutsche jugend. Zeitschrift für die Jugendarbeit, 50,* 170-176.
Braun, S. (2003). Freiwillige Vereinigungen zwischen Staat, Markt und Privatsphäre.
        Konzepte, Kontroversen und Perspektiven. In J. Baur & S. Braun (Hrsg.), *Integrati-
        onsleistungen von Sportvereinen als Freiwilligenorganisationen* (S. 43-87). Aachen:
        Meyer & Meyer
Braun, S. & Baur, J. (2000). Zwischen Legitimität und Illegitimität – Zur Jugendarbeit in
        Sportorganisationen. *Spectrum der Sportwissenschaften, 12,* 53-69.
Cseh, M., Watkins, K. E. & Marsick, V. J. (2000). Informal and Incidental Learning in the
        Workplace. In G. Straka (Hrsg.), *Conceptions of self-directed learning: theoretical
        and conceptional considerations* (S. 59–74). Münster. New York: Waxmann.

Flick, U. (2009). *Qualitative Sozialforschung: Eine Einführung* (vollst. überarbeitete und erw. Neuausg., 2. Aufl., Bd. 55694). (Rororo Rowohlts Enzyklopädie, 55694). Reinbek bei Hamburg: Rowohlt-Taschenbuch-Verlag.

Hansen, S. (2008a). *Lernen durch freiwilliges Engagement in Vereinen: Eine empirische Studie zu Lernprozessen in Vereinen* (1. Aufl.). (VS Research). Wiesbaden: VS Verl. für Sozialwissenschaften.

Hansen, S. (2008b). Was lernt man im Sportverein. Empirische Ergebnisse zum Kompetenzerwerb in Sportvereinen. *Sport und Gesellschaft,* 5 (2), 178–205.

Lorenz, N. (2004). *Optimierung von Lernen und Lerntransfer durch Selbstorganisation.* Landau: Empirische Pädagogik.

Seel, N. (2003). *Psychologie des Lernens.* München: Ernst Reinhardt.

Sportjugend NRW (o.J.). *Perspektiven Schaffen - Chancen Sichern. Konzeption der Gruppenhelferinnen- und Gruppenhelferausbildung.* Duisburg: Sportjugend NRW.

Watkins, K. E. & Marsick, V. J. (1992). Towards a Theory of Informal and Incidental Learning in Organisations. *International Journal of Lifelong Education,* 11 (4), 287-300.

Weinert, F. E. (1982). Selbstgesteuertes Lernen als Voraussetzung, Methode und Ziel des Unterrichts. *Unterrichtswissenschaft,* (2), 99-110.

Witthaus, U., Wittwer, W. & Espe, C. (Hrsg.). (2003). *Selbst gesteuertes Lernen. Theoretische und praktische Zugänge.* Bielefeld: Bertelsmann.

Formelle Bildung im Kinder- und Jugendsport – Evaluation des Förderkonzepts „Psychosoziale Ressourcen im Sport"

Ralf Sygusch & Christian Herrmann

1 Einleitung

Kinder- und Jugendsport werden vielfach Sozialisations-, Erziehungs- oder Bildungspotenziale zugeschrieben, die neben körperlich-motorischen Kompetenzen auch psychosoziale Merkmale der Persönlichkeitsentwicklung umfassen (u.a. Brettschneider & Kleine, 2002; Schmidt, Hartmann-Tews & Brettschneider, 2003; Schmidt, 2008). Im zwölften Kinder- und Jugendbericht wird Sport „(…) eine maßgebliche Bildungswirksamkeit zugesprochen, die zunächst die unmittelbar körperbezogenen Kompetenzen (Körpererfahrung, -ästhetik, -ausdruck), aber auch nicht unmittelbar sportbezogene Kompetenzen im sozialen, politischen und kognitiven Bereich einschließt (Teamfähigkeit, Selbstvertrauen, Selbstorganisation, Verantwortungsfähigkeit)" (BMFSF, 2005, S. 376).

In der Jugendsportdebatte der letzten 20 Jahre entsteht bisweilen der Eindruck, dass solche theoretisch begründeten, bislang aber nur ansatzweise belegten Potenziale des Kinder- und Jugendsports zu expliziten Normen „gereift" sind (Sygusch, Brandl-Bredenbeck & Burrmann, 2009). Ihren Ausgangspunkt findet die normative Akzentuierung „Sport soll Persönlichkeitsentwicklung stärken!" im Ersten Deutschen Kinder- und Jugendsportbericht: „Um das pädagogische und soziale Potenzial, das im Sport steckt, (...) zu erschließen und zu nutzen, sind gezielte Interventionsprogramme nötig, die systematisch ausgewertet werden müssen" (Schmidt et al., 2003, S. 409). Mit dieser Forderung verbindet sich der Anspruch, Inhalte und Ziele sportlicher Jugendarbeit normativ zu begründen und mit ausgewählten Methoden intentional anzustreben.

Die Potenziale und die normative Akzentuierung des Sports werden in der jüngeren Zeit zunehmend im Kontext der Bildungsdiskussion reflektiert (u.a. Deutsche Sportjugend, 2009; Krüger & Emrich, 2009; Schmidt, 2008). Im Hinblick auf den organisierten Kinder- und Jugendsport sind es insbesondere Heim (2008) und Neuber (2009), die um die theoretische Fundierung dieser Bildungsdiskussion bemüht sind.

In seinem Beitrag „Bewegung, Spiel und Sport im Kontext von Bildung" beschreibt Heim (2008, S. 21-42) den Sportverein als non-formales Bildungssetting, in dem formelle und informelle Bildungsprozesse ablaufen. Danach beziehen sich formelle Bildungsprozesse z.B. auf das sportliche Training mit zielgerichteter didaktisch-methodischer Aufbereitung. Informelle Bildungsprozesse beziehen sich z.B. auf Ausflüge oder das Zusammensein vor und nach dem Training mit ungeplanten, beiläufigen und nicht institutionell organisierten Gelegenheiten des Selbstlernens (Heim, 2008, Golenia & Neuber i.d.B; Rauschenbach et al., 2004). Im Hinblick auf die Bildsamkeit körperlich-motorischer Kompetenzen und psychosozialer Ressourcen wird zumindest implizit eine Trennung zwischen formellen Bildungsprozessen und informellen Bildungsprozessen vorgenommen. Danach entfalten sich körperlich-motorische Kompetenzen (u.a. Fähigkeiten, Fertigkeiten) in formellen Bildungsprozessen, psychosoziale Ressourcen (u.a. Teamfähigkeit, Selbstbewusstsein) entfalten sich in informellen Bildungsprozessen (Heim, 2008; Neuber, 2009).

Mit dem Förderkonzept „Psychosoziale Ressourcen im Sport" (Sygusch, 2007; Herrmann & Sygusch, 2009 a/b) liegt ein Ansatz vor, der den Anspruch „Sport soll Persönlichkeitsentwicklung stärken" annimmt und versucht, neben der körperlich-motorischen auch die psychosoziale Persönlichkeitsentwicklung formellen Bildungsprozessen im Kinder- und Jugendsport zugänglich zu machen. Grundlage dieses Ansatzes ist ein Sportverständnis, das neben motorischen Kompetenzen (Fähigkeiten, Fertigkeiten) auch psychosoziale Ressourcen (u.a. Selbstbewusstsein, Kooperationsfähigkeit oder emotionale Stabilität) als Voraussetzungen der sportlichen Handlungs- und Leistungsfähigkeit einschließt. In diesem Sinne werden psychosoziale Ressourcen als integraler Bestandteil des Trainings- und Wettkampfalltags aufgefasst. Kinder- und Jugendtraining – also formelle Bildungsprozesse im non-formalen Setting Sportverein – bezieht in dieser Perspektive die zielgerichtete didaktisch-methodisch aufbereitete Stärkung von psychosozialen Ressourcen explizit ein.

Im vorliegenden Beitrag wird zunächst das Förderkonzept „Psychosoziale Ressourcen im Sport" vorgestellt (Kap. 2). Im Weiteren geht es um die Frage, ob das Förderkonzept im Trainings- und Wettkampfalltag umsetzbar und wirksam ist. Dazu werden die Evaluationsstudie PRimus (Kap. 3) sowie vorliegende Ergebnisse (Kap. 4) dargelegt.

2   Förderkonzept „Psychosoziale Ressourcen im Sport"

Das Förderkonzept „Psychosoziale Ressourcen im Sport" versteht sich vorrangig als Beitrag zur Entwicklung der sportlichen Handlungs- und Leistungsfähigkeit *im Sport*, nachrangig als Beitrag zur allgemeinen Persönlichkeitsentwicklung von Jugendlichen *durch Sport*. Dieses Selbstverständnis geht davon aus, dass eine systematische Förderung psychosozialer Ressourcen an Anforderungen ansetzt, die *im Sport* von zentraler Bedeutung sind; d.h. es sollten Ressourcen gefördert werden, die zur Bewältigung sportartspezifischer Anforderungen bedeutsam sind; und es sollten Methoden angewandt werden, die einen sportartspezifischen Bezug aufweisen. Erst mit der Stärkung sportartnaher Ressourcen können Transfereffekte auf übergreifende Ressourcen – in der Sprache des Kinder und Jugendberichts: „nicht unmittelbar sportbezogene Kompetenzen" (BMFSF, 2005, S. 376) – und deren Nutzung im Alltag erwartet werden.

Angelehnt an diese Grundidee werden Ressourcen ausgewählt (*Was* soll gefördert werden?), Kernziele begründet (*Wohin* soll gefördert werden?) und Methoden abgeleitet (*Wie* soll gefördert werden?).

2.1 Was: Auswahl psychosozialer Ressourcen

Diese Auswahl erfolgt aus drei Perspektiven: Aus sportwissenschaftlicher Sicht (u.a. Sportpädagogik, Sportpsychologie, sportbezogene Jugendforschung), aus Sicht verschiedener Anspruchsgruppen (u.a. im Sport Handelnde, Staat [KJHG], Jugendsportverbände) und aus Sicht der Sportarten (Anforderungsstrukturen, Talentförderung der Fachverbände). Im „Überschneidungsbereich" dieser Perspektiven geht es im Wesentlichen um fünf Ressourcen: Selbstwirksamkeit, Selbstkonzept, sozialer Rückhalt, Gruppenzusammenhalt und soziale Kompetenzen. Diese werden als Basisressourcen – in Abgrenzung zu Erfolgsressourcen (z.B. Leistungsmotivation, Konzentrationsfähigkeit) und Krisenressourcen (z.B. Stressbewältigung) – aufgefasst, um grundlegende sportliche Anforderungen (Training und Wettkampf, Handeln in der Trainingsgruppe, sportliche Begleitsituationen etc.) zu bewältigen und damit zur Entwicklung der sportlichen Handlungs- und Leistungsfähigkeit beizutragen (ausführlich Sygusch, 2007, S. 31-52).

2.2 Wohin: Kernziele zur Förderung psychosozialer Ressourcen

Das Rahmenkonzept begründet – angelehnt an theoretische Modelle der ausgewählten Ressourcen – Kernziele, die sich auf sportnahe Aspekte der jeweiligen Ressourcen beziehen und für die ein Einfluss auf die sportliche Handlungs- und Leistungsfähigkeit angenommen und z.T. empirisch belegt ist (ausführlich Sygusch, 2007, S. 53-94). Danach geht es z.B. weniger um das allgemeine Selbstkonzept, sondern vielmehr um die Stärkung des Selbstkonzepts der körper-

lichen Leistungsfähigkeit („Ich habe gute sportliche Fähigkeiten."); weniger um allgemeinen Gruppenzusammenhalt, sondern vielmehr um den Aufgabenzusammenhalt der Trainingsgruppe („Wir versuchen gemeinsam, die angestrebten Ziele zu erreichen"). In diesem Sinne werden sechs Kernziele formuliert:
Beim Trainieren und Wettkämpfen soll …

1.   … die sportliche Selbstwirksamkeit des Einzelnen
2.   … das körperlich-sportliche Selbstkonzept des Einzelnen
3.   … die kollektive Selbstwirksamkeit der Trainingsgruppe
4.   … der Aufgabenzusammenhalt der Trainingsgruppe
5.   … die Aufgabenzugehörigkeit des Einzelnen sowie
6.   … die Kooperationsfähigkeit des Einzelnen gestärkt werden.

2.3   Wie: Methoden zur Förderung psychosozialer Ressourcen

Die methodische Gestaltung orientiert sich an Ansätzen zur Selbstkonzept- und Selbstwirksamkeitsentwicklung (u.a. Filipp, 1984; Schwarzer & Jerusalem, 2002) und zum sozialem Lernen (u.a. Balz, 2003; Pühse, 2004). Dabei bilden *Lehrende* (hier: Trainer) und *Lerngruppe* (hier: Trainingsgruppe) methodische Rahmenbedingungen. Kern der methodischen Gestaltung ist die eigentliche *Lernsituation* (hier: Training und Wettkampf) (Abb. 1).

2.3.1   Der Trainer als Vorbild und sportlicher Entwicklungshelfer

Sportliches Training, das um die motorische und psychosoziale Entwicklung von Kindern und Jugendlichen bemüht ist, setzt eine Grundhaltung der Trainer voraus, die als *sportliche Entwicklungshelfer* bezeichnet wird. Sportliche Entwicklungshelfer richten ihr Training darauf aus, Sportler in ihrer motorischen und psychosozialen Entwicklung zu begleiten, zu unterstützen und zu beraten. Eine solche Grundhaltung ist u.a. mit folgenden Prinzipien verknüpft (u.a. Barth & Baartz, 2004; Jerusalem & Klein-Heßling, 2002).

Sportliche Entwicklungshelfer …

▪   verstehen sich als fachlich-partnerschaftliche Berater und als Vorbilder;
▪   bringen jedem Sportler Aufmerksamkeit und Interesse entgegen und zeigen Anerkennung und Respekt vor erbrachten Leistungen;

- stellen weniger kurzfristige Ziele (z.B. Platzierungen) als vielmehr die langfristige motorische und psychosoziale Entwicklung in den Vordergrund;
- erkennen, akzeptieren und berücksichtigen entwicklungsbedingte Lernfortschritte und -rückschritte, Leistungsstagnation und -defizite.

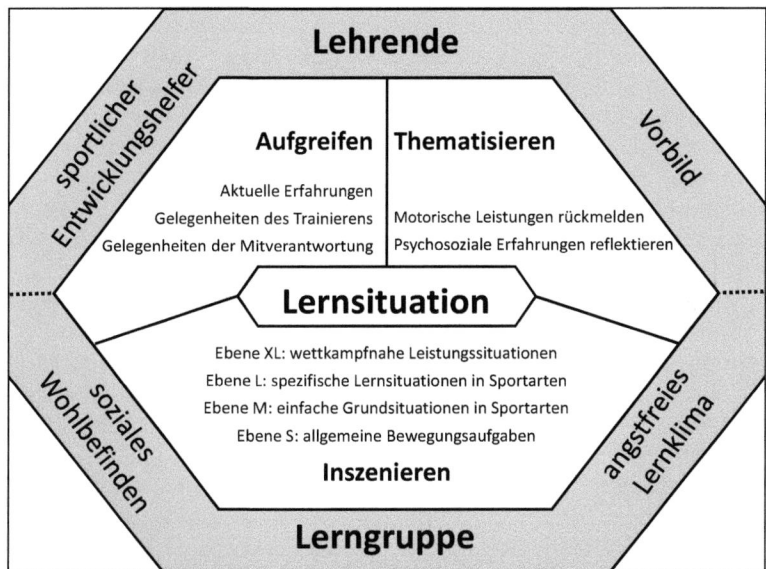

Abbildung 1:   Methodische Rahmenbedingungen und Lernsituationen.

2.3.2 Die Trainingsgruppe als lernförderlicher Rahmen

Soziales Wohlbefinden und ein *angstfreies Lernklima* in der Trainingsgruppe können dem einzelnen Sportler Sicherheit und Vertrauen vermitteln. Aus diesem Grund ist ein positives soziales Klima für die motorische und psychosoziale Entwicklung von großer Bedeutung (u.a. Aebli, 1997; Jerusalem & Klein-Heßling, 2002). Soziales Wohlbefinden ist gekennzeichnet durch die Akzeptanz und Zugehörigkeit zur Lerngruppe, ein angstfreies Lernklima durch eine Atmosphäre, in der sich der Einzelne mit seinen Stärken und Schwächen und ohne Angst vor Fehlern in Gruppen- und Trainingsprozesse einbringen kann.

2.3.3 Lernsituationen im Training aufgreifen, inszenieren und thematisieren

Hinter den methodischen Maßnahmen *Aufgreifen*, *Inszenieren* und *Thematisieren* steht die Grundidee, dass sich die Entwicklung psychosozialer Ressourcen am ehesten in handelnder Auseinandersetzung mit realen Anforderungssituationen vollzieht, Situationen also, die sportliche Anforderungen enthalten, zu deren Lösung die Sportler befähigt werden sollen (u.a. Pühse, 2004). Mit diesem Anspruch verbindet sich die Aufgabe der Trainer, solche Situationen in Training und Wettkampf *aufzugreifen*, zu *inszenieren* und zu *thematisieren* (Abb. 1).

Mit *Aufgreifen* ist gemeint, vorliegende Trainings- und Wettkampfsituationen zu nutzen, um psychosoziale Lernprozesse gezielt anzustoßen. Aufgreifen bezieht sich auf *aktuelle Erfahrungen* (z.B. Rituale, Konflikte, Sieg und Niederlage), auf *Gelegenheiten des Trainierens* (z.B. Vormachen lassen, Nahziele schaffen) sowie auf *Gelegenheiten der Mitverantwortung* (z.B. gemeinsam Regeln aufstellen, an inhaltlichen Entscheidungen beteiligen) (u.a. Balz, 2003).

Inszenieren meint die Gestaltung von Situationen, in denen psychosoziale Anforderungen betont und damit gezielt psychosoziale Erfahrungen hergestellt werden. Die Inszenierung von Lernsituationen ist auf vier Gestaltungsebenen angelegt (Abb. 1), die einen zunehmenden Bezug zu sportartspezifischen Inhalten haben: Allgemeine Bewegungsaufgaben *(Sportart S)*, Aufgaben mit sportartspezifischen Charakter *(Sportart M)*, sportartspezifische Lernsituationen *(Sportart L)*, sportartspezifische Wettkampf- und Leistungssituationen *(Sportart XL)*. Sportart L ist die zentrale Gestaltungsebene, da psychosoziale Ressourcen hier im unmittelbaren Kontext der Vermittlung sportartspezifischer motorischer Fähigkeiten und Fertigkeiten angesprochen werden.

Beispiel „Gegenseitig coachen": Die Sportler üben in 3er-Gruppen eine zuvor eingeführte technische Fertigkeit, z.B. Dribbling mit Finten. Zwei Spieler üben, ein dritter Spieler coacht. Er beobachtet, gibt Hinweise und Rückmeldungen. Im Gruppengespräch mit allen Aktiven werden typische Stärken und Fehlerbilder besprochen und vom moderierenden Trainer zusammengefasst.

Thematisieren meint die gezielte sprachliche Begleitung von aufgegriffenen und inszenierten Lernsituationen, um motorische Leistungen und psychosoziale Erfahrungen bewusst zu machen und für zukünftiges Handeln in Training und Wettkampf „aufzubereiten" (u.a. Aebli, 1997; Jerusalem & Klein-Heßling, 2002; Pühse, 2004). Dabei wird unterschieden zwischen *Rückmelden von motorischen Leistungen* und *Reflektieren von psychosozialen Erfahrungen*.

Für die Anwendung des Förderkonzepts gilt folgendes Prinzip: Zur Herstellung der methodischen Rahmenbedingungen und zur Umsetzung der methodischen Maßnahmen liegen Entscheidungen über Auswahl, Zeitpunkt und Häufigkeit bei den Trainern. Die Umsetzung orientiert sich an Voraussetzungen der

Trainer (u.a. Ausbildung), der Trainingsgruppe (u.a. Leistungsstand, Alter) sowie am Verlauf des Trainings- und Wettkampfalltags (u.a. motorische Trainingsschwerpunkte). In diesem Sinne verfolgt das Förderkonzept den Anspruch, keine Rezepte, sondern Orientierungspunkte anzubieten, nach denen die Trainer ihr „psychosoziales Trainingskonzept" entwickeln.

Die Deutsche Sportjugend (dsj) hat dieses Konzept unter dem Titel „Persönlichkeits- und Teamentwicklung im Kinder- und Jugendsport" (Deutsche Sportjugend, 2005) übernommen und die Entwicklung von Transferkonzepten u.a. im Handball (Deutsche Handballjugend, 2006) und im Gerätturnen (Deutsche Turnerjugend, 2005) unterstützt. Der Evaluationsstudie PRimus liegen die Transferkonzepte im Gerätturnen und Handball zu Grunde.

3   Evaluationsstudie PRimus

Im Rahmen der Evaluationsstudie PRimus[1] (_P_sychosoziale _R_essourcen _im_ _Ju_-gend_s_port) wurde eine siebenmonatige Intervention im Trainings- und Wettkampfalltag in den Sportarten Gerätturnen und Handball durchgeführt. Angelehnt an das Rahmenkonzept zur Evaluation von Interventionsmaßnahmen (Mittag & Hager, 2000) erfolgte eine _Evaluation der Programmdurchführung_ und _der Programmwirksamkeit_ (ausführlich Sygusch & Herrmann, 2009 und i.V.), in der folgenden Fragen untersucht wurden:
Evaluation der Programmdurchführung:

1. Liegen die methodischen Rahmenbedingungen zu Trainern und zur Trainingsgruppe im Interventionsverlauf vor?
2. Wurden die methodischen Maßnahmen zum Aufgreifen, Inszenieren und Thematisieren im Interventionsverlauf von den Trainern häufig und richtig umgesetzt (Grad der Umsetzung)?

Evaluation der Programmwirksamkeit:

1. Wie entwickeln sich die psychosozialen Ressourcen (Kernziele) im Interventionsverlauf aus Sicht der Trainer?

---

[1] Die PRimus-Studie wurde in Zusammenarbeit mit der Deutschen Sportjugend realisiert und aus Mitteln des Bundesministeriums für Familie, Senioren, Frauen und Jugend (BMFSFJ) finanziert.

3.1 Intervention - Implementation in den Trainings- und Wettkampfalltag

Die Trainer und die Trainingsgruppen wurden in Kooperation mit den beteiligten Sportverbänden (insbesondere Deutsche Sportjugend, Deutsche Turnerjugend, Bayerischer Handballverband) akquiriert. Zur Vorbereitung und Begleitung der Intervention erhielten die Trainer die Handreichung („Persönlichkeits- und Teamentwicklung im Gerätturnen [bzw. Handball]"), nahmen an einem Vorbereitungs- und einem Aufbauworkshop teil und erhielten monatliche Newsletter. Der siebenmonatige Interventionszeitraum war in zwei Phasen gegliedert, denen im Rahmen einer empfohlenen Trainingsgrobplanung einzelne Trainingsschwerpunkte zugeordnet wurden. Z.B. ging es in der ersten Interventionsphase um die Stärkung der methodischen Rahmenbedingungen (u.a. Trainer als Entwicklungshelfer), um das Aufgreifen von Gelegenheiten der Mitverantwortung (u.a. Regeln aufstellen) sowie das Inszenieren von Lernsituationen (Sportart S, M und L). Auf der Basis dieser Begleitmaßnahmen und der Trainingsgrobplanung sollten die Trainer ihre „psychosoziale Trainingsplanung" anlegen.

3.2 Datenerhebung und -auswertung

Die Untersuchung der *methodischen Rahmenbedingungen* (Frage 1) erfolgte im Rahmen einer quantitativen Sportlerbefragung mittels Fragebogen zu drei Messzeitpunkten (MZP); vor Beginn (t_1), in der Mitte (t_2) und unmittelbar nach der Intervention (t3).

Die *Grundhaltung der Trainer* wurde mit dem Fragebogen zum ‚Trainer- und Führungsverhalten im Sport' (Würth, Saborowski & Alfermann, 1999) mit den Subskalen ‚demokratisches Verhalten' (z.B. Mein Trainer fragt uns nach unserer Meinung zu Trainingsinhalten), ‚positives Feedback' (z.B. Mein Trainer lobt Einzelne für ihre Leistung vor den anderen) und ‚soziale Unterstützung' (z.B. Mein Trainer hilft uns bei persönlichen Problemen) erfasst. Die *Trainings- und Wettkampfgruppe als lernförderlicher Rahmen* wurde mit der Skala ‚soziale Zugehörigkeit' (z.B. Ich mag die Atmosphäre in meiner Trainings- und Wettkampfgruppe. Ich fühle mich in meine Trainings- und Wettkampfgruppe eingebunden.) des Fragebogens zur ‚Gruppenkohäsion im Sport' (Schmidt, 2002) erfasst. Die Datenauswertung erfolgte für den Zeitvergleich t_1-t_2-t_3 mittels zweifaktorieller (Sportart, Zeit) Varianzanalysen mit Messwiederholung, für die Gruppenvergleiche zu einzelnen MZP wurden einfaktorielle (Sportart) Varianzanalysen gerechnet.

Die Untersuchung der *methodischen Maßnahmen* (Frage 2) und der *Entwicklung der psychosozialen Ressourcen (Kernziele)* (Frage 3) erfolgten im

Rahmen einer qualitativen Interviewstudie mit den Trainern[2] ebenfalls zu drei MZP; in der laufenden ersten bzw. zweiten Interventionsphase jeweils ca. sechs Wochen nach dem Vorbereitungs- (t_1) bzw. Aufbauworkshop (t_2) sowie nach Abschluss der Intervention (t_3). Dazu wurden aus dem Förderkonzept (Kap. 2) deduktiv Untersuchungskategorien abgeleitet, auf deren Basis die Durchführung leitfadengestützter Interviews sowie der Inhaltsanalyse erfolgte.

Kategorie (1) zielt auf die *Umsetzung der methodischen Maßnahmen* während beider Interventionsphasen (t_1, t_2). Erfasst wurden Traineraussagen zur Umsetzung der methodischen Maßnahmen zum Aufgreifen, Inszenieren und Thematisieren. *Beispielhafte Interviewleitfragen: Welche Aktionsformen der Ebenen Sportart S bis Sportart XL wurden in den vergangenen Wochen durchgeführt (Häufigkeit)? Wie hast Du Aktionsform XY gestaltet (Richtigkeit)?* Die Originalaussagen der Trainer wurden mittels skalierender Strukturierung hinsichtlich Häufigkeit und Richtigkeit der Umsetzung quantifiziert (Mayring, 2000, Kuckartz, 2007) und daraus ein Gesamtwert ‚Grad der Umsetzung der methodischen Maßnahmen' (Ordinalskala: konzepttreu, konzeptnah, konzeptbeeinflusst, konzeptfern) gebildet (ausführlich Sygusch & Herrmann, 2009). Die Datenauswertung erfolgte über die Häufigkeitsverteilungen; der Zeitvergleich t_1-t_2 mit dem Wilcoxon-Test für abhängige Stichproben, der Gruppenvergleich mit dem U-Test nach Mann und Whitney für unabhängige Stichproben.

Kategorie (2) zielt auf die *Entwicklung der Ressourcen* während und nach der Intervention (t_1-t_2-t_3). Erfasst wurden die Trainereinschätzungen zu den Kernzielen Selbstwirksamkeit, Selbstkonzept, Aufgabenzusammenhalt und Kooperationsfähigkeit. *Beispielhafte Interviewleitfragen: Welche Wirkungen konntet ihr seit Beginn des Projektes feststellen? Sind Dir bezogen auf die Kernziele in Deiner Trainingsgruppe Besonderheiten aufgefallen?* Zur Datenauswertung wurden die Traineraussagen mittels inhaltlicher Strukturierung (Mayring, 2000) getrennt für die Kernziele Selbstwirksamkeit und Selbstkonzept, Aufgabenzusammenhalt und Kooperationsfähigkeit analysiert.

3.3 Stichprobe

Die *Sportlerstichprobe (Frage 1)* besteht aus N = 221 Sportler/-innen (M_{Alter} = 13,5), davon n = 151 im Handball (75 Handballerinnen) und n = 70 im Gerätturnen (63 Turnerinnen). Die *Trainerstichprobe (Frage 2 und 3)* umfasst insgesamt N = 39 Trainer/-innen (M_{Alter} = 39,2), davon n = 20 im Handball (10 Trainerinnen) und n = 19 Trainer im Gerätturnen (15 Trainerinnen). Die zur jeweiligen

---

[2] Darüber hinaus wurde eine kontrollierte Fragebogenstudie über standardisierte Inventare mit den Sportlern durchgeführt. Die Auswertung dieser Daten ist noch nicht abgeschlossen.

Auswertung herangezogenen Teilstichproben werden an den entsprechenden Stellen der Ergebnisdarstellung beschrieben.

4 Ergebnisse

Die Ergebnisdarstellung folgt den o.g. Fragestellungen. Zunächst geht es im Rahmen der Evaluation der Programmdurchführung um die *methodischen Rahmenbedingungen Trainer und Trainingsgruppe* (Kap. 4.1), anschließend um die *Umsetzung der methodischen Maßnahmen* (Kap. 4.2). Abschließend werden im Rahmen der Evaluation der Programmwirksamkeit die *Entwicklung der psychosozialen Ressourcen (Kernziele) aus Sicht der Trainer* vorgestellt (Kap. 4.3).

4.1 Methodische Rahmenbedingungen: Trainer und Trainingsgruppe

4.1.1 Grundhaltung: Trainer als sportlicher Entwicklungshelfer

Der Index „Trainer- und Führungsverhalten" drückt auf einer Skala von „1 = selten gewünschtes Trainerverhalten" bis „5 = häufig gewünschtes Trainerverhalten" aus, inwieweit die Trainer aus Sicht ihrer Sportler bedeutsame Merkmale der *Grundhaltung als sportliche Entwicklungshelfer* einnehmen (Abb. 2).

Zu *Interventionsbeginn* liegt der Mittelwert bei M = 3,79. Deutlich am höchsten ausgeprägt ist in unserer Trainerstichprobe die Dimension positives Feedback (M = 4,12). Demokratisches Verhalten (M = 3,68) sowie soziale Unterstützung (M = 3,56) werden etwas weniger hoch bewertet. Damit liegt unsere Trainerstichprobe in allen erfassten Dimensionen höher als die entsprechenden Referenzwerte einer vergleichbaren Stichprobe von Würth et al., 1999 (positives Feedback: M = 3,80; demokratisches Verhalten: M = 3,38; soziale Unterstützung: M = 3,29). Offenbar ist die Grundhaltung der Trainer als Entwicklungshelfer bereits vor Interventionsbeginn in beträchtlichem Maße gegeben. Das gilt insbesondere für die Trainer im Gerätturnen, die aus Sicht der Sportler mit einem Mittelwert von M = 3,90 tendenziell signifikant (F = 3.25; p = .073; η^2 = .015) höher liegen als die Trainer im Handball (M = 3,73).

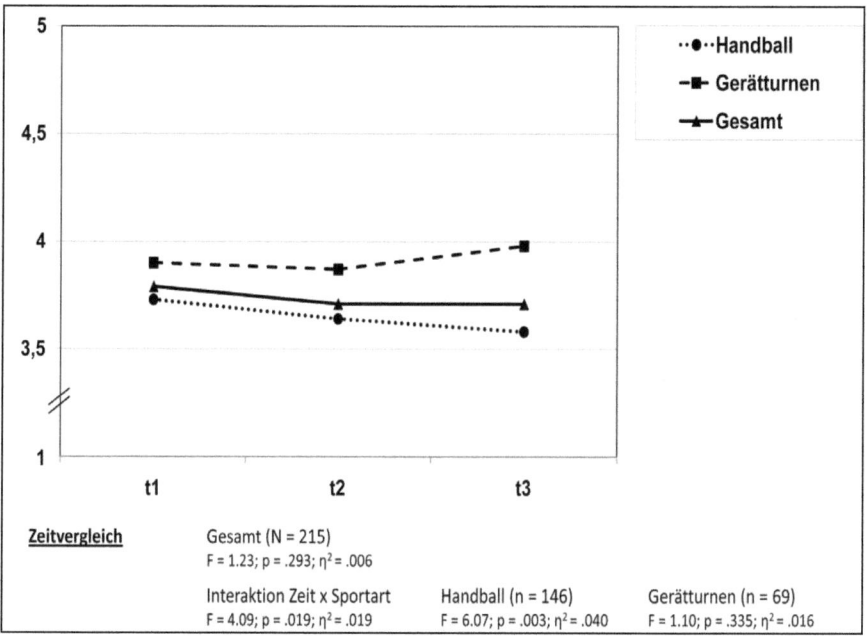

Abbildung 2:   Methodische Rahmenbedingungen: Grundhaltung - Trainer- und Führungsverhalten aus Sicht der Sportler.

Im *Interventionsverlauf* nimmt das von den Sportlern wahrgenommene hohe Niveau des Trainer- und Führungsverhaltens bei den Handball-Trainern signifikant ab (Abb. 2), kann aber im Vergleich zu den Referenzwerten noch als gut gewertet werden. Bei den Gerätturnern bleibt der Gesamtwert nahezu konstant. Zum zweiten (F = 6.01; p = .014; η^2 = .027) und dritten MZP (F = 16.34; p = .000; η^2 = .069) unterscheiden sich die Sportarten signifikant voneinander. Positives Feedback ist im gesamten Interventionsverlauf die am höchsten bewertete Dimension (Sygusch & Herrmann, i.V.).

Insgesamt liegt die Grundhaltung der Trainer als Entwicklungshelfer im gesamten Interventionsverlauf auf einem zufriedenstellend hohen Niveau; bei den Gerätturnern insgesamt etwas höher als bei den Handballern. Insbesondere die Feedback-Kultur scheint in beiden Sportarten sehr positiv ausgeprägt zu sein. Optimierungspotenzial scheint beim demokratischen Verhalten und bei der sozialen Unterstützung vorzuliegen.

4.1.2 Trainings- und Wettkampfgruppe als lernförderlicher Rahmen

Die Skala „soziale Zugehörigkeit" erfasst zwischen „1 = geringe Zugehörigkeit" und „6 = hohe Zugehörigkeit", inwieweit sich ein Sportler dem Gruppenklima (Eingebundenheit, Atmosphäre) und dem Beziehungszusammenhalt der eigenen Trainings- und Wettkampfgruppe zugehörig und verbunden fühlt.

Der Mittelwert der Gesamtskala „soziale Zugehörigkeit" beträgt zum *ersten MZP* M = 5,13 (Abb. 3). Zwischen den Sportarten liegt kein bedeutsamer Unterschied vor (F = .65; p =.421). Diese Werte sind etwas höher als in ähnlich angelegten Studien mit jugendlichen Sportlern, die Referenzwerte zwischen M = 4,78 im Gerätturnen (Sygusch, Graumann-Klar, Langenfeld & Höfler, 2005) und M = 5,04 im Fußball (Saier, 2005) liefern. Die soziale Zugehörigkeit zur eigenen Trainings- und Wettkampfgruppe wird danach von den Sportlern als relativ hoch eingeschätzt, die *„Trainingsgruppe als lernförderlicher Rahmen"* ist damit bereits zu Interventionsbeginn in hohem Maße gegeben.

Im *Interventionsverlauf* bleibt dieser Wert in der Gesamtgruppe auf hohem Niveau weitgehend konstant. Die deskriptiv erkennbaren Veränderungen bei den Gerätturnern sind nicht signifikant (Abb. 3). Zum zweiten (F = 3.30; p = .071; η^2 = .015) und dritten MZP (F = 3.13; p = .078; η^2 = .014) liegen damit beim Sportartenvergleich tendenziell signifikante Vorteile auf Seiten der Gerätturner, die zu t_2 mit M = 5,35 das höchste Niveau erreichen.

Die Sportlerwahrnehmung zur sozialen Zugehörigkeit fällt insgesamt noch etwas positiver aus als die zur Grundhaltung der Trainer. Die methodische Rahmenbedingung „Trainingsgruppe als lernförderlicher Rahmen" ist damit – soweit mit der vorliegenden Skala erfasst – in hohem Maße gegeben.

4.2 Methodische Maßnahmen: Aufgreifen, Inszenieren und Thematisieren

Der „Grad der Umsetzung" beschreibt, inwieweit die Trainer die methodischen Maßnahmen „konzepttreu, konzeptnah, konzeptbeeinflusst oder konzeptfern" im Interventionszeitraum (t_1-t_2) umgesetzt haben. Die Stichprobe der zu Grunde liegenden Analyse umfasst N = 26 Trainer. Dabei wurden nur die Trainer berücksichtigt, für die zu beiden MZP (t_1, t_2) ein kompletter Datensatz vorliegt, so dass ein Zeitvergleich t_1- t_2 möglich ist. Im Handball sind es n = 12 (davon 6 Trainerinnen), im Gerätturnen sind es n = 14 (11 Trainerinnen).

Abbildung 4 zeigt, dass der „Grad der Umsetzung" bereits in der *ersten Interventionsphase* relativ hoch ist. Zum ersten MZP (t_1), ca. sechs Wochen nach Interventionsbeginn, wird die Umsetzung der methodischen Maßnahmen bereits bei 19 Trainern (73%) als konzepttreu oder konzeptnah eingestuft. Dieser Befund deutet an, dass viele Trainer schon frühzeitig relativ sicher im Umgang mit den konzeptionellen Vorgaben sind.

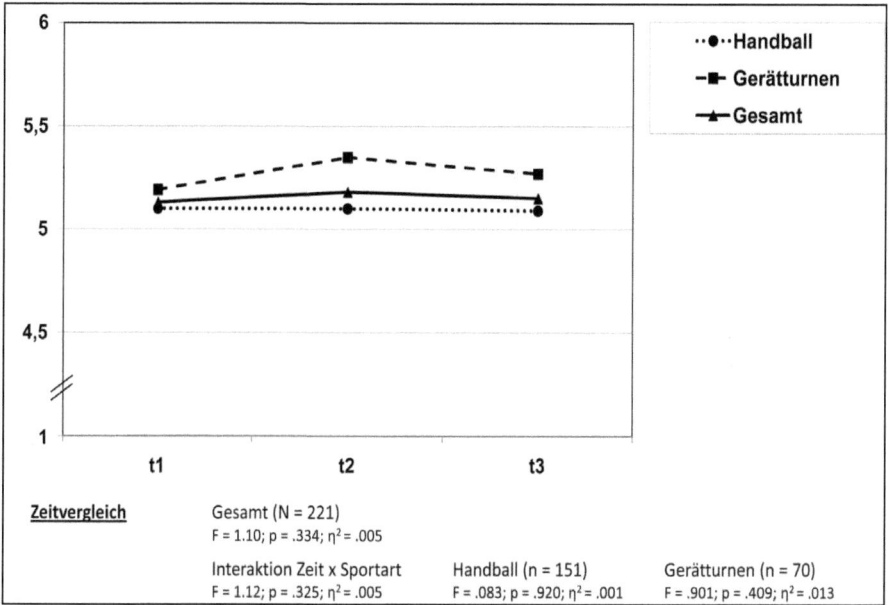

Abbildung 3:   Methodische Rahmenbedingungen: Trainingsgruppe – soziale Zugehörigkeit aus Sicht der Sportler.

Zur *zweiten Interventionsphase* nimmt der „Grad der Umsetzung" nochmals signifikant zu. Zwar wird zum zweiten MZP (t_2) die Umsetzung nur unwesentlich häufiger (21 Trainer; 81%) als konzepttreu bzw. -nah eingestuft. Auffällig ist jedoch, dass sich der Anteil konzeptferner Umsetzung von fünf Trainern (19%) in der ersten Interventionsphase (t_1) auf „null" reduziert; m.a.W., es gibt keinen Trainer mehr, der in allen Bereichen konzeptfern trainiert hat. Offenbar führen eine weitere Gewöhnungsphase sowie die begleitenden Implementationsmaßnahmen zur zunehmend konzepttreuen Umsetzung der methodischen Maßnahmen.

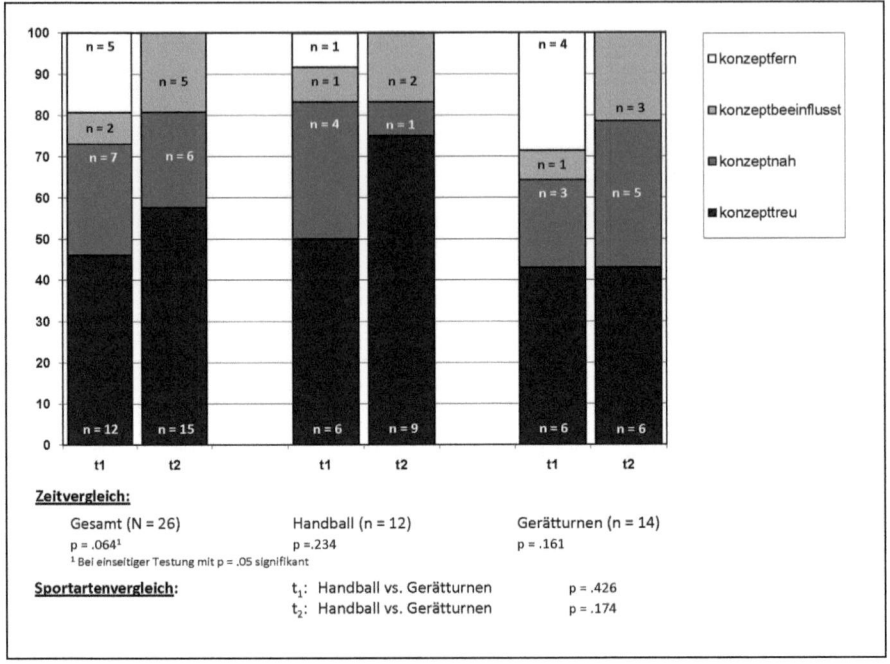

Abbildung 4:   Grad der Umsetzung der methodischen Maßnahmen.

Eine differenzierte Betrachtung der einzelnen Bereiche Aufgreifen, Inszenieren und Thematisieren zeigt, dass die Maßnahmen zum Inszenieren sowohl in der ersten Interventionsphase (77% konzepttreu/-nah) als auch in der zweiten Interventionsphase (92% konzepttreu/-nah) am sichersten umgesetzt werden. Die deutlichsten Verbesserungen im Interventionsverlauf (von 65% konzepttreu/-nah auf 88%) zeigen sich beim Aufgreifen (Sygusch & Herrmann, i.V.). Beim *Sportartenvergleich* scheinen die Handballtrainer die methodischen Maßnahmen näher an den konzeptionellen Vorgaben umzusetzen als die Gerättturntrainer. Diese Unterschiede sind jedoch weder zum ersten noch zum zweiten MZP signifikant (Abb. 4). Die Sportart determiniert die Umsetzung der methodischen Maßnahmen danach offenbar kaum.

Die Gesamteinschätzung im Bereich der methodischen Maßnahmen fällt damit sehr positiv aus. Im Gegensatz zu den methodischen Rahmenbedingungen zeigt sich hier im Interventionsverlauf eine weitere Steigerung. Dabei wurde im Bereich des Inszenierens offenbar frühzeitig ein Deckeneffekt erreicht. Weiteres

Optimierungspotenzial scheint dagegen insbesondere beim Thematisieren von Lernsituationen vorzuliegen.

4.3 Wirksamkeit des Konzepts aus Trainersicht

Im Rahmen der Evaluation der Programmdurchführung wurde gezeigt, dass die methodischen Rahmenbedingungen und Maßnahmen im Interventionsverlauf auf einem guten Niveau realisiert werden konnten. Damit ist eine notwendige Voraussetzung für die angestrebte Stärkung der psychosozialen Ressourcen gegeben. Im Folgenden werden die Trainereinschätzungen zur Wirksamkeit des Konzepts bezüglich der Kernziele *Selbstwirksamkeit* und *Selbstkonzept, Aufgabenzusammenhalt* und *Kooperationsfähigkeit* vorgestellt (Kap. 2.2). Dazu wurden die Interviews aller drei MZP (N = 39 Trainer/-innen) herangezogen.

4.3.1 Selbstwirksamkeit und Selbstkonzept

Die Trainer fassen die Kernziele *Selbstwirksamkeit* und *Selbstkonzept* ausnahmslos unter dem Begriff *Selbstbewusstsein* zusammen. Insgesamt liegen fast ausschließlich positive Aussagen vor, nach denen das Selbstbewusstsein der Sportler bereits in der ersten Interventionsphase (t_1) sowie im weiteren Interventionsverlauf (t_2, t_3) stabiler geworden ist. Ausdruck findet das gesteigerte Selbstbewusstsein insbesondere im Vertrauen in die eigene Leistungsfähigkeit sowie in einer zunehmend realistischen Einschätzung der eigenen Leistungsfähigkeit.

> *"Es hat sich viel verändert, sie sind selbstbewusster, haben eine größere Klappe und können sagen, wenn etwas nicht passt. Das haben sie sich früher nicht getraut. Und bei einem Spielzug sagen sie, wie wäre es, wenn wir es so machen und bringen Ideen ein." (t1: Handballtrainerin von 12- bis 15-jährigen Mädchen).*
> *"Selbstbewusstsein haben sich die Turnerinnen im letzten Jahr aufgebaut, auch wenn sie was nicht perfekt können, zeigen sie das trotzdem. Und da gehört ja Selbstbewusstsein dazu" (t2: Gerätturntrainerin von 7- bis 12-jährigen Mädchen).*
> *"Ich hab bei einigen schon das Gefühl, dass sie etwas selbstbewusster geworden sind. Und nicht nur selbstbewusster in dem Sinne, dass sie wissen, was sie können, sondern dass sie auch realistischer abschätzen können, was sie tatsächlich können" (t3: Gerätturntrainerin von 9- bis 18-jährigen Mädchen).*

In den Aussagen einiger Trainer kommt zum Ausdruck, dass sich das gesteigerte Selbstbewusstsein nicht nur auf körperlich-motorische Aspekte bezieht, sondern in ähnlicher Weise auf psychosoziale, z.B. Eigenverantwortung.

"Ich hab den Eindruck, sie sind selbstbewusster geworden, auch in dem was sie an Eigenverantwortung übernehmen wollen. Also da kommt immer mehr von den Mädels selber" (t3: Gerätturntrainerin von 11- bis 18-jährigen Mädchen).

4.3.2 Aufgabenzusammenhalt

Ähnlich wie beim Selbstbewusstsein liegen auch zum Zusammenhalt zu allen drei MZP fast ausschließlich positive Aussagen vor. Nach Einschätzung der Trainer hat der Zusammenhalt in den Trainingsgruppen bereits in der ersten Interventionsphase (t$_1$) sowie im weiteren Interventionsverlauf (t$_2$, t$_3$) zugenommen. Hervorgehoben wird dabei u.a. das Teilziel gegenseitige Unterstützung sowie die Zugehörigkeit der einzelnen Spieler.

"Der Zusammenhalt muss ich sagen, der hat sich schon gleich durch die erste Übung ‚Reih und Glied' gesteigert" (t1: Handballtrainerin von 10- bis 12-jährigen Mädchen).

"Die sind schon gut zusammengewachsen, die helfen auch untereinander" (t3: Handballtrainerin von 10- bis 12-jährigen Mädchen.)

"Die Gruppe hat sich sehr gut entwickelt, dass sie erst mal gut zusammen harmonieren. Es sind auch neue Kinder dazugekommen. Die haben sie eigentlich gut aufgenommen" (t3: Gerätturntrainer von 9- bis 12-jährigen Jungen).

Zwar wird der Begriff Aufgabenzusammenhalt nicht explizit angewandt. Vereinzelt ist aber erkennbar, dass sich der Zusammenhalt auf sportliche Handlungs- und Leistungssituationen bezieht.

"Gerade das Gruppenzusammengehörigkeitsgefühl ist besser geworden, aber auch vom Training her läuft es besser" (t2: Gerätturntrainer von 13- bis 18-jährigen Jungen).

"Sie [die Spieler] haben gesagt, dass dieses Projekt ihnen etwas gebracht hat, so dass eine Schwächere sagt zu einer Besseren: ‚Du musst das so machen, da gehen.' Und das haben die akzeptiert, jede Anweisung, egal von wem" (t3: Handballtrainerin von 12- bis 15-jährigen Mädchen).

Insgesamt liegen nur wenige Aussagen vor, die in der Bewertung des Konzepts im Hinblick auf den Zusammenhalt neutraler sind.

„Es ist nicht so, dass man jetzt dadurch einen richtig großen Gruppenzusammenhalt aufbauen konnte. Die haben das halt mitgemacht und haben die Sachen ordentlich

gemacht, aber das hat keinen Schub gegeben" (t3: Handballtrainer von 13- bis 14-jährigen Jungen).

4.3.3 Kooperationsfähigkeit

Zur *Kooperationsfähigkeit* wurden im Vergleich zu den anderen Kernzielen insgesamt wenige Aussagen (nur t_2 und t_3) und diese fast ausschließlich von den Trainern im Gerätturnen gemacht. Danach zeigen sich auch zu diesem Kernziel positive Wirkungen im Interventionsverlauf, insbesondere im Bereich der *Kommunikationsfähigkeit*.

"Also Absprachen erfolgen, wo es am Anfang noch Schwierigkeiten gab, dann wird nicht mehr mitten rein geschrien, wenn wir in der Gruppe zusammensitzen, sondern jeder wird zu Wort kommen gelassen - also die Entwicklung hab ich schon gemerkt" (t2: Gerätturntrainerin von 9- bis 17-jährigen).

"Und generell ist es so, dass sie jetzt mehr miteinander reden. Das Sprechen über den Wettkampf und das Training, über Wünsche und Äußerungen, was halt eben diesen Zusammenhalt widerspiegelt" (t3: Gerätturntrainerin von 10- bis 17-jährigen Mädchen).

Vereinzelt werden von Trainern – implizit – Wirkungen zu den Teilzielen *Perspektivübernahme* und *soziale Verantwortung* angesprochen.

„Das Verständnis untereinander (...) wird mehr gefördert" (t2: Handballtrainerin von 14- bis 18-jährigen Mädchen).
"Es hat sich schon verbessert, also auch das Einbringen selber. (...) bei Einzelnen tut sich da was so mit Mitverantwortung und auch im organisatorischen Bereich." (t2: Handballtrainer von 13- bis 16-jährigen Jungen).

Insgesamt zeigt sich in den Aussagen zur Kooperationsfähigkeit eine große Nähe zum Aufgabenzusammenhalt. Dies sowie die vergleichsweise geringe Anzahl konkreter Aussagen zur Kooperationsfähigkeit kann als Hinweis gedeutet werden, dass die Trainerperspektive – insbesondere im Handball – in erster Linie auf die Trainings- und Wettkampfgruppe als Ganzes (Zusammenhalt) gerichtet ist und weniger auf den einzelnen Sportler (Kooperationsfähigkeit).

5   Fazit

Mit dem Förderkonzept „Psychosoziale Ressourcen im Sport" (Sygusch, 2007) liegt ein Ansatz vor, mit dem – im Sinne Heims (2008) – formelle Bildungsprozesse zur Entwicklung „nicht unmittelbar sportbezogener Kompetenzen" (BMFSF, 2005, S. 376) im non-formalen Setting Sportverein realisiert werden sollen. Mit anderen Worten: Es wird eine zielgerichtete methodisch aufbereitete Stärkung von ausgewählten Ressourcen (u.a. Selbstwirksamkeit, Kooperationsfähigkeit) im Trainings- und Wettkampfalltag angesteuert.

Im Rahmen der PRimus-Studie wurde auf Basis der adaptierten Konzepte im Gerätturnen (Deutsche Turnerjugend, 2005) und Handball (Deutsche Handballjugend, 2006) eine siebenmonatige Intervention mit begleitender *Evaluation der Programmdurchführung* und *Programmwirksamkeit* realisiert. Die *Evaluation der Programmdurchführung* befasst sich mit der Umsetzung der methodischen Rahmenbedingungen (Frage 1) und Maßnahmen (Frage 2).

- Die *Grundhaltung der Trainer* war bereits zu Interventionsbeginn auf zufriedenstellend hohem Niveau gegeben. Im Interventionsverlauf sinken die Werte bei den Handballern leicht ab, bei den Gerätturnern bleiben sie auf hohem Niveau konstant.
- Der *Trainingsgruppe als lernförderlicher Rahmen* ist im Interventionsverlauf konstant in beiden Sportarten auf sehr hohem Niveau ausgeprägt.
- Die *methodischen Maßnahmen* zum *Aufgreifen, Inszenieren und Thematisieren* weisen bereits in der ersten Interventionsphase einen hohen Grad der Umsetzung auf, der zur zweiten Interventionsphase nochmals leicht zunimmt.

Insgesamt werden die methodischen Rahmenbedingungen und Maßnahmen im gesamten Interventionsverlauf auf zufriedenstellendem bis hohem Niveau realisiert. Diese positive Bilanz muss jedoch vor dem Hintergrund einer selektiven Trainerstichprobe betrachtet werden. Die beteiligten Trainer haben sich mit Interesse an der Persönlichkeits- und Teamentwicklung ihrer Trainingsgruppen freiwillig zur Studie gemeldet. Als Voraussetzung galt u.a. die Bereitschaft zur aktiven Auseinandersetzung mit den Begleitmaterialien (Handreichung, Trainingsgrobplanung, Newsletter) und der zweimaligen Workshopteilnahme ohne Fehlzeiten. Ob und inwieweit eine Umsetzung auf breiter Ebene in einer „Trainernormalpopulation" im Trainings- und Wettkampfalltag gegeben ist, muss an dieser Stelle offen bleiben.

Vor dem Hintergrund der begleitenden Implementationsmaßnahmen sowie der zunehmenden Erfahrung in der Anwendung der konzeptionellen Vorgaben liegt die Annahme einer zunehmenden Optimierung der methodischen Rahmen-bedingungen und Maßnahmen im Interventionsverlauf nahe. Dieser wünschens-werte Effekt tritt jedoch lediglich bei den methodischen Maßnahmen (Aufgrei-fen, Inszenieren und Thematisieren) ein. Bei den methodischen Rahmenbedin-gungen (Trainer, Trainingsgruppe) zeigt sich im Interventionsverlauf keine wei-tere Steigerung. Dies kann bei den insgesamt hohen Ausgangwerten (insbeson-dere Zugehörigkeit zur Trainingsgruppe) als Deckeneffekt gedeutet werden, der ausbleibende Steigerungen erklären würde. Denkbar ist jedoch auch, dass die Trainer durch die Implementationsmaßnahmen nicht in dem erwarteten Maße erreicht werden konnten. Dies gilt insbesondere im Bereich der Grundhaltung der Trainer als Entwicklungshelfer, die eine selbstreflexive Auseinandersetzung mit der eigenen Trainerrolle erforderlich macht. Erreicht werden konnten die Trainer dagegen offenbar im Bereich der methodischen Maßnahmen (v.a. Insze-nieren), die in den begleitenden Implementationsmaßnahmen (u.a. Workshops) breiten Raum eingenommen haben.

Die insgesamt positive Bilanz zur Umsetzung der Methoden fällt in den beiden Sportarten in Nuancen unterschiedlich aus. Die Trainer im Gerätturnen stellen die *methodischen Rahmenbedingungen* offenbar konzeptnäher her. Die Handballtrainer liegen bei den *methodischen Maßnahmen* zumindest gleichauf.

Ausgehend von der Prämisse der Implementationsforschung – der Grad der Umsetzung der Methoden beeinflusst die Wirksamkeit von Maßnahmen (Dane & Schneider, 1998) – sind mit der insgesamt positiven Bilanz zur Umsetzung der Methoden die Voraussetzungen für die Stärkung der ausgewählten Ressourcen in beiden Sportarten mit unterschiedlichen Nuancierungen gegeben.

Die *Evaluation der Programmwirksamkeit* befasst sich schließlich mit der Entwicklung der psychosozialen Ressourcen im Interventionsverlauf (Frage 3). Die Aussagen der Trainer zur Wirksamkeit des Konzepts vermitteln recht über-zeugend den Eindruck, dass die angesteuerten Kernziele erreicht werden konn-ten: Das Selbstbewusstsein (Selbstwirksamkeit, Selbstkonzept) und die Koopera-tionsfähigkeit der einzelnen Sportler sowie der Aufgabenzusammenhalt in den Trainingsgruppen wurden im Interventionsverlauf aus Sicht der Trainer gestärkt.

Diese positiven Befunde können als erster Hinweis auf die Wirksamkeit des vorliegenden Konzepts zur Persönlichkeits- und Teamentwicklung betrachtet werden. Sie müssen aber auch mit einer gewissen Zurückhaltung eingeordnet werden, da die Trainer hier über den Erfolg ihres eigenen methodischen Han-delns urteilen. Als Beleg der Wirksamkeit des realisierten Konzepts müssen „härtere" Daten herangezogen werden. Dazu wurde über den gesamten Interven-tionszeitraum eine umfassende Fragebogenstudie mit den Sportlern durchge-führt, die gegenwärtig einer differenzierten Analyse unterzogen wird.

Insgesamt deuten bereits die vorliegenden Befunde ausdrücklich an, dass formelle Bildungsprozesse zur Entwicklung „nicht unmittelbar sportbezogener Kompetenzen" (hier: psychosoziale Ressourcen) im non-formalen Setting Sportverein realisiert werden können. Pointiert formuliert:

- Es funktioniert – zumindest in einer selektiven Trainerstichprobe bei intensiver Begleitung.
- Es wirkt – zumindest aus Sicht der Trainer, die das Konzept im Trainings- und Wettkampfalltag umgesetzt haben.

Mit der zurückhaltenden Deutung, dass diese Befunde zwar ein klarer Hinweis, aber noch kein ausreichender Beleg dafür sind, dass neben der körperlich-motorischen auch die psychosoziale Persönlichkeitsentwicklung im Sportverein formellen Bildungsprozessen zugänglich gemacht werden kann, verbindet sich der Blick nach vorn.

Die sportpädagogisch ausgerichtete Jugendforschung sollte sich verstärkt um die Entwicklung und Evaluation solcher Konzepte bemühen, die körperlich-motorische und psychosoziale Persönlichkeitsentwicklung in formellen und informellen Bildungsprozessen des non-formalen Settings „organisierter Sport" integrieren (Bähr, Sygusch, Gerlach & Bund, 2009). Die Deutsche Sportjugend (2009, vgl. auch in diesem Band) hat als Vertreter des organisierten Sports mit dem „Orientierungsrahmen Bildung" bereits zum Doppelpass angesetzt. Danach vollzieht sich formelle Bildung im Sportverein hauptsächlich im Training und „(…) kann sich einerseits auf motorische Bewegungskompetenzen beziehen, andererseits auch auf psychosoziale Ressourcen die zu einer erfolgreichen Bewältigung sportlicher Aktivitäten beitragen" (dsj, 2009, S. 9).

Literatur

Aebli, H. (1997). Grundlagen des Lehrens: Eine allgemeine Didaktik auf psychologischer Grundlage (4. Aufl.). Stuttgart: Klett-Cotta.

Bähr, I., Sygusch, R., Bund, A. & Gerlach, E. (2009). Leitlinien einer Wirkungsforschung zur Integration von Bewegungslernen und Persönlichkeitsentwicklung. In M. Krüger, N. Neuber, M. Brach & K. Reinhart (Hrsg.), Bildungspotentiale im Sport. Abstracts (S. 227). Hamburg: Czwalina.

Balz, E. (2003). Wie kann man soziales Lernen fördern? In Bielefelder Sportpädagogen (Hrsg.). Methoden im Sportunterricht. Ein Lehrbuch in 14 Lektionen (4. Aufl., S. 149–168). Schorndorf: Hofmann.

Barth, B. & Baartz, R. (2004). Schwimmen: modernes Nachwuchstraining. Aachen: Meyer & Meyer.

BMFSFJ (Hrsg.). (2005). Zwölfter Kinder- und Jugendbericht. Bericht über die Lebenssituation junger Menschen und die Leistungen der Kinder- und Jugendhilfe in Deutschland. Berlin: BMFSFJ.

Brettschneider, W.-D. & Kleine, T. (2002). Jugendarbeit in Sportvereinen: Anspruch und Wirklichkeit. Eine Evaluationsstudie. Schorndorf: Hofmann.

Dane, A.V. & Schneider, B.H. (1998). Program integrity in primary and early secondary prevention: Are implementation effects out of control? Clinical Psychology Review, 18, 23–45.

Deutsche Handballjugend (2006). Persönlichkeits- und Teamentwicklung: Förderung psychosozialer Ressourcen im Handball. Frankfurt am Main: Deutsche Sportjugend.

Deutsche Sportjugend (2005). Persönlichkeits- & Teamentwicklung im Kinder- und Jugendsport: ein sportartenorientiertes Rahmenmodell zur Förderung psychosozialer Ressourcen (3. überarb. Aufl.). Frankfurt am Main: Deutsche Sportjugend.

Deutsche Sportjugend (2009). Sport bildet: Bildungspotentiale der Kinder- und Jugendarbeit im Sport: Orientierungsrahmen Bildung der Deutschen Sportjugend. Frankfurt am Main: Deutsche Sportjugend.

Deutsche Turnerjugend (2005). Persönlichkeits- und Teamentwicklung: Förderung psychosozialer Ressourcen im Gerätturnen. Frankfurt am Main: Deutsche Sportjugend.

Filipp, S.-H. (Hrsg.). (1984). Selbstkonzept-Forschung: Probleme, Befunde, Perspektiven (2. Aufl.). Stuttgart: Klett-Cotta.

Heim, R. (2008). Bewegung, Spiel und Sport im Kontext von Bildung. In W. Schmidt (Hrsg.). Zweiter Deutscher Kinder- und Jugendsportbericht: Schwerpunkt: Kindheit (S. 21–42). Schorndorf: Hofmann.

Herrmann, C. & Sygusch, R. (2009a). Persönlichkeits- und Teamentwicklung im Sport: Ein sportartenorientiertes Rahmenkonzept für Schule und Verein. Sportpraxis, 50 (1), 6–11.

Herrmann, C. & Sygusch, R. (2009b). Persönlichkeits- und Teamentwicklung im Sport: Thematisieren und Inszenieren von Lernsituationen. Sportpraxis, 50 (2), 25–30.

Jerusalem, M. & Klein-Heßling, J. (2002). Soziale Kompetenz. Entwicklungstrends und Förderung in der Schule. Zeitschrift für Psychologie, 210 (4), 164–174.

Krüger, M. & Emrich, E. (2009). Mens sana in corpore sano - Bildungspotentiale im Sport. Sportwissenschaft, 39(3), 185.

Kuckartz, U. (2007). Einführung in die computergestützte Analyse qualitativer Daten (2. Aufl.). Wiesbaden: VS.

Mayring, P. (2000). Qualitative Inhaltsanalyse. Zugriff am 11. November 2008 unter http://www.ph-freiburg.de/sozial/Quasus/Volltexte/200mayringd_qualitativeInhaltsanalyse.pdf.

Mittag, W. & Hager, W. (2000). Ein Rahmenkonzept zur Evaluation psychologischer Interventionsmaßnahmen. In W. Hager, J.-L. Patry & H. Brezing (Hrsg.), Evaluation psychologischer Interventionsmaßnahmen: Standards und Kriterien: ein Handbuch (S. 102–128). Bern [u. a.]: Huber.

Neuber, N. (2009). Informelles Lernen im Sport. Anmerkungen zum Forschungsstand. In Deutsche Sportjugend & Sportjugend NRW (Hrsg.). Informelle Bildung im Sport. Dokumentation des Expertenhearings (S. 5-7) . Frankfurt: Deutsche Sportjugend.

Pühse, U. (2004). Kindliche Entwicklung und soziales Handeln im Sport. Schorndorf: Hofmann.

Rauschenbach, T., Leu, H. R., Lingenauber, S. & Mack, W. et al. (2004). Konzeptionelle Grundlagen für einen Nationalen Bildungsbericht - Non-formale und informelle Bildung im Kindes- und Jugendalter. Zugriff am 14. Dezember 2009 unter http://www.bmbf.de/pub/nonformale_und_informelle_bildung_kindes_u_jugendalter.pdf.

Saier, J. (2005). Psychosoziale Ressourcen in der Talentförderung im Jugendfußball - Umsetzung und Wirksamkeit einer Intervention im Trainings- und Wettkampfalltag beim SC Freiburg. Bayreuth: Unveröffentlichte Diplomarbeit, Universität Bayreuth.

Schmidt, U. (2002). Stimmungsbarometer. volleyball, 26 (5), 36–37.

Schmidt, W. (Hrsg.). (2008). Zweiter Deutscher Kinder- und Jugendsportbericht: Schwerpunkt: Kindheit. Schorndorf: Hofmann.

Schmidt, W., Hartmann-Tews, I. & Brettschneider, W.-D. (Hrsg.), (2003). Erster Deutscher Kinder- und Jugendsportbericht. Schorndorf: Hofmann.

Schwarzer, R. & Jerusalem, M. (2002). Das Konzept der Selbstwirksamkeit. In M. Jerusalem & D. Hopf (Hrsg.). Selbstwirksamkeit und Motivationsprozesse in Bildungsinstitutionen (Zeitschrift für Pädagogik Beiheft, 44, S. 28–53). Weinheim [u.a.]: Beltz.

Sygusch, R. & Herrmann, C. (2009). Entwicklungsförderung im außerschulischen Kinder- und Jugendsport. Konzept und Evaluation der Programmdurchführung. Sportwissenschaft 39 (3), 210-222.

Sygusch, R. & Herrmann, C. (i. V.). PRimus-Studie: Psychosoziale Ressourcen im Jugendsport: Abschlussbericht. Bayreuth: Universität Bayreuth.

Sygusch, R. (2007). Psychosoziale Ressourcen im Sport. Ein sportartenorientiertes Förderkonzept für Schule und Verein. Schorndorf: Hofmann.

Sygusch, R., Brandl-Bredenbeck, H. P. & Burrmann, U. (2009). Normative Implikationen sportbezogener Jugendforschung. In E. Balz (Hrsg.), Sollen und Sein in der Sportpädagogik. Beziehungen zwischen Normativem und Empirischem (S. 77-92). Aachen: Shaker.

Sygusch, R., Graumann-Klar, J., Langenfeld, R. & Höfler, M. (2005). Abschlussbericht. Psychosoziale Ressourcen für die Handlungs- und Leistungsfähigkeit im Gerätturnen. Bayreuth: Unveröffentlichtes Manuskript, Universität Bayreuth.

Würth, S., Saborowski, C. & Alfermann, D. (1999). Trainingsklima und Führungsverhalten aus Sicht jugendlicher Athleten und deren Trainer. psychologie und sport, 4, 146-157.

Informelles Lernen im selbstorganisierten Sport – eine Studie zur sozialen Regulierung informeller Sportgruppen im Jugendalter

Tim Bindel

In informellen Sportgruppen übernehmen die aktiven Sportler anders als im Schul- und Vereinssport gleich mehrere Handlungsrollen (vgl. Strob, 1999, S. 29). Sie organisieren, sie führen aus und vermitteln gegebenenfalls. Eine solche Struktur macht den informellen Sport vor allem als Jugendphänomen sozialwissenschaftlich bedeutsam. Die symbiotische Rollenstruktur fügt sich in besonderer Weise in eine Lebensphase ein, die durch das Entwickeln von Selbstverantwortlichkeit und das Austarieren gesellschaftlicher Rollen bestimmt ist (vgl. Hurrelmann, 2004). Informelles Sportengagement ordnet sich nicht nur als Sportraum in die Freizeitgestaltung von Jugendlichen und jungen Erwachsenen ein, sondern als Sozialraum und damit als informelles Lernfeld, das besondere Wirkungskraft verspricht (vgl. Wahler, Tully & Preiß, 2008, S. 44). Um die Möglichkeiten selbstorganisierter Sportgruppen in diesem Kontext genauer zu ermitteln, bedarf es sensibler Verfahren, denn es besteht die Gefahr, auf Allgemeinplätze des sozialen Lernens zurückzufallen. Einer Identifikation von Lernpotenzialen muss eine Beschreibung des vermeintlichen Lernfeldes vorausgehen. Wie reguliert sich eine selbstorganisierte Gruppe und welche Anforderungen stellt sie an den sportiven und sozialen Akteur? Die Beantwortung dieser Fragen kann zur Bewertung eines wichtigen Freizeitfeldes auf der Basis der Diskussion um Kompetenzerwerb und informelles Lernen führen. Die Ergebnisse einer ethnographischen Untersuchung zur sozialen Regulierung in informellen Sportgruppen sollen in diesem Beitrag als entsprechende Diskussionsgrundlage dienen.

1 Forschungsmethode

Ein ethnographisches Vorgehen kann ein Forschungsfeld von innen öffnen und „einer falschen Vertraulichkeit mit der eigenen Kultur" (Amann & Hirschauer, 1997, S. 10) entgegenwirken. Für eine Forschung an der Nahtstelle von Jugend und Freizeit erscheint die Ethnographie als geeignete Strategie. Sie beginnt mit

der Frage: ‚What the hell is going on here?' (Geertz, 1983) und versucht zu entdecken und zu beschreiben, was bislang unentdeckt und unbeschrieben war. Das
trifft auch auf das Sporttreiben in selbstorganisierten Gruppen zu (vgl. Bindel,
2008, S. 41). Dieser genaue Blick beinhaltet in der Tradition qualitativer Forschung die Hinwendung zum Einzelfall. Hier stehen zwei Sportgruppen aus Köln
im Fokus: eine recht große, diffuse Gruppe, die regelmäßig auf einem städtischen Streetballplatz zusammenkommt (Gruppe A), und eine eher geschlossene
Gruppe von Jugendlichen, die sich allwöchentlich in der Vorstadt zum Fußball-
spielen trifft (Gruppe B). Beide Gruppen wurden fünf Monate lang (Mai bis
September 2006) begleitet und ich habe selbst (zunächst verdeckt) aktiv den
Zugang zu ihnen gesucht.[1] In einer vorgelagerten breiten ethnographischen Phase
näherte ich mich ohne Einzelfallbezug sechs Monate (Mai bis Oktober 2005)
dem informellen Sportengagement in Köln. Dies führte zur Wahl der beiden
Gruppen. Insgesamt wurden ca. 300 Seiten an ethnographischem Material (Beo-
bachtungsprotokolle, informelle Gespräche, ethnographische Interviews, Skizzen
etc.) zusammengetragen und mittels Grounded Theory ausgewertet. Die Kernka-
tegorie lautet: *Informelle Sportgruppen sind besondere von den Beteiligten kre-
ierte Welten.* Diese Welten lassen sich in einem ethnographischen Annäherungs-
prozess zunächst anhand ihrer Struktur beschreiben (Wie sehen diese Welten
aus?). Daran anschließend stellt sich die Frage, welche sozialen Regulierungen
für Genese und Kontinuierung dieser Welten verantwortlich sind. Eine dritte
Sichtweise ist die auf das Individuum, was der Frage entspricht, wie sich dieses
in der kreierten Welt zurechtfindet (Welche Ressourcen sind notwendig?). Dieser
Dreischritt soll im Folgenden anhand der ethnographischen Befunde nachgezeichnet werden. Möglichkeiten informellen Lernens werden in diesem Kontext
sukzessiv entwickelt und abschließend diskutiert.

2   Spielstrukturen im informellen Teamsport

Ein gemeinsames Spiel wird durch seine Strukturen bestimmt. Weil Fußball
nicht gleich Fußball ist und im informellen Kontext Motivationen nicht an ein
vorgegebenes Ziel (z. B. Meisterschaft) gekoppelt sind, lohnt sich eine detaillierte Beschreibung der Spielstrukturen beider Gruppen. Die Frage, die sich dem
Ethnographen zunächst stellt: Wie lässt sich die Spielidee der beobachteten jugendlichen Gruppen beschreiben? Zur Beantwortung dieser Frage sollen die
Begriffe *Erlebnismomente* und *Sinnrahmen* eingeführt werden.

---

[1] Mit einem Alter von 30 Jahren fiel ich in beiden Gruppen nicht über die Maßen auf. Gruppe A ist
sehr altersheterogen (15 bis 35 Jahre). In Gruppe B betrug das durchschnittliche Alter 20 Jahre. Hier
griff ich auf einen Gatekeeper zurück.

2.1 Erlebnismomente als Bestandteil der Spielidee

Sich informell am Feld des Fußballs zu orientieren hält nicht nur klassische Duelle zweier Mannschaften bereit, sondern zeigt sich äußerst facettenreich, z. B. als reines Stürmer-Torwart-Duell oder als permanentes Simulieren von Eckstößen mit dem Ziel, den Ball möglichst spektakulär anzunehmen und weiterzuleiten. Auf dem Streetballplatz sind ebenso zahlreiche Variationen zu sehen, Freiwurf- oder Distanzwurfwettbewerbe und andere Spiele. Trotz der großen Zahl unterschiedlicher Spielvarianten haben die Aktivitäten eines gemeinsam – sie bieten ausgewählte *Erlebnismomente* aus dem Bereich einer bestimmten Sportart. Beim informellen Sportengagement besteht jedoch die Möglichkeit, die Auftrittshäufigkeit der besonderen Erlebnismomente zu erhöhen. In Gruppe A ging es um intensiven Wettstreit. Ein Spiel nach hartem Kampf knapp zu gewinnen, gehörte zu den zentralen Erlebnismomenten. Entsprechend wurden viele kurze Spiele aneinander gereiht. Gruppe B bevorzugte spannende Torraumszenen. Im Mittelfeld kam es daher kaum zu verbissenen Zweikämpfen.

2.2 Sinnrahmen als Bestandteil der Spielidee

Informelle Teamsportaktivitäten lassen sich in Anlehnung an Gabler (2002, S. 13) in zwei Gruppen einteilen. So gibt es Sportgruppen, deren Aktivität sehr an Leistungssport erinnert (leistungssportorientierte Gruppen, Gruppe A), und andere, die die freundschaftliche Kommunikation in den Mittelpunkt stellen (kommunikationszentrierte Gruppen, Gruppe B). Die beiden unterschiedlichen Ausformungen entsprechen sportlichen *Sinnrahmen*, in die persönliche Motive der einzelnen Sportler eingepasst werden. Die Frage danach, in welcher Art ein informeller Teamsport praktiziert wird, scheint bei den Jugendlichen und jungen Erwachsenen, die sich in diesem Feld bewegen, vor allem die Frage danach zu sein, wie ernst das Spiel betrieben wird. Für Neulinge wird der Sinnrahmen als erstes Orientierungsmuster von innen nach außen kommuniziert.

Mithilfe der eingeführten Termini lässt sich eine informelle Spielidee beschreiben. Die ethnographischen Untersuchungen haben, nach diesem Muster betrachtet, eine Vielzahl unterschiedlicher Spielideen hervorgebracht. Diese Unterschiedlichkeit erhält eine für den Akteur praktische Relevanz, weil es eben nicht nur um Spaß zu gehen scheint – ein Attribut, das dem informellen Sport gerne zugewiesen wird. Eine Gruppe muss also in der Lage sein, gemeinsame Erlebnismomente zu generieren und einen entsprechenden Sinnrahmen festzulegen. Der Neuling hat die Aufgabe, seine eigenen Bedürfnisse mit denen der Gruppe abzustimmen. Gemeinsamer Sport kann scheitern, wenn die Vorstellungen differieren. Eine leistungsorientierte Fußballspielerin wird keine Zukunft in einer kommunikationszentrierten Sportgruppe haben und der gesprächige Jogger wird sich in der leistungsorientierten Laufgruppe nicht wohlfühlen.

Der Spielidee folgend, formt sich der Spielrahmen einer informellen Sportaktivität heraus. Er gehorcht ungeschriebenen Gesetzen, Übereinkünften, Traditionen oder unbewussten Natürlichkeiten und ist zum Teil starr etabliert, zum Teil verhandlungsbedürftig oder modifizierbar. Bei welchem Klima wird Sport getrieben? Wo trifft man sich? Wer darf mitspielen? Zu welchen metasportlichen Aktivitäten wird der Raum genutzt? Wie entsteht aus den zerstreuten Aktivitäten *das Spiel*? Der Spielrahmen entsteht durch kollektive Selbstregulierung. Die Symbiose sportlicher Handlungsrollen (Sporttreiben, Sport organisieren und Sport vermitteln) erzeugt zwangsläufig Störungen, die zum Spielabbruch (systemische Ebene) oder zum Beenden der Aktivität (individuelle Ebene) führen können. Anders als beim organisierten Sport sind die Aktiven selbst verantwortlich, wenn diese Störungen nicht lösbar sind. Für die Kontinuierung des Sportengagements muss das Kollektiv Sorge tragen. Ein ausdifferenziertes soziales System scheint dies zu vereinfachen.

3   Soziale Strukturen des informellen Sports

Ebenso unklar und fremd wie die Spielstrukturen verschiedener Sportgruppen sind deren soziale Strukturen. Wie ist es möglich, dass mehrere Aktive zu einem Spiel zusammenfinden? Es gibt keine externe Organisation. In Testinterviews wurde diese Frage stets von den Jugendlichen abgetan – jeder könne mitspielen, man mache es halt gemeinsam.[2] Beobachtungen der breiten ethnographischen Phase führten allerdings zu einer anderen Auffassung. Exklusionsmechanismen wurden sichtbar, soziostrukturelle Besonderheiten einzelner Gruppen konnten identifiziert werden und es entstand ein Bild komplexer Sozialsysteme, deren Beschreibung zum zentralen Anliegen der fokussierten ethnographischen Phase in den ausgewählten Sportgruppen wurde.

Informelle Sportgruppen können für Jugendliche große Bedeutung erlangen – zum einen als morativer Gegenraum zur ,ernsten Welt', zum anderen als Bezugsgruppe. Beides kann anhand eines Zitats deutlich gemacht werden. So bewertet ein Jugendlicher der Gruppe A den Streetballplatz im Interview: *„Für viele von uns ist das einfach wie ein Wohnzimmer."* Das Wohnzimmer ist der einzige Raum im Haus, dem keine explizite Funktion zukommt. Dort kann man tun, was man eben gerade möchte. Viele der Protagonisten befinden sich in

---

[2] Die Skepsis gegenüber solchen Aussagen führte zur Wahl der Untersuchungsstrategie (Ethnographie).

Übergangsphasen vom Jugendlichen zum Erwachsenen. Sie befassen sich mit Karrierefragen, mit zunehmend ernster werdenden Partnerschaften und der eigenen Rolle in der Gesellschaft. In der informellen Sportgruppe können sie dies ausblenden oder Defizite in anderen Lebenswelten kompensieren. Zudem spricht der Interviewte von einem Kollektiv („uns") und damit als Teil einer Bezugsgruppe. „Die normative Kultur, einschließlich Sprache und Sichtweisen, an denen eine Person ihr Wahrnehmen, Denken und Handeln orientiert und die sie zur Beurteilung der eigenen Person und ihrer Umwelt heranzieht, entstammt der/den Gruppe(n), denen man sich selbst zurechnet" (Gukenbiehl, 1994, S. 117). Dieser Zusammenhang ist in informellen Sportgruppen auch ohne jugendkulturelle Erklärungsmuster erkennbar. Nicht nur die Streetballer der Gruppe A erarbeiten Identitäten im Gruppenbezug. Auch ‚stilferne' Fußballer bilden durch kommunikativen Austausch und Humor überindividuelle Besonderheiten aus. Die Sportgruppe wird zum ‚Wir', weil es nicht nur um Sport geht.

Solche Bezugsgruppen weisen klassische Spezifika auf. Auffällig ist neben einer internen Normierung vor allem die Binnendifferenzierung. Die Untersuchungsgruppen lassen sich nach längerem Miterleben vom Ethnographen in Etablierte und Außenseiter trennen. Eine solche Unterscheidung entspricht den Arbeiten von Elias & Scotson (1993). Diese merken an, dass „die eine Gruppe einen höheren Kohäsionsgrad hat als die andere [...]. Ihr stärkerer Zusammenhalt gibt einer solchen Gruppe die Möglichkeit, soziale Positionen mit einem höheren Machtgewinn für die eigenen Leute zu reservieren [...]" (Elias & Scotson, 1993, S. 12). Als Etablierte im Kontext informeller Sportgruppen sind solche Nutzer zu bezeichnen, die gegenüber anderen einen Machtvorsprung haben und dadurch einen verbesserten Zugriff auf jene Erlebnismomente, die das gemeinsame Sporttreiben verspricht. Auf dem Streetballplatz ist das sportliche Können zwar der Schlüssel zu einer solchen Position, kann aber durch soziale Integration kompensiert werden. ‚Die richtigen Leute' zu kennen und für diese in irgendeiner Art bedeutsam zu sein, ermöglicht dauerhafte Eingliederung in Teams, dadurch deutlich erhöhten Spielanteil und vermehrte Beteiligung an metasportlicher Kommunikation. Kurz: Stärkere Präsenz im Sport- und Sozialraum. Außenseiter hingegen finden schwer den Zugang zu Teams und sind an allen Formen sozialer Interaktion weniger beteiligt. Durch diese Rollenasymmetrie ist die Situation auf dem Streetballplatz organisiert. Die Verhältnisse werden vom Kollektiv toleriert, auch wenn sie objektiv ungerecht sind. So hat es beispielsweise den Anschein, dass sich einige Spieler vordrängeln:

> F: „Natürlich ist das Vordrängeln. Absolut klar."
> T: „Er drängelt sich vor."

F: „Das ist nix Faires, das hat auch nix mit Fairness zu tun oder so was. Es ist eher so, dass er die Personen kennt, die dort spielen und sich dann irgendwie anmeldet bei denen"
T: „Aber er hat gar kein Team."
F: „Er hat selber kein Team, nimmt sich sogar vier Leute aus dem Verliererteam ..."
T: „Ist das nicht illegal?"
F: „Das ist illegal hoch zehn."
T: (lacht)
F: „Das ist total illegal."
T: „Aber wird geduldet."
(...)
F: „Es geht einfach darum, dass du jemand bist, der auf dem Platz bekannt ist und der respektiert wird von den anderen. So kann man's sagen."
(Interviewsequenz aus der ethnographischen Forschung; Bindel, 2008, S. 186)

Situationen, wie die hier von einem Interviewpartner geschilderte, sind so unbefriedigend, dass es für Außenseiter auf Dauer nur zwei Möglichkeiten zu geben scheint: Abbruch des Sportengagements oder Anstreben einer ‚informellen Sportkarriere' in Richtung Etabliert-sein.

Auch in anderen Sportgruppen ist Rollenasymmetrie erkennbar und zwar selbst dann, wenn alle Beteiligten gleichzeitig am Sport teilnehmen können. Etablierte zeichnen sich durch einen vereinfachten Zugriff auf die Erlebnismomente aus. Das kann bei einer Fußballgruppe die selbstzweckhafte Kommunikation oder beim Lauftreff die Routenplanung und Trainingssteuerung sein. Etablierte haben Macht, die sich auf die Gestaltung des Sportengagements auswirkt: Sie bestimmen, was gemacht wird und wie es gemacht wird und können damit mehr als andere ihre Vorstellung eines zunächst freien Sports (Bette, 1999) verwirklichen.

Nun entsteht aber durch die Bestrebungen von Außenseitern (vor allem Neulinge und junge Sportler) in den Gruppenkern einzudringen das, was Elias und Scotson (1993) einen Machtbalancekampf nennen, denn die Etablierten versuchen – in manchen Gruppen subtil, in anderen offensiv – die Machtdifferentiale aufrecht zu erhalten. Dazu setzen sie solche Mittel ein wie Abgrenzung und Stigmatisierung (1), Machtdemonstrationen (2) oder autonome Rollenausübung (3).[3]

---

[3] Ein Beispiel zu (1): Auf dem Platz befinden sich ca. 15 Personen, aber nur drei etablierte Spieler. Einer dieser Etablierten macht seinem Unmut über die Situation Luft, indem er alle wissen lässt: „Es sind ja gar keine Basketballer da!". Zu (2): Etablierte nehmen sich ohne zu fragen Basketbälle von Außenseitern. Zu (3): Bei einer Fußballgruppe, für die spaßorientierte Kommunikation im Vordergrund steht, übertreiben etablierte Spieler die dadurch entstehende regulative Freiheit und fangen den Ball hin und wieder mit der Hand ab.

4 Ressourcen für eine gelingende Teilhabe

Wer die Teilnahme an einer informellen Sportgruppe dauerhaft aufrechterhalten möchte und darüber hinaus befriedigende sportive und metasportive Momente erleben will, der muss sich in den vom Kollektiv kreierten Strukturen zurechtfinden. Um über informelle Lernmöglichkeiten in solchen Kontexten zu diskutieren, ist die Frage hilfreich, über welche Ressourcen der Einzelne verfügen muss, um sich eben ‚zurechtzufinden' oder einfacher: Wie findet das Individuum Zugang? Dieser Frage liegt die Annahme zugrunde, dass Zugang in informellen Sportgruppen anders als in formellen Kontexten keinen vorgefertigten Weg (z.B. Vereinsmitgliedschaft) meint, sondern eine passende Taktik für die Realisation des Zugehörigkeitswunsches. Dadurch, dass informelle Sportgruppen keinen offiziellen Zugang besitzen, lassen sich Jugendliche im Interview dazu verleiten zu behaupten, es gäbe keine Zugangsbarrieren. Schließlich gibt es ja auch kein Innen und kein Außen. Das ist ein Trugschluss, der in späteren, ethnographisch fokussierten Interviews aufgedeckt werden konnte. Innen und Außen existieren - die Trennlinie lässt sich bloß nicht so einfach ziehen und erst recht nicht verbalisieren. Es ist also nicht so, dass einfach jeder mitmachen kann. Erst muss der Weg vom Außen in das Innen gefunden werden. Dazu sind drei zentrale Kernressourcen nötig, die im Folgenden beschrieben werden: Basisausstattung, spezifisches Wissen und soziale Integration. Zur Basisausstattung zähle ich Motivation, sportmotorische Grundfertigkeiten, räumliche Nähe, zeitliche und ökonomische Ressourcen. Der Irrglaube, es handele sich bei informellem Sport um einen freien, für jedermann zugänglichen Sport, begründet sich auf der Mutmaßung, eine Basisausstattung reiche aus, um den Zugang zu erwirken. Letztere beiden können durch bestimmte ‚Jobs' erwirkt werden. Ich möchte diese (variablen) Kernressourcen samt Jobs gerne beschreiben.

4.1 Spezifisches Wissen

Wer mitspielen will, muss wissen, was und wie gespielt wird. Dazu ist spezifisches Wissen von Nöten. Anhand von Beobachtungen und Gesprächen mit etablierten Spielern der Gruppe A und denjenigen, die auf dem Wege dorthin sind, lässt sich dieses Wissen entsprechend in zwei Teilgebiete ordnen: Als Wissen über die Struktur des informellen Sportengagements und als Wissen über die sozialen Prozesse und Ordnungen. Die eigene Zugangssuche zur Gruppe A machte mir bewusst, dass sich dem Neuling in diesen Teilgebieten zahlreiche Fragen stellen, deren Beantwortung eine Grundvoraussetzung für den Zugang zur Gruppe ist. Zentral ist das Wissen über die Spielidee. Die Ethnographie zeigte immer wieder Situationen, in denen der leistungsorientierte Sinnrahmen von Neulingen auf dem Streetballplatz nicht erkannt wurde. Beim Basketballspielen nur Spaß haben zu wollen, reicht in Gruppe A nicht aus. Vice versa wird ein überehrgeiziger Fußballer keinen Platz in der kommunikationszentrierten Bolzgruppe finden. Spezifisches Wissen bezieht sich aber ebenso auf saisonale und klimatische Bedingungen, auf Spielregeln, auf die eigene Beziehung zu den anderen Aktiven, auf präferiertes oder abgelehntes Verhalten.[4] Auch zu wissen, wer die Etablierten sind, ist von Bedeutung.

Das für den Zugang benötigte Wissen liegt in den Untersuchungsgruppen nicht in gebündelter Form vor. Es gibt keine Homepage, kein schriftliches Regelwerk, keine Erfahrungsberichte, weder eine Mitgliederliste noch eine Informationsbroschüre; es gibt keinen Lehrer oder Übungsleiter, der die Wissenslücken der Neulinge oder Außenseiter schließen kann. Der informelle Sport trägt das Wissen in der täglichen Realität einer sozialen Welt. Es ist, bildlich gesprochen, die Aufgabe der Zugangssuchenden eigenhändig Informationsminen anzubohren und Wissen zu fördern. Dazu gibt es keine genuine Strategie, deren Anwendung größeren Erfolg verspräche als eine andere. Es können jedoch vier Strategien des Wissenserwerbs beschrieben werden, die von den Aktiven der Untersuchungsgruppen genutzt werden:

1. *Rückgriff auf Vorwissen* (sowohl im sportlichen als auch im sozialen Bereich),
2. *Beobachtung* (der Spielstruktur und der sozialen Ordnungen),
3. *Learning by Doing* (v. a. Fehler machen und darauf hingewiesen werden) und
4. *Mentoring* (Kontakt zu einer etablierten Person).

Für den Wissenserwerb ist es nicht nur von Bedeutung, diese vier Erwerbsstrategien zu beherrschen, sondern sie auch gezielt zu nutzen. Viele Jugendliche haben, meinen ethnographischen Erfahrungen zufolge, das Problem, dass sie Erwerbsstrategien einseitig nutzen. Learning by Doing wird oft als einziger Weg betrachtet. Da in Gruppe A diese Strategie aber gerade für Neulinge nicht immer zur Verfügung steht, weil der Einbezug in ein Team nicht gegeben ist, kommt es zu keinem wesentlichen Wissenszuwachs und oft zu einer Abkehr von der Gruppe. Der Zugang scheitert. Andere Jugendliche wiederum lösen sich nicht vom Beobachten und trauen sich nicht, das erworbene Wissen in der Interaktion zu erweitern. Die Fähigkeit, Erwerbsstrategien in der richtigen Dosis und Abfolge einzusetzen, ist für den Job des Wissenserwerbs von großer Bedeutung.

---

[4] So wurde in Gruppe A zwar das Kiffen am Spielfeldrand geduldet, Alkoholkonsum aber geächtet.

4.2 Soziale Integration

In der informellen Sportgruppe ist es anders als in Schule und Verein allein die Aufgabe des Einzelnen, soziales Kapital zu erwirtschaften und damit soziale Integration zu erzielen. „Zu Sozialkapital gelangen Personen über bewußte oder unbewußte Investitionen in Sozialbeziehungen, die früher oder später einen unmittelbaren Nutzen versprechen" (Keupp, Ahbe, Gmür, Höfer, Mitzscherlich, Kraus & Straus, 2002, S. 201). *Autointegratives Handeln* beinhaltet solche Investitionen. Das Datenmaterial der Ethnographie legt die Darstellung des autointegrativen Handelns als dreistufigen Prozess nahe. Die Aktiven, die erfolgreich soziales Kapital schöpfen, durchlaufen diese Stufen in unterschiedlicher Geschwindigkeit.

Auf einer ersten Stufe geht es darum, *verbale Kontakte* zu erzeugen und zu erhalten. Ziel ist es, Fremde (im besten Falle Etablierte) so in ein Gespräch zu verwickeln, dass besondere Informationen über den anderen gewonnen und eigene weitergegeben werden können. Viele Jugendliche sind sehr geschickt darin, einen thematischen Haken so auszuwerfen, dass sich ein Small Talk ergibt. Diesen dann so zu gestalten, dass er später weitergeführt werden kann, ist der erste Schritt in Richtung Zentrum des sozialen Netzwerks.

Auf der zweiten Stufe geht es darum, *räumliche Nähe* zu den jetzt ‚Bekannten' zu suchen. Die Aktiven der Gruppe A richten sich am Rande des Spielfeldes ein. Es entstehen Grüppchen, ähnlich wie im Freibad. Sich dazuzusetzen bedeutet dazuzugehören, das Revier zu teilen. Im räumlichen Verbund werden Gespräche intensiviert, Meinungen ausgetauscht und auch Mannschaften gebildet. Bei den Fußballern der Gruppe B bietet sich die oft ausgedehnte Phase vor dem eigentlichen Spiel zu ähnlichen Koalitionen.

Auf einer dritten Stufe zeigen die Aktiven, dass sie bereit sind, sich dauerhaft in die informelle Gruppe einzuordnen. Dort geht es darum Position zu beziehen, bzw. sich mit anderen zu *verbünden*. Die Aktiven auf dieser Stufe machen sehr deutlich, von wem sie sich absondern und beziehen dadurch Position. Auf dem Streetballplatz der Gruppe A grenzen sich z. B. Kinder von den Älteren ab, einige Cliquen grenzen sich von den Kiffern ab und die Kiffer von denen, die am Spielfeldrand übermäßig viel Alkohol trinken. Oft reicht es schon aus kund zu tun, dass man die Person X aus dem Grund Y ablehnt – Integration durch Exklusion.

Zusammengefasst lässt sich sagen, dass autointegratives Handeln dazu dienen soll, Gemeinsamkeiten zu erzeugen und zwischenmenschliche Anziehung zu erreichen. Es gibt unter den Jugendlichen und jungen Erwachsenen, die ich begleitet habe, zahlreiche Profis der Autointegration. Sie verstehen es, Small Talk zu führen und andere für sich zu gewinnen und zu begeistern. Der Sport bietet eine geeignete Basis für Gesprächsthemen, gemeinsame und unvergessliche Erlebnisse. In der informellen Sportgruppe präsentieren sich diese Lebenskünstler eher als sporttreibende Jugendliche denn als jugendliche Sportler. Der informelle Sport zeigt sich als unverfälschtes, urwüchsiges Sozialfeld. Dort ‚überlebt' bei weitem nicht jeder, sondern nur der, der die bedeutenden Kernressourcen zu erwirtschaften vermag.

5   Lernen im Kontext der informellen Sportgruppe

Die bisherigen Ausführungen sind dem Ansatz geschuldet, das potenzielle Lernfeld zunächst genau zu beschreiben, bevor man über mögliche, dort zu erzielende Lerneffekte, spricht. Diese umfangreiche Darstellung sollte dazu führen, Aussagen mit möglichst hohem Informationsgehalt zu gewinnen. Flüchtige Draufsichten und nicht hinterfragte Selbstverständlichkeiten entsprechen dem eben nicht. Ein Beispiel: Was können Jugendliche im Sportverein lernen? Wird diese Frage gestellt, so folgt oft ein Guss an positiven Effekten: Teamfähigkeit, Leistungswille, Kommunikationsfähigkeit etc. Kaum jemand traut sich, auch negative Effekte zu nennen (Ausnahmen: Brettschneider & Kleine, 2002; Fritz, 2006). Aber Lernen ist eben nicht nur positiv. Vielleicht ist es viel eher möglich, Rücksichtslosigkeit und Egozentrik im Verein zu lernen? Ganz nebenbei: Empirisch nachgewiesen ist kaum ein Lerneffekt (vgl. Sygusch & Herrmann, 2009, S. 210). Hinzu kommt, dass viele der positiven Effekte an Gehalt verlieren, weil man sie eben genauso gut oder sogar besser woanders erzielen kann. Beim Fernsehen, beim Rumhängen oder beim Raubüberfall.

Zurück zu den informellen Sportgruppen. Was dort gelernt wird, kann in der Folge der Ethnographie beschrieben werden. Der Vorteil bei diesen Bemühungen ist, dass das Gelernte nicht nebulös irgendwann in der Zukunft als Element einer gelungenen Identität zum Vorschein kommt, sondern direkt in der erlebten Situation von Bedeutung ist. Das gilt vor allem für den Neuling, der den Weg vom Außenseiter zum Etablierten einschlägt. Verhalten wird auf der Grundlage der Erfahrungen beim Gruppenzugang verändert – es wird innerhalb eines Sommers gelernt, oder eben nicht. Der Zugang gelingt oder nicht. Jetzt kann man ganz vorsichtig die Inhalte des informellen Lernens benennen, die ja zum Teil schon durch den Beitrag schimmerten:

- Die Aktiven lernen, die Strukturen eines Spiels zu erkennen. Die größte Anforderung liegt wohl darin, den Grad der Ernsthaftigkeit einzuschätzen. In der einen Gruppe wird gespielt, ohne überhaupt Punkte zu zählen, in einer anderen wird über Punkte gestritten. Sport und Spiel werden unterschiedlich interpretiert. In informellen Gruppen müssen diese Dinge ausgehandelt werden; Strukturen werden gebildet. Jeder einzelne lernt, sich diesen Strukturen anzupassen und eventuell eigene Bedürfnisse auszublenden. Das Verhalten in der sportiven Situation richtet sich an die Spielstrukturen. Vergleichbare Lerneffekte finden sich vielleicht in Musikbands. Bleibt dem informellen Sport die Körperlichkeit, durch die das Erlernte schließlich umgesetzt wird. So müssen leistungsstarke Fußballer vielleicht dosiert spielen, um im kommunikationszentrierten Rahmen Platz zu finden.

- Die Aktiven lernen, die sozialen Strukturen zu erkennen und sich in die Gruppe einzuordnen. Wer sich in der heterogenen Sozialstruktur informeller Sportgruppen bewegt, lernt, die Anwesenden in Kategorien zu ordnen. Anders ist ein Zurechtfinden vor allem auf öffentlichen Plätzen gar nicht möglich. So gibt es in Gruppe A z. B. ‚die Kinder', ‚die Mädchen', ‚die Asiaten' und ‚die Schwarzen'. Alle Gruppen werden mit Schemata besetzt. So sind Mädchen sportlich schwach und Schwarze aggressiv. Entsprechend meiden vor allem Neulinge den Kontakt zu solchen Gruppen. Es entstehen Klischees und zum Teil xenophobe Einstellungen, die auch von Etablierten an Neulinge weitergegeben werden (Mentoring). Werden Kategorien und Schemata nicht individuell korrigiert, bleiben verfrühte Zuschreibungen bestehen. Das Verstehen von Fremdheit und Hinterfragen von Stereotypen wird eher an anderen – auch institutionellen – Orten gelernt. Darüber hinaus wird das Unterscheiden von Etablierten und Außenseitern gelernt. Dies zu erkennen ist für die eigene ‚informelle Sportkarriere' bedeutsam. Wege zum Kern der Gruppe werden erschlossen und entsprechende Taktiken erfasst. Die eigene sportliche Kompetenz dient als Türöffner für soziale Integrationsprozesse, reicht aber alleine nicht aus. Es ist eine zentrale Lektion, dass im informellen Sport immer die ganze Person mitspielt. Der Sport dient als Basis von Peer-Beziehungen. Die Aktiven lernen, das Selbst zwischen sporttreibendem Jugendlichen und jugendlichem Sportler auszubalancieren.

- Die Aktiven lernen, sich zu integrieren. Dass keiner für die Einbindung eines Neulings zuständig ist, wird schnell deutlich. Wer mitspielen will, muss es schaffen, ein soziales Netz zu knüpfen. Dass in unserer Gesellschaft Kommunikation ein geeignetes Mittel ist, wird auch in der informellen Sportgruppe deutlich. Wer in der Lage ist, sich über Sprache bekannt zu machen, wird schnell zum Gruppenmitglied. Andere – und hier ist eine Gefahr zu sehen – geraten vorzeitig an Zugangsbarrieren. Nicht in beglückender Form teilzunehmen heißt, nicht in ein Team gewählt zu werden, nicht an der Kommunikation beteiligt zu werden, nicht mitzulachen und mitzumachen. Es kann zur schmerzhaften Erfahrung werden, dass das Interesse am Sport nicht ausreicht, um mit anderen einen sozial-sportiven Kontext zu teilen. An dieser Stelle ist die informelle Sportgruppe ein Dschungel – man muss sich selbst durchschlagen. Wer dazu nicht in der Lage ist, lernt vielleicht etwas Falsches über sich, gibt auf und meidet in Zukunft ähnliche Situationen. Die Profis der Autointegration hingegen erfahren sich selbst als potente Sozialmenschen und tanken Selbstbewusstsein für andere Kontexte. An diesem letzten Beispiel zeigt sich am deutlichsten, dass informelle Lernprozesse im Sport ambivalent sind. Nicht jeder lernt in gleicher Weise, nicht jeder lernt nur Positives. Natürlich ist die informelle Sportgruppe eine Feld mit zahlreichen Lernoptionen: Ambiguitätstoleranz, Empathie, Rollendistanz, Identitätsdarstellung (vgl. Krappmann, 1975) – das hätte man nennen können, weil all das möglich ist. Solche Begriffe schweben schemenhaft über den konkreten Lernzielen einer bestimmten sozialen Situation. Anhand der ethnographischen Befunde, habe ich versucht, Lernen zu konkretisieren. Aber auch hier bleibt das Eingeständnis, dass man in die Köpfe der Menschen keinen Einblick hat. Lernen ist ein abstrakter Begriff, egal wie man ihn wendet. Deshalb vielleicht ein ganz zaghaftes Fazit: Informelle Sportgruppen sind weit mehr als frei zugängliche Sporträume. Es handelt sich um komplexe Sozialräume, in denen sich viele Jugendliche kompetent bewegen. Und während ich selbst als Zugang suchender Forscher an meine Grenzen gestoßen bin, haben viele der jugendlichen Neulinge spielerisch die sozialen Barrieren genommen. Habe ich etwas verlernt?

Literatur

Amann, K. & Hirschauer, S. (Hrsg.). (1997). *Die Befremdung der eigenen Kultur. Zur ethnographischen Herausforderung soziologischer Empire.* Frankfurt: Suhrkamp.

Amann, K. & Hirschauer, S. (1997). Die Befremdung der eigenen Kultur. Ein Programm. In K. Amann & S. Hirschauer (Hrsg.), *Die Befremdung der eigenen Kultur. Zur ethnographischen Herausforderung soziologischer Empire* (S. 7-52). Frankfurt: Suhrkamp.

Bette, K.-H. (1999). Die Rückeroberung des städtischen Raums: Straßensport. In S. Bollman (Red.), *Kursbuch Stadt. Stadtleben und Stadtkultur an der Jahrtausendwende* (S. 101-114). Stuttgart: DVA.

Bollmann, S. (1999). (Red.). *Kursbuch Stadt. Stadtleben und Stadtkultur an der Jahrtausendwende.* Stuttgart: DVA.

Bindel, T. (2008). *Soziale Regulierung in informellen Sportgruppen.* Hamburg: Czwalina.

Brettschneider, W.-D. & Kleine, T. (2002). *Jugendarbeit in Sportvereinen. Anspruch und Wirklichkeit.* Schorndorf: Hofmann.

Elias, N. & Scotson, J. L. (1993). *Etablierte und Außenseiter.* Baden-Baden: Suhrkamp.

Fritz, T, (2006). *Stark durch Sport – stark durch Alkohol?* Hamburg: Czwalina.

Gabler, H. (2002). *Motive im Sport.* Schorndorf: Hofmann.

Geertz, C. (1983). Dichte Beschreibung. Beiträge zum Verstehen kultureller Systeme. Frankfurt a. M.: Suhrkamp.

Gukenbiehl, H. L. (1994). Formelle und informelle Gruppe als Grundformen sozialer Strukturformen. In B. Schäfers (Hrsg.), *Einführung in die Gruppensoziologie. Geschichte, Theorien, Analysen* (S. 80 - 96). Heidelberg und Wiesbaden: Quelle & Meyer.

Hurrelmann, K. (2004). *Lebensphase Jugend*. Weinheim und München: Juventa.

Keupp, H., Ahbe, T., Gmür, W., Höfer, R., Mitzscherlich, B., Kraus, W. & Straus, F. (2002). *Identitätskonstruktionen. Das Patchwork der Identitäten in der Spätmoderne*. Reinbek: Rowolth.

Krappmann, L. (1975). *Soziologische Dimension der Identität. Strukturelle Bedingungen für die Teilnahme an Interaktionsprozessen*. Stuttgart: Klett.

Schäfers, B. (1994) (Hrsg.). *Einführung in die Gruppensoziologie. Geschichte, Theorien, Analysen*. Heidelberg und Wiesbaden: Quelle & Meyer.

Strob, B. (1999). *Der vereins- und verbandsorganisierte Sport*. Münster: Waxmann.

Sygusch, R. & Herrmann, C. (2009). Entwicklungsförderung im außerschulischen Kinder- und Jugendsport. *Sportwissenschaft, 39*, 210-221.

Wahler, P., Tully, C. J. & Preiß, C. (2008). Jugendliche in neuen Lernwelten. Selbstorganisierte Bildung jenseits institutioneller Qualifizierung. Wiesbaden: VS.

Autorinnen und Autoren

Bindel, Tim, Dr., Akademischer Rat a. Z. im Arbeitsbereich Sportpädagogik, Bergische Universität Wuppertal.

Brandl-Bredenbeck, Hans Peter, Prof. Dr., Professur für Sport und Erziehung, Department Sport und Gesundheit, Universität Paderborn.

Braun, Sebastian, Prof. Dr. Dr. phil. habil., Direktor des Instituts für Sportwissenschaft, Leiter der Abteilung Sportsoziologie und des Forschungszentrum für Bürgerschaftliches Engagement, Humboldt-Universität zu Berlin.

Deinet, Ulrich, Dr. rer. soc., Dipl.-Pädagoge, Professur für Didaktik/Methoden sowie Verwaltung und Organisation der Sozialpädagogik, Fachhochschule Düsseldorf.

Derecik, Ahmet, Dipl.-Sportwissenschaftler, Wissenschaftlicher Mitarbeiter, Arbeitsbereich Bildung und Unterricht im Sport, Institut für Sportwissenschaft, Westfälische Wilhelms-Universität Münster.

Düx, Wiebken, Dipl.-Pädagogin, Wissenschaftliche Mitarbeiterin, Fakultät Erziehungswissenschaft und Soziologie, TU Dortmund.

Golenia, Marion, Dr., Dipl.-Sportlehrerin, Wissenschaftliche Mitarbeiterin, Arbeitsbereich Bildung und Unterricht im Sport, Institut für Sportwissenschaft, Westfälische Wilhelms-Universität Münster.

Hansen, Stefan, Dr., MA, Wissenschaftlicher Mitarbeiter, Centrum für Sportwissenschaft und Sportmedizin Berlin (CSSB)/ Institut für Sportwissenschaft (IfS)/ Abteilung Sportsoziologie und Forschungszentrum für Bürgerschaftliches Engagement (ForBE), Humboldt-Universität zu Berlin.

Heim, Rüdiger, Prof. Dr. phil., Professur für Sport und Erziehung am Institut für Sport und Sportwissenschaft, Ruprecht-Karls-Universität Heidelberg.

Herrmann, Christian, Wissenschaftlicher Mitarbeiter am Lehrstuhl für Sportpädagogik und Sportdidaktik, Institut für Sportwissenschaft, Friedrich-Schiller-Universität Jena.

Overwien, Bernd, Prof. Dr., Leiter des Arbeitsbereichs Didaktik der politischen Bildung, Institut für Gesellschaftswissenschaften, Universität Kassel.

Neuber, Nils, Prof. Dr., Dipl.-Sportlehrer, Leiter des Arbeitsbereichs Bildung und Unterricht im Sport, Institut für Sportwissenschaft, Westfälische Wilhelms-Universität Münster.

Rauschenbach, Thomas, Prof. Dr. rer. soc., Professur für Sozialpädagogik, Fachbereich Erziehungswissenschaft und Soziologie, TU Dortmund sowie Vorstand und Direktor des Deutschen Jugendinstituts e.V., München.

Sygusch, Ralf, Prof. Dr., Dipl.-Päd., Lehrstuhl für Sportpädagogik und Sportdidaktik, Institut für Sportwissenschaft, Friedrich-Schiller-Universität Jena.

Wienkamp, Florian, Wissenschaftliche Hilfskraft, Arbeitsbereich Bildung und Unterricht im Sport, Institut für Sportwissenschaft, Westfälische Wilhelms-Universität Münster.

MIX
Papier aus verantwortungsvollen Quellen
Paper from responsible sources
FSC® C105338

If you have any concerns about our products,
you can contact us on
ProductSafety@springernature.com

In case Publisher is established outside the EU,
the EU authorized representative is:
Springer Nature Customer Service Center GmbH
Europaplatz 3, 69115 Heidelberg, Germany

Printed by Libri Plureos GmbH
in Hamburg, Germany